当代社会科学文献信息化建设

主　编：林祖藻
副主编：徐璞英　高跃新
　　　　贾晓东　张耀东

浙江省社会科学信息学会
《当代社会科学文献信息化建设》

编辑委员会

鸣　谢

感谢下列单位对浙江省社会科学信息学会的大力支持

浙江省社会科学界联合会

中共浙江省委党校图书馆

浙江图书馆

浙江大学图书馆

浙江省社会科学院情报信息中心

宁波大学图书馆

中共湖州市委党校图书馆

序

胡锦涛总书记在党的十七大报告中指出:“繁荣发展哲学社会科学,推进学科体系、学术观点、科研方法创新,鼓励哲学社会科学界为党和人民事业发挥思想库作用。推动我国哲学社会科学优秀成果和优秀人才走向世界。”这短短的72字,十分精辟、十分深刻地指明了哲学社会科学的作用与发展方向,对哲学社会科学工作提出了新的更高的要求。毋庸置疑,这是我国哲学社会科学事业发展的指导思想和工作方针。

浙江省的哲学社会科学工作者多年来一直沿着党中央指明的方向不断努力。在社会科学研究手段和成果转化途径信息化方面,做了极大的努力。尤其在加强社会科学基础设施建设,大力提高信息化水平;加强社会科学工作者对信息技术的应用,提高计算机和网络的普及和应用;社会科学界应用网络化、数字化技术,努力提高社会科学研究的信息化水平和研究效率等方面做了许多努力。自从2003年省社会科学信息学会第三次会员代表大会以来,学会在科研方面取得了优异的成果。如:利用Internet建立了网站,介绍、宣传了学会;为广大用户服务,点击率不断增加;学会成员的国家社会科学基金项目“中心图书馆建设研究——省域社会科学文献信息中心建设研究”进展顺利;2006年8月,经学会提议,由国际图书馆联合会和浙江省文化厅主办，本学会协办的"中国书写与印刷文化遗产和图书馆工作研讨会"成功举办，效果颇佳，受到国内外同行的刮目相看，开了我省社会科学界与国际学术机构合办学术研讨会的先河；明年将在国际图联出版的该研讨会文集更是开了全国的先例；学会成员的专著《图书馆电子信息工程基础设施建设》出版之后，社会上好评如潮，供不应求，很快重印；几年来，学会的会员在全国、省社科规划办、省社科联的科研立项项目、完成项目都创造了历史新高，在国内外，尤其在核心刊物上发表的论文数也都创了新纪录。

为了适应信息化这个当今世界经济和社会发展的大趋势，《浙江省哲学社会科学"十一五"发展规划》要求："加快社科工作信息化建设步伐，建设布局合理、资源共享、方便快捷的社科信息保障服务体系。积极探索联合建设省社科信息中心的方法和途径，整合全省社科信息资源，提高其利用率。建设一批能为党政机关、社科界和公众提供高效服务的社科网站和网上信息库，为研究者提供高效的信息服务，为研究成果的宣传和转化提供一个高技术平台。"省社科信息学会积极推进这方面的工作，在2004年就以"新时期社会科学文献信息资源的开发与利用"为主题，进行了深入研讨；今年又进行了"浙江省社会科学文献信息化建设研究"的研讨。通过这些研讨和学术活动，总结交流了会员的理论成果和实践经验。会上提出的许多独到的观点和经验，对我省的社会科学文献信息化建设有重要的参考和借鉴意义。本书汇编的就是这两次研讨会的部分有价值的论文。

《当代社会科学文献信息化建设》一书的内容十分丰富。主要围绕着社会科学文献信息化建设展开。全书从创新理念着手，以对我省社会科学文献信息资源和读者的信息需求的调研为依据，探讨了建设省域社科文献信息中心的意义、原则、功能、运行模式、需要解决的问题和多种实施方案。同时还对近年来我省各个系统建设数字图书馆的经验、网站建设的经验、数字资源建设的经验、知识产权和信息安全等方面的问题进行了探讨，对社会科学文献信息服务工作和人才培养等问题也提出了自己的见解。所以我认为，本书具有前瞻性、完整性和实用性。

本书之所以能够顺利推出，而且在各个方面吸引读者的眼球，启发同行的思路，对社会科学工作者和有关领导有参考价值，完全是浙江省社科信息学会全体会员辛勤钻研、刻苦努力的结果，也是大家的心血和智慧的结晶。我衷心希望全省的社会科学信息工作者能够以此为基础，在党的十七大精神的鼓舞下，与时俱进，更上一层楼，把我省社会科学信息理论的研究和实践探索不断推向前进。

蓝蔚青

2007 年 10 月 30 日

蓝蔚青：浙江省社会科学界联合会副主席、党组副书记。

目 录

序 …………………………………………………… 蓝蔚青(1)

创新理念

知识创新与情感因素 …………………………………… 周 全(1)
图书馆信息集群之研究 …………… 金中仁 陈振宇 叶宏伟(9)
公共图书馆古籍读者群体特征与服务方式创新 …… 谢 雷(19)
现代图书馆核心竞争模式的构建 …………………… 胡葛福(25)
信息精细化管理的探寻 ………………… 金中仁 金敏婕(33)
知识管理:拓展图书馆功能的新平台 ……………… 王晓青(43)
现行社科成果评估的局限性及其对策 ……………… 蔡文彬(53)
社会科学研究方法浅探
——以图书馆学研究方法为例 ……………………… 林祖藻(61)

调查研究

浙江省域社科文献信息资源的分布及特点 ………… 张耀东(72)
影响浙江省域社科文献信息资源分布的成因 ……… 张耀东(88)

浙江省域社科文献信息资源分布利用的矛盾
和难点分析…………………………………… 张耀东(102)
公共图书馆读者对社科类文献关注度的调查
——以浙江图书馆为例……………………… 赵海燕(115)
公共图书馆开展普及社科知识活动的途径
…………………………………… 徐 洁 陈天伦(128)
整合全省社科文献信息资源,提高读者用户的利用率
……………………………………………… 赵冰心(137)
我省政府信息化现状和改进的三个主要方向……… 赵 骥(146)

社会科学文献信息化建设

建设省域社科文献信息中心的意义和原则………… 徐璞英(154)
省域社科文献信息中心建设的目标与方案………… 赵 骥(170)
繁荣发展哲学社会科学必须抓好“原料供应”
和“资源配置”………………………… 徐璞英 陈 华(187)
关于浙江省社科文献信息中心建设的思考………… 陈 华(194)
浙江省社科文献信息中心建设方案探讨…………… 豆洪青(204)
浙江省社科文献信息中心建设探讨………………… 韩文晴(214)
浙江省党校系统图书馆信息服务网络运行模式与功能
……………………………………………… 周 全(222)
省域社科文献信息中心的市场化运作模式………… 贾晓东(233)
联合建设浙江省社科文献信息中心需要解决的问题
……………………………………………… 韩 明(249)
图书馆信息资源建设新举措
——样书现购采访模式剖析……………………… 吴 蕙(256)
民国时期浙江图书馆编辑出版报刊评述…………… 沙文婷(265)

网站建设与数据库建设

Web2.0 模式的社科网站和网上信息库系统初探
…… 陈杨杨(272)
数字图书馆门户网站建设研究…… 毛海波 刘柏嵩(282)
数字图书馆信息资源整合的应用研究…… 宋 怡(290)
略论数字图书馆的社科文献建设…… 杜惠芳(298)
关于建立图书馆古籍文献书目数据库的构想…… 芦继雯(304)
网络环境下党校图书馆特色专题数据库的建设…… 李振鸥(310)
温州人著述数据库概述…… 潘猛补(318)
“高校文库”建设的多元现象及特色研究
——以“浙师大文库”为例…… 金明生 陶世夫(326)

知识产权和信息安全问题

浅析数字图书馆的知识产权保护…… 张 燕(336)
现代图书馆网络安全管理问题…… 张继敏 毛 旭(344)
论电子政务信息系统安全保障体系架构…… 夏芬瑛(351)

服务工作

技术+服务=效益…… 杨 方(359)
为读者服务是图书馆永恒的主题…… 夏根娣(365)
省域社科文献信息用户需求的多维考察
——兼谈省级信息服务项目的构建要素…… 李 芳(373)
新中产阶级与城市图书馆服务
…… 吴 荇 陈天伦 张 蓉(381)

虚拟图书馆参考咨询的发展与浙江大学图书馆的对策
…………………………………………………… 胡葛福(389)
谈联合社科文献信息咨询服务问题……………… 陈天伦(397)
论建立以需求为导向的图书馆服务体系…………… 沈国弟(405)
基于网络的区域性数字图书馆参考咨询
服务模式的研究…………………………… 周 密 刘柏嵩(414)
图书馆在网络信息服务业中的战略选择…………… 桑秀萍(426)
网络环境下的文献信息服务………………………… 应燕波(433)
专题咨询服务工作初探……………………………… 殷 妘(439)
图书馆开展地方文献个性化信息服务的设想……… 张 蓉(447)
论图书馆读者的权利………………………………… 俞国玉(456)

人才建设

见微知著 细大不捐
——在图书馆管理与服务中心注重"细节"的实践心得
…………………………………………………… 应长兴(462)
公共图书馆人才培养机制的创新与探索…………… 朱克勤(469)
谈创建和谐单位职工文化素质的培养……………… 周国良(477)
图书馆专业技术人才的需求与人才建设刍议……… 林祖藻(482)

创新理念

知识创新与情感因素

周 全*

摘 要:在图书馆的知识创新活动中,馆员所表现出来的观点、认知、学术见解、价值取向,并不完全归属于认识上的直接结果,相当一部分是受人的情感因素影响。情感因素在知识创新中的主要作用是:激发馆员对知识创新的认识活动;直接影响馆员对知识创新认识对象的选择;参与馆员对信息资源进行创造性加工;强化知识创新的动力。

关键词:知识创新;情感因素

苏联心理学家捷普洛夫曾经说过:所谓情感,就是"一个人对于自己所认识的或操作的事物所持有的态度的体验"。现代脑科学研究成果也表明:情感因素虽然不直接参与人的认识过程,但却以动机为核心,在智力因素的形成和发展中,起着动力、定向、调节、引导和强化等作用,尤其是在创造力的形成中起着非常重要的作用。

情感就主体体验来说,可划分为积极情感和消极情感。知识创新活动需要积极情感作为动力。积极情感能够推动创新活动的

* 周 全:中共浙江省委党校图书馆,馆长,副研究馆员。

开展，促进创新素质的形成及创新能力的发挥。本文主要论述积极情感在知识创新活动中所起的作用。

1 情感激发馆员知识创新的认识活动

所谓知识创新，是指在旧有知识上有新知，形成新的观点、新的技术、新的策略、新的设计、新的思想、新的理论等等，它有赖于对现有知识的吸收和利用，是一种开创和探索。知识创新的最大特点就是知识的继承性和创造性。继承性可使人类知识最大限度地进行科学储备，创造性可使知识的创新不断发展。图书馆的知识创新是对包括信息在内的所有智力资本进行综合决策并实施管理，其根本目的就是创新。它不仅对信息的收集、存储、整理和传递进行机械性管理，而且要把握知识间的相互联系，逻辑性地创造出新的知识，以满足社会发展需要。在进行知识创新的认识过程中，情感起到了很重要的作用。情感是主体认知结构的重要因素；情感能催化、开启、选择和调控创造认识；情感能优化创造认识过程，提高知识创新认识的效率；情感是评价创造认识成果的重要形式。

作为非理性因素的情感，它的本质在于感受和体验，这种感受和体验主要不是靠思维，而是靠心灵进行的。如果说理性、理智主要是一种思的话，那么情感则主要是一种悟，一种在情绪的渲染和氛围烘托下的悟，但这种悟又不同于直觉的悟。直觉的悟是指对事物本质和规律的领悟，而情感的悟主要是指一种感染、熏陶和同化，也即一种感受、体会和体验。

情感对馆员知识创新认识活动的激励作用，具体表现为三个方面：

一是情感激发主体对知识创新这个认识对象的兴趣。主体对认识对象产生了兴趣，使其集中注意力，即建立在需要基础上的喜好、热爱等情感,引起认识主体对认识对象的兴趣、爱好、向往、追求等。使认识主体的注意力集中在特定的对象上,激发主体对知识创新认识的积极性、能动性和坚定性。

二是情感调动主体的思维。由于情感激发起了主体对知识创新这个认识对象的兴趣,所以调动了主体的思维,从而提高了主体对知识创新的认识能力。主体的情感虽然不能改变主体在一定时期积累的那种固有的相对稳定的认识能力,却可以直接影响主体对知识创新认识能力在具体认识过程中的现实发挥。

三是情感使主体认识保持持久的活力。高度的认识热情,可以迸发出强大的意志力,形成一种持续和稳定的力量,长期支撑主体对知识创新的认识活动,使主体认识保持持久的活力;消除在知识创新认识活动中的疲劳,克服知识创新认识过程中的种种困难,从而激起馆员探求新知识的动力。

2 情感直接影响馆员对知识创新认识对象的选择

在知识创新中,情感还能辅助理智对认识作出选择。选择是知识创新过程中的必要内容和必经环节,虽然对认识的选择主要是由理智来完成的,但是理智对认识的选择只有在情感的辅助下,才具有活力和生机,也才具有成效。因为纯粹的理智毕竟缺乏气氛的渲染和激情的启动。人的认识过程不仅是对客体的反映,而且是对客体的选择,是反映与选择的统一。馆员情感在知识创新认识活动中的选择作用,就是指不同的情感使主体的联想、想象等认识活动朝一定的方向发展,选择与自己情感趋向相符或接近的事物来作为知识创新认识的对象。

由于馆员情感在意向上存在着差异,他们对知识创新认识客体的选择也会不同。这种不同主要表现在:

一是对知识创新客体对象选择的不同。在信息海洋里的知识是无限多样的，图书馆员不可能同时认识无限多样的知识。人们只能对一定的知识有兴趣而集中注意力去感知它，而不可能同时感知其他所接触到的一切知识。只有那些能够满足馆员需要，被馆员认为具有价值的知识，才能与主体发生关系，结成现实的认识关系，成为现实的认识客体。人的情感不同，对认识对象的选择也自然不同。

二是对同一知识内容不同方面选择的不同。对待同一知识内容，由于馆员的情感志趣和情感层次不同，他们会选择不同的认识角度和不同的认识层次。选择那些知识信息中与自身主观目的有联系的那部分内容，自觉舍弃和过滤掉那些与自身动机无关的内容。

情感选择是人的能动性和主动性的表现，但情感选择不同于其他的选择，情感选择的依据一般是主体相对于自身需要与客体的效用关系。因为离开主体自身的需要和客体效用关系的物质反映，情感本身就失去了它应有的特征而变得毫无意义。以此为前提，只有为主体的情感所接受或所指向的对象，方能成为主体认识的客体；被主体情感所排斥的对象，主体便对之视而不见，听而不闻。

3 情感参与馆员对信息资源进行创造性加工

图书馆员作为主体，对信息资源的认识过程，即主体对客体信息进行分析、加工、整理、重组并加以概念化的过程，是在人的主观因素的作用下对客体进行再创造的过程。其中包含了情感因素的作用。人类的情感作为认识的动力潜存于认识过程当中，并通过对认识活动中思维活动的渗透和对认识对象的概念化，直接影响主体对对象的认识过程。它潜移默化地影响、控制主体对客体所提供信息的整合和概念化，把握认识活动的方向。

情感因素依附并渗透于各种思维认识活动当中，直接参与主体认识对客体信息的加工过程。人的认识活动中各种类型的思维活动，无不受到情感因素的影响，打上情感的印记。没有情感的支持，主体的思维活动便会受阻、滞涩。

知识创新的整合表现为不同学科知识的整合、不同形式知识的整合和不同主题知识的整合。在这些纷繁复杂的整合中，需要大量的多维度信息。而要把这些多维度信息间的相互联系，进行逻辑性的再创造，却包含了情感因素的作用。因为这一过程，不仅表现为情感对主体思维活动的渗透，还表现在它对认识对象的概念化过程当中。其实这种主体认识对客体对象的概念化，是一种综合性的创造活动，它与人的情感密切相关。具体地说，概念化过程不是简单的照镜子式的原封不动的复制和简单再现，而是对客体信息进行分析、筛选、加工、整理、重组的综合过程。这种综合需要有人的想象、思维、记忆等认识因素，当然人的情感因素也必不可少。因为人的认识活动与情感活动处于同一系统当中，必然互相制约，相互作用。馆员从知识库中检索出来的信息资源，并对其进行创造性的加工，使之概念化为科研人员可利用的知识信息。没有情感的投入、坚强的意志、顽强的毅力是不可能有所建树的。

4　情感是强化知识创新的动力

情感是人在以获得有关客观现实的知识为目的的活动中产生的独特的情绪反应。它既有对于复杂的、尚未搞清楚的现象的惊奇感，也有对于新的、尚未认识的事物的求知欲；既有对已经得到的答案的正确性的怀疑，也有对于结论的正确性具有的信心以及由于成功的发现而产生的愉快和自豪的心情，等等。情感有助于强化获取知识的欲望。任何创新不外有三种情况：一是顺着原有知识的思路，往前推进一步；二是对原有的错误知识进行修正；三是开辟相对新的知识领域。知识是创新的基础和前提,要想提出一种与知识毫无关联的创新是完全不可能的。加之现在科学技术的发展一日千里,知识陈旧周期不断缩短,只有具备了最新的理论知识,才会取得创新成果。情感是与知识密切相连的,它包含着创新主体对知识的渴望,激励着创新主体不断地捕捉、探求现实和前沿理论。同时,掌握新知识后所产生的愉悦和自豪的心情也激励创新主体去探索更新的知识。如此产生一种"良性循环",使创新主体始终站在知识理论的最前沿,掌握最新的知识理论,从而为开展创新活动打好理论知识基础。情感还有助于强化探索未知的兴趣。创新活动是探索未知的活动,是建立在浓厚兴趣之上的。兴趣是人们产生动机的基础,它可以直接转化为动机,成为激发人们进行各种活动的推动力。爱因斯坦说:"兴趣是最好的老师。"只有对某一件事物或自己所从事的事业产生浓厚兴趣,才会不遗余力地追求,百折不挠地探索,不辞劳苦地登攀,才能最大限度地发挥创造力。情感包含着好奇心和惊奇感,进而转化为人对未知领域进行探索的兴趣。它表现为人对现存事物理论提出质疑,对未知事物进行设想等。通过惊奇、疑问等心理活动,诱导人们有选择地、主动地接触使自己产生惊奇感的客观事物,孜孜不倦地对特定的事物进行长期和深入的分析研究,使认识不断深化,直至把握事物的本质。

5 知识创新与情感因素

图书馆的知识创新侧重研究性、创新性、隐性智力性知识资源的收集和整合。它强调的是为知识创新提供条件,即建立起不同的、具有特色的研究性知识资源库。因为,知识的发展和创新从来不是建立在单一知识的基础上,而是建立在多种不同知识汇聚的基础上,需要大量的知识资源作为基础。图书馆的知识资源库可以使广大读者和科研人员从中获取全面、系统、便捷的知识信息，最大限度地满足他们对知识信息的各种需求，使知识资源得以充分的开发利用和知识创新。同时，图书馆的知识创新是又一个发现问题、组织问题、解决问题的过程。它需要馆员具有一种潜在能力——创新能力，这种能力，必须加上创新意识和思维能力才能充分发挥出来。而创新意识和思维能力与馆员的情感因素有着密切的关系。从上述情感在知识创新中的作用可以看出，情感既伴随着馆员知识创新的整个认识过程，又作为一种具有独立性的心理过程而发挥着作用。馆员的情感本身就具有一种创造性的特征。对此，我们可以从馆员建立知识资源库来进行分析。馆员收集研究性、创新性、隐性智力性知识资源，是由外部信息刺激引起的。当馆员面对众多的信息源时，首先必须对来自各方面的信息进行收集和综合，然后进行科学的分析、整合和加工，最后确定选题。其整个过程是馆员对信息知识资源的认识、选择和加工过程，也就是馆员的认识活动过程。在这个过程中，馆员的情感参与了对信息知识资源进行选择、加工的整个认识实践过程，情感的参与为馆员认识知识创新的创造性活动提供了必要的因素，也为成功的知识创新提供了先决条件。当选题确定，并顺利通过审查时，情感又以潜在的形式表现在分析、筛选的积极工作之中。馆员会充分发挥内在的各种积极性因素，在信息海洋里挖掘知识、鉴别知识。他们为出色地把信息资源加工成知识信息产品倾注全部的热情和激情。而这些知识信息所产生的较好的社会效益和经济效益，就是馆员对人类精神文明和物质文明建设的一种创造和贡献，这种创造和贡献自然蕴含着馆员为之努力而付出的丰富情感。

情感因素与知识创新具有不可分割的关系，情感因素作为人的一种心理活动，具有丰富多彩的特点。强烈的激情能够把主体内部的各种潜能充分地调动、激发出来，而各种潜能的调动、激发，又为成功的知识创新奠定牢固的基础。正如黑格尔说的那样，没有人的情感，任何伟大的东西都不能产生，即使在一些看来是纯粹的逻辑推理中也夹杂着一些情感因素，只是有时不明显或没有自我觉察到而已。可见，馆员的知识创新离不开情感因素，情感是知识创新具有创造性机能的重要条件。

总之，在知识创新活动中，情感能激发馆员的工作热情，表现出执著的追求和永无止境的进取和创新；情感能引导馆员对事物进行更深层次的思考，深化对信息资源的学术性、创新性、预见性内涵的认识；情感是馆员与馆员、馆员与读者之间的粘合剂和凝聚力。当然，它与任何事物一样也存在着正反两个方面。馆员的情感有积极的一面，必然也有消极的一面。消极的情感往往影响我们对事物的正确认识，对工作产生负面效应。因此我们在对馆员情感进行研究时，要注意研究在实践活动中如何把握好情感。当积极情感出现时，要不失时机地加以调动、发挥、提高，使积极的情感得以倡导、维持，产生更大的正面效应；当消极情感出现时，要动之以情，晓之以理，从关心爱护的角度去调控、教育他，使其在感情上接受批评，尽量减少因角色冲突而引发的情感冲突，避免造成情感伤害。也可以采用“情感转换，效应转化”的策略加以控制，使积极情感得到培养和升华，以利于自身的进取，利于知识创新目标的实现。

【参考文献】

[1]车文博，龚浩然，高汉声．心理学原理．哈尔滨：黑龙江人民出版社，1997．
[2]杨清．心理学概论．长春：吉林人民出版社，1981．
[3]金马．情感智慧论．北京：北京师范大学出版社，1993．
[4]周启杰，王春林．论情感的认识论意义．求是学刊，1993(6)．

图书馆信息集群之研究

金中仁　陈振宇　叶宏伟*

摘　要:在信息共享的基础上提出新理念——信息集群,从多角度对信息集群的定义进行了阐释,并论述了信息集群的必要性,提出了当前图书馆信息集群建设过程中应该解决的问题与措施。

关键词:信息;信息集群;整合;研究

信息共享是图书情报工作和事业达到最高境界的标志,《国家"十一五"时期文化发展规划纲要》中指出,"十一五"时期文化发展的重点是力争到"十一五"期末,城市的文化设施、服务网络和文化产品基本满足居民就近便捷享受文化服务的需求。然而,目前图书馆隶属于各个不同行政系统管理,拥有不同的系统,条块分割,相互封闭,缺乏标准,互不兼容,阻碍了信息共享及其功能的进一步发挥,信息共建共享始终停留在较低的有形信息馆际互借水平上。读者希望图书馆信息系统能够屏蔽内部组织、功能、流程结构的复杂性,提供一站式、集成式的精确服务,将正确的信息在最短的时间内传递给信息需求主体。如何有效地提高信息的利用率和消灭信息鸿沟,加大馆际有效信息交流,把资源的损耗降到最低,满足用户对信息精、准、尖、新、专、深的需求,一直困惑着各类

* 金中仁:浙江大学图书馆华家池分馆,副研究馆员。
陈振宇:浙江大学图书馆,副研究馆员。
叶宏伟:浙江大学经济学院,讲师。

型图书馆。在加快图书馆现代化建设过程中，图书馆集群建设将成为图书馆发展的新主题和新动力，是图书馆现代化建设的龙头和核心，将为解决图书馆发展中所面临的诸多难题提供有效手段。

1 信息集群与图书馆联盟

信息集群是一个全新的理论概念，是指把各类型图书馆在特定的地域范围按照一定的专业信息集中，按地域组成信息集群，构成一个类似生物有机体的信息群落，形成强劲、持续信息竞争优势的服务网络。信息集群强调的是信息空间集聚后的一种结果——提供更精准的服务，使信息组织精细分工而成为高级、复杂的综合体。信息服务网络必须满足信息用户的两种需求：普遍需求和个性需求。现有的信息服务网络只是联合服务，是一个点联合多点的平面服务，是广域与普及性服务，满足信息的平面需求（泛性需求），不能满足信息精、准、尖、新、专、深的立体需求（个性需求）。如何解决信息服务网络的提升和信息的可信度，是现有服务网络模式所不能解决的一道难题。

图书馆目前在使用的应用系统主要还是各自为政的系统，每一个应用系统都有自己的数据库，运行在各自的局域网范围内，互不沟通，导致各图书馆形成一个个“信息孤岛”。“孤岛”与“孤岛”之间存在部分业务和数据重叠，完整性和一致性问题难以解决，对同一需求数据提供不一致的信息结果，使读者在利用信息的过程中无所适从。无论是上海图书馆建立的中心图书馆模式，还是广州图书馆创建的联合图书馆模式，其主要方式都是在现行体制下，一个区域中的一个（或若干个）中心图书馆，通过各自系统垂直向周边图书馆辐射或延伸，仅从业务角度对文献资料进行协作协调的联合服务，是原有系统的互联互访简单连接，不是具有实际使用价值的信息集群,没有赋予系统新的功能和形成互相协作的创新服务网络,与信息集群还有相当的距离。要打破现有各种联盟的形式和体制,实现它们之间的同步和协调,能够涵盖全部信息,满足用户对信息精、准、尖、新、专、深的需求,就需要多个图书馆联合起来建立一个统一体——信息集群。信息集群对区域内信息进行集群管理,进一步提高信息的使用度和价值度,全方位满足用户的信息需求,是解决提高图书馆信息竞争力的有效途径和最优选择。

2 信息集群的特征

信息集群是指基于信息技术的资源及应用聚集成一个协同工作的整体,包括功能交互、信息共享以及数据通信三个方面的管理与控制,分为技术集成、资源集成、组织集成和人员集成。集群中各种类型的数据进行统一处理,避免不必要的冗余,为用户提供统一、透明的界面,从而实现数据共享。信息集群是对信息资源程序化、共享化、协调化,实现集群资源配置最优化,拓宽集群资源应用领域,挖掘信息价值的管理过程。

信息集群借助于最先进的网络技术和组织管理,促使图书馆组织结构网络化、管理扁平化、决策实时化,各系统图书馆之间关系开放协调化,对信息资源按照科学方法进行序化分级,再按不同专业组成信息集群。实现图书馆或更为广域范围内信息资源数据无嵌缝连接的互联互访共享,使所有图书馆的信息系统如一个有机的整体;进行数据深度挖掘,使图书馆现有信息网络的价值最大化,满足图书馆不同层次读者对信息的需要。具备这样特征的图书馆将是富有生命力、能够自我适应信息环境日益变化的生态型图书馆(图 1)。信息集群具有以下特征:

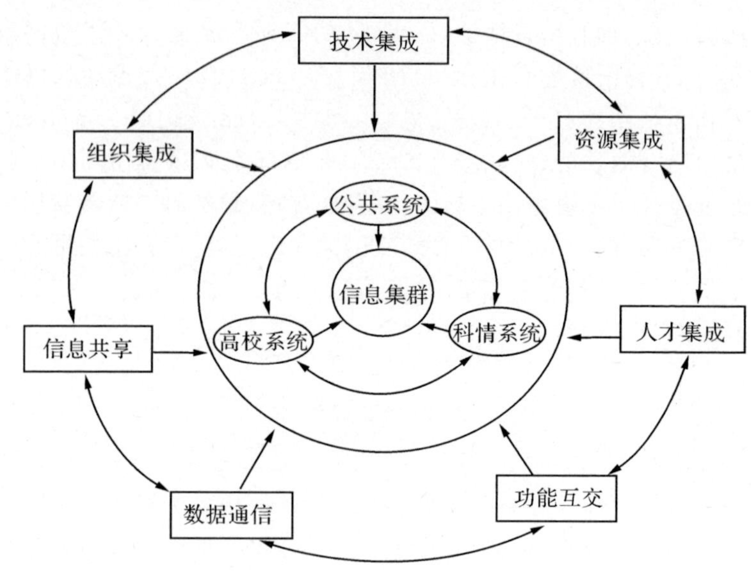

图 1 信息集群结构

2.1 程序化

信息具有动态性、分布性、多元性和无序性的特征，因而造成信息环境下信息开发利用的局部有序和全局无序的矛盾，或组织内有序和整个互联网呈现无序的矛盾，使信息查找、检索、管理变得越来越困难。面对浩瀚的资源，如果没有一种有效机制来规范和约束各图书馆的自治性，网络和信息的最大优势——共享性将随着信息资源的急剧膨胀而难以发挥其最大价值。由此可见，程序化是信息集群的重要条件之一，是信息集群不断增值的依据。

2.2 共享化

对信息集群认识观点的差异，决定信息集群的利用程度和作用水平发挥的异同；对信息集群的要素视角不同，决定着信息集群目标的不同。信息作为资源，与传统资源最大的区别在于信息边际成本递减，拥有信息越多，价值就越大。对拥有大量信息的图书馆而言，公共信息部门化、部门信息个人化的问题十分严重，其中的缘由虽然很简单——利益，但要解决这一问题却十分复杂，涉及标准、法律法规、监督、利益分配等一系列社会问题。信息集群将信息共享作为一种资源来认识、开发和利用，目标是实现信息共享和信息资源的最佳配置，挖掘信息的最大价值，保证信息集群在正确时间、以正确的方式传送给信息使用者。

2.3 协调化

随着IT技术和经济全球化的发展，图书馆按职能进行组织机构管理的方式，以及各图书馆间计算机的应用系统互不协调，已经难以适应市场和社会发展的需要。信息集群以矩阵式组织和以服务为中心来适应信息环境的发展，以服务为中心的管理思想要求部门间紧密联系，信息集群利用互联网技术实现信息在集群之间的快速、有序流动，进而实现信息集群组织间流程的协调运转。

2.4 广范围

信息集群除了用于微观层面，更多的是从战略考虑用于宏观领域。图书馆信息集群的建设，是在区域范围、国家范围内进行的。信息集群关注的是特定领域或组织信息搜集、加工、发布、服务数据互联互访等处理过程，具有更宽泛的概念。

2.5 动态性

信息集群资源具有动态性。这种动态性表现为信息集群资源供给、需求的动态性，以及资源使用者的动态性，其范围、数量、开发、利用、信息消费是由当前的生产力水平和研究水平所决定的。信息集群建设贯穿于信息化建设工作的始终，并在新的背景中赋予新的含义。

2.6 多要素

信息集群开发利用水平是一个国家或地区的组织、政治、经济、文化、科技的全面反映，涉及的要素非常广泛，除了网络、硬件、数据类型、数据结构、语义和具体的实现技术，还包括一个国家或区域的图书馆的发展战略、体制、机制、政策、宏观调控等要素，以及这些要素之间的复杂联系。

3 信息集群存在的问题及解决对策

3.1 存在的问题

在推进信息集群建设的过程中，会产生一些令人担忧的问题。首先，图书馆集群建设落后于管理思想的变革，成为制约图书馆办事效率和决策水平提高的主要障碍，影响了图书馆与读者之间的有效互动。其次，各图书馆从自身利益出发，按条块建起各自的信息系统，既不能相互融合，又无法做到资源共享，实际上形成一种“集群割据”的局面。再则，系统缺乏信息集群建设的整体规划和标准，缺乏统一标准的数据描述结构，缺乏系统的查询索引机制，管理层次上存在信息封闭，语义层次上存在语义交叉，质量上缺乏元数据，没有形成有利于信息集群共享和顺利推进的良好氛围与机制，因而很难满足信息集群共享需求。

3.2 解决对策

网络环境中，各类型图书馆应该按照平等的经济原则进行信息集群建设。应该突出重点，重在提高图书馆服务功能和管理功能，更强调集群的整体性和整体优势的发挥，采用一个共同的平台，提高图书馆运行效率，提供准确、权威、快捷、集成的一站式信息服务，实现信息集群资源的充分共享，使广大读者感受到集群带来的益处(图 2)。

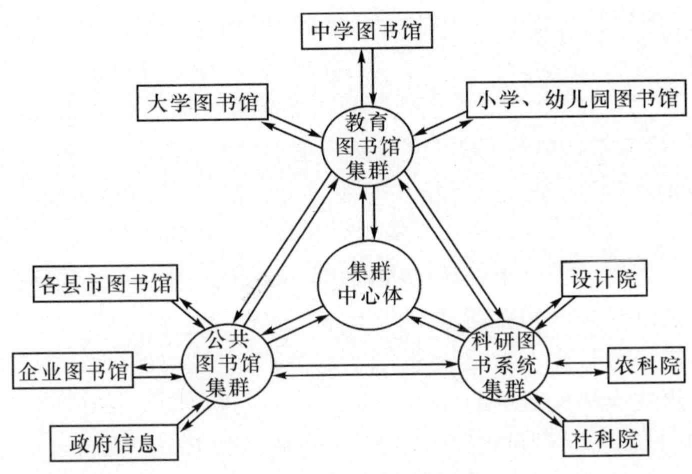

图 2 信息集群服务网络组成

管理思想的变革是图书馆信息集群的推动力。时代的发展，改革的不断深入，要求图书馆的管理者不断变革自己的管理模式、体制、机制、方式、组织结构。信息集群的组织形式是高校图书馆系统、公共图书馆系统与科情图书馆系统相互之间的互联与协作，以及由此结成的区域创新网络。在这一过程中，变拍脑袋决策为科学决策，实现组织结构扁平化的精细管理。只有这样才能快速应对竞争日趋激烈的外部环境。

信息集群对于大多数图书馆来说不光要学习技术和知识，还要加强组织和管理。在政府部门的统一领导和协调下，加速高校系统、科研系统与地方的联合，打破条块体系，按照平等互利的经济原则经营信息集群，集群内各成员馆按专业信息收藏特点分工合作。集群内部业务（信息资源的采购、加工、收藏、利用）与利益进行合理配置和整体的统一考虑，组成一个实质性业务集群体，而不是按各行政主管划分。强化业务功能，弱化（淡化）行政功能，强化区域服务网络优势，把高校、科研与公共系统信息资源有机结合起来，充分发挥高校、科研在信息集群中的中心作用。在信息服务网络上进行全面合作，实现公共、高校、科研信息集群采用一个共同平台的一体化服务，促进地方经济的发展。突出专业化、精确化服务，按需索取各自所需信息，做到信息使用价值最大化，信息成本最小化，形成按专业特长和专业收藏分类的"信息集群体"。集群图书馆嵌入当地经济文化环境，也是信息集群不同于普通图书馆服务网络的一个重要区别因素之一。

信息集群是建立图书馆创新体系的重要举措和实施平台，是图书馆知识管理不断循环螺旋提高的过程。图书馆创新是指图书馆组织适应快速变革的外部环境需要形成新的组织结构、功能结构、新的业务流程和新的服务方式，是现代图书馆增强自身生命力特性的过程和方法。在信息集群的平台上实现图书馆功能和价值的再定位，改革旧有服务观念和图书馆服务管理手段，全面提高图书馆服务质量和发展水平。

计算机更强的数据处理能力、大型数据库功能的逐步完善、网络安全技术提高是信息集群的技术保证。管理在不断变革，读者对信息的需求在不断变化和提高，使建设更广应用范围、更强功能、更快捷服务的信息集群成为可能。

系统与标准的一体化理念是信息集群取得成功的前提条件。集群系统不是原有系统的简单连接、互联互访，而是要赋予系统新的功能。要站在图书馆战略发展的高度，摒弃局部的和个人的利益，依据系统论的思想进行信息集群规划，需要资金的到位、人员的配备、流程的重组、结构的调整、资源的再分配。更需要强有力的组织保障，因为它要进行跨部门的协调，解决局部和整体的冲突，制定相应的政策措施，对集群系统进行科学的监督和评价，需要"大权力打破小权力制造的障碍"。集群组织工作质量和效率直接决定着集群系统的工作效益和质量。

信息集群是图书馆信息系统综合增值技术的合理有效应用，

是资金、人员、流程、结构、资源调整与重组的再分配。信息集群的网络建设,已不仅局限于简单的区域网络互联互通,而是信息资源互补和用户增值链互联形成的信息网络。图书馆信息资源库建设要紧密结合本地资源状况和特点,建设一个先进适用的城域网。城域网建设要充分利用现有的窄带与宽带等网络资源,要与图书馆信息资源开发利用密切结合,要与相关的信息系统建设紧密结合,要建立各图书馆间的无嵌缝连接;应包括自然资源和空间地理基础信息库、公共设施信息库、人口信息库、企业信息库;为运行与管理、社区与服务、产业与经济等信息系统的有效运转提供基础数据和应用接口支持;实现网上公布、查询、管理和综合利用,实施信息库的动态更新,积极发展各种新的网络增值业务。

信息集群不仅是信息资源的共享协作、开放,还是一个创新体系。集群内图书馆信息网与计算机检索网的高度统一,构成集群式的区域电子化、数字化、网络化的虚拟信息空间,提供一种良好的创新能力,促进知识和技术的转移扩散,通过一个统一的门户向读者提供服务。信息集群服务网络打破了固有的传统服务模式,是一种全新的服务模式,是服务网络的进一步延伸,是现有网络资源新的整合,是对信息的挖掘、拓展,提供精、准、尖、新、专、深服务,是按需专指的高质量、深层次精确服务,是一个由面到点(用户)的广域信息服务。

信息集群在服务网络方面强大的推进力度、独到的创新思维、独具特色的效果尽可以在这里体现、发挥、展示。读者最直接地享受与自己切身利益相关的包括社会保障服务、医疗、科技教育、旅游娱乐、社区服务等信息的信息集群服务。此外,区县图书馆加入集群,也是信息集群的重要组成部分,实现信息发展与信息集群的良性互动,建立和完善信息运行系统。

为适应快速变革的外部环境,需要形成新的组织结构、新的功能结构、新的业务流程和新的服务行为方式。信息集群是图书馆进一步发展的最佳契机，只有在信息集群的平台上才能进一步挖掘、揭示信息资源新的内涵和价值，全面认识图书馆面临的客观环境、发展现状和未来目标，从整体发展的高度对资源进行合理的配置和信息再生产，促进信息环境质量的再提高，全面提高图书馆服务质量和发展水平。只有这样，图书馆的价值才能借助于信息技术跃上一个新的台阶。

【参考文献】

[1] 金中仁，张杰. 基于信息竞争力：信息集群优势之思考. 图书馆工作与研究，2006(6).

[2] http://www.unt.edu/slis/students/projects/5320/reist.htm.

[3] http://www.library.unisa.edu.au/about/papers/jointuse.pdf.

[4] 胡玉文. 深圳“图书馆之城”建设管理模式研究. 中国图书馆学报，2006(5).

[5] 王缉慈. 关于我国发展产业集群中的若干问题. 理论参考，2006(9).

[6] 刘克西. 联合图书馆：一种新的办馆形式. 图书馆，2006(5).

[7] 张国锦. 集群企业知识创新机制研究. 西安财经学院学报，2006(5).

[8] 王冰. “图书馆之城”建设目标及实现模式探讨. 图书馆论坛，2006(2).

[9] 屈义华. 公共图书馆服务创新——佛山市禅城区“联合图书馆”的实践与思考. 图书馆论坛，2005(6).

[10] 张劲芳. 深圳打造“图书馆之城”带来的思考. 图书馆学研究，2005(12).

[11] 涂中群. 区域图书馆：集群概念与创新模式构造. 南通大学学报(社会科学版)，2005(4).

公共图书馆古籍读者群体特征与服务方式创新

谢 雷*

摘 要：从读者群体特征分析入手，强调古籍保护技术在读者服务工作中的运用。提出加强图书馆硬件和软件建设的建议，以进一步拓展公共图书馆古籍文献的服务空间。

关键词：读者群体特征；古籍保护技术；读者服务；对策

古籍是中华民族悠久历史与灿烂文明的重要载体，古籍不仅是记载知识的书籍，更是一种文物。由于其载体的特殊性质，注定它的生命更加脆弱，更易被侵害。本文介绍根据阅读古籍书刊这一特殊的读者群体特征而采取的相应对策，兼顾“藏”与“用”的关系，进一步拓展公共图书馆的古籍文献的服务空间。由于古籍读者的群体构成有一定的专业限制，一般都为具有一定古代汉语阅读能力的人员。通过对该群体的特征、信息需求特点的分析、研究，将公共图书馆古籍保护技术应用于服务，增强图书馆硬件设施和软环境的建设，从而有准备地、有针对性地为这一读者群提供服务。

* 谢 雷：浙江图书馆古籍部，馆员。

1 古籍读者的特征

古籍书刊的阅读，通常采取的是闭架的形式。读者凭身份证，填写《查阅解放前书刊资料登记表》、查阅的书刊名称及索书号，由工作人员入书库提取后方可阅读。古籍读者具有以下特征。

1.1 读者的专业特征

根据统计，通常阅读古籍书刊的高校学生，大都主修中文专业，且具有研究生以上学历的人数占学生的比例达到85%。他们利用公共图书馆的意识较强。他们观念较新，思想活跃，求知欲望强，学习的热情高。

1.2 读者的职业特征

读者的职业集中于高校教师、公务员以及研究历史的地方事业单位人员，他们职称高、职务高、专业性强。这些读者大部分都直接或间接从事理论研究，他们有各自的阅读特点，由于理论研究的内容与工作职务的不同，表现出他们对文献需求趋向不同。

2 满足古籍读者对各类文献的阅读需求

2.1 通过缩微技术阅读民国时期报纸

民国时期的报纸大都纸张发脆；原件的阅读与复印已经不可能实现。缩微技术——利用摄影技术，以胶片为载体，将大量有关档案及重要文献的原件翻拍缩微到胶片上，利于储存与使用。通过缩微技术，我们将民国时期的报纸展现在读者眼前，以满足读者阅读与复印的需求。

2.2 提供多种方式查阅家谱

这类读者主要是老年读者及事业有成的成功人士。老年读者对家谱阅读需求具有持久性,但缺乏系统性;成功人士对家谱阅读需求具有系统性,但缺乏持久性。由于家谱蕴藏着大量有关人口学、社会学、经济学、历史学、民族学、教育学,以及地方史、人物传记的资料,因此开展家谱服务工作,不仅具有学术研究价值,而且具有十分重要的现实意义和政治意义。针对其特点提出设想:咨询服务、展览宣传、为民修谱等。目前《浙江家谱数据库》只需登录浙江图书馆网址即可查询,不愿意使用计算机的老年读者则可通过书本目录来查阅家谱。

2.3 古籍书刊的检索服务

卡片式的目录已不符合时代的要求,以手工检索方式进行古籍检索,速度慢,查全、查准率低。古人治学不讲究学科的精细划分,文史哲不分家,有时为查找一个人、一件事或者一段引文,往往要花费几小时甚至几天的时间。古籍数字化给读者检索带来便捷。要想在《二十四史》电子版中查找某一历史人物的传记资料,几分钟时间就能查全。研究人员可以在一日之内查遍所有相关古籍以及后人的研究成果。古籍数字化趋势不仅可以省却我们无数梳理资料的劳动,而且能很容易地得出我们所需要的分析结果。网络的运用可以实现数据共享,只需把自己的计算机联网,足不出户,就可以遍查天下古书。不远的将来,不仅古籍整理研究的手段、方法将有一个根本性的改变,而且整个古籍整理研究的概念也将发生一场革命,古籍整理研究人员将把更多的精力和时间投入更高级的智力劳动。

2.4 本省及外省方志的使用

2002 年 5 月,财政部、文化部联合发出《关于印发中华再造善本工程实施方案的通知》,启动中华再造善本工程,利用现代出版印刷技术,使珍善孤本化身千百,传承文化,合理利用,繁荣学术。目前工程的第一期制作及提要撰写工作已完成大半,再造善本已经走进高等院校的校园，摆上学者的书案，成为收藏家的新宠。在图书馆，再造善本已经代替原件接待读者阅览使用。中华再造善本工程使收藏和利用的矛盾得到了较好的缓解。这是国家经济实力的体现，也是国家加大文化投入，构建和谐社会的具体举措。

3 古籍服务工作“软环境”的开发建设

3.1 工作人员掌握必要的技能

由于古籍图书的专业性较强，所以它的读者群相对稳定，并大都文化层次较高，而高校图书馆普遍收藏古籍图书数量有限。因此，这部分读者群体对公共图书馆有较大的需求。公共图书馆从事读者服务工作的人员，要具备丰富的知识和掌握必要的技能：古代汉语基本过关；认识并会写汉字的繁体字；熟练掌握有关工具书的检索方法；了解目录学及版本学的知识；掌握计算机技能，等等。

3.2 宣传推广新版古籍文献

在实际工作中，我们发现有些读者，特别是少数青年读者缺乏对图书馆藏书的了解，搞不清图书馆藏有哪些可供自己利用的新版古籍，再加上缺乏经验，认为凡是古籍就应到古籍部阅览而忽视了新版古籍的存在。当需要某种古籍文献时，往往不咨询，也不检索，直接来古籍部利用珍贵古籍文献，致使该类新古籍有入藏，也得不到利用，因而造成文献资源的浪费。对此，图书馆应通过计算机网络加强对馆藏各种材质、不同载体新版古籍文献的宣传，充分向读者揭示馆藏、评价馆藏、推荐馆藏，拓宽读者了解馆藏的渠道，以利于读者熟知馆藏并积极去利用这些馆藏，达到提高新版古籍的利用率和保护珍贵古籍文献之目的。

3.3 建立以读者需求为调节手段的“活”的服务

所谓“活”的服务，是指能因人因时因一切需要顾及的因素而制订的服务方式，即以读者的具体文献需求为导向：读者用什么，我们就供什么，满足什么；读者何时用，我们就何时供，何时满足。力求达到读者的需求与图书馆的供应完全同步，以取得读者服务工作的最佳效率和效益。针对不同读者群体的多层次的文献需求，我们要改进传统的服务方式，变被动的封闭式服务为主动的开放式服务，为研究型读者的课题开展专题服务、跟踪服务；充分利用网络资源，将网页上的有用信息合法下载；适应信息资源网络化的趋势，积极开展馆际互借；为跟踪的项目编印专题目录、索引，为读者提供图书馆资料式的文献线索；积极开拓新的服务领域，主动开展代查、代借、代检索、异地复制等项服务，进行来电、来信咨询，扩大服务范围，提高图书馆的服务质量，提高图书馆的自身价值和社会地位。

3.4 和谐的团队精神

在科技发达的现代社会中，许多重大的科研项目或课题，都需要团结协作完成。同样，在各项读者服务中，图书馆员也应发挥团队合作精神，交流经验，优势互补，分工合作，配合默契，以一种共同的使命感、全局观来完成服务读者的任务，共同协作承担重大、复杂的服务工作。

3.5 良好的沟通技巧

为了深入地了解读者真实需求，准确地引导读者，充分利用图书馆，图书馆员必须掌握良好的沟通技巧。在与读者的交流中，无论是口语或肢体语言，都要清晰简洁；对读者的需求，要面带微笑，认真倾听，充分沟通，与读者建立良好的关系，并为其提供满意的服务；较好地解决“服务—需求”的矛盾，以自身的职业表现树立图书馆良好形象。

公共图书馆在读者阅读古籍方面应起导向作用，以开放的姿态，为公众提供多元化服务，从而在满足不同读者群需求中实现和发挥图书馆的社会效益，促进社会的全面发展，构建和谐社会。

【参考文献】

[1] 国家图书馆. 文明的守望——古籍保护的历史与探索. 北京：北京图书馆出版社，2006.

[2] 潘筱琴. 公共图书馆外文读者的特征、需求及其工作对策. 图书馆界，2000(3).

[3] 涂生媛. 研究读者需求提高服务质量. 高校图书馆工作，2004(2).

[4] 李明杰. 中文古籍数字化基本理论问题刍议. 图书馆论坛，2005(5).

[5] 詹福瑞. 图书馆事业迎来了良好的发展机遇. 图书馆论坛，2005(6).

现代图书馆核心竞争模式的构建

胡葛福*

摘　要：现代图书馆之间存在竞争，本文分析了图书馆的竞争形式，指出信息服务是图书馆的核心竞争力，充分发挥图书馆的核心竞争力是图书馆可持续发展的必然选择，并提出了图书馆核心竞争模式构建的方法。

关键词：图书馆；核心竞争力；信息服务；可持续发展；竞争模式构建

知识经济背景下的现代图书馆是文献信息中心。现代图书馆之间存在竞争，随着信息化时代的到来，图书馆之间的竞争将更为激烈。早日承认竞争，树立竞争观念和竞争意识，建立适合自己图书馆的竞争模式是关键，是图书馆可持续发展的必然选择。

1　现代图书馆的竞争属性及存在形式

1.1　现代图书馆的竞争属性

20 世纪 60 年代以来，传统图书馆逐渐吸收和应用了以计算机、通信和网络技术为核心的现代信息技术，进入了现代图书馆的阶段。现代图书馆既运用一些文献处理和信息传播的先进技术，

* 胡葛福：浙江大学图书馆文理分馆，馆员。

也存在一定的传统文献管理及服务模式;既有国家或组织资助(公益性的)的一面,也有以市场需求为图书馆信息服务宗旨(市场性的)的一面。传统图书馆一直作为社会公益性事业存在,通常是国家或某个集团给予支持,因此几乎不存在竞争问题,而现代图书馆却存在着竞争。

社会发展的基本规律告诉我们,有需求就必然有竞争,需求量越大竞争越激烈。而图书馆是社会需求的产物,随着知识经济时代的到来,人们对知识和信息的需求越来越大。图书馆是社会的文献信息中心,是知识的源泉,它的社会价值是满足社会的知识和信息需求,它取决于两个方面:它同自己的工作或自己向社会提供的服务以及社会对图书馆的需求程度成正比。过去图书馆因社会需求不强,故其重在"藏"书,而现代图书馆面对着政治、科技、经济、文化、教育等各领域的全面飞速发展,必然提高相应的知识、信息和有效的服务。由于不同的图书馆在服务质量和社会对它的需求方面是有差异的,这就决定了其价值的不同。为了获取较高的价值,图书馆间必然会产生竞争,这就是图书馆竞争性的根源。

现代图书馆竞争属性的增强有其深刻的技术和经济背景。一方面,市场经济的建立和完善,对图书馆的质量、数量和服务提出了更高的要求,也为图书馆竞争提供了一定的规则。另一方面,信息技术的全面渗透,互联网在图书馆的广泛应用,不仅改进了图书馆的硬件,还产生了诸如"电子图书馆"、"电子出版物"、"虚拟图书馆"、"数字图书馆"等理论和实践,还出现了自我服务、个性服务等极具竞争性的新概念。

1.2 现代图书馆的竞争形式

现代图书馆的竞争实际上是信息服务的竞争,体现在三个层面上:

一是与非图书馆界的竞争。根据 1975 年国际图书馆职能科学研讨会的观点,图书馆的职能由四个方面构成,即保存人类文化遗产、开展社会教育、传递科学情报和开发智力资源。知识经济时代,信息产业成为国家经济发展的支柱产业,而提供信息服务成为图书馆的核心职能,但并不是图书馆的独有功能。具有这些职能的机构不仅仅限于图书馆,比如情报所也是以传递信息、传递知识和开发利用信息资源为主要职能,博物馆也是文化遗产保护、保存单位,学校也是传播知识、开展教育的重要机构,尤其是网络的发展,其他信息机构将借助网络大量繁衍。这些与图书馆具有相同功能的信息服务机构对图书馆的生存构成威胁,尤其是作为网络检索工具——搜索引擎的出现,更成为图书馆强大的竞争对手,竞争将更为激烈。

二是图书馆之间的竞争。图书馆之间的竞争包括国家图书馆间的竞争、地区图书馆间的竞争、专业图书馆间的竞争等不同的竞争类型。图书馆间的竞争是谁藏书多、谁的资源基础雄厚、谁的服务质量高、谁的工作手段先进,谁就将拥有竞争优势,得到更好的发展。由于"信息爆炸",各馆不能收全所有的文献,馆际协作显得更为重要,资源共享成为共识。因此,图书馆之间的竞争实际上是一种合作竞争。

三是图书馆内部的竞争。图书馆作为为读者提供文献信息服务的有机体,内部要有分工。信息技术的应用、先进工作手段的采用,以及服务理念的创新都会引起现代图书馆内部结构的重组,这种重组实际上也是一种竞争。

2　图书馆的核心竞争力是信息增值服务

核心竞争力的概念源于企业经营管理领域。C・K・普拉海拉德(Prahalad,C. K.)和 G・哈默(Hamel,Gary)于 1990 年在《哈佛商业评论》发表的一篇具有标志性的文章中,引入了"核心竞争力"一词,他们把"核心竞争力"定义为技能和竞争力的集合。核心竞争力是核心能力在竞争中的表现形式,实质上是在竞争中起核心作用的生产力。它是“提高质量水平”能力、“提高效力”能力和“创造效益”能力三个方面能力的综合反映。

核心竞争力理论很快就引起企业界和理论界的共鸣,并得到广泛的普及。对于企业来说,核心竞争力取决于其核心业务,也就是要有明确的市场定位和明确的核心产业。按照这个观念,我们也应该明确现代图书馆的核心业务,从而形成图书馆的核心竞争力。图书馆的核心业务是随着形势的变化而不断变化的。以前我们一般把分类、编目等技术性较强的工作看作是图书馆的核心业务,往往把一些高层次的人都集中到这些部门,后来又增加了图书馆自动化系统。但终归来说都属于后台处理业务。而现在图书馆的核心业务应该从后台转向前台,就是直接面对用户的信息服务,尤其是信息增值服务。图书馆只有在这些方面狠下工夫,才能赢得生存的空间。

“个性化信息定制服务”是目前国内外正在兴起的一项服务项目,国内学术界已经开始进行一些引进性质的研究,但没有形成具体的思路。国外已开发出具体系统,并且已用于图书馆的实际工作中。如美国的华盛顿大学图书馆、北卡州立大学图书馆、康奈尔大学图书馆的“Mylibrary”已投入运行,社会效益非常好。浙江大学图书馆正在试验以推出“我的图书馆”服务项目。这是一个非常有前途的事业,是符合时代潮流的。大规模的标准化生产和服务是工业化时代的一个基本特征,产品面向社会群体,抹杀了个性化;而在信息化社会,追求个性化的欲望加强,技术也提供了可能性;所以个性化定制产品和服务开始流行,并已成为信息化社会的基本特征。

所谓个性化信息定制服务,就是用户通过定制个性化的网页,组织自己所需的信息资源。由图书馆为用户组织和推送个性化的信息,免去用户自己查找的麻烦,大大方便了用户。而且由于定制的个性化网页独立于浏览器和电脑,用户可以在任何一台电脑上自由取用而不受限制。用户只需将自己的信息需求告诉图书馆的相关系统,系统就会定期地把搜索到的相关信息推送给用户,用户再根据自己的需要把信息组织到自己的页面上,形成自己的个人图书馆。这无疑是一个非常振奋人心的领域,正好能发挥图书馆的优势。通过这个项目,图书馆有了与市场对接的载体,就可以形成自己特定的市场。我们有理由乐观地认为,这个市场是存在的,而且市场前景广阔。这正是图书馆的核心竞争力之所在。

现代图书馆的核心竞争力是指图书馆在充分发挥自身资源优势的基础上,能最大限度地满足社会需求并不断发展的能力。它应该包括两个层面的内容:一方面是独特的资源优势;另一方面是强有力的创新和开发能力。所谓资源优势,是指图书馆所拥有的文献信息资源,不论是什么形式的,具有与众不同之处,并且这种不同可以形成持续不断的竞争优势。所谓创新与开发能力,是指图书馆在信息服务方式、领域和技术等方面具有创新能力,在知识、信息的深度开发和利用方面具有较强的竞争力。

3 构建现代图书馆核心竞争模式

图书馆在人才、知识和信息资源及现代化信息处理设备方面具有很强的优势,它具有较强的潜在竞争力。这些优势之所以潜在,是因为发挥这些优势的作用在很大程度上受制于旧的管理体制和传统的观念。因此,图书馆应积极进取,构建现代图书馆核心竞争模式。

3.1 新理念的构建是图书馆实施核心竞争力的前提

面对激烈的竞争环境,图书馆在管理理念方面要进行创新,引入一些先进的管理理念:①持续发展观。它是图书馆实施持续发展战略的先导。图书馆不仅要立足于现实,更要放眼未来,追求全面、整体、和谐的发展，摆脱传统发展模式的束缚，与社会环境始终保持平衡、协调的发展关系，并不断推进自身的持续发展。②竞争生存观。激烈的市场竞争威胁着图书馆的生存，优胜劣汰的市场规律要求图书馆人必须形成随时根据社会环境和技术环境的变化进行适应性变革的新观念。③开放服务观。在网络环境下，必须摒弃闭关自守的传统思维，树立在时间、空间、服务对象、内容、方式方法上的全方位开放服务观。④市场经济观。市场观念要求按市场规律重新配置资源和规范图书馆的行为，只有遵循市场经济规律，依托信息优势，增强资源有偿服务的针对性、效益性、指导性，培育图书馆的信息产品和服务市场，图书馆事业才能不断发展壮大。图书馆树立企业经营理念和市场营销意识，可以增强市场竞争和抵御市场风险的能力，步入良性循环轨道。⑤产业经营观。信息是一种无形的商品，图书馆作为收集、整理和传递信息的机构，必然具有产业的属性，在参与市场活动时必须以产业身份出现才能真正发挥作用。⑥以人为本观。以人为本是现代管理的基本思想，其关键是造就大批敬业、勤业、精业的人才。做好人的工作，提高职工素质是现代图书馆管理的主要内容。

3.2 加强人力资源建设是提高图书馆核心竞争力的根本

首先，必须重视馆员知识技能的学习和积累。图书馆应当是学习型组织，图书馆的管理者和馆员的知识、能力、素质直接影响图书馆核心竞争能力，强大的核心竞争能力必须要以高素质的人才为基础。其次，建立有利于人才培养的人力资源开发培训机制。再次，完善人才选拔机制。在人才选拔上要摒弃论资排辈的观念，用新的方式培养和选拔人才，用新的观念认识和选拔人才，提高人才的使用效率，最大限度地发挥人才的创造性。

3.3 加强信息资源的建设是图书馆核心竞争力的基础

现代图书馆的竞争是全方位的，谁拥有资源优势，谁就拥有竞争优势,就能在竞争中取得有利位置。现代图书馆的信息资源建设,不仅要注意传统印刷型文献的收藏,更要注意数字化信息资源的收藏,注意信息资源的优化配置和整合。在网络环境下,图书馆信息资源共享更加方便,竞争成为合作性竞争。但是,每一个图书馆都要有自己的特色馆藏,确立自有信息资源在整个网络信息资源中的特色,并以特色馆藏数字化建设及特色资源服务方式来吸引用户,建立自己的固定用户群,拓展潜在用户群,发展网络信息用户,最终取得竞争的胜利。

3.4 实施图书馆服务方式的创新是图书馆核心竞争力的手段

江泽民同志曾明确指出:“创新是一个民族不竭的动力。”没有无止境的创新,就没有人类不断膨胀、积累的知识财富。在面临竞争时,图书馆应该不断推陈出新、更新观念、转变思想,在服务方式、内容和人员管理等方面创新,建立创新服务体系。

传统意义上的图书馆信息服务是被动消极而保守的,图书馆与读者之间的关系是单向的,读者根据自己主观需要来馆,图书馆工作仅局限于借借还还。现代图书馆服务应是开放式指导性服务,图书馆与读者之间相互影响、相互促进。强化网络信息服务意识和提高读者服务的信息含量,利用互联网开展网上信息咨询服务、最新信息报道服务、个性化信息服务和虚拟用户培训服务等新的服务方式。引进现代管理方式,如人本管理、客户满意度管理、创新管理、全面质量管理等。图书馆的管理创新方向应是形成有利于知识和信息迅速传播、共享和创新的网状结构,富有弹性的网状结构能够对信息市场变化作出快速反应,从而提高图书馆的绩效。

3.5 现代信息技术的广泛应用是图书馆核心竞争力充分发挥的有力保障

20世纪90年代以来,以因特网为代表的信息技术为图书馆参与竞争提供了技术支持,尤其是数字图书馆的发展,现代信息技术广泛应用于图书馆的信息服务。如:①数字化技术。即利用计算机把文字、数值、图形、图像、声音等多种形式的信息输入计算机转换成二进制数字编码。②信息存储技术。存储技术对电子化的海量信息存储至关重要。③数据库技术。数字图书馆中庞大的数字化信息经过规范处理后需要以数据库形式存储起来,使之有序化。④网络通信技术。计算机网络通信技术是数字图书馆的基础技术支撑,也是数字图书馆实现广泛可存取、高效开放和资源共享的根本保证。⑤多媒体、超文本、超媒体技术等。这些技术在图书馆信息服务中的广泛应用,是图书馆开展信息服务的有力保障。

随着社会的发展,时代的进步,用户对图书馆的信息需求在不断变化,图书馆竞争的内外环境也在不断变化,只有各馆从实际出发,分析本馆的核心竞争能力,不断创新管理方式,创新服务内容和方式,才能在激烈的竞争中取胜,才能可持续发展。

【参考文献】

[1] 朱苏.现代图书馆的竞争属性及核心竞争力战略.图书馆理论与实践,2001(2).

[2][英]安德鲁·坎贝尔(Campell,A.),等.核心能力战略:以核心竞争力为基础的战略.严勇等译.沈阳:东北大学出版社,1999.

[3] 秦忠范.知识经济时代高校图书馆信息服务的核心竞争力.情报科学,2000(5).

[4] 王能元,霍国庆.数字图书馆时代馆员发展.大学图书馆学报,2001(9).

[5] 粟慧,杨福康.图书馆的可持续发展策略.图书情报工作,2002(2).

[6] 凌美秀.网络环境中图书馆功能的演变及其定位.图书情报知识,2002(2).

[7] 赵继海,史国祥.数字图书馆的用户管理与服务.情报学报,2001(2).

[8] 李超平,胡葛福.观念与目标决定效果——关于图书馆信息咨询服务发展模式的探索.图书馆杂志,2004(2).

信息精细化管理的探寻

金中仁　金敏婕*

摘　要:本文引入精细化管理的理念,论述了图书馆精细化管理的目标、原则,把精细化管理融入信息管理系统,提出了一种全新的规则和操作思路的模式。

关键词:信息;管理;精细化管理;技术;图书馆

图书馆在发展过程中必定会有一些特殊的时刻、特殊的问题需要面对和解决,这就是图书馆可持续发展道路上的拐点。图书馆的拐点是:破坏原有管理规则,颠覆传统管理模式,由传统定性管理转向信息化定量管理,由印刷品资料管理转向数字型资料管理,由传统信息传递转向网络传递,将为自身的价值和生存地位进行全面变革。"人—从—众"是图书馆发展的必然规律,就是创业型图书馆依靠个人能力,成长型图书馆依靠集体能力,成熟型图书馆依靠组织能力。本文将以图书馆精细化管理变革为主题,深入剖析图书馆突破管理拐点的方法,使图书馆价值达到最大体现。

* 金中仁:浙江大学图书馆华家池分馆,副研究馆员。
金敏婕:浙江图书馆,双学士。

1 信息精细化管理理念

精细化管理是一种理念和文化。它源于一种管理理念，是建立在常规管理的基础上，将社会分工精细化及服务质量精细化，并将常规管理引向深入的管理模式，是一种以最大限度地减少管理所占用的资源和降低管理成本为主要目标的管理方式，是现代管理的必然要求。

图书馆精细化管理，以提高效率与效益为目的，运用现代管理模式，落实管理责任，将管理责任具体化、明确化，对管理对象实施精细、准确、快捷的规范与控制。管理的思路是：摒弃传统的粗放式管理模式，把提高管理效能作为管理创新的基本目标，用具体、明确的量化标准，取代笼统、模糊的管理要求，改变过去经验式的定性管理模式；将量化标准渗透到管理的各个环节，以量化的数据作为提出问题的依据、分析判断的基础、考察评估的尺度，使无形的管理变成有形的管理；利用量化的数据规范管理者的行为，并对管理进程进行导引、调节、控制，从而便于及时发现问题，及时矫正管理行为。

在图书馆这个领域实施精细化管理，有必要提到图书馆战略发展的议事日程上进行思考和探索。实施精细化管理，有利于全面提升馆员服务的精品意识。精细化管理是一种以最经济的管理方式获取最大的效益，达到图书馆可持续发展为目的的管理方式。要求管理的每一个步骤都要精心，每一个环节都要精细，做的每一项工作都是精品，精心是态度，精细是过程，精品是成绩。精细化管理在服务中是用心服务、精心服务的工作思想在管理中的具体体现，其目的就是把平时看似简单、很容易的事情用心地做好，认真精心地把事情做对，有利于全面提升图书馆核心竞争能力。

图书馆精细化管理按“精”、“细”、“严”、“实”、“高”五字为目标,由点到面,逐步深入,步步提高,全面推行精细化管理(见图 1)。

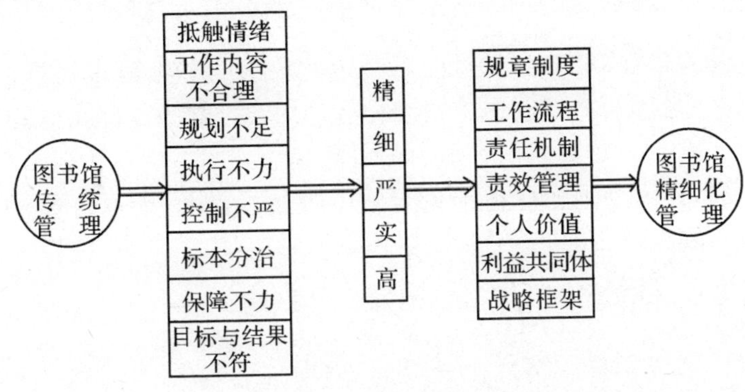

图 1　图书馆精细化管理内涵

"精",即业务精,做到干一行精一行,发挥最大的潜能。用岗位标准严格要求自己,立足本职,大胆创新,敢于争先,争做本行业的专家。"细",即制度细、任务分工细,使各项工作件件有人管,事事有人做,项项细落实。从工作标准到任务完成都有明确的规定,精细到人,责任到人。"严",即标准严,高标准做好每一项工作。在考核过程中,本着有利于提高工作,有利于调动积极性的原则,按量化标准严格考核。"实",即工作实。要实事求是,以服务为中心,求真务实讲实效。"高",即目标高,工作目标高。以争做第一的精神,努力做好各项工作,力求达到标准化、制度化、经常化、规范化、科学化的目标。

图书馆通过精准的管理加强对过程的控制,以管理精细化带动信息化,以数字图书馆为突破口加快图书馆信息化步伐,回归信息效益主题,培育基于全面信息化、具有强大的研发实力和高效的信息集群服务网络的精细化管理流程。

2 信息精细化管理的瓶颈与突破

随着信息经济的高速推进，精细化成为图书馆未来发展的必经之路。目前，实行图书馆精细化管理的条件并不成熟，管理的粗耕化严重制约着图书馆竞争力的有效提升。图书馆要达到精细化管理的效果，必须抓住精细化实施中的瓶颈，进行重点管理，集中突破。

2.1 信息精细化管理的瓶颈

1. 馆员的抵触行为

在图书馆调查中，经常会发现，馆员对上边布置的事情往往并不“理解”，认为那样做对他们并没有什么用，有的馆员甚至按照自己的理解行事。

为此，让馆员具备精细化管理的基本常识，让他们知道精细化管理的主要内容、基本方法及重要意义，大家达成共识，知道什么是对，什么是错，应该如何去做，为什么要这样去做，就可以减少自作主张或持怀疑态度的抵触行为，最大限度减少内耗损失，降低人力资本成本。

2. 岗位工作内容不尽合理

特别是基层馆员，事情又多又杂，工作内容往往是由基本工作、临时性工作、阶段性工作、协助性工作等构成的复合体，岗位目标不明确，岗位内容不易量化。馆员为了完成任务，应付考核，只好哪一样都抓，结果却哪一样都抓不好。没有工作中心，难以进行量化考核。

馆长应站在馆员“执行状态”的角度，首先要正确考虑馆员承受专业难度和强度的极限，合理地设定岗位职责和工作量。尽量不要超越馆员专业工作能力极限，不熟悉的工作，不要勉为其难。

超过了这个极限，只会使应变能力有限的馆员感到困惑，造成工作抛锚，带来不必要损失，影响工作效率和效益。其次工作量要适当。无论是人，还是计算机，都有一个正常工作的时限和节奏，都有一个极限的标准。一味地追求挑战极限，让馆员疲惫作战，只会让精细化变成粗耕化。一会扯到东，一会扯到西，也会造成哪一方面都顾不到的结果。“简单的事情重复做”，是精细化的特点，这样才能达到高质高量的理想效果。

2.2 信息精细化管理的突破

1. 做好规划

随着精细化管理进程的推进，信息瞬息万变，竞争日趋激烈，读者对图书馆的要求越来越高，竞争的背后往往隐藏着系统、周密的规划。因此，要做好部门性规划与补充性规划，不仅仅是为了赢得竞争的胜利，同时对整体规划也起着调整、补充、提升的战略性作用。没有经过精心规划的粗耕化管理，馆员单凭个人经验和想法各自盲目上阵，终会弄得大小问题一大堆，最终将破坏图书馆精细化的规划。关键是各部主任应该把好这个关，有问题应及时反映，争取协调与支持，使整个管理畅通。

与读者直接“面对面”沟通接触的部门，是构成木桶的一块重要的板。部主任担任着领导者与执行者的双重角色，但他们中的绝大多数更习惯于做一个执行者，规划对于他们来讲，并不是他们的专业长项或者说根本就抽不出时间。在这种情况下，规划部门必须给予技术指导，或引进咨询外脑协助处理。必须坚持不懈地提升图书馆管理的短板，填补管理的漏洞、缝隙，并进行护理，水才会越来越满。反之，因为某个小小的漏洞、缝隙，导致“细水长流”，桶里的水定会越来越少。

2. 严格执行

赢在执行——一个陈旧却又新鲜的话题，说其陈旧，是因为这个道理似乎无人不晓;说其新鲜,是因为执行不力而造成任务失败的例子不胜枚举。我们必须强化馆员的精细化意识,特别是各部主任的精细化意识。

首先,布置不等于完成。往往有一个误区,只要方案好,其他问题就不用多考虑了。试问:把一个好的方案放在抽屉里,它会自动生效吗?答案显然是:不能!它必须借助于不折不扣的执行。

布置以后,馆员是否就能立刻弄清执行的意图、要点、方法、步骤、技巧等,这还需要一个过程,较为复杂的执行更需要示范、演练、指导等。真正到了执行的时候,会遇到什么障碍,该如何去解决等还是未知因素。竞争、复杂的社会环境中,任何事情都不可能处在一种理想的"真空世界"。

其次,严格是保障。精细化是市场竞争的产物,管理的核心是管理有序化。形象地说,馆员就像电子游戏中的主角,除了要战胜对手攻击,还须跨越沟壑等自然障碍。没有较强的执行力,执行的效果定会大打折扣,甚至根本就执行不下去。

管理中,上岗上线是从情理的角度看问题,严格与否是从事理的角度看问题,只要有人开绿灯,就一定有人会效仿。这样的执行,从开始到结束,执行就会递减式地打折,最后,干脆就不执行了。所以,执行必须严格,对于执行力不强的馆员,可以通过轮岗培训等方式进行提升,使其达标。对于严重违规的害群之马,绝对不能姑息。

再次,控制过程。在执行的过程中,馆员到底是在认真执行,还是在应付了事,什么样的动机都有可能存在。过程的控制重点是将馆员进行分组,缩短管理的宽度。由一名德才兼备、有威望的馆员担任组长。组长负责监督、指导各组员的执行工作,并直接对馆长负责。加强执行过程的跟踪,小组之外可设立总监,可采取反复检查的行动,专门负责对执行过程进行抽查指导。加强执行的反馈,对执行过程必须如实地进行总结和汇报,对遇到的问题要求及时反馈。建立赏罚分明的规章制度,树立榜样,激励众人。

3. 标本同治

管理中,图书馆为了一味追求目标管理,往往导致大多数领导为了目标而目标,领导要求馆员方面也只看目标,最终造成馆员不择手段地追求目标的恶果。馆员采取什么样的手段和方法去达成目标,这些手段和方法是否已经损害了图书馆既有的形象和利益,是否损害其他部门的利益,是否根本就是为了目标而凑数等,则无人问津。

赢了目标,却丢了形象或损害了利益,实际上就是顾此失彼。所以,治标是针对现象,治本则是针对本质。图书馆必须标本同治,管理,管是手段,理才是目标。目标管理可以量化,这是它的优点;但一味地追求"量化",就会让馆员变成被动执行,不但会丧失主观能动性,甚至有人会钻制度的空子。

图书馆必须正确考虑管理中的非量化重要影响因素,在实施标准化管理的同时,适当地考虑以个性化管理手段进行补充,管理才能优化。尽量避免一刀切,充分调动馆员的主观能动性。只有将被动式管理转换为能动式管理,才能达到标本同治的效果。

精细化管理是一项复杂、系统、艰巨的工作,图书馆应该根据自身的情况,以及面临的核心问题,制订针对性较强的应对措施,精细化管理才能取得成功,才能进一步提升图书馆的价值。

3 信息精细化管理发展战略

培养馆员精细化管理的理念和意识,养成精细的工作作风,使精细化成为每个馆员的习惯;最大限度地减少工作缺陷;优化业务流程,每个环节有机衔接,每个子系统都符合大系统的内在要求,实现系统高效运转;合理设置组织机构,以适应高效、便捷流程的需要;明晰各部门职能、各岗位职责,规范各工种操作标准,科学制订评价体系和考核机制，形成一套相对完善的精细化管理制度；在图书馆形成一套统一、科学、系统的精细化管理模式，最终建立起高效的内部运营机制(见图 2)。

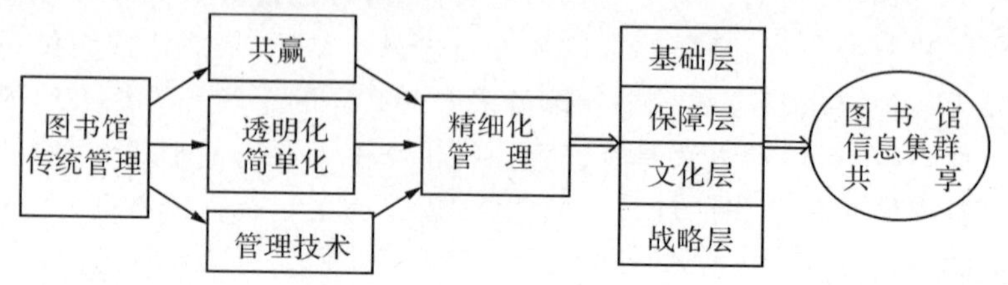

图 2　精细化管理流程

3.1　共　赢

共赢机制是图书馆管理人员通过及时的信息反馈，帮助图书馆不断提高信息质量控制水平，降低信息质量成本，同时使读者的利益不受到影响，图书馆的信息竞争力也大大增强，实现互利共赢的良性循环。建立起价值共赢机制的共同体，让图书馆获得了对信息的控制力，提高了对读者、信息供应商、馆际互交的可控性。

“一切用数字说话”，图书馆的每项决策都要经过数字计算，共赢机制是建立在数字的基础之上的。数字，是图书馆高效率信息化系统的支撑。在图书馆，每个馆员都可以从信息化网络中找到自己的“节点”，最大限度地提高图书馆的信息反应力，降低信息运作成本。通过加大新数据库研发和信息流通的经费投入，使信息流通实现突破性增长。图书馆通过对读者的竭诚服务，使读者的忠诚度提高。

3.2　透明化与简单化

对于图书馆来说，图书馆精细化管理是透明的、公开的、清晰的、可见的。精细化管理给图书馆带来了和谐的人际关系，使复杂的事情简单化，简单的事情不会被人为复杂化，大大增强团队合作意识。

图书馆精细化管理包括一体化的信息化管理系统，从清晰的分析、严格的制度，到精准的管理、科学的绩效考核，再到务实的办事目标、激励机制等等，图书馆的精细化管理信息系统已经触及图书馆管理的每一根神经，传统的“人情”、“关系”已经被“数据”、“按章办事”所替代。因为流程的透明，一切数据都在信息系统中可查，使权力的授予和执行变得可控，原来在奖金分配、岗位激励等方面的矛盾也迎刃而解。将每个馆员转变成以服务和网络的填补、建设、维护为主要职能的办事员，强调在信息化管理的过程控制中下达工作目标，完全以业绩说话，使馆员的运作能力更专业化。这样的运作模式可使图书馆读者队伍不断扩大而且更加稳定牢固。

3.3 管理艺术与管理技术

20 世纪的图书馆管理，更借重基于图书馆领导个人魅力的管理艺术。现在，数字技术和网络技术已使图书馆管理向管理技术发展。作为一种基于管理技术出现的精细化管理思想，针对执行中出现的新问题，进一步实施再分析、再完善、再总结、再提高，做到循环递进，螺旋上升，最终形成持续不断创新的工作机制。图书馆的精细化管理顺应了这个潮流。

精细化管理是对管理科学的执著追求，是一种上下一心追求极致的大众思维模式。图书馆能否生存发展，决策的科学化、管理精细化起着决定性的作用。“精者，去粗也，精心筛选，从而找到解决问题的最佳方案；细者，入微也，究其根由，由粗及细，从而找到事物内在联系和规律性。”这段话用在图书馆精细化管理决策上是再恰当不过了。

图书馆必须把建立在信息化基础上的精细化管理作为图书馆管理的核心竞争力来大力加以培育和发展，为图书馆的战略目标服务。在“网络”、“研发”、“信息精细化管理”三大优势的引领下，富有激情和专业精神的图书馆人将开创更加美好的未来。

【参考文献】

[1] 温德诚.政府精细化管理.北京:新华出版社,2007.
[2] 刘玉瑛.关键在于落实.北京:新华出版社,2006.
[3] 汪中求,吴宏彪,刘兴旺.精细化管理.北京:新华出版社,2005.
[4] 汪中求.细节决定成败.北京:新华出版社,2004.
[5] 王文君,杨国福,梁震戈.基于网络技术的高校图书馆信息管理系统的研究,现代情报,2006(4).
[6] 余地.试论图书馆的服务细节管理.高校图书馆工作,2006(5).
[7] 郭培文,谢国明.精细管理提升企业竞争力.现代企业,2006(10).
[8] 严韧.战略信息管理相关问题探讨.现代情报,2006(10).
[9] 刘长琨.当前中国企业高管人员应当重视的几个问题.中央财经大学学报,2006(2).
[10] 杨荣军.企业的精确化管理浅析.中国科技信息,2006(3).
[11] 朱乃肖.细节VS战略,到底谁决定成败?大经贸,2006(2).
[12] 刘必奎.战略执行力与精细化管理.化工管理,2006(9).
[13] 龙云.细节管理就是创新.决策探索,2005(3).
[14] 温德诚.精细化管理浅谈.管理与财富,2005(3).
[15] 贺超,庄玉良.信息技术与业务流程再造.经济与管理,2004(4).

知识管理:拓展图书馆功能的新平台

王晓青*

摘　要:知识经济时代的图书馆具有知识管理的新功能。图书馆知识管理作为一个新概念,它体现了特定的含义、内容和方法论。将它新的服务平台揭示并固定下来,可以更好地展示图书馆为社会经济服务的初衷。

关键词:图书馆;知识;管理

知识经济时代,图书馆的主要功能已由传递文献为主拓展为知识管理为主,即围绕知识创新开展工作,开发知识资源,为发展社会经济服务。本文拟就知识管理的含义、图书馆的知识管理及其方法论展开探讨。

1　知识管理的含义

中国五千年的发展史,曾积淀丰富的关于知识的探索。知识一词在《辞源》中有两种解释:其一是"相识见知的人";其二是"指人对事物的认识"。1980 年版的《辞海》将知识定义为"人们在社会实践中积累起来的经验",并指出"从本质上说,知识属于认识的范畴"。《现代汉语词典》中的定义是"人们在社会实践中所获得的

* 王晓青:舟山市图书馆辅导部,主任,馆员。

认识和经验的总和”。在西方，柏拉图将知识定义为“经过证实的正确的认识”。彼得·F·德鲁克指出：“知识是一种能够改变某些人或某些事物的信息——这既包括使信息成为行动的基础的方式，也包括通过对信息的运用使某个个体（或机构）有能力进行改变或进行更为有效的行为的方式。”以上提法，使知识不再是一个简单的无序集合，而是被纳入了一个动态的、个人或组织相交互的系统。1998年3月，国家科技领导小组办公室在《关于知识经济与国家知识基础设施的报告》中，对知识给出如下定义：“经过人的思维整理过的信息、数据、形象、意象、价值标准以及社会的其他符号化产物，不仅包括科学技术知识——知识中最重要的部分，还包括人文社会科学的知识，商业活动、日常生活和工作中的经验和知识，人们获取、运用和创造知识的知识，以及面临问题做出判断和提出解决方法的知识。”这一定义基本概括了人类经过实践积累而逐渐形成和深化的对知识的较为全面的理解。

但由于作为以知识为对象的知识管理是管理领域的新生事物，大家对它还缺乏全面的深刻的认识，因此目前还没有一个一致公认的定义，各国学者仅从某一角度提出自己的见解。按照美国德尔集团创始人之一卡尔·弗拉保罗的说法，“知识管理就是运用集体的智慧提高应变和创造能力”，是为企业实现显性知识和隐性知识共享提供的新途径。欧勒锐认为：“知识管理是将组织可得到的各种来源的信息转化为知识，并将知识与人联系起来的过程。知识管理是对知识进行正式的管理，以便于知识的产生、获取和重新利用。”这种解释着重阐明了信息、知识和人在知识管理过程中的不同角色。法拉普罗认为，知识应有外部化、内部化、中介化和认知化四种功能。外部化是指从外部获取知识，并按照一定的分类将它组织起来，其目的是让想拥有知识的人拥有通过内部化和中介化而获得的知识；内部化和中介化所关注的分别主要是可表述知识和隐含类知识（或称为意会知识）的转移；而认知化则是将通过上述三种功能获得的知识加以应用,是知识管理的终极目标。国内学者邱均平教授认为:“知识管理是使人、过程以及技术完美地结合起来,以使组织机构的与信息相关的成分,变成能为企业带来价值、优势和利益的动态的知识财富集合。知识管理是一种文化、生活的方式,或者说是一种做事的方式。”王伟光博士认为:“知识管理是对信息、技术即知识的管理和对人的管理的统一,它要求把信息与信息、信息与活动、信息与人联结起来而形成知识网络,实现知识共享,并使传统组织结构发生变化,以适应‘知识工作者’的出现和发展,进而通过‘任务集中的团队’来实现组织内外多重利益关系的协同—双赢战略。”

从上述各定义的表述中,我们可以看出知识管理是一个内涵极其丰富的管理领域,不仅管理对象多样化,而且管理角度也是多面的。知识管理表现出的特点有:第一,知识管理是基于对“知识具有价值,知识能够创造价值”的认识而产生的,其目的是通过知识的更有效利用来提高个人或组织创造价值的能力。知识管理的基础活动是对知识的识别、获取、开发、分解、使用和存储。第二,对于经济实体而言,知识管理是一种全新的经营管理模式,其出发点是将知识视为企业最重要的战略资源,把最大限度地掌握和利用知识作为提高企业竞争力的关键。第三,知识管理不仅是最新的管理方式,而且代表了理解和探索知识在管理和工作中的作用的新发展,这种理解和探索的方式更加有机、全面。第四,知识管理产生的根本原因是科技进步在社会经济中的作用日益扩大。

2 功能拓展——图书馆的知识管理

现代图书馆具有开展社会教育、传递科学情报、开发智力资源等主要职能,这中间也蕴含着知识管理的功能,从而体现了图书馆社会功能是个拓展着的变数,并积极参与社会经济生活。图书馆的知识管理主要包括以下各方面的内容。

2.1 图书馆知识编码化

图书馆知识编码化，是指对图书馆以书刊为主的各种载体所蕴含的知识通过计算机进行输入、分类、标准化等一系列的加工和处理，使其便于公开、共享和交流，并能通过网络进行传递、利用。知识编码化是组织实现知识管理的一个重要基础。知识一般分为显性知识和隐性知识。显性知识编码化即通过文字输入的方法或扫描的方法形成电子文本，建立一定的子目录系统进行计算机管理。它的意义在于：一是电子文本将有利于交流和共享；二是进行标准化处理有利于知识的存放和积累。隐性知识是指隐含经验类知识，它存在于员工的头脑中或组织的结构或文化中，无法用语言或书面材料进行准确描述。但隐性知识也可以通过一系列管理程序的操作而得以逐步加强。一整套 ISO9000 质量或评估认证就可以将大量隐性知识提升到程序性和操作性文本中来，从而提高管理水平。

2.2 引进应用信息技术

美国战略管理学家迈克尔·波特认为，企业每项生产经营活动都是其创造价值的活动，企业中所有互不相同但又相互关联的生产经营活动，便构成了创造价值的一个动态过程，即价值链。这一点对图书馆同样适用。知识是图书馆的财富，图书馆的知识随着其事业的发展而积淀下来，图书馆知识管理的实质就是对知识价值链进行管理，使图书馆的知识在运动中不断增值。同时，成功的图书馆知识管理不仅在于对价值链中的各个环节进行管理，而且在于优化各个环节之间的关联，加快图书馆知识的流动速度，使知识成为图书馆系统永不枯竭的资源。

2.3 构建知识仓库

为了满足知识管理和知识决策的需要，可以对现存的图书馆数据库进一步扩充,成为满足知识管理需求的知识仓库。知识仓库能够对不同类型的知识和不同形式的知识诸如纯文本、二进制对象、模型等进行捕捉、存储、编码、组织和分析。另外,这些知识还包括元知识(关于知识的知识)和分析后产生的新知识。知识仓库包括六个主要构件:①共享和获取隐性知识模块。表现为行为跟踪、动作缓释,提供一个平台,让大家各抒己见,基于模型环境的数学模型抽取,基于专家环境的规则抽取。②获取显性知识模块。这个模块功能类似于数据库中相应的功能,能够对显性知识进行搜集和筛选。③知识的抽取、转换和存储模块。这个模块是知识仓库的基本构件,它是一个面向对象的知识库管理系统,集成了图书馆知识库、模型库和分析任务等。④知识分析模块。处理所有与分析任务有关的活动,包括知识工程、任务控制、判断生成和技术管理。⑤用户界面模块。处理知识库管理系统和用户间的所有分析通信,包括判断界面、输入处理器、输出处理器、在线帮助和系统管理员界面。⑥反馈环。一是从用户界面模块到知识分析模块之间的环;二是从知识分析模块和用户界面模块到获取显性知识模块之间的环;三是从用户界面模块到共享和获取隐性知识模块之间的环。

2.4 建立学习型组织

组织终身学习、知识共享、提高图书馆员工的素质将是图书馆知识管理的一项重要职能和目标。图书馆应开展经常性的培训以及团队学习活动,即修炼自我超越,不断理清和加深个人的真正愿望,集中精力,培养耐心,并客观地观察现实;改善心智模式,掌握服务环节的契机和推动图书馆的变革;建立共同意愿,从内在愿望上组织员工努力学习和追求卓越,增强图书馆的凝聚力;增进团体学习,发展团体整体搭配与提高实现共同目标的能力,不断提升图书馆的创造力和竞争力,以便更好地提供社会服务;进行系统思考,唯有对整体而不是对任何单独部分深入地加以思考,才能够了解系统的全面。使学习型组织适应团队工作而不是个人工作,适应于项目性工作而不是职能性工作,适应于创新而不是重复性的任务,有利于图书馆的知识更新和深化,有利于图书馆集中资源完成知识的商品化,有利于图书馆对时代的再适应能力。

2.5 组织基准管理和最佳实践

基准管理或称为标杆管理,是一种管理理念,也是一种管理方法,其核心是向业界最佳图书馆学习。从知识管理角度讲,基准管理正是推动管理进步,它为管理知识化找到了目标,为进步安上了阶梯。作为一种管理方法,基准管理面对管理实践,要求在实践中制定基准管理目标;检查图书馆业务流程,找出不足;寻找基准,研究策略;系统学习,实现目标;评价与提高。基准研究的所有阶段都相互贯通,是一个多次反复的循环过程,每一个循环圈都需要围绕基准管理的目标、基本概念和基准研究假设进行有意识的精心思考。

2.6 设立知识主管

知识主管是指在图书馆领导层设置专门负责知识管理的业务主管。同企业相仿佛,图书馆知识管理的主要职责是:制定知识政策,提供支持和帮助员工成长。知识主管的主要任务有:了解图书馆的环境,理清图书馆用户的知识需求;建立和造就一个能够促进学习、积累知识和信息共享的机制;监督保证知识库内容的质量、深度、风格,包括信息的及时更新;保证知识库设备的正常运行;促进知识集成、知识生产和知识传播乃至知识共享的过程等。知识主管的工作具有探索性和挑战性,这不仅体现在工作的创造性上,而且由于这些职位无先例可循,几乎没有历史经验可以传承。有一位管理学者说过:“雇员之所以重要,并不是因为他们已经掌握了某些秘密和知识,而是因为他们具有不断创新和创造新的知识的能力。造就杰出知识主管的,是灵活性和对智力的战略性运用意识。那种认为人在没有先例可循的情况下能够训练有素地丰富、支配和管理不断发展的知识中心的观点未免要求太高。”目前,知识主管在图书馆中的作用到底有多大,还有待于进一步实践。

3 图书馆知识管理的方法论

如果说工业革命起源于牛顿力学的话,知识革命则源于20世纪初的相对论、量子力学。组成物质世界的量子的波粒二相性、测不准原理、互补性等基本原理,为解释物理世界的变化性提供了新的理论基础。爱因斯坦、尼尔斯·波尔这两位科学巨匠的科学理论不仅引发了人类历史的根本变革,更引起了方法论意义上的革命,从而为人类的认识与行为提供了新的指导。在相对论、量子力学等科学理论的影响下,科学哲学得到迅速发展,人们对科学方法论的探讨取得了一系列的成果,包括库恩的科学革命的结构、波普尔的证伪主义、费耶阿本德的“怎么都行”和拉卡托斯的“研究纲领”等。这些成果为探讨知识经济问题打下了基础。知识经济时代的到来,将对人类的世界观、认识论、价值观等产生巨大影响。知识将成为图书馆考虑一切问题的出发点,图书馆领导及其员工判断问题的标准、研究问题的方法以及价值取向都将发生变化。正是由于知识的特殊性,知识管理也需要更多地强调方法论的变革,影响图书馆管理思想变革的方法论主要有:

3.1 自下而上的行为准则

传统的组织工作思维方式是“自上而下”的。“自下而上”则正好相反,在以知识和信息处理为主的现代图书馆中,部分决策下放到中下层,领导层只负责图书馆长远战略和与长远利益有关的重大事务。如果“应当”不是来自上面的命令,那么,它就不再是一种禁令,而是一种自我表现。随着社会觉悟的提高,“应当”将被“意愿”所代替。我们应当把图书馆所要做的工作看成是积极的,而不是消极的，看成是由不断的连续的意愿所组成的，而不是由束缚和禁令所组成，那么它将产生一种建设性的力量。因而，近年来“自下而上”作为一种理念，已经得到广泛的认同，并在一些图书馆管理中加以应用。领导就是服务，这种观念在知识经济时代是再适合不过了。领导者转变为服务者，并不是馆长的身份的转换，而是观念的转换。

3.2 进化论的组织规则

达尔文进化论是有关生物自然进化的主要理论。环境变化是图书馆进化的外部条件。而从内部来讲，任何图书馆的演进又都有其内在的发生发展规律，这就要求无论在图书馆的规模、能力、组织网络等方面，图书馆的演变都应该是渐进的。另一方面，技术变革和创造性是图书馆进化与演变的内部机制。图书馆人本化管理已经成为大家的共识，它要求图书馆具有更大的灵活性。技术变革往往推动着图书馆的变革。《第五代管理》的作者查尔斯·M·萨维奇指出，第五代管理则以组织的扁平化、知识联盟和任务为特征，“这些组织形式的更替是与技术变革密切相关的，特别是信息技术的发展，为组织结构变革提供了更好的条件”。因此，进化论作为一种方法，不但要求图书馆通过变革适应外部环境，而且还要求图书馆进行持续性的反省，不断调整自身结构。

3.3 知识在使用中体现价值

随着知识经济时代的到来，人们对知识的认识越来越深刻。知识的价值越来越直接地体现在图书馆文化中。比尔·盖茨等世界巨富的出现，标志着知识作为一种生产力要素，将给社会带来巨大的财富。知识的使用原则已深入人心。各图书馆先后制定了若干发展规划，确保将科学理论及时转化为可使用的技术、再将可使用的技术及时转化为真正的服务和产品。同时，图书馆员工也意识到知识的使用对自我发展的重要性，将所学知识有效地应用到工作中去,成为个人发展的重要能力。死背书本、理论教条的时代已经一去不复返,活学活用才能适应当今社会的发展趋势。

3.4 知识创新增值

在知识经济时代,知识创新更加重要。创造知识就意味着创造财富,英特尔的知识创新使它占据着计算机芯片的垄断地位,微软的知识创新也使它得以"批量生产"出百万富翁。知识管理的核心就是知识的使用和创新。摩尔定律告诉我们,计算机的运算速度每18个月就要翻一番。图书馆再也不能忽视知识创新的作用,因为一旦落后就会失去竞争力。为了牢固地掌握主动权,一些图书馆人正在加快知识更新的进程,重视自身的研究与开发,加强与科研院所、大专院校的联系,及时进行理论与技术的沟通,以跟上时代发展的潮流。事实上,管理大师彼得·F·德鲁克已经提出了创新的七个来源:意想不到的事情、不协调的现象、过程需要的创新、尚未意识到的产业与市场结构的变化、人口变化、观念转变,以及科学与非科学领域的新知识,已经为我们指出挖掘新知识的途径。

3.5 网络化发展原则

网络化思考方式的出现,是由21世纪改革与发展的特点决定的。由于知识在社会中的重要价值不断被人们所认识,图书馆界思考问题越来越多地从知识角度出发。而知识本身是一个庞大的、具有广泛交叉的网络系统,其中的各种关系错综复杂、相互影响。经常性从知识角度来分析和解决问题,引出了思维方式的网络化概念,它标志着图书馆观察和思考问题方式的转变。网络化问题是一个典型的方法论问题。在传统意义上,图书馆往往从垂直的、等级化的角度看待、分析和解决问题;在新世纪,图书馆应从网络化角度来看待、分析和解决问题,随之出现了组织结构的扁平化、行业联盟的构建、因特网的普及、横向比较的历史研究等。

【参考文献】

[1] 王德禄,等.知识管理:竞争力之源.南京:江苏人民出版社,1999.
[2] 严亚兰.论知识仓库的架构.中国图书馆学报,2003(3).
[3] 盛小平.国内知识管理研究综述.中国图书馆学报,2002(3).
[4] 刘茂生.图书馆知识管理管见.中国图书馆学报,2000(4).

现行社科成果评估的局限性及其对策

蔡文彬*

摘　要：本文分析了现行社会科学成果评审过程中存在的种种不合理因素，提出了将“情报评价”引入成果管理程序，建立社科查新体系的解决对策。

关键词：社会科学；成果；评估；查新

随着科学的发展和人类改造自然活动的日趋复杂，人文社会科学的作用日趋凸现。人文社会科学的作用，一是创立制度文明和推动社会进步的杠杆；二是创造精神文明、实现人的全面发展的支柱；三是解放和发展生产力，创造物质文明的工具。这三方面的作用表明，人文社会科学最密切地关涉到社会的可持续发展和深度发展，关系到政治制度文明和社会稳定。特别是我国已经进入了全面建设小康社会时期，在这一社会主义现代化建设的关键阶段，我国的人文社会科学能不能取得重大突破，为实现现代化提供精神动力和智力支持，关系到我国未来的发展进程。因此，与时俱进，发展人文社会科学，是时代赋予人文社会科学工作者的历史重任，也是实现我国社会主义现代化的必然要求。

人文社会科学应当深入思考和研究社会转型背景下我国经济和社会发展面临的重大问题，为党和政府的重大决策提供理论支

* 蔡文彬：浙江大学文理图书馆。

持。人文社会科学工作者要树立科学的治学态度，就是江泽民同志提出的“要坚持严谨而不保守，活跃而不轻浮，锐意创新而不哗众取宠，追求真理而不追逐名利”的治学态度。这需要人文社会科学工作者立大志向，做大学问，既要反对不思进取、安于现状的保守态度，又要反对急功近利、急于求成的冒进态度，抵制泡沫学术和学术失范，注重学术积累和知识增长，在厚积上求薄发，在积累中求创新。

社会科学研究是以文献为知识载体（包括学术专著、期刊论文和研究报告等成果形式）进行信息交流的，社会科学研究以各种调查考察数据等经验材料为客观依据的记录是在文献中加以保存和传递的。因此，社会科学研究成果的状况如何最能体现出社会科学研究现状和水平，能比较客观地反映研究者及其所在机构的研究实力。那么，如何科学、客观、公正地评价社会科学研究成果呢？

1 现行社科成果评估的局限性

改革开放30年来，我国社会科学研究蓬勃发展。大量社会科学研究理论成果为国家经济建设与社会发展的决策和管理提供了决策思想、依据和可行性方案，取得了明显的社会效益和经济效益。党和政府，以及其他各级各类社会组织开展了形式多样的优秀成果的评选活动，充分体现了对社会科学研究的认可，反映了社会科学研究的勃勃生机和远大前景，调动了广大社会科学研究人员的积极性。

以往的优秀成果的评选方法多种多样，有淘汰评选制度、评价指标打分制度、专家回避制度、实行优秀成果授奖前异议期制度等等。所有这些评价方法，充分体现了有关社会科学管理部门在对优秀成果评价方式和方法的改进上所做的不懈努力，其最终目的，是为了维护科研成果评选的客观、严肃和公正。

但是，综观这些方式方法，都存在着一定程度的局限性。

1.1 专家的意见决定成果的价值

所有的成果评价，都离不开专家的参与。在成果评价中，专家所体现出的作用是无可替代的，专家评委，是鉴定任何一项成果时都不可缺少的。但是实事求是地讲，由于缺乏强而有力的监督机制，的确有很多外界因素可能会影响到专家组对科研成果价值的评判。比如：专家对成果的第一印象好不好；被评估者本身是不是"权威"；成果是否发表在重要的学术刊物上，等等。有时，出于门户之见，成果与评估专家成型的观点意见相左，就被认为是"错"的；有的成果在评估前就已经披露出来，在社会上引起了好的或不好的反响，这都会对评估的专家产生影响。在个别情况下，甚至有的专家可能会在评估过程中掺杂个人好恶的私人因素。

1.2 过分地追求"客观"的指标

事关评价，按照一般的想法，当然是越"客观"越好。受了这种思维方式的误导，人们往往注重一些所谓的"客观"指标，比如经济效益的金额数、发表刊物的级别、获奖的等级，等等。但是一个东西有没有价值，取决于人们对它需要的程度。对你很有价值的一个东西，对我可能没有任何用处，那这个东西对我来说就是没有价值的。社会科学成果也是这样，它的价值取决于相应的学术领域和社会应用领域对它的需要程度。

1.3 功利性强于学术性

由于学术成果与职称、工资挂钩，导致社会上"学术研究"之风盛行，其中也不乏一些投机取巧之徒，剽窃他人成果，学人称之为"学术腐败"。一些出版社也借此机会从中渔利，只要论文质量还过得去，而且"文责自负"，作者愿意出一定数量的版面费，来者不拒。许多单位的学术委员会不具备专业上的权威性，工作上无章可循，官本位，对学术的创新性了解和重视不够，因此造成评定中存在人情票、论资排辈和重量不重质等不合理现象。

2 社会科学评估的最基本依据是创新

有效控制专家的道德风险，提升评价的科学性，已经成为成果评价方法中首先要加以考虑的问题。那么，什么是社会科学成果评估最基本的依据呢？

让我们暂时回过头来，审视一番社会科学研究的本质。现代科学是一种以探索性和创造性为基本特征的智力活动，社会对科学研究的基本要求是创新。只有通过理论创新，科学家才能为社会提供合格的科学产品。“社会科学也是科学”，社会对科学的要求同样适合于社会科学。社会科学研究不是纯思辨性的推理活动，它必须以客观材料为依据，在概括和总结反映社会现象的经验材料的基础上形成科学的理论。在研究社会现象时，必须调查和了解与之有关的文献(包括网络资源)，以掌握有关的知识和数据，并借鉴他人的成果，在此基础上，形成新的研究成果，以达到创新的目的。

发现前人尚未发现的新材料，或对已有的材料从新的角度作出新的分析，或在某一领域里提出新理论，或提出新的研究方法等，都是有意义的创新。哲学社会科学的理论创新，有着丰富的内涵。大体说来，可以概括为以下方面：一是综合新的时代特点和社会实践，对前人的基本理论观点进行创造性的丰富和发展，作出符合时代和实践要求的新的阐释和说明，其中包括修正某些不完善的观点，扬弃某些陈旧的观点，创造适应新情况、解决新问题的观点。二是运用马克思主义，特别是邓小平理论的基本原理，深入地总结新的实践经验，回答新的实际问题，探索新的发展规律。三是根据社会实践规律，适应社会发展趋势，提出具有实践意义的理论假说，并科学地阐述将理论假说变为社会实践的道理。四是积极吸纳自然科学以及其他一切学科门类的丰富营养，深入借鉴世界各国的社会科学成就，站在世界科学技术革命的前列，以宽广的世界眼光，实现传统社会科学从内容到形式的自我超越和突破。五是大胆改革传统的研究方法，实现社会科学研究方法的创新。随着知识经济的兴起，创新问题受到整个国家尤其是知识界的广泛关注。江泽民同志曾说过，“创新是一个民族进步的灵魂，是一个国家兴旺发达的不竭动力”。社会科学的创新问题也已成了社会科学研究和管理界最为关心的问题。

因此，无论社会科学研究成果的类型或形式多么变化多端，其最基本的评价依据，就是创新。这是社会科学研究生存与发展的本质要求。

3 解决现行社科成果评估的局限性的关键在于建立社科查新制度

现代社会科学成果评估局限性的形成，一方面，固然是由于社会科学研究成果的特性使然，社会科学研究作为一种特殊社会产品的生产活动，它所产出的相当一部分产品是文化的、思想的、理论的精神产品，其价值是难以精确计量的，而且，它的社会、经济效益的产生还存在一定的时滞性等。另一方面，也是因为没有一个可行的、更科学有力的评价方法体系可供选择。笔者认为，要解决现行社会成果评估的局限性的关键在于建立社科查新制度。

3.1 建立社科查新制度

查新工作，是指通过手工检索和计算机检索等手段，运用综合分析和对比方法，为评价科研立项、成果等的新颖性和先进性提供事实依据的一种公众性信息咨询服务工作。长期以来，我们所说的查新其实是指科技查新，这从查新工作的由来以及《科技查新规范》对查新的定义中不难看出。查新工作是在我国科技体制改革进程中萌生、发展起来的。1985 年,《中华人民共和国专利法》实施,我国一些科技情报机构配合检索各国专利开展了专利查新工作,后来专利查新检索成为国家发明奖评审的必要条件。随着科学技术日新月异的发展,专业越分越细,且交叉渗透,各级科研管理部门为了提高科研立项及成果鉴定和奖励的严肃性、公正性、准确性和权威性,就提出了把"情报评价"引入成果管理程序的要求,以便为专家评议提供全面、准确的"鉴证性客观依据"。实践表明,通过查新得到的"情报评价"有效地弥补了专家对信息掌握的某些不足,大大提高了专家评议的准确性。为使科技查新工作健康发展,加强对查新工作的宏观管理,不断提高查新质量,原国家科委于 1990 年、1994 年、1997 年分批授权 38 个科技信息机构为一级查新单位资格。科学技术部 2000 年 12 月发布的《科技查新机构管理办法》和《科技查新规范》,标志着我国科技查新工作逐步步入法制化的轨道。《科技查新规范》对查新作出了规范的定义:"查新是科技查新的简称,是指查新机构根据查新委托人提供的需要查证其新颖性的科学技术内容,按照本规范操作,并做出结论。"

科技查新工作经过多年的实践,已经在科技成果的评估中取得了可喜的成绩,得到了学术界的广泛认同。但这些工作一直没有在哲学社会科学领域开展。如果我们能以科技成果查新体系为借鉴,建立类似的社会科学研究成果的创新鉴定中心,承担起社会科学创新的认证工作,就能在很大程度上解决目前社会科学研究成果评价方法上的不合理性。

3.2 建设社科查新机构

参考科技查新中心的做法,社科查新中心也可以设在高校的图书情报机构中。将中心设在图书情报机构的好处至少体现在以下几个方面:

1. 资源优势

成果查新首先是与文献打交道，而图书情报机构恰好拥有大量的文献资源。近年来，国内许多高校图书馆在原有的印刷型文献采集的基础上，购置了大量的全文和文摘型数据库，包括 Gale 人文社科数据库；UMI ProQuest Academic Research Library（简称 ARL）等。ARL 是美国 UMI 公司出版的全文数据库，收录 2345 种综合性期刊和综合性报纸，其中 1533 种全文刊，SCI 和 SSCI 收录的核心期刊为 774 种（含全文刊 424 种）。涵盖的学科包括：商业与经济、教育、历史、传播学、法律、军事、文化、科学、医学、艺术、心理学、宗教与神学、社会学等。还有国内清华大学制作的中国期刊网，万方数据网络中心制作的科技期刊网，重庆维普电子期刊等，以及诸如《中国社会科学引文索引》等检索型数据库，为社科成果的评估和认定提供了一定的参考依据。

2. 人才优势

长期以来，查新人员一直与文献打交道，熟悉情报学的原理和方法，尤其精通文献检索与信息分析方法，这使他们能够以较高的效率从事查新工作。而且在图书情报机构中集聚了一批有着不同学科背景的专家，有利于对社科成果内核的把握和评判。

3. 客观公正

作为主管部门授权设立的权威性查新机构，本身超脱于利益各方之外，他们的道德风险能够被有效地加以控制。图书情报机构虽然是科学体系的组成部分，但其本身并不产生各学科的新思想、新观点。以这些机构的工作人员进行查新工作，并不牵涉他们本身的利益，因而能够公开、客观地评价各门学科的发展，提供可信度较高的各类查新报告。

综上所述，社科查新工作的开展有利于提高和维护社会科学文献信息工作的权威性，有利于社会科学研究的学术规范，提升社会科学研究的地位与质量，有利于社会科学成果的客观评价和积极推广，如果再辅以专家的主观评价，就有可能以创新为起评点，实现客观、公正、科学、合理评价社会科学研究成果方法体系的构建，从而在最大限度上约束专家的个人主观偏见，这是符合社会科学研究与发展的客观需要的。

【参考文献】

[1]《科技查新教程》编写组.科技查新教程.北京:机械工业出版社,2001.

[2] 金武刚，范并思.社会科学创新与文献信息工作对策——兼论社会科学成果查新体系的构建.情报资料工作，2001(5).

[3] 蔡瑛，等.论文献信息工作在社会科学创新中的作用.东岳论丛，2001(3).

[4] 陈永胜，等.中国社会科学文献信息工作的进展、问题与对策.社会科学管理与评论，2001(4).

社会科学研究方法浅探

——以图书馆学研究方法为例

林祖藻*

摘　要: 本文以图书馆学的研究方法为例,阐述了社会科学研究方法中的实验研究法和描述研究法。同时还对它们的性质、特点、使用方法等进行了论述。期望能够对社会科学界,尤其是图书馆界的科研工作者有所启示。

关键词: 图书馆学;研究方法;实验研究法;描述研究法

中共中央 2004 年 3 号文件《进一步提高对哲学社科会学重要性的认识,大力繁荣发展哲学社会科学》特别提出,要加强哲学社会科学的基础研究和应用对策研究,要把基础研究和应用对策研究紧密地结合起来。以应用对策研究促进基础研究,以基础研究带动应用对策研究,我们认为这是对哲学社会科学研究工作十分精辟的提示。在这里,基础研究包括了研究方法。关于哲学社会科学的研究方法,在这个重要的文件中至少有两个地方提到。一是“要努力建设哲学社会科学理论创新体系,积极推动学术观点创新,学科体系创新和科研方法创新”;二是“要加强哲学社会科学的对外开放,注意引进国外哲学社会科学优秀成果,研究方法,管理经验”。由此,我们可以看出社会科学研究方法的重要性。所以,

* 林祖藻:浙江图书馆事业发展研究所,所长,研究馆员。

本文想以图书馆学的研究方法为例，专门对社会科学的研究方法进行探讨，希望能够引起同行们的共鸣。

1 研究方法在社会科学科研工作中的地位

在一般的情况之下，我们选择社会科学的研究课题和做研究课题的过程大致上可以分为以下几个阶段：(1)课题研究的选题；(2)分析研究课题的内容；(3)选择本课题的研究方法；(4)搜集与本课题有关的资料与数据；(5)撰写专著、论文或课题报告；(6)提出继续研究的建议，等等。由此可见，选择课题的研究方法是我们做好社会科学课题研究的必备条件、必需要求和必经之路。

在我们选好课题研究的内容之后，正确地应用研究方法，能够保证我们课题研究最终成果的准确性和可靠性。得出的正确结论才能够为我们的业务工作、管理决策和学科建设有所帮助、有所借鉴，才能有较高的参考价值。

为了达到我们的研究课题最后结论的准确性和可靠性，我们在课题确定之后，可以分成不同的研究阶段。但是必须注意的是在同一个课题的每个不同研究阶段，要使用相同的研究方法，不能前一个阶段使用一种研究方法，后一个阶段使用另外一种研究方法。特别应当注意的是，课题组中的不同成员不能使用不同的研究方法。如果是同一个研究课题采用不同的研究方法的话，这对课题本身最终结论的准确性和可靠性会产生不利的影响。

2 社会科学的研究方法论

社会科学研究所包含的面是非常广的。但是，对它所要研究的课题来讲，通常可以分成两大类：一是理论性的课题；二是实践性的课题。也就是上面讲的基础研究和应用对策的研究 。

理论方面的课题主要包括：社会科学的理论创新，发展本学科的新理论，或者是检验本学科的已有理论，也就是对原有的理论提出质疑，在原来的基础上发展新的理论。

实践方面的课题主要是寻求本学科许多日常工作中待解决的具体问题。

具体的研究方法，总的来讲可以归纳为两大类：一类叫实验研究法，包括抽样研究法、比较研究法等；另一类叫描述研究法，包括趋向研究法（也叫德尔菲研究法）、典型研究法、进展研究法、相关研究法、文献资料研究法、调查研究法等。

2.1 实验研究法（Experimental Research Methodology）

1. 随机抽样研究法（Random Sampling Study）

随机抽样研究法是实验研究法中的一种。但是，随机抽样的研究方法不像人们到寺庙中去抽签那么简单，也并非研究人员自己认为不持偏见就可以做好研究工作（实际上如果没有具体的规则，在操作的整个过程中，有意无意地会形成研究人员自己的倾向）。所以，我们必须认真地对待这个问题。

（1）随机抽样的样品选择。样品的选择在随机抽样的研究中是至关紧要的。它必须建立在有效的、完全没有偏见的基础之上。也就是说，所有的样品都必须有资格代表所被抽出来的那个“小组”的全体“成员”。所以我们必须深刻理解随机抽样的概念，那就是在被选择抽样的那部分人、物品、数据当中的每一个人、每一件物品、每一个数据都应当有机会被选择。这个道理很简单，但是，做起来就不那么容易了。譬如说，要从一副扑克牌中随机地抽出几张的话，有两种办法：一是将这副牌放在桌面上，摊开，打乱之后，再蒙上眼睛，自己随便抓几张，这样没有任何偏见地去抽牌，就叫随机抽样。但是，如果将这副牌子先分成两堆，从其中一堆中抽出一张，然后，再分成两堆，又从其中一堆中抽出一张；再用同样的办法抽出第3、4、5张牌。我们认为，第二种办法就不是随机抽样的方法了。因为你把扑克牌分成两堆，所抽出来的样品就失去了没有被抽的那一小堆的代表性了。所以用这种办法进行的抽样就失去了公平，其抽出来的结果也就失去了真实性。

另外举个例子。最近杭州的文二街、文三街实行机动车单向行驶交通规则，在社会上引起了不同的反响。有位记者为了反映社会的意见，就到文二街、文三街上，随便找一些行人，征求他们的意见。这样做，我们认为，所征求的意见，很不全面，要作结论，恐怕很难代表整个社会对单向行驶交通规则的意见，对领导作决策也不能提供有价值的参考依据。其原因：一是选择的人，较片面。应当先设计好，可以找汽车驾驶员，驾驶员还有公交车、出租车、私家车、单位公车司机，不同的驾驶员对此会有不同的看法；行人当中也老年人、中年人、青少年学生等。二是选择的时间也有不同。如上午、下午的上下班交通高峰时间，人们对此的呼声也可能不一；另外还可以选择上午10点，中午12点，下午3点等不同的时间，不同人的不同意见。三是选择进行调查的地点也很重要。如文二街、文三街的起点处、终点处，因为成了单行线，路宽了，速度快了，车子也就多了，这些地方又成了瓶颈。这样，驾驶员、行人也都会有不同的意见。所以，要取得公正的、准确的、可靠的意见，应当对征求意见的对象、时间、空间都预先进行设计。另外，所选择的不同对象的数量也应当一致，这样才能够达到预想的目的。

所以，随机抽样的样品选择极为重要，是科研工作成败的关键之一。

(2)随机抽样的范围与抽样选择的准确性。要利用随机抽样的研究方法来对某种工作得出正确的结论，为领导做好决策服务，首先应当确定随机抽样的范围。因为抽样的范围越大，使用随机抽样的办法所得到的数据的准确性也就越小。因此，为了鉴别在这个过程中所得到数据的准确度和可靠性，有两种类型的误差是我们必须考虑的：一是容许量（Tolerance）；二是确信量（Confidence）。

容许量（Tolerance），举个例子说明。我们图书馆近两年来图书的流通率是馆藏量的25%。同样，我们还可以这么说，近两年来我馆的图书流通率是23%～27%。为此，我们可以说2%是25%误差的容许量。

确信量（Confidence），就是我们对这种容许量的确信程度。譬如说，某个开架服务的图书馆，只有10%的读者到图书馆后到目录厅来查索他们所需要的文献信息资源。这条信息有95%的确信度。也就是说，在抽取十位读者中，只有一位读者通过目录去查找他/她所需要的信息资源，估计正确的有95次。

在确定了随机抽样的容许量和确信量之后，我们就可以利用容许量和确信量来确定随机抽样的范围。以下表格我们可以作为参考。

表1

确信量	容许量	随机抽样的范围
99%	0.5%	66538
	1.0%	16590
	2.0%	4147
	3.0%	1843
	5.0%	664
	7.0%	339
	10.0%	166
95%	0.5%	38416
	1.0%	9604
	2.0%	2401
	3.0%	1067
	5.0%	384
	7.0%	196
	10.0%	96

续表

确信量	容许量	随机抽样的范围
80%	0.5%	16435
	1.0%	4109
	2.0%	1027
	3.0%	457
	7.0%	84
	10.0%	41

举个例子来说，如果我们研究课题的容许量为2%，确信量为95%的话，那么根据上述表格，我们这个研究课题的抽样范围是2401。

2. 比较研究法(Comparative Study)

所谓比较研究法，是指在比较的过程中，两个或两个以上的比较对象必须在条件或前提完全一样的情况之下进行比较。研究人员必须控制独立变量，以保证在实验过程中，其他变量不会对独立变量产生影响。

举个例子来讲，有个研究人员将天一阁、文澜阁和嘉业藏书楼的建筑进行比较。他选择了古代藏书楼的建筑规模、建筑结构、建筑布局、建筑环境等方面进行比较，这些都是独立变量，而这些独立变量中的一些细项的比较也应当一致。如建筑规模的比较，大家都应当在建筑面积上进行比较，不能有的用建筑面积，有的用使用面积来比较，这样不对称的比较，所得出的结论就不可靠了。又如建筑环境的比较，天一阁的前面有个天一池，嘉业藏书楼的前面有个荷花池，文澜阁的前面也有一个水池。都有水池，但设计各有特色，这些特色给人一种非常深刻的印象。这样的比较给人的印象特别深刻，效果也特别好。

2.2 描述研究法(Descriptive Research Methodology)

在使用描述研究法做研究课题时,研究人员没有必要对研究过程中的变量进行控制,而且通常也不要求进行检验。譬如说,一个图书馆的研究人员对科研人员到图书馆查索文献信息资源遇到困难的问题感兴趣。他选择了几个科研人员,逐个观察这些科研人员到图书馆之后查索文献信息资源遇到困难的整个过程。这位图书馆研究人员认为他没有必要去控制这些科研人员在查索文献信息资源整个过程中的任何变量,他的重点是集中在科研人员在查找馆藏文献信息资源困难的原因上。这样去了解、分析、归纳这些难点的实质及其分布,从而提出有针对性的解决方案。

描述研究法有以下几种方法。

1. *趋向研究法*(Trend Study)

趋向研究法,也叫德尔菲研究法(Delphi Methodology),是研究人员先要提出研究课题所要解决的问题实质,再请求专家、学者发表他们的意见和看法。研究人员将专家们的意见和看法收集起来,进行系统分析,得出结论,取得研究的成果。

采用趋向研究法的研究人员必须首先了解他所要选择的专家、学者对本课题的兴趣。为了完成任务,在选择专家、学者时,要有一定的标准,包括他们的学术水平以及对本课题所持的态度和观点等。应当注意的是,必须吸收有不同观点的专家、学者参加,甚至包括持有非常极端的观点的专家、学者。

在参加课题工作的专家、学者选定之后,课题主持人就应当给他们创造环境和条件,让他们在本课题中选择他们最感兴趣的部分。这样,有利于他们充分发表自己的意见和交流自己的观点。另外,还应当让他们能及时地收到本课题的其他专家和学者的不同意见和观点。为此,课题的负责人必须毫无偏见地将各位专家、学者的意见和观点整理后分发给所有的专家、学者。这样,他们就可以进一步地思考自己的意见和观点。在这个过程中,课题负责人绝对不能利用私人关系,利用社会上的某种潮流或使用任何不合理的办法去影响专家、学者们的观点。不过,参与的专家、学者之间可以接触,可以交流。为此他们中间如果有人改变了原来的看法或观点,应当被认为是正常的。

课题负责人在准备采用这种研究方法之前,应当做好详尽的、细致的、周密的计划。在研究过程中,必须将得到的专家和学者的意见反馈给所有的参加成员,使每位成员都能够在这个问题上了解到自己所处的位置。在这个过程中,如果发现有的专家与其他人的意见不一样,就应当给他机会,让他尽量地发表自己的看法和观点,还要将他的观点和意见整理之后分发给其他的参与者,也让其他的参与者再仔细考虑,对照自己的观点,看看是否要改变自己的观点,或者坚持自己的观点,或者只是对别人的观点表示同情。课题负责人还必须再集中意见,整理意见,反馈意见,这样的过程至少要反复做三至五次。在这个过程中,课题负责人还必须注意把所有的意见统统集中起来,用统一的标准进行整理,以便在下一轮的调研中提供给大家参考。

通过课题负责人对专家、学者的观点和意见多次的收集、整理、反馈,以及参与者之间的交流,不可避免地会对本课题的观点产生一种倾向。这种倾向也就是参与者的不约而同的观点。如果这种带有倾向性的观点被认为是有意义的话,课题负责人就应当抓住这种带倾向性的问题进一步深入研究。这样,课题研究的成果也就可以逐步形成了。

在得出本课题调研的结论后,不要忘记将成果(或结论)发给每位参与的专家、学者。

总之,对于趋向研究法,我们可以分为以下几个工作步骤:

- 选择研究课题,确定研究的目标;
- 为了达到研究的目的,制订出较为详细的调查提纲;

- 制订参加的专家、学者的统一标准；
- 系统地收集、整理所得到的信息；
- 把所能得到的信息反馈给所有参加的专家、学者；
- 收集参加的专家、学者反馈来的信息，再进行系统的整理；
- 收集、整理、反馈，这样反复进行三至五次；
- 收集对研究的问题带倾向性的观点、意见，并着重讨论，力求达成有趋向性的意见；
- 个别坚持自己的意见的，力求使其接近主要的趋向；
- 得出调研结论，或指出进一步研究的问题，将研究的结论（或成果）发给每位参加的专家、学者。

2. 典型研究法 (Case Study)

典型研究法，是指对某个调查研究对象进行的集中观察和研究。当然有时也对某个团体进行调查。在使用典型研究法的时候，研究人员必须尽量地去发现和了解被调查对象全部的重要情况。研究的重点应当是，该对象做了些什么，为什么这么做，如果条件、环境、情况变化之后，其他方面会不会产生变化等。调查时所收集的数据应当包括被调查对象的经历、现状、环境，以及它们之间的关系，等等。

典型研究法的优点是，对某个人或某件事的研究程度较深，研究人员不仅仅只是记载被调查的人的某些行为、表现、过去的经历、目前的状况、环境、感情、思维之间的联系，更重要的是确定怎么会是这样的，以便找出解决问题的办法。

典型研究法的不足是，研究的广度不够。对于某些个别问题的研究，并不一定具有普遍意义。此外，这种研究法所得到的结论，很难由其他研究人员通过重复进行而得到证实。

3. 进展研究法 (Development Study)

在研究某个单位或某个学科的理论、应用、管理或原则等方面的问题时,研究人员经常要到某个部门去工作或了解一段时间。这对他们研究某个主题在不同的时间和环境中的不同变化,以取得可靠的资料和数据是极为有益的,这就是所谓的进展研究法。进展研究法通常有纵向研究和横向研究两种具体的方法。

纵向研究法是研究人员对于被研究的对象,在相当长的一段时间内进行调查。这种调查方法的不足之处是需要的时间较长,研究的成果不明显,或者有可能被证明是无效的。在这种情况之下,很难进行有效的补救。

横向研究法是研究人员带着同一个研究课题分别对不同的单位或部门进行调查,将所得到的结果进行分析研究并得到结论。这种研究法的最大缺点是不同单位或不同部门之间的差异和具体情况不同,有可能严重影响调查的准确性、可靠性和普遍性。

4. 相关研究法(Correlation Study)

相关研究法是对一个问题的几个方面不同的变量之间的关系进行研究。例如,某个研究人员提出一种设想:一位图书馆的读者,他的外语水平越高,也就越容易找到他所需要的外文资料。在这个设想中,有两个变量之间有着一定的相互关系。通过这些相互关系的研究,来检验研究人员的原来设想,也可以对这两种变量之间的关系进行评论。这种相互关系研究的结果是得出两种变量之间关系的比例系数。

3 结 语

我们知道,社会科学是以社会现象为研究对象的科学,它研究并阐述社会现象及发展的规律。我们的图书馆学是研究图书馆事业及其发展规律的科学。为了探索社会发展的规律和图书馆事业的发展规律,正确地使用研究方法是极为重要的。进入新世纪后,我国的经济建设、社会发展和文化发展都需要有正确的决策。正确的决策来源于对问题的正确研究。研究的结果是否可靠、准确，有赖于正确的研究方法。作为我们图书馆学来讲，随着科技、教育、文化的发展，图书馆的事业建设、业务建设、科学管理都变得越来越复杂。正确的决策对馆级领导、部门领导都极为重要。所以，领导必然会面对更多的人员问题、更高的技术问题、更多的资金问题。要作正确的决策，必须作详细的调查、研究。但是，如果研究的方法不对头的话，将会给事业造成很大损失。

本文所提到的一些研究方法，都有各自的特点和利弊。研究人员只有根据自己所选择的课题性质，所需要的各种条件和数据，才能决定自己应该采用何种研究方法。实际上，本文也只是抛砖引玉，希望能够对同行有所启发。

【参考文献】

[1] 林祖藻.关于图书馆学研究方法.图书馆理论与实践，1987(4).

[2] 林祖藻.图书馆学的随机抽样研究法.图书与情报，1993(3).

[3] 西奥菲尔·M·奥托.二十一世纪的高校图书馆馆员.林祖藻译.图书馆研究与工作，1984(4).

[4] Cochram, W. G. Sampling Techniques. 2nd ed. New York: Wiley, 1983.

[5] Luey Chese, D. A. Introduction to Research in Education. 2nd ed. New York: Rinchart and Winston, 1979.

[6] John Martyn, F. and Lancaster W. Investigatige Methods in Library and Information Scicence: An Introduction. Arlington, Verginia: Information Resources Press, 1981.

调查研究

浙江省域社科文献信息资源的分布及特点①

张耀东*

摘　要:省域社科文献信息资源的分布包括系统分布和地理分布。系统分布主要表现为社科类文献资源的实际分布和社科类数据库资源的实际分布;地理分布主要表现为社科文献信息资源密集区域的分布、社科文献信息资源拥有量中等区域的分布和社科文献信息资源拥有量较少区域的分布。省域社科文献信息资源的特点和优势主要是社会科学文献颇具规模,学科完备度高,古籍资源丰富,注重资源特色。

关键词:社科文献信息资源;省域;分布;特点

省域社科文献信息资源是国家文献信息资源体系中的基础部分,是一个省份中经济、社会和文化发展的多重反映。不同地域的社科文献信息资源的构成,能够使不同的地域社科文献信息资源优势能够得到互补,特色更显异彩,也能够使国家文献信息资源体系更为丰富殷实。

①　本文系2005年度浙江省哲学社会科学规划常规重点课题《浙江省社科文献信息中心模式研究》(编号:Z05GL01)的部分研究成果

*　张耀东:浙江省社科院情报信息中心,副研究员。

1 省域社科文献信息资源的分布状况

省域社科文献信息资源的总量反映,往往来自不同的文献信息系统所拥有的资源之和。各系统间由于行政隶属关系、专业性质、学科建设和各系统服务对象方面的差异,使得自身所拥有的社科文献信息资源的品种、数量和结构分布存在较大的差别。摸清社科文献信息资源的分布状况,对于提高地域性战略文献信息资源的整体保障能力,对于省域社科文献信息资源联合体的建设,对省域经济、社会和文化的发展,都具有重要的意义。

1.1 社科文献信息资源的系统性分布

社科文献信息资源的分布在一定地域内的文献信息系统中是不均衡的,不同系统间的差异会更大。就某一系统而言,某个图书馆聚集的文献信息资源多,其资源特色、优势和作用就大,也容易成为系统中的主干,并在系统中占有举足轻重的位置,乃至对系统内文献信息资源的整体建设产生重要影响。

浙江省社科文献信息机构按其隶属关系,分属高等院校、公共、党校、科研和机关等几大系统。我们以书面问卷方式,向省内高校、公共、党校和社科研究等系统的文献信息机构进行了调研。参与书面问卷调研的文献信息机构为 50 家,涉及全省 11 个地市。其中高校系统图书馆 24 家,占参与书面问卷调研机构总数的 48%;公共系统图书馆 12 家,占参与书面问卷调研机构总数的 24%;党校系统图书馆 12 家,占参与书面问卷调研机构总数的 24%;社科研究系统图书馆 2 家,占参与书面问卷调研机构总数的 4%。

省域社科文献信息资源特别是研究级文献信息资源,主要集中于高等院校、省地级公共图书馆、省市级党校和社科研究信息机构。此次调查,我们选择了一部分具有代表性的机构进行了较为详细的调研，如浙江大学图书馆、浙江师范大学图书馆、浙江图书馆、中共浙江省委党校图书馆以及浙江省社会科学院图书馆等。以此为基础，对各系统的总资源分布状况进行数据分析和比较。

1. 社科类文献资源的实际分布

由于历史的或现实的种种原因，社科文献资源的分布在一定地域内的不同图书馆系统中，乃至一个图书馆系统内部的非均衡状况并非个别现象。同时，这种非均衡性在其演变和发展中往往会促成某一图书馆系统或某一图书馆资源优势的形成，并直接影响不同的图书馆系统之间，或者一个图书馆系统内部各图书馆之间的地位不同。

通过调查我们看到，在浙江域内，高校图书馆系统因其拥有浙江大学、浙江工业大学、浙江师范大学等国家重点、省重点高校以及全省高校数量上的优势，社科类图书报刊资源的拥有量居第一位。其中社科类图书拥有量为2765897种，8308327册，占参与调查的图书馆社科类图书总种数、总册数的55.78%和67.06%；社科类中文报刊拥有量为70844种，外文报刊714种，占参与调查的图书馆社科类报刊总量的76.47%，外文报刊总量的30.66%。以浙江图书馆为龙头的公共图书馆系统社科类图书拥有量为1621153种，3054509册，占参与调查的图书馆社科类图书总种数、总册数的32.69%和24.65%；社科类中文报刊拥有量为16916种，外文报刊1528种，占参与调查的图书馆社科类报刊总量的18.26%，外文报刊总量的65.61%，居第二位。党校图书馆系统和社科院图书馆系统因其性质、任务和服务对象的特殊性，在参与调查的图书馆全部社会科学类图书、报刊资源中所占的比例较小，分列第三位和第四位。

古籍、善本图书资源是社科类文献资源中极其重要的部分，也是各图书馆系统馆藏文献资源中深厚文化积淀的反映。调查数据显示，公共图书馆系统的古籍拥有量为270314种，1334847册，占参与调查的图书馆古籍总种数的61.17%，总册数的78.79%。其中善本种数为11715种，册数为161942册，居第一位。高校图书馆系统的古籍拥有量为153899种，312639册，占参与调查的图书馆古籍总种数、总册数的34.82%和18.45%。其中善本1280种，39763册，居第二位。党校图书馆系统的古籍拥有量为14763种，15663册，占参与调查的图书馆古籍总种数、总册数的3.37%和0.92%，列第三位。社科院图书馆系统古籍拥有量为2966种，31098册，占参与调查的图书馆古籍总种数、总册数的0.37%和1.84%，列居最后。

2. 社科类数据库资源的实际分布

浙江省各图书馆系统印刷型文献资源的收藏数量都大于其他类型文献资源的数量。但是，随着计算机技术的飞速发展和网络的日益普及，各图书馆都引进和自建了许多数据库。现代化载体的比例逐渐增大，类型也不断增加，逐步形成了多种文献载体并存的局面。社科类数据库资源已成为浙江省馆藏文献信息总资源的重要组成部分。

我们对浙江域内各图书馆系统社科类数据库资源实际分布状况的调查从两个方面入手：

(1)各图书馆所购买的社科类数据库资源的实际分布状况。从社科类数据库资源分布的调查结果来看，受调查的四大系统共50家图书馆机构都购入了数个至数十个社科类数据库资源。购入主要形式有：光盘，本地镜像、非本地镜像、使用许可证、其他等。主要内容有：数字化期刊和学位论文、CNKI中国期刊全文和中国优秀博士硕士论文、人大复印报刊资料全文、人民日报图文、中国法律法规全文、中文社科报刊篇名、中国社会科学论文索引、中国社科参考信息、CNKI中国重要报纸全文和中国重要会议论文全文等。主要分布状况为：高校图书馆系统购入社科类数据库233个，其中光盘类8个，本地镜像79个，非本地镜像47个，使用许可证 71 个，其他类 28 个。购入数量占 50 家参与调查的图书馆购入总数的 73.27%，每所高校图书馆购入数据库的数量大体均衡。公共图书馆系统购入社科类数据库 49 个，主要集中于浙江图书馆、杭州图书馆、温州图书馆和宁波图书馆。其中光盘类 5 个，本地镜像 33 个，非本地镜像 6 个，使用许可证 4 个，其他类 1 个。购入数量占参与调查的图书馆购入总数的 15.41%。党校图书馆系统购入社科类数据库 30 个，其中光盘类 10 个，本地镜像 1 个，非本地镜像 1 个，使用许可证 9 个，其他类 9 个。购入数量占参与调查的图书馆购入总数的 9.43%。社科院图书馆购入社科类数据库 6 个，占参与调查的图书馆购入总数的 1.89%，是四大图书馆系统中购入量最少的系统，购入形式为光盘和使用许可证。

(2)自建社科类数据库资源的实际分布。自建的社科类数据库资源主要源于以下三种情况：一是根据本地区的特色文化和本地区的特定需求而建立的一种资源；二是根据各图书馆系统所拥有的资源优势而建立的一种资源；三是根据图书馆服务功能的拓展和教学科研的需要而建立的一种资源。各图书馆系统都认识到这类资源的重要性，所以自建的社科类数据库资源大都具有特定的内涵和较丰富的外延。

• 高校图书馆系统拥有自建社科类数据库 31 个。其中全文数据库 13 个，目录数据库 13 个，目录＋文摘数据库 5 个，占参与调查的图书馆自建数据库总数的 39.24%。这是目前浙江省社科类数据库资源中拥有比例最高的图书馆系统。高校图书馆自建社科数据库的内容反映了高校图书馆系统特色资源的优势，既与学校的教学和科研密切联系，又与当地的社会经济建设和地域文化发展息息相关。主要有：古籍目录库善本库、古籍目录库特藏库、社科大型文献目录库、中美百万册图书库、馆藏书目数据库、当代中国城市景观、浙江统计、浙江历史人物数据库、茅盾朱熹数据库、20 世纪陶行知研究资料索引、刘基著作传记研究资料索引、畲族文献研究资料索引、海洋水产品文献目录数据库、电视节目研究资料简报数据库、学位论文库、英语等级考试、考研情报等。

• 公共图书馆系统拥有自建社科类数据库 25 个。其中全文数据库 11 个,目录数据库 8 个,目录+文摘数据库 6 个,占参与调查的图书馆自建数据库总数的 31.65%。浙江是文物之邦,具有悠久的文化传统。公共图书馆系统所拥有的传统优势资源更多地与浙江文化大省的建设紧密联系在一起。资源优势所体现的是地方文化特色和区位文化发展。主要有:浙江藏书史、浙江历代名人画像、浙江家谱总目提要、浙江新编方志、风景浙江、地方志联合目录、馆藏书目数据库、地方文献书目数据库、浙江越剧选目、古桥、戏曲、黄酒、风俗、文物、史志、年鉴、走进温州、舟山港口建设、南戏家园、鞋图片资料库、水产、宁波帮等。

• 党校图书馆系统拥有自建社科类数据库 20 个。其中全文数据库 18 个,目录+文摘数据库 2 个,占参与调查的图书馆自建数据库总数的 25.32%。党校自建的社科类专题数据库是体现党校自身性质任务和特色的重要载体,其选题原则和框架也有别于其他图书馆系统而自显特色和风格。主要有:浙江省情、浙江统计、浙江省情研究数据库、多类专题数据库、中央党校远程教育点播数据库、十六大系统文献、和谐社会和谐创业、领导决策与策划、温州模式研究、杭州市情全文数据库、宁波市情、舟山市情、温州市情资料、数据温州等。

• 社科院图书馆系统目前拥有自建社科类数据库 3 个。其中全文数据库 1 个,目录数据库 2 个,占参与调查的图书馆自建数据库总数的 3.8%。社科院在传统文化研究领域涌现了大量优秀成果,在参与党和政府重大决策和地方经济社会发展中发挥了重要作用。数据库建设也有自身的特色。主要有:学人风采(社科院专家库)、浙江蓝皮书文库、浙东学术研究资料索引库等。此外,在建的特色数据库有:社科院馆藏书目索引库、社科院期刊目录索引库等。

1.2 社科文献信息资源的地理分布

社科文献信息资源的地理分布，是决定省域社科文献信息中心形成的主要因素。而其他因素，如某一信息机构所在区域的区位发展条件和技术基础设施条件等，只能通过改变社科文献信息资源分布状况来间接影响该社科文献信息中心的形成。文献信息资源的分布具有聚集和扩散效应，社科文献信息资源也不例外。因此，不同地区的社科文献信息资源分布是不同的。

1. 社科文献信息资源分布密集的区域

通过此次社科文献信息资源分布状况的调查，显示出社科文献信息资源和社科文献信息机构相对集中的地区有杭州、金华、宁波、嘉兴等城市。这四个城市参与此次调查的社科文献信息机构有32家，占参与调查文献信息机构总量的64%；社科类图书拥有总量为3779484种，10266749册，占参与调查的文献信息机构社科图书总种数的71.97%，总册数的76.42%；古籍拥有量为504665种，1257544册(卷)，占参与调查总种数的91.24%，总册数的78.74%；社科类中外文报刊拥有量为80210种，占参与调查总数的85.1%；购入社科类数据库和自建社科类数据库分别为257个和51个，占参与调查总数的80.31%和61.44%。其中，杭州参与此次调查的文献信息机构有21家，占参与调查信息机构总量的42%；社科类图书拥有总量为2146692种，6162175册，占参与调查的文献信息机构社科图书总种数的40.88%，总册数的45.87%；古籍拥有量为297922种，996054册(卷)，占参与调查总种数的53.86%，总册数的62.37%；社科类中外文报刊拥有量为62090种，占参与调查总数的65.9%；购入社科类数据库和自建社科类数据库分别为189个和30个，占参与调查总数的59.06%和36.14%。

从以上数据分析可以看到，杭州高校、公共、党校和社科研究四大图书馆系统所拥有的社科文献信息资源，无论是传统的文献资源，还是数据库资源，与省内其他城市相比，其分布的密集程度和总拥有量都处于绝对优势的位置。宁波、金华和嘉兴等城市的社科文献信息资源拥有量也有一定的规模，因而在全省各地市社科文献信息资源总量排序中名列前位。

2. 社科文献信息资源拥有量中等的区域

此次调查所反映的数据显示了经济发展较快的绍兴、温州、湖州和经济欠发达的丽水等城市，社科文献信息资源的拥有量都基本相等，同属社科文献信息资源拥有量中等地区。这四个城市参与此次调查的社科文献信息机构有 12 家，社科类图书拥有总量为 1128693 种，2619763 册，占参与调查的文献信息机构社科图书总种数的 21.49%，总册数的 19.5%；古籍拥有量为 48461 种，339540 册(卷)，占参与调查总种数的 8.76%，总册数的 21.26%；社科类中外文报刊拥有量为 11192 种，占参与调查总数的 11.89%；购入社科类数据库和自建社科类数据库分别为 53 个和 21 个，占参与调查总数的 16.57%和 25.29%。其中，丽水、绍兴和湖州的社科类图书资源拥有量，其总种数都在 30 万种以上，其总册数都在 70 万册以上。温州和绍兴的古籍总册数都超过了 15 万册。温州的社科类报刊拥有量超过 4000 种。绍兴、温州两城市社科类数据库数量都超过了 20 个。

3. 社科文献信息资源拥有量较少的区域

此次调查还显示，浙江 11 个地市中社科类文献信息资源拥有量较少的地市为：衢州、台州和舟山。这三个城市参与此次调查的社科文献信息机构有 6 家，社科类图书拥有总量为 343315 种，548826 册，占参与调查的文献信息机构社科图书总种数的 6.54%，总册数的 4.09%；古籍拥有量几乎为 0；社科类中外文报刊拥有量为 2799 种，占参与调查总数的 2.96%；购入社科类数据库为10个和11个，占参与调查总数的3.13%和13.25%。这三个城市社科文献信息资源拥有量，社科类图书总种数在10万种左右，总册数在20万册以内；社科类报刊总量在1000种上下；古籍图书资源拥有量很少；三城市社科类数据库总量不足20个。三城市社科类图书、报刊、古籍和数据库数量在调查总数中所占比例很低。

2 社科文献信息资源的特点和优势

2.1 社会科学文献颇具规模

浙江因其深厚的文化积淀和氛围，历来注重文献信息资源的入藏。改革开放以来，浙江的社科研究系统、高校系统、党校系统和政府实际部门的社科理论研究者紧紧围绕中国的改革开放和中国特色社会主义建设实践，进行了卓有成效的理论探索和创新。他们积极开展理论研究、理论探索和理论创新活动，推进马克思主义中国化；积极投身于改革开放和现代化建设主战场，为党和政府的宏观决策提供理论依据，为地方经济社会发展提供思路和政策建议；积极传承中华文明，为社会主义文化建设提供丰硕成果。社会科学研究成果受到社会的广泛承认，并被越来越多地运用到实践中去。省域社会科学事业的蒸蒸日上，带动了社科文献信息资源利用需求的逐步高涨；浙江经济的快速发展，也为浙江社科文献信息资源的快速积累奠定了坚实的经济基础。

据此次调查统计，浙江的社科类文献资源拥有量已具相当规模。社会科学各类图书总量为5251492种，13435338册；社会科学各类报刊杂志为94183种。如，在全国公共图书馆系统馆藏量排名居前列的浙江图书馆420万册藏书中，社科类图书已达100万册，7500多种中外文报刊中，社科类报刊达3238种；浙江大学图书馆553万册藏书中，社科类图书有150万册，3万多种中外文报刊中,社科类报刊达 1 万多种;浙江师范大学图书馆馆藏量达 156 万册,其中社科类图书为 120 万册,中外文报刊馆藏量达 1.3 万种,其中社科类报刊为 9000 种。

2.2 学科完备度高

浙江省四大系统各图书馆都围绕自身的服务对象和服务要求,有针对性地入藏社科文献信息资源,从总体上促成了浙江较完整的社科文献学科结构,从而加快了浙江省域社科文献信息资源整体性建设的步伐。如,浙江图书馆、浙江大学图书馆、浙江师范大学图书馆的社科文献信息资源的学科结构合理,门类齐全,在浙江省域社科文献信息资源的分布结构中具有举足轻重的地位。浙江财经学院图书馆 63 万册社科类藏书中,财经类专业图书达 22 万册,约占馆藏总量的三分之一。中国美术学院图书馆的 40 万册专类藏书覆盖了艺术类的各个方面。中共浙江省委党校图书馆的 36 万册藏书以马克思主义哲学和政治法律专业图书见长。浙江社科院图书馆作为浙江省最高社科研究机构的专业图书馆,20 万册专业藏书涵盖了社会科学各学科。各图书馆拥有的社科文献信息资源与所在机构的性质、任务基本吻合,在此基础上所形成的省域社科文献信息资源体系不仅学科结构完备度较高,而且更能适应浙江社会经济文化建设的不同需求,提高了省域社科文献信息资源对浙江经济社会文化发展的保障率。

2.3 古籍资源丰富

浙江具有悠久的历史,有六朝古都杭州,有良渚文化、吴越文化和河姆渡文明,等等。深厚的文化积淀使浙江古文献资源的收藏受到人们的普遍关注。湖州南浔的嘉业堂、绍兴的古越藏书楼、宁波的天一阁等著名的藏书楼在中国古代和近代藏书楼中占有重要的位置。时至今日,浙江省内许多图书馆藏书中古籍文献占有很大的比重。浙江图书馆古籍部在杭州孤山馆舍和湖州嘉业堂藏有古籍 13 万部计 80 多万册，其中善本 7000 部，计 14.5 万册，最为著名的就是清乾隆年间编纂的文澜阁《四库全书》；浙江大学拥有古籍文献 12.4 万册，其中善本 1.9 万册，不乏众多善本和真本；杭州图书馆的馆藏古籍文献中有着各种珍贵的刻本和抄本，如明万历刻《圣曲》（孤本）、明建文刻《汉唐秘史》、清初抄本《辽记》和个别四库底本等等；绍兴图书馆 38 万册馆藏图书文献中，古籍就有 6070 种计 16 万册，其中善本古籍 704 种计 3913 册；宁波图书馆馆藏古籍 97545 册，其中善本 483 册；嘉兴图书馆馆藏古籍文献达 105846 册，其中善本 1849 种；温州图书馆有古籍文献 30631 种计 153156 册，其中善本有 2139 种，10697 册；浙江师范大学图书馆、中共浙江省委党校图书馆及浙江社科院图书馆等也都拥有较丰富的馆藏古籍文献。

浙江域内丰富的古籍资源迎合了人们对浙江古代文化和社会经济历史沿革与发展的研究需求，如浙江的“浙学”研究就是如此。“浙学”作为中华文化的重要分支，作为富有特色、充满活力的地域文化形态之一，从南宋成型以来已历经 700 多年，它在历史上曾经起过重要作用。而在当代，随着浙江经济的快速发展和学术文化的日益繁荣，人们对隐藏在浙江经济发展背后的文化动力日益关注并进行深层次的探讨。“浙学”不但在历史上促进了浙江与中国的文明进步，而且至今仍具有强大的精神感召力。这种正在成为中国走向世界，并在 21 世纪实现和平崛起的重要文化的研究，正是建立在浙江所蕴藏的极其丰富的古文献资源的基础之上的。

2.4 注重资源特色

资源特色是浙江省域社科文献信息资源生存发展的基础，也是社科文献信息优势资源鲜明个性的体现和写照。各图书馆在开展社科文献信息资源建设时，都将特色资源建设摆在重要的位置。

1. 具有鲜明资源特色或地域特色的社科类优势文献数量众多

例如，浙江图书馆的“风景浙江”、联合国托存文库和浙江房地产信息等信息资源颇具优势和特色；浙江大学图书馆的敦煌学文献资源和心理学哲学类信息资源在浙江的文献信息资源领域都占据着重要的位置；浙江师范大学图书馆较完整地收集了教育科学和儿童文学的信息资源，有力地支持了学校这两项教学与科研强项，在省内有着较大的影响；中共浙江省委党校图书馆自建与浙江省经济政治文化建设相关的特色资源，形成了浙江省情、长三角专题等10多种专题目录资源，提供决策机关参考；浙江省社科院图书馆从20世纪80年代中伊始，依据“浙学”研究重点学科建设需要，陆续跟踪“黄宗羲与浙东学派研究”、“阳明学系列研究”、“浙江思想文化史研究”、“浙江学派系列研究”等国家重点规划课题和省级重大或重点规划课题的研究，形成了“浙东学派研究资料”、“阳明学研究资料”、“浙学人物与研究资料”等一系列专题目录索引资源，弥补了国内这方面的缺憾，从文献索引的角度再现古人和今人有关“浙学”的丰硕的学术成果，为研究提供便利；舟山图书馆从自身所处的地理位置出发，从佛教名山普陀山和海洋经济入手，建立起独有的特色资源，如舟山地方文献目录、舟山社会文库、舟山港口建设资料索引、舟山海洋水产品文献目录等目录资源，为当地的社会经济文化建设提供必要的借鉴和参考；丽水学院图书馆建立的20世纪陶行知研究资料索引、刘基著作传记研究资料索引、畲族文献研究资料索引等社科信息资源，都显示出一定时期一定地域内历史文化研究的成果个性和优势，为他人所不及。

2. 特色数据库资源成为浙江省域社科优势文献信息资源发展的主流方向

(1)古籍特藏数据库。主要是指一些古籍资源拥有量较为丰富的图书馆利用高科技手段将馆内特藏的古籍资源转化为古籍目录、书目索引数据库，或全文数据库以便查找和利用，并体现出优势的特色数据库资源形式。如，浙江大学图书馆建立的浙江大学馆藏古籍目录库善本库和浙江大学馆藏目录库特藏库等数据库资源就属于此类资源形式。再如，浙江图书馆所建立的馆藏古籍善本书目、浙江家谱总目提要、地方志联合目录、浙江藏书史等数据资源也都具有此类性质。

(2)专题数据库。这是根据图书馆的自身条件，为满足一部分读者的特定需求而建立的具有特定主题性质的数据库。如中共浙江省委党校图书馆建立的浙江省情研究数据库；中共杭州市委党校图书馆建立的杭州市情全文数据库、十六大系列文献数据库、和谐社会和谐创业数据库、杭州统计数据库；中共宁波市委党校图书馆建立的领导决策与策划数据库、中国法律法规大典数据库、宁波市情全文数据库；中共温州市委党校图书馆建立的温州模式研究数据库、温州市情资料数据库等。这是我国地方党校系统的教学科研在不断适应社会主义市场经济的要求而进行的改革中建立的文献数据库形式，包括了反映省市政治、经济、文化、社会情况的各种文献资料，也包括了一定地域内的历史文献资料和现时文献资料，及时为省市领导部门决策提供参考，为各部门、各地区沟通信息、把握省情市情提供帮助，为党校系统教学科研提供能充分体现自身优势和特色的文献信息资源服务，也为各级党政领导干部在党校期间的信息资源利用提供方便。再如，浙江大学图书馆建立的浙江大学古籍特藏数据库、浙江大学硕士博士论文数据库、浙江大学本科教学参考书目录数据库和中美百万册图书文库；浙江传媒学院图书馆建立的电视节目研究资料简报数据库；浙江海洋学院图书馆建立的海洋水产品录数据库；浙江树人大学图书馆建立的当代中国城市景观数据库；湖州师范学院图书馆建立的湖州历史人物数据库等，都是为了适应我国高等教育体制改革的深入发展，充分发挥这类资源在高校科研和教学中的作用，使社科文献信息资源突破传统的被动服务的格局，越来越主动地向信息传递方向发展。专题数据库资源的大量出现，在丰富了省域高校和党校社科文献信息资源形式和内涵的同时，也促进了高校和党校科研教学能力的大幅度提升。

(3)地方文献数据库。地方文献一般指有关固定地域的文献资料和出版物等。在一定地域内的公共图书馆、大学图书馆以及其他图书馆系统，都拥有大量的地方文献，这也是网络条件下特色数据库建设的主体。把地方文献数字转化成全文数据库或文献目录数据库，已成为浙江省各图书馆系统数字信息资源建设中的一项重要工作。如浙江图书馆的地方文献数据库，包括了浙江新编地方志、历代名人画像(有浙江名人)、浙江藏书史、浙江期刊选目、浙江地方志联合目录、浙江家谱总目提要、浙江越剧资料库、风景浙江、浙江房地产信息等众多地方文献数字信息资源。绍兴图书馆的地方文献数据库则突出了绍兴古桥、绍兴戏曲、绍兴黄酒、绍兴风俗和绍兴文物等具有浓郁地域色彩的内容。温州图书馆的地方文献数据库包括了从古至今温州地区各级各类人士的著作和研究成果；温州南戏家园数据库的涵盖内容及范围有南戏剧目、研究、概论、人物介绍等等；温州鞋图片资料库包括了温州鞋业资讯、温州鞋图和标准查询等内容。此外，温州图书馆还建立了温州史志年鉴、温州文学资料、温州艺苑剧场、走进温州、温图讲座及外地媒体看温州等一批反映温州经济社会文化历史发展的文献资料数据库，使得温州的地方文献数据库资源既丰富又多彩。

(4)地方风情和地方人物数据库。地方风情包括各地的风土人情、民间、民俗、名胜古迹等，地方人物包括籍贯在当地的古今名人，也包括对当地有重大影响的人士。如，浙江省社科院图书馆依托省社科院作为浙江省越文化研究基地的优势，建立了王阳明、黄宗羲和“浙学”人物与研究等数据库资源，弥补了浙江省越文化研究方面的空白。湖州师范学院图书馆建立的湖州历史人物数据库涵盖了湖州历史上各个时期的主要人物；茅盾数据库、朱熹数据库则显示了湖州师范学院图书馆馆藏地方文献的传统优势。丽水学院图书馆围绕学校20世纪陶行知研究、刘基著作传记研究、畲族文献研究等方面的优势和需求，建立了专门的研究资料索引数据库资源，使优势得以丰富和延伸。杭州图书馆依据省委、省政府提出的建设文化大省的目标和杭州市委、市政府提出的“文化强市”的具体要求，建立了文化杭州数据库，真实地再现了古今杭州博大深远的文化内涵。其内容包括：杭州坊巷录、杭州史话、杭州摩崖石刻、杭州籍两院院士录、1929年西湖博览会、西湖名人故居、西湖古今揽胜、杭州扇文化、杭州特产、杭州老字号、杭州古桥、杭州风俗、杭州自然观境、杭州山水风光、西湖老十景、西湖新十景、西湖民间传说、党和国家领导人在杭州等。

【参考文献】

[1] 中国社科院课题组. 繁荣发展哲学社会科学. 北京：中国社会科学出版社，2004.

[2] 刘纪兴. 社会科学图书情报工作特殊性研究. 武汉：武汉大学出版社，2000.

[3] 陈野. 浙江蓝皮书：2006年浙江发展报告（文化卷）. 杭州：杭州出版社，2006.

[4] 葛立成. 浙江蓝皮书：2006年浙江发展报告（经济卷）. 杭州：杭州出版社，2006.

[5] 万斌. 学者视野中的浙江文化大省建设. 杭州：浙江人民出版社，2001.

[6] 浙江年鉴（2004、2005年）.

[7] 浙江统计年鉴（2004、2005年）.

[8] 杭州年鉴（2004、2005年）.

[9] 宁波年鉴（2004、2005年）.

[10] 温州年鉴（2004、2005年）.

[11] 金沛霖. 图书馆地方文献工作. 北京：中国社会科学出版社，2000.

[12] 徐璞英.党校数字图书馆建设.杭州:浙江人民出版社,2004.

[13] 杨思洛.省级公共图书馆特色数据库建设调查.图书情报工作,2005(9).

[14] 蔡莉静,陈曹维.河北省社科信息资源现状调查与分析.情报资料工作,2005(1).

[15] 冯晴君.浅谈我省地方文献资源建设.贵图学刊,2006(1).

[16] 周全.关于区域性社科信息资源共建共享问题的思考.图书知识情报,2006(6).

[17] 李励.浙江省科技文献信息资源共建共享与知识产权问题浅析.浙江高校图书情报工作,2006(4).

影响浙江省域社科文献信息资源分布的成因①

张耀东*

摘　要:影响省域社科文献信息资源分布的成因主要有:经济的影响力;文化的传承与发展,即传统文化的影响力和当代文化的发展;高校合并因素;社科文献信息总量增长与收集能力增长的不平衡;差异性和公平性的作用。

关键词:社科文献信息资源;分布;省域

1　经济的影响与要求

省域社科文献信息资源发展的不平衡性受到经济、历史、文化和自然环境等多种因素的影响和制约,而经济是首要的因素。我国到了20世纪70年代末,全国各省、市、县都兴办了公共图书馆,新建高校图书馆的数量已占全国高校图书馆总数的54.7%,各类科研图书馆也普及到大中城市。此时,文献信息资源的分布已伸展到了全国所有县级以上城市和大中专院校。但是,侧重于政治和国防需要,并通过行政手段调整区域结构布局,其结果是经济结构与教育文化科研结构不配套,国家的整体图书馆结构和文献信

①　本文系2005年度浙江省哲学社会科学规划常规重点课题《浙江省社科文献信息中心模式研究》(编号:Z05GL01)的部分研究成果

*　张耀东:浙江省社科院情报信息中心,副研究员。

息资源的分布无法趋于合理。

进入80年代以后,国家提出了沿海发展战略和让一部分地区先富起来,促进各地区共同发展的思路。在这一地区发展战略方针的推动下,沿海地区加速了发展。内地和边远地区的发展尽管也高于历史水平,并增强了综合实力,但是,东部地区经济技术的基础优越和改革开放中处于有利的地理位置,以及国家在投资和政策上的倾斜,我国东西部之间的差距不断拉大。国家提出开发西部的战略决策并付诸实施之后,这一趋势得到了减缓,但差距仍然十分明显。经济差距的扩大,加速了社科文献信息资源实际分布过程的两极分化,从而影响社科文献信息资源的合理分布。

浙江处于我国东部经济发达地带,是长江三角洲地区的重要组成部分,也是我国经济发达的地区之一。但是,在浙江省域内,经济发展仍然存在发达地区与欠发达地区的差距问题。这对省内社科文献信息资源的实际分布的确有着不小的影响。制约浙江域内图书馆社科文献信息资源分布的因素很多,作用和要求也有所不同,下面作一简略分析。

第一,省内经济发达区域的基本要求。这些区域主要有杭州、宁波、温州、绍兴、台州等位于浙江沿海地带,经济较发达的城市和地区。其特点:一是经济发展水平高,人均国民收入高于全国平均水平;二是工业化程度高,产业结构比较先进;三是属于省会城市、副省级城市和省内中心城市,是全省对外开放的前沿地带;四是科技先进,人才资源集中,城镇化水平高,具有发展经济的综合优势。

上述经济和社会特点对图书馆文献信息资源的布局要求是:必须适应教育较普及,教育水平高,以及继续教育的需求;必须适应外向型经济和产业结构调整,以迎合市场经济和对外开放,迎合国际经济发展、科技竞争和两种社会制度竞争的需要,建立起主动适应市场经济和社会发展需要的社科文献信息资源合理分布的运行机制。

第二，经济中等发达地区，主要有湖州、嘉兴、金华等。这些区域处于浙江中部和北部地带，经济发展水平中等。其特点是：工农业生产有一定的基础；各类资源相对丰富；交通便利。尤其是金华的义乌，已成为浙江乃至全国的小商品生产基地和对外贸易交流中心。

这些特点对图书馆文献信息资源布局的要求是：社科文献信息资源的分布必须与教育中等普及程度和劳动者文化程度的提高联系起来；必须适应当地建设需要，满足当地社会经济文化发展对社科文献信息资源的利用需求。

第三，经济欠发达地区，主要有衢州、丽水、舟山等。这些地区经济相对落后，但开发潜力较大。其特点是：农牧渔在产业结构中所占比例较大，工业化程度偏低；自然资源较为丰富，但地理条件和交通条件相对不便。受经济发展程度的制约，文献信息资源与域内社会经济发展需求的结合较难实现，社科文献信息资源的分布处于偏低水平状态。

相对经济发展水平上的差距，图书馆发展和文献信息资源分布中的地区差距也不言而喻。社科文献信息资源分布与经济上的地域性差异的相互联系和地域经济发展战略实施的影响告诉我们，必须把社科文献信息资源分布作为一定地域内经济社会发展大系统的一个部分来看待。经济发展是其他发展的基础。图书馆文献信息资源的分布既与地域发展之间存在着多维的联系，也与自然环境、人文历史以及其他社会因素密切相关，但其基本立足点是建立在经济发展的基础之上的。

浙江作为全国的经济大省，其内部发展的不均衡并不影响其总体上的经济实力。浙江省社科文献信息资源建设和浙江省社科文献信息事业的长足发展恰恰是依托了浙江的综合经济实力才能得以实现。地区之间客观存在的差异，使得浙江省各个地区在发展目标、重点、步骤的选择上必然有所区别。这就需要社科文献信息资源的实际分布必须遵循地区发展和图书馆发展的客观规律，以实现社科文献信息资源的发展与当地社会发展之间的良性循环。因此，从浙江经济发展过程存在的地区差异中可以清楚地看到，经济因素决定了社科文献信息资源在不同地域、不同发展阶段所面临的不同需求；决定了不同时期的图书馆社科文献信息资源拓展程度的限定，即经济发展水平对图书馆文献信息资源拓展程度有明显的正相关关系；决定了社科文献信息资源分布结构的选择，主要表现在图书馆文献信息资源层次结构配比上的不同；决定了图书馆社科文献信息资源空间布局的选择，即中心城市社科文献信息资源的空间积累加速，而欠发达地区社科文献信息资源的空间积累趋减。可见，经济因素已成为影响浙江域内图书馆社科文献信息资源分布的首要因素。

2 文化的传承与发展

经济发展水平对社科文献信息资源的实际分布具有决定性的作用，而一个地区的文化发展水平，特别是历史文化发展积淀，也会对社科文献信息资源的实际分布产生重要影响。

2.1 传统文化的影响力

我国是一个具有几千年文化的文明古国，在漫长的历史演变中，文化占据了重要的地位。纵观古今，一个国家和民族的文化中心都与政治经济上层建筑不可分割。历代的政治经济和文化中心都是在统治者建都的京城。今天，京城文化作为主流文化影响并推动着其他地域文化的发展。但是，各地一般都会形成省会和直辖市的地域文化中心，以及地级城市和县级城市的地域文化中心。相对于主流文化交流迅速快捷，众多流派相互影响，往往带有大众化的共性的特征，地域文化有其深厚的历史积淀，较少受外界的污染，保持原汁原味，具有极大的开发潜力。这部分文化在各自地域内以不同的文化式样和形式，不断被发展和传承着。省域社科文献信息资源作为地域文化传承中的文字传承的重要部分，记录着该地域社会经济文化发展的历史和现实，体现着古今中国的博大精深和多彩多样，其发展和传承的式样和内容，都要受到当地历史文化发展的影响和制约。

浙江古称“越”，历史上曾经是我国的政治和文化中心。其深厚的历史文化底蕴为当今浙江的社科文献信息资源积累提供了极为丰富的内涵。浙江文化发展的过程中，群星荟萃，异彩纷呈，每一时代都有独创的学术成就和思想文化上的创造。纵观浙江文化发展史，可以看出前后有着深厚的渊源，既体现出浙江文化的丰富性和多样性，又体现文化价值和思想观念的前后相似乃至一致性。正是这些特点，不断影响着浙江省域社科文献信息资源的聚集和分布，使浙江域内各地的社科文献信息资源积累不仅是某一地区传统文化的传承和延续，更是这一地区传统文化个性和特色的彰显，使社科文献信息资源具有传统的优势文化基础，并通过丰富、多样的形式，体现出浙江域内社科文献信息资源整体的历史文化价值和共同的思想精神，成为国家社科文献信息资源体系中杰出的代表。

如宁波具有璀璨的历史文化：长江流域文明发祥地余姚河姆渡文化，浙东学术重地月湖，明代的藏书楼天一阁，以及隋唐大书法家虞世南，初唐诗人贺知章，宋代词人吴文英，元代词曲家张可久，明代“心学”大家王阳明，清代学术名家黄宗羲、全祖望，五四以后的柔石、殷夫、潘天寿、沙孟海等一批杰出的文学家、艺术家，形成了独具特色的浙东文化。

宁波大学图书馆充分利用该地区独特的社会环境和传统文献资源优势，建立浙东文化特色数据库资源。其内容特色有五个方面：一是浙东名人资料。主要有：地方人士传记、著述及其研究资料。二是宁波帮研究。主要为各个历史时期有关“宁波帮”的各种研究资料。三是历代著述。主要为涉及宁波的政治经济、科学技术、历史地理、教育卫生、文化艺术、风俗民情等方面内容的文献资料，不论编著者籍贯，不论何时何地成书或出版，不论正式、非正式出版物及印刷品。四是浙东史志。主要有地方志、地方史、地方大事记、地方统计年鉴等。五是多媒体资源。如反映宁波各个时期各方面情况的图片、摄影、书法、绘画作品、音像制品等非书资料。

宁波大学图书馆为浙东文化的继承发扬所作的努力，显示了传统文化因素对地域社科文献信息资源建设的影响力，提升了图书馆的自身价值，使之在跻身于国内一流地方综合高校图书馆之列，拥有国内一流的地方特色馆藏的道路上迈出了坚实的一步。

2.2　当代文化的发展

1999 年，浙江省委、省政府审时度势，在历史即将进入 21 世纪之际提出了“建设文化大省”的宏伟目标，并先后于 2000 年制定了《浙江省建设文化大省纲要》，2001 年出台了《关于建设文化大省的若干文化经济政策》，2002 年召开了全省文化工作会议，制定了《关于深化文化体制改革加快文化产业发展的若干意见》。近年来，浙江在贯彻落实科学发展观，深入实施“八八战略”，全面建设“平安浙江”和“四个强省”进程中，文化大省建设得到了进一步加强。这些都为浙江省文化的发展与改革带来了新的机遇和推动力。浙江省各级党委、政府在推进文化大省建设的进程中，充分发挥政府的主导作用，不断加大对文化主要领域的投入力度。2004 年，全省财政投入教育、文化等系统的预算内总支出达 307.65 亿元，占财政预算内总支出的 28.9%，比 2003 年提高 0.3 个百分点。浙江文化事业的不断繁荣，大大促进了浙江省文献信息资源的建设。据统计，全省 84 个公共图书馆拥有图书藏量 2087 万册，新购图书藏量 116 万册，累计发放有效借书证数 59 万张，书刊文献外借册次 1098.6 万册次，电子阅览室电脑终端数 2143 个，网站 47 个，互联网总带宽 1981Mb/s，共享工程服务 673 个。全省 59 个高校图书馆拥有图书藏量 3862.97 万册，馆舍总面积 101.72 万平方米，接待读者675448人，书刊外借总量343526册，计算机终端9832个。

近年来，浙江省十分重视以改革手段培育和发展文化产业，增强浙江文化产业的竞争力和可持续发展能力。浙江独特的优势与条件，如经济的快速增长，深厚的历史文化底蕴和良好的区位优势以及社会化产业基础等，促进了浙江文化产业的快速发展。很显然，当代文化的发展以改革创新为动力，与国民经济的可持续发展紧密关联，在政府加大对图书馆等公益文化事业投入的同时，将逐步建立起多元化的文化投入机制，加快文化设施和文化资源建设的步伐。因此，充分利用文化设施、文化资源的共享性来整合资源和设施，实行文化设施和文化资源的共建共享，体现了文化大省建设的基本精神和要求。这对包括图书馆社科文献信息资源在内的文化资源的合理分布和优化配置将起到巨大的影响作用，使社科文献信息资源的合理分布和有效配置逐步走上与文化产业发展接轨的大台阶。

3 高校合并的影响

20世纪90年代末至21世纪初，全国形成了高校合并浪潮，实现共建、联合、调整、合并等多种形式的管理体制改革。高校合并的主要宗旨是在学科优势互补的基础上充分利用办学资源，产生规模效应，扩大社会效益，提高办学规模。院校合并带来了人、财、物的大联合，同样也给图书馆带来了发展契机。体现在高校图书馆文献信息资源建设方面，主要有以下几点：一是现有馆藏文献信息资源的优势互补。既集中了原来各馆的资源特色，推动了不同学科的馆藏信息资源重新组合，与学校的学科建设和科学研究相适应；又在文献信息资源的配置上立足于不同分馆的专业特色，并兼顾学校的整体情况进行文献信息的采访和分配，实现馆藏文献资源总体上的优势互补。二是促使馆藏文献信息资源特色优势更为明显。图书馆根据学校的学科优势及特点，在尽可能使藏书系统、完善、丰富的同时，增加更多、更前沿的特色专业的文献信息资源，确保特色专业更具优势和竞争力。三是馆藏文献信息资源覆盖面扩大。既有覆盖原有学科领域的丰富馆藏资源，又增加了交叉学科的信息资源，为新学科的发展提供了有利条件。四是文献信息资源扩张加快。高新信息技术的利用改变了图书馆的馆藏结构，各种类型、各种载体的文献信息的并存和发展使图书馆文献信息资源得以快速扩张，形成信息资源多元化的格局。

浙江省高校合并对浙江域内社科文献信息资源分布的影响是显而易见的：

3.1 高校社科文献信息资源的分布结构开始变化

随着原有高校图书馆所具有的专业性质发生变化，其人文、社科类文献信息资源的分布从整体逐步转为局部，较为全面的专业和学科文献收藏则逐渐被能充分适应学科变化和体现学科优势的文献收藏所替代，各级各类社科文献信息资源的构成比例逐步符合专业化、特色化、整合性强的新型图书馆文献信息资源分布体系的整体要求。

3.2 高校社科文献信息资源富集于总馆之内

这就容易使一个资源富集的大馆成为该图书馆系统中学科门类最全的文献信息资源分布的密集区，即一个具有丰富馆藏的图书馆和其馆藏在该图书馆系统文献信息资源结构中是不可缺少的一部分，它在该图书馆系统中就将占有重要的地位。如，浙江大学图书馆在四校合并之后，其馆藏总量至 2004 年已达 553 万册，超过了浙江图书馆馆藏总量，其四个分馆所具有的资源特色和优势，涵盖了自然科学、技术科学、社会科学、医学和农业科学等各个领域。这些对浙江省域的社科文献信息资源分布都会产生极其重要的影响。

3.3 高校社科文献信息资源聚集区位的新发展

随着浙江教育事业的快速发展，出现了一些新的高教园区和新校区。如杭州的下沙高教园区、滨江高教园区、小和山高教园区、浙江大学紫金港校区等。杭州市内的各高校新校区大都建在这些区域内。这就使浙江省高校图书馆系统的社科文献信息资源分布有了新空间，出现了新的社科信息资源集聚区，并有助于高校图书馆系统全科文献信息资源的总体增长速度。据统计，2000 年，浙江省 45 个高校馆（含成人高校）社会科学、自然科学和技术科学文献累计总量为 2016.11 万册（件）（不含电子文献，下同）；2004 年，59 个高校馆社会科学、自然科学和技术科学文献累积总量 3862.97 万册（件），牢牢占据了浙江域内文献信息资源的半壁江山。

3.4 高校社科文献信息资源总量的地理分布失衡现象加剧

高校的合并引起了文献信息资源地理分布状况的变化，这种变化影响了社科文献信息资源的分布所具有的聚集效应和扩散效应。从有关调查数据看，高校系统图书馆社科文献信息资源总量的 55％都已集聚于省会城市杭州，30％集聚于其他经济较为发达且地理位置优越的城市，如宁波、温州、绍兴等，只有 15％左右的信息资源集聚于省内其他城市。很显然，合并因素使社科文献信息资源原有的集聚流向发生了变化，更多的优势社科文献信息资源集中到了省会城市、省内中心城市和经济发达城市。由此可见，若某一地域高校系统总体上的社科文献信息资源集聚的态势受到了弱化，必然会引起该地域社科文献信息资源的缺乏，从而影响到当地的文化教育和社会经济的总体发展。

4 社科文献信息总量增长与收集能力增长的不平衡

社科文献信息资源的收集能力一般可以分解为经济能力和非

经济能力两个方面:经济能力主要体现为图书馆购置经费的多寡;非经济能力主要是社会其他方面对图书馆收集文献信息资源的制度保障,如我国制定的呈缴本制度就是国家图书馆和省级图书馆非经济性信息获得能力的重要保障。在省域各图书馆系统中,经济性信息获取能力是主要方面,非经济信息获取能力则是从属的和补充性的。某一地区的经济发达程度直接影响着该地区信息资源的收集能力。由于总的文献信息资源的购置经费的增长与文献信息总量的增长速度不平衡,各图书馆系统购置经费的增长也存在较大差异。社科文献信息资源自然会向那些具有较强信息收集能力的图书馆系统聚集。浙江省部分图书馆文献信息购置经费总量增幅见表1。

表1　浙江省部分图书馆文献信息购置经费总量增幅情况

单　位	2000年购置经费(万元)	2004年购置经费(万元)	增幅(%)
浙江大学图书馆	1088	2607.2	139.63
浙江师范大学图书馆	120	500	316.67
浙江财经学院图书馆	352.26	534.34	51.69
浙江理工大学图书馆	154.18	535.33	247.21
杭州电子科技大学图书馆	101	257	154.46
宁波大学图书馆	151.9	380.2	150.30
杭州师范学院图书馆	179.6	601	234.63
浙江图书馆	599	1212	102.34
杭州图书馆	120.65	178.62	48.05
浙江中共省委党校图书馆	50	60	20.00
杭州市委党校图书馆	15	20	33.33
浙江省社科院图书馆	70	60	—14.29

浙江历来非常重视高等教育,教育经费投入大,增幅比例高,

在各图书馆系统中，高校图书馆的经费状况是最好的。例如，浙江大学图书馆文献信息购置经费为2600余万元；浙江理工大学图书馆的文献信息购置经费为500余万元；浙江师范大学图书馆的文献信息购置经费也达到了500万元。据统计，浙江省18个本科院校图书馆1990年实际文献信息购置经费为649万元，2000年15个高校馆（新浙大四校区计1个馆）的实际文献信息购置费为2737万元，2004年文献信息实际购置经费共计9526万元。2004年比2000年增长2.5倍，2004年比1990年增长13.7倍。

高校图书馆经费的相对充足，使高校图书馆的文献信息资源日益丰富。据统计，2004年，浙江省59个高校图书馆（含浙江省成人高校）文献累计总量达3862万册。一些国家级和省级重点大学还形成了丰富的非印刷型和外文信息资源。如，浙江大学图书馆拥有52类200多个数据库，声像资料、缩微制品等2万余件，72万册外文图书，82万册外文期刊。浙江工业大学图书馆、浙江师范大学图书馆拥有几十个数据库和数十万册外文图书。

相形之下，其他图书馆系统要逊色得多。据统计，浙江公共图书馆系统的84个图书馆总经费为4000万元（浙江图书馆2001年文献信息购置经费为599万元，2004年文献信息购置经费为1212万元，2004年经费增幅为2001年的1倍），文献信息累计总数为1700万册，其中大部分集中在浙江图书馆和各地市级图书馆，县级图书馆的图书和经费则少得可怜。而浙江省党校图书馆系统和社科院图书馆系统的文献信息购置经费和文献信息累计拥有量所占的比例也很低。上述的其他类型图书馆（除浙江图书馆外）的非印刷型和外文信息资源非常有限。浙江省社科院图书馆只有6个数据库和4000多册外文图书，中共浙江省委党校图书馆只有10余种数据库资源和2000多册外文图书，而全省县级图书馆和一些市级图书馆的数据库资源和外文资源更是贫乏。

5 差异性和公平性的作用

由于文献信息资源本身的原因,同时也由于一定地域内社会经济文化活动水平的差异,引起了地域性文献信息资源结构和文献信息资源总量上的差异,也引起了文献信息资源地域分布过程的差异,体现出不同类型和数量的文献信息资源的特色和优势所在。一个地区在整体文献信息资源基本平衡的前提下,通过实行文献信息资源区域内的相互交流来实现该地区整体的最佳资源分布及产出效益,客观地要求文献信息资源向资源利用效益最大的方向和地域流动。因此,文献信息资源流动的合理取向,作为文献信息资源地域分布的内在因素之一,迎合了文献信息资源地区富集的基本要求。如杭州作为浙江省的政治、经济和文化中心,汇集了各类社科文献信息资源收藏的大部分单位,社科文献信息资源占绝对优势;宁波具有独特的地理位置和经济地位,又是国家计划单列市,社科文献信息资源相对丰富;温州社会经济的快速发展和其独特的经济社会和文化发展理念,促使其社科文献信息资源快速增长。上述优势是其他城市所缺乏的。因此,不同城市之间的地区差异,促使浙江省内的社科文献信息资源不断地向杭州、宁波、温州等城市富集,这也说明了文献信息资源分布与一定区域经济、社会、文化、教育和科技发展水平在地理位置上的统一。由于不同地区资源条件的差别,必然引发社科文献信息资源的相互交流。其结果往往是:社科文献信息资源集中的地区和系统,其资源总量越加富有,优势越明显,而社科文献信息资源贫乏的地区和系统却更为贫乏。

省域社科文献信息资源是省域公共资源中的一个重要组成部分,公平性是其基本属性。如果一个地区文献信息资源分布不均衡导致其公平性的丧失,这类分布就会丢失其社会基础而无法为社会所接受，自身也会失去存在的基础。因此，公平性因素的作用就在于：聚集分布在确保图书馆能够有效收集信息的同时（即少数图书馆在某一确定的地域范围集聚了该地区大部分文献信息资源），能确保社会公众公平地使用这些信息。这也是造成文献信息资源聚集分布的另一个主要原因。图书馆信息共享网络的逐步建立，尤其是建立了现代计算机网络后，图书馆文献信息资源的配置已由单个图书馆的静态配置逐步发展到了基于图书馆网络的以资源共享为特征的动态配置阶段。这种动态配置能保证图书馆文献信息资源聚集分布的均衡利用，以达到充分和有效利用有限的信息资源的目的，保证图书馆文献信息资源能在最大限度上得以被公平利用。当然，这种以网络为基础的文献信息分布形成并不能实现完全意义上的信息资源共享的目标，但是，公平性作为影响省域图书馆社科文献信息资源分布的因素之一，它能够成为推动省域图书馆系统中具有特定社会功能的图书馆集合体产生的助推剂，体现出骨干图书馆的主导作用。这种能在省域图书馆系统中起主导作用的图书馆我们可以称之为该系统的中心图书馆或者文献信息中心。在国家级文献信息保障体系中，它可能只是一个成员馆，但在一个特定的地域内的某一个图书馆系统中，它可能是起主导作用的骨干馆。而这种进入特定区域范畴，并且建立在具体的图书馆系统之上，在图书馆系统中资源和功能聚集的图书馆的出现，恰恰是公平性能够得以体现的实际保证。

【参考文献】

[1] 中国社科院课题组. 繁荣发展哲学社会科学. 北京：中国社会科学出版社，2004.

[2] 陈野. 浙江蓝皮书：2006 年浙江发展报告（文化卷）. 杭州：杭州出版社，2006.

[3] 葛立成. 浙江蓝皮书：2006 年浙江发展报告（经济卷）. 杭州：杭州出版

社,2006.

[4] 徐璞英.党校数字图书馆建设.杭州:浙江人民出版社,2004.

[5] 浙江年鉴(2005年).

[6] 浙江统计年鉴(2005年).

[7] 杭州年鉴(2005年).

[8] 陈宝生,杨三军.加强省级区域性社科文献信息资源网络体系共建共享的思考.东岳论丛,2005(4).

[9] 潘亚南,钟晓明.院校合并后高校图书馆的发展.科技情报开发与经济,2006(20).

[10] 金沛霖.图书馆地方文献工作.北京:中国社会科学出版社,2000.

[11] 徐璞英.党校数字图书馆建设.杭州:浙江人民出版社,2004.

[12] 杨思洛.省级公共图书馆特色数据库建设调查.图书情报工作,2005(9).

[13] 蔡莉静,陈曹维.河北省社科信息资源现状调查与分析.情报资料工作,2005(1).

[14] 冯晴君.浅谈我省地方文献资源建设.贵图学刊,2006(1).

浙江省域社科文献信息资源分布利用的矛盾和难点分析①

张耀东*

摘　要:省域社科文献信息资源分布利用过程的矛盾和难点主要有:本位观念与通盘协作的矛盾;优势互补的缺位;垄断意识的显性化现象;网络社科信息资源分布无序化的影响。缓解矛盾的有效途径是:社科信息资源的整合;省域社科信息资源共享体系的建立;省域社科文献信息资源网络体系的建设和完善。

关键词:社科文献信息资源;分布;省域

省域社科文献信息资源主要分布于社科、高校、党校和文化系统的图书馆内。各系统文献信息资源的相互利用和交流往往是在互相信任的基础之上自发形成的。尽管人们已经认识到省域社科文献信息资源整体建设水平的提高、整体保障能力的形成和提供一流的社科信息资源服务的重要性和紧迫性,但受种种因素的影响和条件的限制,这些方面长期以来一直未能受到足够的重视。

1　本位观念与通盘协作的矛盾

社科信息特色资源存在于不同系统的图书馆,不同特色资源

①　本文系2005年度浙江省哲学社会科学规划常规重点课题《浙江省社科文献信息中心模式研究》(编号:Z05GL01)的部分研究成果

*　张耀东:浙江省社科院情报信息中心,副研究员。

的相互利用所依靠的是馆际协作关系。尽管一定区域内的一些图书馆系统互相建立了资源交流协作关系，但并不能从根本上保证社会对社科信息资源利用的战略性考虑和通盘需要。如，浙江越文化研究是浙江文化大省建设的重点项目，需要众多的专业研究人才和专深的文献信息资源作支撑。浙江省越文化重点研究基地虽然设在浙江省社科院，但是，这一重大研究工程中的各个研究项目的完成所依靠的是全省与之相关的科研力量和文献信息资源保障，而不能只依靠社科院一家。以课题为纽带，充分发挥基地的整合、统筹功能，跨学科、跨单位、跨地区组织科研力量进行系列研究和协作攻关，才能发挥出整体而具特色的科研优势和资源优势，形成优势研究领域。研究离不开文献，重点研究基地的整合、统筹功能，包括了对省内相关研究文献信息资源的整合、统筹和利用，这也是基地运作过程中非常重要的环节，体现的是不同信息系统之间通力协作的相互关系。

然而，现实中要加以运用的确存在难度。这是因为，不同系统的社科文献信息资源往往呈现出以系统自身需求为轴心的分布状态，各系统图书馆的人力、财力、信息资源和技术力量等各个方面的优势首先保证的是本系统的需要。这种以自身需求为轴心的资源分布状态容易导致非理性的自我保护意识和行为，以至于出现文献信息资源交流中的排外性，从而影响到跨系统的协作和信息资源共建共享的运作。现实中，某一合作研究项目的开展和协作攻关，其许多相关文献信息资源的获取往往是建立在个人与图书馆之间关系的熟悉程度之上的。一些图书馆系统之间通过建立文献信息资源交流协作关系获取文献信息的途径并不畅通，有的甚至流于形式。

2 优势互补的缺位

区域性各图书馆系统文献信息资源分布一般都处于不对称的状态，犹如一个倒三角形的金字塔。处在底端的图书馆的文献信息资源分布状况与顶端的图书馆文献信息资源分布状况无论在结构、种类以及数量和质量等方面都有很大差别。图书馆文献信息资源的优势互补是缩小差别的主要途径之一。然而，在一些图书馆系统，信息资源的优势互补显然是缺位的。探究其原因：

2.1 合作的共识和愿望不坚实，即合作的思想基础不稳固

社会信息化的发展，使得社会信息需求出现多元化的态势，某些特定的信息需求会因社会整体性需要，并在相应条件的支撑下膨胀为整体性需求，而整体性需求也会随着社会需求阶段性和具体性的特定表现而转换为许多特定需求。

多元而变换的需求态势成为处于不同位置的图书馆信息资源优势互补的链接点，有助于改善文献信息资源分布不对称的状态。但是，一些中小图书馆往往会因其在整体信息资源中所处的附从地位和特定的地域环境限制而不正视这类需求态势，安于现状；而一些大型图书馆也容易忽视社会整体信息需求的变化对其信息保障功能所带来得影响，不主动与中小图书馆合作。很显然，各图书馆如果缺乏坚实的合作共识和愿望，信息资源优势互补的链接点就容易发生断裂，以至于出现优势互补的缺位。

2.2 缺乏规范统一的社科文献信息优势资源建设标准

省域各系统社科图书馆文献信息资源的优势互补和共建共享，是以自动化为基础，以网络化为前提的。越来越多的图书馆通过计算机和网络信息系统来开展主要业务活动，尤其是一些网络环境较成熟的著名高校图书馆已将机构内部的局域网升级到广域

网环境，通过国内的骨干网 CERNET 连接到因特网上。公共图书馆和党校图书馆也都实现了系统内的共建共享。因此，规范的社科文献信息优势资源建设标准就显得尤为重要。社科信息资源优势，主要体现在社科文献资源和自建数据库资源上。前者包含由特定的历史条件下所形成的纸质形态的特色文献，主要通过各馆提供的书目查询库来加以揭示，而后者则通过规范形式并利用网络来展示。网络条件下，自建数据库资源能够真实而快速地反映出图书馆文献信息资源的特色和优势，通过网络实现优势互补。但是，目前仍然存在着自建数据库资源建设标准、原数据提取不规范，资源数字化、资源系统互操作性较差，数据库技术不统一，以及智能用户界面与个性化服务、数字版权协调低水准研究开发等诸多问题，容易影响社科数据库资源中有学科内在联系的社科信息的重新加工融合，妨碍科学稳定、清晰完整，及其信息价值有序的优势信息集合体系的形成，最终影响到省域社科信息保障体系和社科信息资源共建共享平台的形成。很显然，社科文献信息优势资源建设标准的规范、统一和完善，是省域各系统社科图书馆文献信息资源的优势互补和共建共享的重要前提和基础，不可或缺。

2.3　缺乏有效的社科信息资源优势互补和交流组织机制

随着我国省域范围内社科文献信息资源的日积月累，以及社会信息需求综合化和多元化趋势的不断展现，社科类图书馆现有的组织交流形式和机制已无法适应需要。以行政管理为基础，垂直化，并且体现等级关系的信息资源交流互补组织形式和结构无法体现跨学科、跨部门、横向协调的功能。就社科系统文献信息资源交流与共享而言，各图书馆仍处于各自为政的状态。这与以区域行政区划为基础的科研机构管理体制密切关联。如，中国社科院信息中心在北京加入了跨系统的协作网工程，成为所在地协作网的主干协作单位。但作为全国社科信息系统的领头羊，在推进全国性社科信息系统信息资源优势互补和交流协作方面则显得较为迟缓。一些省域社科信息系统也有类似情况。我国社科信息系统的垂直业务指导关系缺乏有效的交流和制约机制，一方面容易使有限资源难以发挥出整体优势，另一方面又很容易在造成系统内有效信息供给不足的同时使大量地域性特色社科信息资源闲置和浪费，以至于出现优势互补和交流缺位的现象。

当然，我国一些区域性图书馆系统在解决信息资源分布与利用的矛盾的过程中，也有成功的范例。如，北京邮电大学针对文史等非重点学科的资源保障力不从心的情况，由图书馆牵头，联合北京师范大学、中国人民大学、北京交通大学等30多家高校图书馆，本着“资源共享、优势互补、互惠互利、自愿参加、平等协作”的原则，共同发起成立了“北京高校图书馆联合体”。这种各成员馆主体地位平等，不分规模大小，均可从中获得相同利益的信息资源优势互补的交流模式，在一定程度上缓解了同一系统图书馆内信息资源与利用的矛盾，发挥了图书馆各自所拥有的信息资源优势。再如，上海市文献资源共建共享协作系统、江苏省高校文献资源保障系统、天津市高校图书馆书目资源共享系统、浙江省公共图书馆信息资源共享系统等，都是根据本省市区域内的实际和特点所建立的信息资源交流与共享体系，推进了各图书馆信息资源的优势互补和交流，改善了文献信息资源分布不对称的状况。但是从总体来看，上述范例只是区域性图书馆系统中的个案现象，优势互补缺位现象仍然是我国区域性图书馆系统信息资源分布与利用中存在的主要问题之一。

3　垄断意识的显性化

我国不同区域的信息资源分布受不同系统的信息机构数量、地理位置、文献信息结构和使用者需求等因素的影响，而显示出较大的个性差异。

就全国而言,如汉中的楚文化信息资源和江南的吴越文化信息资源,无论其表现形式还是具体内容都有很大的区别,其所处地理位置也不一样,显示了不同地区历史信息资源的个性特质和丰富内涵,成为既相互联系又互相区别的两个优势资源群体,也容易诱发优势信息资源交流过程的垄断现象。就浙江区域而言,如杭州所拥有的社科文献信息资源,无论数量、质量、品种、结构和文献保障率等方面都要远远高于省内其他地市。这就使杭州在与省内其他城市进行信息资源交流时处于有利位置和拥有主动权,这也容易导致垄断现象的发生。

分析其原因:一方面,不同地区文献信息资源所存在的差异,既有文献信息资源积累过程历史上的原因,也是一定区域经济、社会、文化、教育和科技发展水平与地理位置的统一所产生的结果。由于不同地区由信息资源条件的差别所引发的文献信息资源的交流和互补,得益更多的是文献信息资源富集地区,容易加剧信息资源非均衡分布与利用的矛盾。因此,对优势信息资源的拥有程度和对信息资源交流互补主动权的把握程度往往是导致垄断隐性意识发生的重要诱因之一。另一方面,现代计算机网络已开始推动图书馆文献信息资源配置由单个图书馆的静态配置向基于网络的资源共享与特征的群体性图书馆的动态配置发展。但是,企图单纯依靠网络来实现信息资源均衡,事实上是不可能的。重要原因之一就在于:在市场条件的作用下,一旦某一区域、某一系统或某一图书馆的信息资源优势形成以后,利益的驱动往往会影响其公平性的实现,垄断容易成为维护现有优势和利益的一种手段来左右优势信息资源的交流和互补。随着社会信息化的快速发展,垄断意识已逐步从隐性向显性发展,在借助于某些合法外衣影响省域社科信息资源的交流与共享的同时,获取非正当利益。

4 网络社科信息资源分布无序化的影响

4.1 网络社科信息资源的低质化现象

网络社科信息资源的分布，主要是通过社科专业网站来加以实现的。尤其是社科专业核心网站则是社科网络学术信息资源的主要聚集点和分布地。我国的社科网站涉及社科研究机构、社科信息服务机构、新闻出版机构和政府研究机构等，但是由于缺乏以需求为导向，缺少统筹规划、分工协作，没有以优质、高效和统一的网站为平台，因而也就无法形成高质量的知识集合体，难以最大化地满足不同的信息利用需求。网络社科信息资源低质化所带来的影响是：无法将分布于网上的社科信息资源进行科学有机的集合，难以优化社科信息资源配置以及形成强有力的社科文献信息资源保障体系，不能为社会提供信息支撑和智力支持。

4.2 网络社科数据库资源缺少个性特色和规模

社科网络学术资源中的相当一部分是网络条件下纸质学术文献的延伸。其表现形式主要有全文、书目、灰色文献等类型。其中，全文文献因其直接反映文献的全部内容特征而成为社科信息用户的首选。如，浙江区域所使用的社科全文文献数据库资源主要有：中国学术期刊全文数据库、维普中文期刊全文数据库、中国重要报纸专题全文数据库、超星数字图书馆、书生数字图书馆等。我国的社科全文文献数据库资源，因缺乏协调，许多数据库的内容交叉重复，加上各信息服务机构自建的全文特色、专题数据库数量更少，形不成规模，也就很难为社科信息用户提供个性化服务。尽管社科网站的普遍建立，使传统信息时代难以搜集的文献信息在获取方式上变得轻而易举，但是，缺少个性特色和规模的社科数据库资源是无法通过科学整合和互为补充来满足各类社科信息用户的多方位需求的。包括社科数据库资源在内的数字化社科学术信息资源的匮缺几乎成了众多社科信息网站的共同缺憾。

4.3 统一协调的网络社科信息资源运作管理机制的形成难度增大

现行的社科信息资源网络是一个依托网络技术构建的虚拟化的、链接网上社科信息服务机构网站和社科专业网站的网状空间,也可以把它理解为网络状态下的社科信息资源共享联合体,这就需要相应的运转机制加以维护和保障。因此,统一协调的运转管理机制便成为网络社科信息资源共享联合体有效运转的关键。然而,网络社科信息资源分布无序化现象的不断加剧,使得社科信息服务机构网站和社科专业网站不能明确自身角色、所处位置和科学收藏方向以及所服务的对象,不能有目的、有针对性地组织网上社科信息资源,特别是能体现优势的网上特色社科信息资源。同时,因缺乏统一规划、统一标准,缺少规范行为、组织和分工协调,也容易使社科信息服务机构网站和社科专业网站不从全局出发,不作长远打算,不主动去推进有利于整体发展和结构优化、布局合理,既有分工又有协作的网络社科信息资源运作机制的形成,致使网络社科信息资源运作管理机制的形成难度逐步增大。

5 缓解矛盾的有效途径探析

5.1 社科信息资源的整合

社科信息资源整合是指社科信息资源优化组合的一种存在状态,是根据一定的需要,对各个相对独立系统中的数据对象、功能结构及其互动关系进行融合、重组,重新构成一个新的有机整体,形成一个效能更好、效率更高的新的社科信息资源体系,从而能够为社会,为决策,为科研和教学全方位提供社科信息保障。更确切地讲，社科信息资源整合就是社科信息资源组织，是对收集到的社科信息资源进行重新组织、深度加工、二次开发和综合利用以创造新知识的过程。

传统社科信息资源和网络社科信息资源有着完全不同的特征。传统社科信息资源主要表现为品种繁多，出版类型复杂；内容重复分散，文种增加及交流传播速度加快；知识信息更新速度加快，文献利用时间缩短；传统载体形态和缩微化、电子化、数字化的共同发展等方面的特征。而网络社科信息资源的特征主要体现在时效性、内容的广泛性、访问的快速性和资源的动态性等方面。传统社科信息资源和网络社科信息资源的共存和界限的模糊，要求社科信息资源整合必须考虑信息资源本身的特点和用户的需求，这就给社科信息资源整合增加了难度。因此，省域社科信息资源的整合，尤其要注意整合对象的个体差异，注重自身的服务能力与水平；正视短期和长期信息服务效果的影响；重视整合资源数据的维护和推广，提高资源整合的用户收益度。

传统社科文献信息的组织是依据一定的分类法和编目法进行科学分类与建立各种目录系统，如分类法、主题法等；而网络社科信息资源的组织方式主要是：主题树方式、数据库方式、文件方式和超媒体方式等。据此，社科信息资源整合的基本方法大体上可归纳为分类法、主题法、分类主题一体法和数字图书馆等几类。鉴于传统社科信息资源和网络社科信息资源在今后较长一段时间内还将共存，因此，在数字图书馆和搜索引擎这两种较为成功的信息资源整合模式的引导下，社科信息资源的整合必将沿着科学化、标准化和规范化的方向发展，并可能通过跨库检索、异构数据库整合等方式来实现信息检索和原文提取的一体化。这也是社科信息资源整合和社科信息检索的发展趋向。此外，尽其所能地将拥有的特色资源和专题资源数字化，充实网站社科学术资源，是社科网络信息资源整合的重要前提。这部分资源在社科信息资源整合中是必不可少的。

5.2 省域社科信息资源共享体系的建立

省域社科信息资源共享体系，是指以地域为中心建立的社科类图书馆联合协作组织模式。其形成的原因：一是图书馆自动化网络的发展，计算机和现代网络通信技术运用的普及；二是图书馆之间具有相同的契合点和共同的利益关系；三是社会日益激增的多元化、个性化信息需求；四是有着相应的地缘因素和已有的地区之间的图书馆合作与交流基础。

据有关资料统计，2003 年，全国地市级以上公共图书馆有 430 个；全国高校图书馆已达 1517 个。此外，还有大量的县级公共图书馆、科研图书馆和其他类型图书馆存在。从我国各地区、各系统图书馆加入全国性信息资源共享体系 CALIS 的情况来看，CALIS 网站 2004 年 3 月公布的成员图书馆为 223 个，其中高校馆为 188 个，其余为公共馆和科研馆。可见，我国大多数图书馆仍游离于这一全国性信息资源共享系统之外。只依靠一两个全国性的信息资源共享中心来吸纳如此众多的图书馆作为成员馆事实上是不现实的，现有的网络技术和服务手段也不具备为如此多的用户提供服务条件。因此，20 世纪 90 年代后期，我国一些经济文化比较发达的省市出现了地区性图书馆共享建设的有益尝试，如上海市文献资源共建共享协作网、珠江三角洲地区公共图书馆网、JALIS 和河南省数字图书馆工程等，并取得了一定的效果。

从全国和一些地方较为成功的建设经验来看，浙江省域社科信息资源共享体系的建立，应充分考虑下述因素：第一，应考虑有两个以上图书馆作为建设的核心。核心馆以丰富的资源为基础，以雄厚的技术力量为支撑，能够起到领头羊的作用。第二，应努力争取所在区域的政府机构和相关管理部门的支持，保证资金的投入。政府部门在政策、资金上给予的资助和支持力度基本上决定着社科信息资源共享体系的建设规模和建设层次。第三，应充分考虑建设成果能使成员馆获得较大利益。共享的目的就是使参与者能够互惠互利,互补余缺,提高效率,节约资金。第四,应充分应用已有的成果,同时还应有长远打算。尤其要充分利用本地区已有的数字化资源,通过外购文献全文数字化数据充实和完善区域社科类图书馆;致力于社会资源馆藏化,实现真正意义上的数字图书馆建设。第五,根据本省区的实际,进行社科文献信息资源的整合,组建符合本省区特点的社科信息资源共享联盟体系。

5.3 省域社科文献信息资源网络体系的建设和完善

1. 建设现状

浙江的文献信息资源共享网络建设,是20世纪后期贯穿浙江图书馆事业发展进程的一条主线。到了21世纪初,已基本上形成了具有一定规模和数量的文献信息资源共享体系。浙江的文献信息资源网络体系主要通过两条线进行:一是以浙江大学图书馆为龙头,在浙江省高校图工委的协调下,各高校参与的网络;二是以浙江图书馆为中心,通过杭州、宁波、温州、嘉兴、金华等7个分中心和89个基层中心组成的信息共享传播网络。在这两大网络的基础上,浙江区域内的各图书馆系统打破条块分属的限制,开始了整体合作。如,浙江大学图书馆、浙江师范大学图书馆与浙江图书馆组成了浙江省图书馆通阅互借网络;中共浙江省委党校图书馆也与浙江大学图书馆、浙江图书馆开展了网上相互借阅的合作。此外,为充分发挥公共图书馆、高校图书馆和科研院所图书馆的信息资源优势,实现三方文献信息资源的共享和优势互补,浙江图书馆、浙江大学图书馆和浙江省科技信息研究院根据各自的资源配置和网络建设情况,合作建设了浙江省联合知识导航网,并于2005年12月向公众正式开放。

2. 建设目标

目前,浙江的社科文献信息资源网络共建共享还属于图书馆协作网建设阶段。只有努力走向基于以计算机网络为基础的大规模图书馆社科文献信息资源共享网络建设阶段，形成上承国家中心、中联兄弟省级中心、下达省内各级分中心和基层中心的省级社科文献信息资源网络体系，才能更好地为浙江的经济和社会发展服务，从根本上提高浙江的社科文献信息资源保障能力。

因此，应当按照“统一协调、规范加工、联合上网、资源共享”的原则来建设和完善浙江社科文献信息资源网络共享体系。建设目标可分两步实施：第一步联合省内主要科研院所、信息机构和政府部门资料信息单位，合力形成浙江省域社科文献信息资源共享网络保障体系；第二步建立全省公共、高校、党校、社科研究四大文献信息系统的信息资源共建共享网络体系，充分发挥馆藏优势，共建共享网上信息优势，为浙江经济强省、文化大省和数字浙江的建设提供全方位多层次的服务。

3. 具体建设内容和建设原则

具体建设内容可分为以下几个方面：一是建设资源共享信息平台；二是形成全省联网的书目系统；三是建立联合采购信息系统；四是构建多层次的文献信息资源传递网络；五是建设社科数字图书馆；六是开展多功能全方位的信息服务；七是社科信息资源共建共享网络体系必须纳入政府基础设施建设计划。

建设原则主要有：符合浙江省情；现实需求与长远发展相结合；服务性、共建性和规范化。

【参考文献】

[1] 中国社科院课题组. 繁荣发展哲学社会科学. 中国社会科学出版社，2004.
[2] 袁名敦，等. 社会科学信息资源网络建设. 北京图书馆出版社，2002.
[3] 万斌. 学者视野中的浙江文化大省建设. 浙江人民出版社，2001.
[4] 刘纪兴. 社会科学图书情报工作特殊性研究. 武汉大学出版社，2000.

[5] 吴慰慈,张九珍.当代图书馆学情报学前沿探索.北京图书馆出版社,2002.

[6] 马费成,等.网络信息资源的分布规律.情报科学,2003(11).

[7] 蔡莉静,陈曹维.河北省社科信息资源现状调查与分析.情报资料工作,2005(1).

[8] 黄溧震,江新.区域图书馆联盟建设探讨.武汉职业技术学院学报,2005(6).

[9] 张开选.信息资源整合的原则和研究方法.图书馆论坛,2004(5).

[10] 周全.关于区域性社科信息资源共建共享问题的思考.图书知识情报,2006(6).

[11] 李励.浙江省科技文献信息资源共建共享与知识产权问题浅析.浙江高校图书情报工作,2006(4).

[12] 石玉华,宋绮.社科网络信息资源整合构想.河南图书馆学刊,2005(5).

公共图书馆读者对社科类文献关注度的调查

——以浙江图书馆为例

赵海燕*

摘　要:本文从调查浙江图书馆读者对社会科学信息的需求着手,就其各项特点进行分析与研究,从中探索公共图书馆开展社科普及活动的对策。

关键词:公共图书馆;社会科学文献;读者;文献

1　调查浙江图书馆读者对社会科学文献的需求

公共图书馆要更系统地、更规范地组织社科普及活动,首先需要分析与研究目前公共图书馆读者对社会科学信息需求呈现出怎样的状态。调查浙江图书馆读者对社会科学信息的需求就是为了研究图书馆如何开展普及社会科学活动而做的一项基础性的工作。

1.1　调查的方法

2006 年,我们对到本馆的 787 名读者,就其对社科信息的需求进行了调查。这次调查采用的是社会测量法,即以问卷的形式

* 赵海燕:浙江图书馆文献部,主任,副研究馆员。

要求读者认真填写，然后根据填写内容进行逐项统计，通过对统计结果的分析得出各项结论。具体来说，调查又分为四个步骤：一是编制设计调查表。我们将各阶层读者与社科信息关系方面的问题分读者个人信息、阅读途径、阅读目的及其他四个方面，制成统一的调查表。二是组织调查队伍。我们将调查任务层层分解，逐级辐射扩散，将调查表发到来图书馆的读者手中，要求他们认真填写。三是统计调查表。将调查表集中起来，按项进行综合统计；同时，按调查对象的阶层特点，分门别类逐项统计。四是综合分析。将收集上来的单张表格所列出的各种数据进行综合分析，如科研、教师、干部、工人等各阶层读者的阅读目的、范围、兴趣、希望和要求，以及他们利用社科文献信息的特点和效果等。

1.2 调查的内容

这次调查的问题共 9 项，主要包括 50 多个方面：

(1)读者的个人情况，包括性别、年龄、文化程度、所从事的专业等。

(2)每位读者利用社科文献的途径，包括家庭藏书、个人购买、单位订阅、向他人借阅、从图书馆借阅、从其他信息机构借阅等。

(3)每位读者获取社科信息的方式，包括读书、看报、看刊、交谈、听会、观展、视听、信息部门提供、利用计算机检索等。

(4)读者一年中到图书馆的频率，包括复印资料、阅读量等。

(5)阅读目的，包括为党政机关领导提供决策依据、为企事业经营管理提供信息、因教学或学习、因撰写著作或文章、因科研、因自学、因储备知识、因消遣、其他等。

(6)文学信息需求状况，包括中国古典文学、当代言情小说、推理惊险小说、伦理道德小说、武侠小说、报告文学、传记文学、散文、诗歌、其他文学信息等。

(7)其他各种社科信息需求情况，包括政策法规、哲学、体育、艺术、历史、地理、经济、教育、军事、其他等学科。

(8)读者对图书馆社科类图书的满意度。

(9)读者对图书馆社科类图书藏书的意见,包括藏书范围种类、采购品种、阅读方式等。

1.3 调查的对象

从 787 份调查表中,我们可以了解到被调查人员的具体情况(如表 1、表 2 所示)。在 787 名被调查人员中,男性读者 388 人,占 49.3%,女性读者为 399 人,占 50.7%。从读者年龄分析,16 岁以下 53 人,占总人数的 6.7%;17~30 岁 351 人,占总人数的 44.6%; 31~45 岁 223 人,占总人数的 28.3%;45~60 岁 64 人,占总人数的 8.1%;60 岁以上 96 人,占总人数的 12.2%。17~45 岁的中青年占 72.9%,这说明中青年利用社科是利用社科文献信息的人数是主体。

从读者的职业分析,依次是:科技人员 29 人,占 3.7%;教师 87 人,占 11.1%;信息产业人员 81 人,占 10.3%;干部 136 人,占 17.3%;服务人员 83 人,占 10.5%;医生 55 人,占 7%;金融/保险人员 46 人,占 5.8%;学生 212 人,占 26.9%;退休人员 25 人,占 3.2%;其他(包括待业、个体、农民等)33 人,占 4.2%。信息产业人员、教师和服务行业人员比重差不多,对社科文献信息的需求基本相等。而学生和干部利用社科文献信息的比例较高,占 44.2%,可见学生和干部是利用社科文献的主力军。这是令人可喜的,说明干部和学生的社科文献信息检索能力增强,利用社科文献的积极性高涨。科技人员所占比例似乎较低。从被调查对象所从事的职业情况看,名列前四位的依次为行政 136 人、教育 87 人、服务行业 83 人、信息行业 81 人,这些职业占有很大比例。从整个被调查对象的职业结构看,从事管理工作者和知识分子占了主体,对这些读者情况的调查,能够代表社会各阶层利用社科文献信息的主导趋势。

表 1 被调查对象年龄结构统计

总人数	性别		年龄				
787	男	女	16 岁以下	17～30 岁	31～45 岁	45～60 岁	60 岁以上
	388	399	53	351	223	64	96

表 2 被调查对象职业分布统计

	科技	教师	信息	干部	服务	医生	金融	学生	退休	其他	总计
人数	29	87	81	136	83	55	46	212	25	33	787
百分比（%）	3.7	11.1	10.3	17.3	10.5	7.0	5.8	26.9	3.2	4.2	100

2 浙江图书馆读者社会科学信息需求分析

2.1 读者获取社科读物的途径

我们在调查表中列出 8 种获取社科读物的途径，获取每种读物途径的人数依次是：从图书馆借阅，570 人；网络购买，402 人；书店购买，384 人；家庭有备用藏书，380 人；书报摊购买，248 人；单位订阅，213 人；向他人借阅，148 人；从其他信息机构获取，114 人（见表 3）。

从这些统计数字可以看出：

（1）用户获取社科文献信息的途径比较分散，已经形成了多渠道获取社科文献信息的格局。

（2）图书馆仍然是主渠道，从图书馆借阅的有 570 人，占被调查人数的 72.4%。

（3）个人获取图书的不同途径方式比较多，尤其是通过网络购买的有 402 人，占被调查人数的 51.1%，列第二位。说明在这知识经济时代，人们对工作学习的时间效率越来越重视，网络的便捷极大地提高了人们的阅读效率。

(4)家庭有备用藏书的有 380 人，占被调查人数的 48.3%。家庭藏书既表明家庭文化的发展，人们不但追求物质生活提高，而且对精神文明和文化的需求也日益增强，同时也说明图书市场的广阔。

表 3　读者获取社科读物的途径

途径	人　数	占被调查人数的比例(%)
家庭备用藏书	380	48.3
从书店购买	384	48.8
书报摊购买	248	31.5
网络购买	402	51.1
单位订阅	213	27.1
从图书馆借阅	570	72.4
从其他信息机构获取	114	14.5
向他人借阅	148	18.8

2.2　读者获取社科信息的方式

我们正处在向信息化社会过渡的时期，信息传递的渠道与方式日趋多样化。人们获取社科信息的手段和方法也在增多。我们在调查中列举出 6 种方式，各种方式所占比例为：读书，65.6%；看报刊，51.2%；利用网络，51.1%；交谈或参加会议，48.2%；多媒体视听(包括电视、广播)，40.2%；委托信息部门提供，6.3%(见表 4)。

表4 读者获取社科信息的方式

方 式	人 数	占被调查人数的比例(%)
读书	516	65.6
看报纸、刊物	403	51.2
利用网络	402	51.1
交谈或参加讲座	380	48.2
多媒体视听	316	40.2
委托信息部门提供	52	6.3

我们的调查表明,读者到图书馆的频率,年5～24次,442人;年24次以上,288人。读者在图书馆使用计算机检索的有280人。在图书馆复印资料的有318人。在图书馆阅读情况,月阅读2～10本,486人;月阅读11本以上,127人(见表5)。

表5 读者在图书馆获取社科读物情况

项目	到馆情况			
到馆频率(年)	4次以下	5～12次	13～24次	24次以上
人数	110人	138人	194人	288人
项目	使用计算机检索			
使用地点	图书馆	家里或网吧	单位	
人数	280人	130人	100人	
项目	复印资料			
复印频率	从未复印过	偶尔复印	经常性复印	
人数	190人	210人	108人	
项目	阅读情况			
阅读册数(月)	1本以下	2～5本	6～10本	11本以上
人数	128人	335人	151人	127人

从表 4、表 5 可以看出：

(1)图书、报纸和期刊是社科信息的三大主要信息源。尽管国外已提出“无纸社会”、“电子图书馆”，但中国的现状表明，阅读图书、报纸、期刊仍然是用户学习知识、获取社会科学信息的主要手段。由此我们得出的结论是：在若干年内，我们还要坚持以生产图书、报纸、期刊为主导信息源的生产；图书情报部门的工作还应以文献服务为主，图书馆工作人员对传统图书馆业务知识还应加强学习，读者对文献检索知识的学习和检索能力的提高，仍然是自我教育的首要任务；文献出版业和销售业还有很大的发展余地，各级政府对这些部门应继续加强领导，深化管理，以便向社会提供更大范围和更优质的服务。

(2)交谈或参加讲座是人们获取社科信息的重要手段，大多数人对社会科学知识都有一定程度的了解，所以通过交谈、会议和讲座、展览等形式即可传播社科信息。讲座是传播社会科学信息、获取社科信息很重要的阵地，听讲座使越来越多的人认识到社会科学的重要性，感受到学习社会科学知识的趣味性，体会到社会科学与自己的生活工作息息相关，对获取社会科学知识有了比较明显的要求。参观展览，使参观者从实物、图片、解说词中获取大量社科信息增加阅历，增长知识。目前在大中城市中各种展览馆、博物馆的建设有很大发展，不断地为人们增加获取社科信息的场地和空间。

(3)网络检索信息方式已全面普及。在本次调查的 787 名读者中，有 402 人利用网络检索社科信息，占调查总数的 51.1%，这是一个十分可喜的现象。此数字表明，大多数人的办公室和家庭都已电脑联网，并可在网上检索和阅读所需文献。很多市民具备了电脑的购买力，以及应用电脑的能力。全国性网络资源建设已经起步，各城市、地区内部网络建设不断完善，电子化学习环境已经形成。

(4)读者到图书馆的频率比较高，在图书馆阅读社科读物及用计算机检索社科信息的情况也比较好。这说明大多数读者还是喜欢利用图书馆的。

2.3 读者阅读社科文献的目的

在阅读目的调查中，有这样几种情况：为寻求决策依据的 97 人，占总数的 12.3%；为企事业提供科研信息的 251 人，占 31.9%；为教学和学习参考的 385 人，占 48.9%；为子女教育的 114 人，占 14.5%；为生活娱乐的 425 人，占 54.0%；为储备知识的 542 人，占 68.9%；为学历学习的 276 人，占 35.1%（见表 6）。

表 6 读者阅读目的调查

项 目	人 数	占被调查人数的比例(%)
寻求决策依据	97	12.3
为企事业提供科研信息	251	31.9
教学和学习参考	385	48.9
子女教育	114	14.5
生活娱乐	425	54.0
储备知识	542	68.9
学历学习	276	35.1

由表 6 可知，读者是抱着多种目的阅读社科文献的：

(1)结合工作需要，特别是为满足业务实践需要而阅读的占的比例较高。主要原因是社会进步使然。在科教兴国战略指引下，全社会已经形成尊重知识、尊重人才的社会环境。知识经济概念已在社会广泛流传，人们为迎接新的经济环境的挑战，就需要丰富头脑，积累知识，提高水平。

(2)以储备知识为目的的读者较多。这里面情况比较复杂，储备知识的目的又有所不同，但他们毕竟是以增长知识为目的。说明各阶层读者已经感受到知识经济浪潮的冲击。不管知识经济离我们有多远，关于知识经济和信息社会的研究和宣传具有积极意义，并取得较好成果。

(3)以学历学习为目的的读者也比较多。本次调查中，自学一项并无准确的界定，仅凭填表人依自己感觉认定。其实自学项与其他几项是有交叉的，由于有些项目处于同一层次调查，可能使被调查者产生非此即彼的误会。不过35%的比例已很可观。所以，图书馆应千方百计创造条件，满足人们对社科文献的需要。

2.4 读者对社会科学信息需求的学科分布

在社会科学的学科划分上，我们采用了传统的分科方法，选择人们长期沿用的10个学科，包括政策法规(或法学)、哲学、体育、艺术、历史、地理、经济、教育、军事、商业。近些年出现的边缘学科和新学科，如信息管理学、情报学、国际战略学、政治学等，没有单独列项调查，而列出“其他”项予以容纳(见表7)。

表7 读者对社会科学信息需求学科分布情况

学科名称	人数	百分比
政策法规	254	32.3
哲　学	261	33.2
体　育	226	28.7
艺　术	286	36.3
历　史	285	36.2
地　理	235	29.9
经　济	304	38.6
教　育	246	31.3
军　事	225	28.6
商　业	270	34.3
其　他	147	18.7

根据以上调查情况分析，可以看出：

（1）读者对社会科学各学科知识需求分布比较均衡，社会科学基础理论信息仍是各阶层用户需求的主要信息。社会科学的各学科从不同侧面认识人类社会，认识人类自身特有的思维、活动，认识人类赖以生存的环境，以及人与环境的关系。由于社会演变，引起认识的变化，使人们早就认识到各个侧面的选择，各学科的划分，不是一成不变的。旧的学科在消失，新的学科在产生。但这需要长期过程。就我们这次调查看，社会科学的传统学科的信息服务还应一如既往，不能因新学科出现而忽视传统学科的建设和服务。如从体育、军事信息看，二者不是面向各阶层读者的学科，但都有固定的读者群，这也是正常现象。

（2）经济信息需求走势趋旺。调查数据显示，读者对经济类信息需求占 38.6%。改革开放以来，我国制定了以经济建设为中心的基本路线。在经济体制改革过程中，经济形态的每一次转变和深化，都凝聚了大量的社科研究，特别是经济学研究的科学成果，经济文献的出版量与利用率同步增长。全社会各阶层对经济类文献的需求都有所扩大，对经济学及经济应用类信息需求旺盛势在必然。

（3）读者对社科信息需求呈跨学科、综合性特点。现代社会科学知识沿着既高度分化又高度综合的趋势向前发展，很多老学科向微观领域发展，出现很多精、深、细的材料、结论，这些研究成果为其学科建设添砖加瓦，使人类对社科领域的认识更加深化。另一方面，宏观研究，跨学科理论、综合性研究也得以长足发展。这些研究是社科信息生长的源泉，也是社会各阶层对社科信息需求的结果。除科研领域外，人们的精神生活需要也表现出多样化特点。在我们调查的 10 个学科项目中，政策法规、哲学、艺术、历史、经济、教育、商业 7 项信息有 30%以上读者经常利用，其他 3 项，体育为 28.7%、军事为 28.6%、地理为 29.9%，需求量也不小。

说明人们对社科信息需求是比较均衡的，需求具有多样性和广泛性。

3　公共图书馆社科普及活动的对策

组织社科知识普及活动是一项需要不断创新的工作，不论是形式，还是内容，都需要不断丰富和完善。作为公共图书馆，既承担着社科知识普及的书目和资源的收集、整理与保存的功能，也承担着普及社科知识的功能。公共图书馆在组织开展社科知识普及活动中体现出明显的优势，具有重要地位。

3.1　重视丰富的社科类专业书籍和通俗读物的收藏

现代公共图书馆要在积极开展需求调查的基础上，与社科类专业人员合作与联系，制定出适合本馆情况的社科类专业书籍和通俗读物的收藏原则与方案，调整采购策略，有计划、有重点、有针对性地采集电子、纸本式社科类专业书籍和通俗读物，保证组织社科知识普及活动的正常运行。

3.2　重视图书馆网络社科知识普及资源的规范整理

现代公共图书馆要把及时有效进行网络资源检索和整理作为日常工作，不断完善网络社科知识普及资源的导航，从而有效地整合网络社科知识资源，促使组织社科知识普及活动能处于渐进性和开放性的形态。

3.3　不断完善社科知识多媒体资源库

使用图片、视频等多媒体资料普及社科知识，可以使科普活动既有系统性又有趣味性。图书馆建立社科知识多媒体资源库原则是由小到大、由少到多，由简单分类到复杂分类，数据量不断扩充，最终达到一个相对完整的数据库群。在建库工作中，要充分利用数字图书馆的资源，以大量的相关信息的挖掘、组织、加工为基础，同时将其他各资源库通过科学的关联方式进行优化、整合，从而更系统、更严谨、更有效地传播社科知识。

3.4 举办社科类专业书籍和通俗读物的读者书评活动

现代公共图书馆经常采用书评活动形式来营造读者倾心读书和坦诚交流的文化氛围，帮助读者在茫茫的书海中找到导航坐标，从而提高公共图书馆读者阅读、欣赏文献的水平。这里，公共图书馆的馆员既是书评活动的组织者，又是社科类书目资源的选择、鉴别、评价、推荐、开发及利用者。图书馆馆员有意识地引导广大读者参与书目评议活动，达到有效传播社科知识的目的，同时它还可以带动社会上形式各异的读书活动，对促进社科知识的普及有着不可低估的作用。

3.5 挖掘公共图书馆读者群中的社科专业知识讲演人才

经过专门训练的、掌握新型教育理论和社科专业知识的，具有良好素质的复合型的图书馆馆员毕竟是少数，然而公共图书馆的读者群中，有大量社科专业的高素质读者。开发利用图书馆读者资源，将汇聚产生出一批社科专业知识的讲演人才。这批讲演人才在知识观念、专业知识、组织活动能力等方面使得公共图书馆组织社科知识普及活动能顺应时代特点，符合公众的阅读心理特征，也可持续发展。

总之，让公众熟悉图书馆收藏的社科类馆藏，掌握阅读和理解社科知识的一些基本技能，满足公众对社科新知识的需求，公共图书馆可以利用自己社科文献信息资源，开辟出一条积极的、新颖的组织社科知识普及活动之路，充分发挥公共图书馆应有的社会效益。

【参考文献】

[1] 曾杰.论社会科学的地位和作用.理论探讨，2003(4).

[2] 刘维英.社会各阶层读者对社会科学信息需求现状分析与研究.图书馆学研究,1999(5).

[3] 张小山.论社会科学的科学性质.河北学刊,2003(2).

[4] 万频,刘国建.浅论哲学社会科学与自然科学在当代的融合.广东工业大学学报(社会科学版),2004(1).

[5] 姚泽清.社会各阶层所关注的社会热点问题的聚类分析.运筹与管理,2002(4).

公共图书馆开展普及社科知识活动的途径

徐　洁　陈天伦*

摘　要:公共图书馆开展普及社科知识活动,知识是基础,精神是核心。在精神之中包含着品格、文化和思维方式的因素。工作步骤是,制订出可以测量的目标、有效的策略和可以具体执行的方案。工作途径是,宣传馆藏内容、丰富读书活动、着力主题论坛、参与课题研究和提供决策咨询。

关键词:公共图书馆;社会科学;科学普及

普及社科知识对提高国民素质、实现人的全面发展有着重要的意义。在普及社科知识工作中,公共图书馆的基本宗旨是通过提供各种形式的馆藏资源与咨询服务,开辟公众获得广泛多样知识、思想和见解的途径,反对迷信、伪科学和反科学,促进全社会形成崇尚科学、鼓励创新的良好氛围,从而帮助公众树立正确的人生观、价值观、世界观。

1　公共图书馆开展普及社科知识活动的核心

公共图书馆最基本的一项原则就是对所有人开放。因此,公

* 徐　洁:浙江图书馆,副馆长,研究馆员。
陈天伦:浙江图书馆图书文献服务部,研究馆员。

共图书馆要把普及社科知识列为自己的重要工作，通过有计划、有组织、有系统的图书馆业务活动来参与普及社科知识工作，有利于在全社会确立符合社会主义伦理要求和中华民族传统美德的道德规范；有利于公众正确认识和处理社会主义市场经济条件下的人际关系，增强全民族的民主法制意识，激发广大人民群众当家作主的自觉性，提高民主参与、民主监督和维护自身合法权利的能力；也有利于公众形成健康、文明的生活方式，提高精神文化生活的品位和质量。公共图书馆普及社科知识的关键则是通过有效的图书馆业务活动来培养公众的人文精神和科学精神，形成尊重科学、求真务实的风尚；帮助公众认识社会运行和发展的客观规律，掌握科学的思维方法，提高认识世界、改造世界的能力。

普及社科知识，让公众理解社会科学具有相当丰富的内涵。图书馆要组织普及社科知识活动，还取决于如何理解社会科学。我们认识到，社会科学也应该是一种知识体系，一种思维方式，一种文化禀赋，一种精神品格，它的灵魂应该是建立在“知识体系”基础上、在“知识体系”中运行的“社会活动”和“思维方式”，从而体现出“精神”和“文化”。精神在文化中形成，文化由精神来统领。因此，公共图书馆普及社科知识中知识是基础，精神是核心。在精神之中包含着品格、文化和思维方式的因素。

需要注意的是，人的思维活动是极其复杂的。一种思想观念的形成，是客观存在反映在人的意识中经过思维活动而产生的结果，居于人的精神世界的深层次，大多经过了时间的积淀、思想的碰撞、观念的嬗变，可以说是“冰冻三尺，非一日之寒”。一个人在接受知识和生活中有所感、有所思，慢慢地将自身所经历的、或看到和听到的综合起来，形成一些看法和观念。如果综合的方法不对，思考的方式有问题，不能正确看待自己各种利益的变化，其看法和观念就会偏离正确的轨道。比如，理想信念的动摇，一般说来不会是突发性的，而多是由于长期不学习、不注意思想改造，没有树立科学的世界观和方法论所致。所以我们说,人的思想观念是理性认识的结果,以观点、立场、态度等形式表现出来,反映的是政治立场、道德观念等。从社会性看,它是个体对社会的看法,不是纯粹的个人私事;从政治与道德倾向性看,它一般不是生活类的问题,而带有政治与道德色彩;从稳定性看,它反映的是一个人心灵深处对现实的看法、观念,是世界观、人生观、价值观的外在表现,一旦形成就较难改变。公共图书馆应该通过有计划、有组织、有系统的业务活动过程,引导公众接受正确的思维方法,而不是按照自己的预期目的来强迫公众接受某种观念。从这个意义上说,公共图书馆普及社科知识是一项日常工作,不能简单地与普及社科知识宣传等同起来。

2 公共图书馆开展普及社科知识活动的步骤

社会科学在理论层面表现为理论工作者的社会科学研究,而在实践层面,则表现为公众的日常文化生活。从丰富民众的文化生活角度进行社科知识的普及,恰恰是抓住了普及的根本和要点。作为公共图书馆,要有效地开展普及社科知识工作,就要充分利用本馆资源,把馆藏的社会科学文献变为发展的资源,把人文精神变成社会财富,并以此来提高全民族的理性素质。在这方面公共图书馆进行过许多尝试,并积累了丰富的经验。

2.1 制定出可以测量的工作目标

人们准备探究一种知识,往往是为了满足他们的特定要求,这些需求具有一定的社会和个人心理起源。实际工作中,参与公共图书馆组织的社科普及活动需要两个条件:一是传播的知识有可能被接受;二是读者对活动形式感兴趣。因此,公共图书馆作为自己的业务工作来组织普及社科知识活动,应该优先明确自己的读者群需要解决的问题是什么,并制定出测量活动效果的标准。必须清楚，首要的不是我们主观上要解决什么问题，而是特定的读者需要我们解决什么问题，哪些问题是通过普及社科知识能得到解决的。这就需要我们从分析读者需求状况入手，如：竞争心理需求，获得新知的需求，自我评价的需求等，制定出相应的短期目标和长远规划。优先项目应能真实地反映读者最关心的问题，以及反映各种特殊读者群所存在的特殊问题。同时，要有明确的并且是可以测量的活动工作目标，否则其实施过程及效果无从评价。

从读者的角度出发，通过分析读者接触动机以及通过接触满足他们需求可能性，来考察组织普及社科知识的效用。具体目标及测量标准应包括：Who——对谁；What——实现什么变化；When——在多长限期内实现这种变化；How much——变化程度多大；How to measure it——如何测量这种变化(指标或标准)。

2.2 制定有效的普及社科知识策略

公共图书馆普及社科知识的效果是指组织普及社科知识行为产生的有效结果。广义理解这种效果，引起的客观结果还包括对个人和周围社会实际发生作用后的一切影响和后果。狭义理解这种效果，是指组织普及社科知识行为实现其意图或目标的程度，它包含组织行为在读者身上引起的心理、态度和行为的变化。

公共图书馆组织普及社科知识行为对读者和社会产生的影响和结果是多方面的，不管这些影响是有意的还是无意的、直接的还是间接的、显在的还是潜在的。认知读者接受的效果主要表现在三个层面：认知层面上的效果；心理和态度层面上的效果；行动层面上的效果。

首先，把着眼点放在读者的认知层面。外部信息作用于读者知觉的记忆系统，引起读者知识量的增加和知识构成的变化，属于认知层面上的效果。读者对提出的议题关注程度越高，接触的信息量越大，认知效果就越好。一般来说，读者对于一个特定问题，从“感知”到“重视”是依次累积的过程。读者优先关注对自己相关的问题。因此，在确定议题时要充分思考议题对读者的影响，以左右读者“想什么”的方式来把他们的关心度和注意力引导到特定的问题上，从而设置出符合读者口味，吸引读者眼球的议题。从大众媒介传播的角度看，也许在告诉人们应该“怎样想”时并不成功，但是在告诉受众“想什么”却是惊人的成功。这种成功正是源于大众媒介对受众关心程度的充分把握。

第二，把着眼点放在读者的心理和态度层面。作用于读者观念或价值体系，引起读者情绪或感情的变化，属于心理和态度层面上的效果。在普及社科知识行为中，读者是信息的接收者，又是信息反馈的来源。读者所处的社会环境、社会地位、文化背景的不同，使不同的读者对相同普及社科知识行为产生了不同的看法和态度。正确认识读者之间存在的差异是优化普及社科知识行为的前提。因此，应该设定一类或几类读者群体作为普及社科知识行为的对象，并针对这些读者来收集、整理、传播信息，才能取得更好的效果。

第三，把着眼点放在读者的行动层面。当读者引起的变化通过自己的言行表现出来，即成为行动层面上的效果。在策划普及社科知识行为过程中，我们自然应该关心是何种因素最能促使读者确定未来的行动。必须指出的是，凝聚于普及社科知识行为的效果并不会无声无息。事实上，作为文化生活存在的社会科学，包括政治、经济、历史、法制、伦理、教育、宗教、戏剧、美学等方面，就行动层面而言，策划普及社科知识行为的长远意义还在于一种人文精神的培养。

2.3 确定与执行普及社科知识的方案

普及社科知识行为的效果，从认知到态度，再到行动，是一个不断深化和扩大的过程。因此，制定普及社科知识方案要重视内容的针对性和活动过程设计的合理性，注意采用综合性手段，强化正面引导，减少社会不良习俗等负面影响，实现最佳的效果。

确定普及社科知识行为的具体方案应该列出确保整个工作目标完成的重要措施。在执行的过程中，要让每个人都清楚地知道要达到的目标和自己的工作任务。

3 公共图书馆开展普及社科知识活动的途径

普及社科知识的首要任务是弘扬科学精神。科学精神是科学文化素质的灵魂，是人们适应知识经济和信息社会的基本前提。它的基本要求是求真务实，开拓创新。因此，公共图书馆要组织好普及社科知识活动，必须认真研究普及社科知识的特点，注重与图书馆日常业务的有机结合，把适应社会的需要作为基点，将弘扬科学精神与普及科学知识统一起来，从而探索出适合公共图书馆开展普及社科知识活动的有效途径。

3.1 宣传馆藏内容

公共图书馆馆藏结构特点是学科门类多样，普及与提高相兼顾。一般说来，公共图书馆收藏的社科类读物是相当丰富的，当然为配合普及社科知识活动的展开，公共图书馆也应该加强社科类读物的馆藏建设，但是更重要的是有步骤地向公众介绍自己的社科类馆藏。通过宣传与引导读者阅读各种优秀读物，发挥社科类读物潜移默化的教育作用，使读者得到有益的启迪。例如，通过阅读革命领袖、英雄人物、科学家的模范事迹，引导读者树立正确的人生观和科学观。

公共图书馆还可以通过宣传和引导读者阅读感情色彩鲜明、艺术感染力强的社科类读物，来增强读者的辨别能力。例如，让读者去理解社科类读物中渗透的歌颂善良美好，鞭挞邪恶丑陋的主题思想，引发思想共鸣，从而达到提高读者分辨是非美丑能力的效果。

3.2 丰富读书活动

组织群体性的读书活动是现今世界各国文化生活的一个普遍现象。图书馆以其专业性、权威性和独有的丰富资源成为读书活动的一个主要阵地。图书馆是人类知识的大宝库，把书刊所含的知识尽量开发出来，使读者通过阅读各种书刊，遨游于知识的海洋之中，扩大知识面，这历来是公共图书馆的基本业务活动。

公共图书馆倡导全民阅读、终身阅读等阅读基本理念，是联系群体阅读和个体阅读的桥梁。公共图书馆传统形式的各种读书活动，如报告会、专题讲座、专题讨论和专题培训、新书推荐活动、书评会等，直接面对公众，便于互动交流。同时辅之以先进新颖的多媒体、投影、宣传挂图等辅助措施，图文并茂，有声有色，能有效地满足现代公众的认知要求和心理期待。通过丰富的读书活动，融思想性、知识性、趣味性、艺术性于一体，让读者博览群书、开阔视野，了解历史、了解社会，使读者得到更好的精神享受，陶冶高尚的情操。

3.3 着力主题论坛

创办一些在本地甚至全国影响较大的、引发社会共鸣的大论坛、大讨论，通过主题论坛形式，使普及社科知识活动形成明确的目标和系列化，能更扎实地做好公共图书馆的普及社科知识工作。

公共图书馆的有利条件是它的读者处在各个行业，有目的的邀请具有较强表述能力的相关专家学者或专业人士，进行演讲和交流；组织相关的普及社科知识主题论坛，着力于对某一类别社科知识信息的采集、整合、传播；请专业人士在各自擅长的专业领域里为普及社科知识提供信息咨询服务，为公众释疑解惑；对于一些值得探索的主题还可以借助网络等方式开展交流，为读者提供交流的平台，增强论坛的技术性，扩大论坛的影响力，以有效地提高公共图书馆普及社科知识的效果。

3.4　参与课题研究

公共图书馆普及社科知识的内容不断发展变化，由小及大，由浅入深，不断积累。通过参与普及社科知识的课题研究，也可以促进公共图书馆普及社科知识活动的开展。一方面，课题研究成果明确了普及社科知识的总体思路和主要内容，也显示了公共图书馆组织普及社科知识的水平和优势。另一方面，就普及社科知识问题，与社会科学界专家学者形式联盟，共同开展课题攻关也是图书馆自身业务发展的需要。在此基础上，及时了解、掌握普及社科知识面临的新情况、新问题，建立共同的发展目标，这将促使公共图书馆普及社科知识活动向纵深发展。

3.5　提供决策咨询

公共图书馆拥有大量的社科类书刊，利用馆藏资源为社会提供决策咨询也是现代图书馆的基本社会职能。公共图书馆以本馆的馆藏资源为基础，通过开展较大规模的公众社会科学素养和社会科学知识的需求调研，围绕专题广泛搜集材料、分析取舍、纵横思考、形成认识，必将产生对某个问题的深刻而全面的观点，从而为党和政府制订科普计划、选择科普内容等提供依据。同时，也可实现图书馆藏书的信息资源价值，开创了公共图书馆社会科学普及工作的新局面。

面向全体公众的公共图书馆，无疑是良好的普及社科知识的主阵地。利用公共图书馆的广泛影响和丰富的馆藏资源来普及社科知识也要求图书馆在普及社科知识实践中，根据新的形势，探索出新方法，来不断拓宽普及社科知识工作的渠道。公共图书馆普及社会科学知识工作任重道远。

【参考文献】

[1] 蓝蔚青.服务社会，服务大众，开创我省社科普及工作新局面——在浙江

省社科普及咨询工作研讨会上的讲话. http://www. zjskw. gov. cn/index. html.

[2] 国际图联/联合国教科文组织. 公共图书馆服务发展指南. 林祖藻译. 上海:上海科学技术文献出版社,2002.

[3] 吴格言. 文化传播学. 北京:中国市场出版社,2004.

[4] 程亚男. 书海听涛——图书馆散论. 北京:北京图书馆出版社,2001.

[5] 王章豹,孙铁生. 论新时期我国科普工作面临的形势和挑战. 合肥工业大学学报(社会科学版),2003(4).

[6] 成永群. 图书馆与决策咨询服务. 淮南师范学院学报,2002(1).

整合全省社科文献信息资源，提高读者用户的利用率

赵冰心*

摘　要：近年来区域性文献信息资源整合渐成趋势，我省的文献资源共建共享也初具规模，但在省社科文献信息资源建设上仍存在着一些薄弱环节，大手笔的资源整合显得尤为重要和必要。整合资源有利于提高社科文献信息资源的整体水平和资源保障率，形成信息面扩展、多种数据库共存、网络共享的局面，使读者用户拥有更多途径和办法查找利用信息资源，从而提高读者用户的利用率。

关键词：资源整合；社科文献信息；文献利用率

眼下浙江省正在探索联合建立省社科文献信息中心，意在建设一批能提供高效服务的社科网站和网上信息库，以及完成浙江社科网网站的改造和数据库建设。一旦此社科文献信息中心启动运行，将吸纳全省公共图书馆和高等院校图书馆以及社科院图书馆的文献信息资源，提高社科文献信息资源的整体水平和资源的保障率。采用如此大手笔来整合全省社科文献信息资源，建立全省性的图书馆联盟，以及以社科文献信息资源为主的文献保障系统，形成信息面扩展、多种数据库共存、网络共享的局面，可以使读

* 赵冰心：浙江图书馆报刊部，副研究馆员。

者拥有更多办法和途径查找利用社科文献信息资源，从而提高读者用户利用率。

1　区域性文献信息资源整合渐成趋势

1.1　各国都在大力加强文献信息资源建设

知识经济时代文献信息资源被誉为最重要的战略性资源，备受人们重视。各国都在大力整合文献信息资源，区域性文献信息资源整合已成为一种趋势。众所周知，国际上最成功的信息资源共建共享系统应该是美国联机图书馆中心(OCLC)系统，它已发展成为目前世界上最大的图书馆自动化网络。据有关信息资料显示：目前美国大学图书馆联盟大都是在一个州的范围内进行。参与COLC的77个美国地区性大学图书馆联盟中，就有64个是州内的地区性联盟，占全部联盟的83%，而图书情报用户的文献需求80%左右也是从本地区获得的。

我国在大力加强文献信息资源建设上，上海、北京等城市算是走在前列的。国内开展的不同类型、不同层面、不同范围文献信息资源共建共享实践活动，如文化部的"文化信息资源共建与共享工程"、"上海市文献资源共建共享协作网"等，都取得了较好的成效及影响。上海创建了以上海图书馆和上海科技情报所为中心，其他图书馆为分中心的上海市中心图书馆框架体系，并已实现上海地区高校、公共、科研系统图书馆之间的联网；上海市文献资源共建共享协作网，网络共享成效不小。笔者亲自在上海图书馆里感受了文献信息资源共建共享的一些好处，如：以上海图书馆为中心的10多个区级网点实行一卡通用、通借通还的方式；数字化文献信息资源与纸质文献信息资源互为补充，极大地扩展了图书馆资源的信息面。上海图书馆网页上种类齐全地数据库资源目录，读者不仅可以打开阅读，其中有一部分还可以免费下载，读者的利用率和便利度得到了较大的改善。

1.2 我省文献资源共建共享初具规模，取得了长足发展

近年来，我省图书情报系统在文献资源共建共享上进行的一些协作及取得的成绩：

浙江省文献资源共建共享协作网。浙江图书馆、浙江大学图书馆、浙江省科技信息研究院三大系统间在资源共建共享方面有很好的基础。早在1999年底就实现了三方高层次读者的互阅制；2000年12月26日，在浙江图书馆展览厅签订了"数字化文献资源共建共享合作协议书"，并开通了"数字化文献资源共享网"；2005年12月26日，由三方联合打造的公益性网上服务咨询平台——浙江省联合知识导航网(http://www.zjdh.org)正式开通，在文献的数字化制作、参考咨询、知识导航、平台建设、读者服务等方面达成了广泛的合作共识。在文献资源共建共享协作过程中，不仅共享利用设备和文献资源，也共享利用人才资源，通过三大系统不同领域的20多位咨询专家的不懈努力，回答读者咨询问题已超3000余人次，最大限度地满足读者专业化、精细化的信息需求。建立了五大类专题库和237个常见问题库，访问量达到22000余人次。通过网络调查，读者满意度达到86.7%，充分发挥了导航网的作用。

浙江省文献信息资源共建、共知和共享。共建(协调采购、联合采购与协调数字化信息资源建设)、共知(联合建设书目文献信息数据库)和共享(馆际互借、文献传递、联合咨询等)，开展书刊借还"一卡通"服务；将组织专业馆员在网上联合开展数字资源查询、传递等参考咨询工作，实现各类图书馆之间的优势互补和资源共享。

浙江图书馆还是"中国数字图书馆工程"联盟成员，2003年又承担了全国文化信息共享工程浙江省分中心的建设。目前，已设立了杭州、宁波、温州、绍兴等7个市级分中心和89个基层中心。

浙江省公共图书馆馆际通阅互借网。近年来，浙江省公共图

书馆馆际通阅互借网已初步形成，我省的 84 个市、县、区及大专院校图书馆中，有 61 个馆已签约协议馆。在成员馆之间开展互借，需要异馆借书的读者向当地馆提出申请，由当地图书馆办理馆际互借手续；成员馆之间互相承担委托馆的有关书目查询及其他文献信息的查询委托，各馆在接受查询委托后两天内答复委托馆；成员馆之间互相承担委托馆的有关文献复制(指复印、传真、邮寄、电子邮件传递、扫描传送 FTP)等方式，内容包括图书、期刊、报纸文章等文献复制件的委托。

以上这些只是近年来我省文献资源共建共享成绩上的一个侧面。正在探索的对省社科文献信息资源的整合，是省文献资源共建共享的又一个大手笔。浙江素有文化大省之美誉，在关系到浙江文献信息资源建设的文化工程上，凭着浙江人的聪明勤奋，群策群力，一定能走在国内前列。

2 整合省社科文献信息资源，使其整体结构趋向合理

2.1 我省社科文献信息建设存在的薄弱环节及解决对策

由于各个公共图书馆受购书经费的限制，不能放开手脚征订资源，只能有选择地订购。长期以来，文献资源建设上普遍存在着文献资源收藏不全，书刊文献信息资源缺订、断档现象，资源连续性问题较难保证。即使是在省级大型的公共图书馆，也不一定能够满足所有专业性读者的需求，某些读者认为自己需要的书刊是他们从事的学术领域中最基本的刊物，但在公共图书馆不能保证一定收藏。因为大型综合性的公共图书馆有限的购书经费，必须顾及图书馆大众读者的普遍性需求，要综合地加以考虑和征订。

在普遍存在着的文献资源收藏不全，资源连续性难以保证的情况下，公共图书馆也不可忽视另一方面的问题：部分种类的刊物有购过于求，资源闲置的情况。曾经有专业人士对省馆的国外服

装、家具装饰等原版刊订购种类，与读者查阅利用情况进行过统计分析，认为国外服装、家具装饰等原版刊种类上存在购过于求的现象。服装、家具装饰等图书资源有一些著名的作品，反复出现在不同出版社出版的画册上，同质现象较为明显。征订选择须加以重视。服装、家具装饰本身这些资源时效性较强，过时后读者利用率不高。多年存积于书库的这些书刊资源，使得图书馆空间紧张的矛盾渐渐变得突出。

要改变省社科文献资源整体结构上不尽合理的薄弱环节，改变我省社科文献资源不足、分散而某些刊物种类数量上又购过于求的局面，加强文献信息资源的整体建设，对各种资源进行整合和优化，逐步做到资源的共知、共建和共享是当务之急。

我们探索建立的浙江省社科文献信息中心是侧重于社会科学文献信息资源共建共享的图书馆联盟，是实现图书馆区域性合作的一种方式。它以实现资源共享为目标，以省内社科文献资源比较丰富、信息化水平较高的图书馆为基础，整合全省各系统图书馆的社会科学文献信息资源，根据共同认可的协议和合同，按照统一的技术标准和工作程序，通过一定的信息传递结构，执行多项合作功能的全省社会科学文献信息资源联合体。如果完善了文献信息共建共享系统，提高了文献资源结构的总体水平，某些必要的但价格不菲的重要文献，一般公共图书馆买不起的情况就能够得到解决。这既可以满足一般读者对知识广度渴求，也可以满足搞科研的读者对特定文献信息的需求。

随着数字资源的激增，各个图书馆对数据资源的建设都比较重视，对电子文献的购买每年都在递增，购买经费也逐年增加，这对每个图书馆都是一笔不小的支出。实施资源的共知、共建和共享，各个公共图书馆不必搞资源的重复建设，图书馆因此能够得以较小的投入更有效地为读者用户提供学术信息资源，缓解图书馆经费短缺问题，降低知识创新的金钱成本，包括购买数据库软件和人力资源成本;数字化资源的优势也能使馆舍空间紧张的矛盾得到缓解。

2.2 成员馆文献资源互补,充分发挥各自的特色和优势

我们探索建立的浙江省社科文献信息中心采用一张网络多个层次,集中与分散相结合的模式提供信息资源服务,这既不改变各图书馆原有的行政隶属关系,又能充分发挥各成员馆的特色和优势。建立浙江省社科文献信息中心后,可以整合全省高校、公共、社科院等几大系统图书馆的文献信息资源,实现共建共享,充分发挥各图书馆丰富的社会科学文献资源优势和各自的特色,文献资源优势互补,达到最大范围的共享,最大限度地满足社会科学研究的读者用户需要。

图书馆资源共享的核心部分应该是各成员馆的特色馆藏,实现资源共享的前提条件之一就是通过各馆的特色馆藏,共建完整、配套齐全的文献资源系统。由于各成员馆馆藏结构不同,各有所长、各具特色,具备资源互补条件;同时文献资源布局相对合理,具有提高利用率的潜力,可以最大限度地满足读者用户对文献信息资源的需求。省内几家大机构图书馆社科文献信息资源已经各自形成一定规模,比如:浙江图书馆经过多年的努力,已形成一定规模并能够为读者提供参考咨询的社科文献信息资源体系,尤其在古籍、地方文献、自建数据库资源上形成了自己的文献信息资源收藏特色,为众人所关注;省社科院图书馆是省内社科文献信息资源收藏的专门机构,资源优势独特;省内各高校图书馆收藏重在文化教育、学术研究及人才培养方面的文献信息资源,近年来国家对教育、人才培养的重视,高校图书馆投入的经费较宽裕,资源采集能力较强。

整合省社科文献信息资源,使其整体结构趋向合理。集中省内各个图书馆信息资源的优势,确保建立的省社科文献信息中心资源信息的总体水准。目前我们可以从对浙江省地方文献、古籍等图书资料的扫描为起点,在互惠互利的条件下进行数字化协作,

让许多有价值的藏于“深闺”的文献资源重见天日,充分发挥其独特优势,让读者用户开眼界、得实惠。

3 资源整体结构趋向合理,读者用户利用率得到提高

众所周知,读者是图书馆发展的直接动力,图书馆只有通过读者的利用才能体现其价值,这样看来读者的利用率是图书馆的根本问题。图书馆文献信息资源整合,使其整体结构趋向合理,这样读者用户的利用率和便利度才能得到大大提升。

3.1 省内查询社科文献信息资源途径不畅的问题有望改善

如果只在各个图书馆“系统”内部查阅资料,而不能及时获取全面、足够的文献信息资源,对读者来说,找资料的路会变得辛苦而漫长,他们无奈地奔波在省里各个图书情报系统寻找需要的资源。

如果建立浙江省社科文献信息中心,对浙江图书馆、浙江大学等高校图书馆、省社科院图书馆的书目信息和文献数据库予以整合及数字化处理,提供一个统一的查询界面,统一的数据库检索平台,形成囊括省内所有文献资源和数据库资源的查询信息系统,每位读者在任何一台终端机上都能够查询到所有成员馆内的电子文献信息并加以利用。读者一下子就清楚自己需要的文献在省内哪个馆能找到,寻找方向明确,查询途径便捷,读者用户查询书目文献途径不畅的问题将得到极大改善。

目前,网络虚拟化已使得信息服务的模式,从以馆藏为中心向以用户为中心转移,使图书馆的信息服务呈现个性化特征,即图书馆可同时满足每一用户以需求为特征的个性化信息服务。网络改变了部分读者的阅读方式,各种资料信息越来越多地通过网络被读者利用,读者足不出户坐在家中或办公室,通过互联网就可阅览丰富的所需资料。在欧洲的许多国家,市民已经可以在家和办公

室连接到图书馆网页、网站和网上信息库，查询利用所有图书馆的信息资源，包括各类数据库资源。国内实行恐怕还有一段路要走。

我们的设想：

如果在家和办公室能够连接图书馆的网页，浏览到浙江省社科文献信息中心网站和网上信息库，读者阅读信息资源的利用率和便利度将大大改善。

如果社区文化中心能够连接图书馆的网页，社区居民可享受到图书馆的信息资源，包括省社科文献信息中心网站和网上信息库，面向用户提供方便、快捷的原文检索、联机目录查询、期刊目次浏览和专家咨询等社科文献信息服务，把文化信息资源传送到城乡基层文化网点和群众身边。

如果偏远农村山区能够连接图书馆的网页，省社科文献信息中心网站和网上信息库的信息资源便可融入新农村建设中。为新农村建设提供新型农民需要的快速文献传递和新型农业行业、专业特定需求的特色数据库，让公共图书馆的网络起到尽快缩小城乡之间在经济文化上差距的作用。

3.2 各成员馆文献信息将得到有效的扩展

资源共享，优势互补，成员馆可利用更丰富的资源满足读者对特定文献信息的需求，提高信息资源的保障能力。例如，节假日的省图书馆，古籍、地方文献、中文保存本工具书查阅室是不开放的，中文过刊、中文图书查阅室等照常开放；周一中文过刊、中文图书查阅室等休息，而古籍、地方文献、中文保存本查阅室等窗口又是开放的，这样交替难免会对一些读者查询利用存在一定的影响。如果来馆的读者通过省社科文献信息中心网站和网上信息库，查询统一数据库检索平台，在虚拟数字资源中找到需要的信息资料，这样对读者的影响就会减少许多。如果古籍、地方文献部门刚好休息，将中文过刊、中文图书、目录查询处的电脑网络利用起来，可以进入省社科文献信息中心网站和网上信息库，总能找到一些读者需要的线索和资源。在图书馆纸质文献资源不能满足读者需求时,数字化文献信息资源对纸质文献资源的补充就显得尤为重要,如,查阅2006年的“中国经济景气月报”(人大复印资料),当时我馆全年的刊物在馆外装订;而馆内拥有的“万方”、“维普”等数据库中也查不到此文献。浙大图书馆拥有“人大复印资料”数据库,属人大复印资料的“中国经济景气月报”在浙大图书馆网上数据库一定能找到。如果通过资源整合,省图书馆的读者用户就可以通过同一个社科网站和网上信息库平台,找到需求的资料。其实,图书馆推广运用虚拟的信息资源,看似没有增加读者,其实读者人数和实际效果却在有效增加。

现今,随着文献信息资源的发展和读者需求的不断变化,图书情报系统需要进一步加大改革的力度,不断推出新的图书馆文献信息资源共建共享的发展模式。针对一定区域内相隔较近的图书馆,采用一卡通用、通借通还的共享模式,也是一种选择。

我们借联合建立省社科文献信息中心这个契机,采用整合其现有资源、实现优势互补、引进社科文献信息数据库等措施,逐步完善浙江省社科文献信息资源体系。在这个系统中,各成员单位共同建设联合目录数据库,实现馆际互借、文献传递、自建数据库资源共享、联合数字参考咨询等服务,不断完善系统功能,建立创新服务机制,提升浙江省域社科文献信息保障能力,从而提高社科信息用户的信息资源可获知能力与可获得能力,不断提高读者用户的利用率。

【参考文献】

[1] 徐璞英.建立全省社科文献信息中心是繁荣发展哲学社会科学的重要保障.浙江社会科学,2005(5).

[2] 张燕.杭州下沙高教园文献信息资源共建共享体系的构建.图书馆学研究,2007(2).

我省政府信息化现状和改进的三个主要方向

赵　骥*

摘　要：本文概述了我省政府信息化建设的主要任务"1235工程"。针对政府信息化中存在的问题，提出了改进我省政府信息化的三个主要方向：一是充分考虑政府的结构和运行特点，强化信息化建设的保障机制；二是进一步转变政府信息化过程中纯粹管理的观念，加强服务意识，充分利用已经掌握的丰富数据，着重于数字资源建设，拓展服务；三是立足于"一站式服务"的理念，依靠统一规划，利用先进的知识管理手段和高度的信息标准化技术，建设无缝隙的政府信息化平台。

关键词：政府信息化；数字资源建设；政府管理理念；信息服务意识

现代的卫星在两周内就能将地球表面拍摄一遍，美国政府收集卫星图像数据的历史已有20多年了。几年前，这些图像还静静地躺在电子数据仓库里，然而到了今天，我们通过google earth系统，或者http://www.panoramio.com/，便可以藉卫星照片访问世界各地，好像你能在家里拍摄巴黎一样，甚至街上的一辆汽车，也能清楚地映入你的眼帘。

如这个卫星图片应用的例子所示，美国这样的一个信息高度

* 赵　骥：中共浙江省委党校信息管理部，助理工程师。

发达的国家,拥有各行各业的海量数据。如何充分利用这些浩瀚的数据,也就是如何使得这些数据更加有意义,即把原始数据变成可理解的信息,是其信息化的重点所在。

相对于美国来说,我国信息化启动较晚,但是进展极为迅速,并且是由政府主导的。一些省市迅速采取行动,进行了省市级区域信息体系的设计,而且提出了“数字海南”、“数字北京”、“数字新疆”、“数字福建”等实施方案。

我省政府信息化建设的主要任务可以概括地表述为“1235 工程”:

一项技术与产业支撑体系建设,即加快发展信息技术与信息产业。两项重大基础建设,即信息人才队伍的培养建设和网络设施建设。三大主要方面的推广应用工程,即大力推进传统产业的信息化改造工程、积极建设“数字浙江”工程和全面开展社会信息化应用工程。

五项软环境建设任务,即进一步加强和完善信息化工作管理体制;抓紧建立信息化建设投融资体制,加大投资力度;加强政策法规建设,逐步完善市场体系;重点扶持信息产业发展;强化信息网络安全建设。

其中,“数字浙江”工程和社会信息化应用工程对于人们的工作和生活有着重大影响,是城市信息化的直接推动力。在这个信息化推进过程当中,政府信息化起着举足轻重的作用,很大程度上决定了城市信息化的成败。一方面,信息资源已经作为一种国家的战略性资源,而政府则是国家信息资源的最大拥有者,也是最大的信息生产者、使用者、发布者。另一方面,政府的信息来源广泛,存在形式多种多样,分类众多,应用形态也举之不尽,并且关系到人们生活的方方面面。要解决城市信息化问题,首先就是要解决政府信息化问题。

国内对于政府信息化的定义或者描述一般是:政府信息化是

指通过政府系统内部工作以及政府在对社会的管理、服务过程中，系统、全面运用现代信息技术，开发信息资源，进行管理职能和工作方式转变，以适应并推动社会信息化发展的过程。电子政府是政府信息化发展的高级目标形态，通过政府信息化建立一种新型的电子管理体系，以适应全球性的信息经济和网络经济，并促进工业社会向信息社会的根本转变，这种新型的管理体系就是电子政府。它代替传统政府，意味着系统程序式管理将取代政府实体性管理。它主要有三个方面的内容：一是政府机构成员从网上获取信息，包括机构内部的工作信息和机构外部的业务信息，即“信息共享”；二是政府机构的信息放在网上，供社会了解和使用，即“政务公开”；三是政府与公众之间的事务通过网络互动处理，即“电子政务”。

理论上看，上述对于政府信息化的这一理解，基本思路依然是“管理电子化，网络化”，它未能突出政务由管理型向服务型转变，也不能站在信息化战略高度将信息资源建设作为政府服务的根本性出发点。信息化发展到今天，我们所面临的主要问题已经日渐清晰，其中的两个关键，一是如何获得有效数据，二是如何深度开拓数据而加以更好的应用。它们就是探讨当前政府信息化的基本立足点。

实践上，我国政府信息化，目前是以“三网一库”为基本架构，即：政府机关内部的办公业务网；国务院办公厅与各地区、各部门连接的办公业务资源网；以互联网为依托的政府公众信息网；政府系统共建共享的电子信息资源数据库。系统建设的指导原则是“以需求为导向，以应用促发展，统一规划，协同建设，资源共享，安全保密”。政府信息化应用主要分为内网和外网的应用，办公业务系统主要建立在内网上，电子政务主要建立在外网上，辅助决策依托内外网，特别是电子数据库。

我省电子政务发展目前处于全国前列，已经实现了国家广域政务内网的省级接入网，覆盖省、市、县三级政务部门的政务内网和政务外网基本建立，并对数据交换、音视频、邮件服务等政务部门共性应用系统进行了统一部署。在政务办公、宏观经济、公共安全管理、财政管理、监察审计、税收管理、人事管理、就业和社会保障、国土资源管理、防台抗洪、涉农管理与服务、进出口管理、人口和计划生育管理、国有资产监管、环境保护、统计、市场监管、质量监督、食品药品安全监管、金融、海关、政府投资管理、城市规划、建设、房产、市政、综合治理、应急管理、新闻出版等业务系统的建设上，也取得了很多成效。

就目前来看，我省政府信息化的改进主要有以下三个方向：

第一，在落实过程中，应当充分考虑政府的结构和运行特点，强化信息化建设的保障机制。

我国政府部门的基本结构是一级人民政府的工作部门代表本级政府执行某一方面的公共行政事务，同时又是上级人民政府相应工作部门的下属工作部门。各级政府工作部门之间的关系有两种：一是领导关系；二是业务指导关系。省、自治区、直辖市人民政府各工作部门受本级人民政府统一领导，并且依照法律或者行政法规的规定受国务院主管部门的业务指导或领导；自治州、县和自治县、市、市辖区的人民政府的各工作部门受本级人民政府统一领导，并且依照法律或者行政法规的规定受上级人民政府主管部门的业务指导或领导。这也就是一种双重领导和业务指导关系。

这个政体特点决定了政府信息化的两个显著特征：其一，必须是一个自上而下标准较为统一的系统；其二，主导力量必须得到组织关系上的强化，以协调各个部门。2000年，国务院办公厅曾发文件明确“各地区、各部门的办公业务网和政府公众信息网，必须由本级办公厅(室)负责建设和管理”、“各地区、各部门务必进一步加强对本单位办公自动化建设和应用工作的领导，把这项工作作为办公厅(室)的基本职能并进一步强化，要有专门机构，保证必要的经费，确保系统总体建设目标的实现”。

业务系统的信息化建设，尽管有着相当的组织保障，但在纵向自上而下的落实过程中，往往存在着诸多问题。一般而论，越是上一级机构，信息化程度越高，而越向下，信息化水准越低，并集中表现在：信息化是否有成效很大程度上取决于部门领导的态度；经费落实比较困难；信息化人才比较缺乏。尤其是经费落实问题，往往直接影响到领导对于信息化工作的态度。现在的部门政务改革，趋势是注重于加强自上而下的领导关系，这显然有利于信息化的开展。但另一方面，往往上面主管部门只提规划和要求，经费却很少下拨，很难根据各下属部门信息化实际要求给予满足。这笔经费很大程度上依托于本级政府，而本级政府财政预算具有相当的规划性和传统性因素，通常不愿意额外增加。自然地，部门的领导不愿意在原有额度下进行调整，重新平衡部门的利益关系，划拨充足经费用于上级主管部门的信息化建设要求。最终，对于信息化工作，往往形式上向上作个回应，草草了事，更不愿为培养提高人员的信息化水平作较大的投入。

因此，政府信息化要取得切实成效，必须充分考虑到政府结构和部门运行的特征，建立强有力的保障机制。建议从两个基本方面入手：一方面，主管部门要做好信息化专项经费的保障和支持，尤其是对下属部门，短期内，成本会有所增加，但从长期效益来看，它将大大节约管理工作上的人力和物力。另一方面，要建立信息化考核机制，建立定期的、分类的考核指标体系。考核指标与工作业绩相挂钩，可引起管理者和业务工作者的重视。

第二，要进一步转变政府信息化过程中纯粹管理的观念，加强服务的意识，充分利用已经掌握的丰富数据，着重于数字资源建设，拓展服务。

这个方面有两个显著的差级现象。其一是行政差级。我们可以发现，省级各部门对于业务资源应用和服务做得比较到位。近年来，大部分部门提供了较为完备的网上办事功能，并在一定程度上提供公共管理的信息服务。但到市县乡一级，所提供的电子政务服务则不尽如人意。其二是管理层面和服务层面的差级，仔细观察各部门较为成功的“网上办事”，可以明显看到，对于本部门业务办理部分，一般开发和应用都比较完备和充分，而对于核心管理业务之外，但其资源能够为访问者提供有益服务的部分，则相对匮乏。除非是一些可以被商业化运用，能带来经济效益的数据，数据拥有部门才愿意在自身管理业务之外加以开发利用。

例如，摩托车或者机动车的维修必须到主管单位所指定的维修点进行。既然是定点维修，那么必然应通过招标竞标来实现定点，对于指定维修点的部件报价和服务报价，一般应有比较明确的清单。但是，我们很难在主管部门的网站上查到这份清单。对于主管部门来讲，选择合理的维修点使其为车主提供服务，是其业务。而业务完成后，至于去维修的车主希望比较便捷地了解相关价格信息这一服务要求则被忽略了。又比如，一个读者在阅读过程中希望查看某个地方方志以获得一份资料，他来到方志网站上查找，找到了相关目录，发现了索引条目，但是当他希望更进一步阅读该资料，并摘录该资料时，却发现无法获得资料的内容。一些特色资源尤其如此，被资源收集部门掌握，却未能提供便捷的文献数字化服务。我们看到，往往商业领域里文献的数字化服务比较成功。显然，这些数字资源部门不是没有改进传统服务模式的愿望，就是有着利用垄断性数字资源获取利益的强烈愿望。如此，令无数的系统访问者失望是必然的。

因此，政府信息化必须进一步实现从管理向服务的理念转变，防止自上而下集中管理的组织模式对于系统平台构建的不利影响，在设计开发应用服务的时候着重于“用户主导”。

第三，要立足于“一站式服务”的理念，依靠统一规划，利用先进的知识管理手段和高度的信息标准化技术，建设无缝隙的政府信息化平台。

目前,我省的省级政府部门业务信息平台已经相当发达,但联合起来看,问题也很明显,一个用户每到一个业务信息系统,就必须注册一次,登录一次。也就是说,单个部门或许在业务信息平台建设的时候考虑到了一站式的业务管理和服务模式,但是政府信息化在整体上却缺乏一个"一站式服务"的理念,没能做到统一规划,打通各个部门之间的窗口。各部门可以拥有各自的特色办公系统,但是面向公众的业务资源系统,也应该致力于"一站式服务"和统一入口。

做到这一点,并不要求软件开发模式和硬件环境基本一致,而是在技术和设计上着重于政府信息化过程中的元数据标准的确立;应用接口的高度标准化;个人信息库,单位企业以及团体信息库,地理和资源数据系统,金融和经济数据库等基本数据库的建立;信息安全保障体系;利用先进的知识管理手段,确立政府信息化服务的公众需求,重新梳理政务和服务逻辑,构建统一的政府信息门户。

例如,用户最终将面对这样一个政府信息门户网站,用户只关心自己的需求。例如求学、生育、住房、医疗、交通等,他按照自己的需求主题寻求服务,完全不需要关心政府的机构设置和组合。而这些主题服务也只围绕着用户的需求过程设计流程,为需求主题提供服务;其具体由哪些政府部门负责成为其内部设计,并且向用户屏蔽。

政府信息化的三个改进方向,实质上体现了现代电子政务的三个基本特点:扁平化、服务化和无缝隙化。本文认为,扁平化结构难以适应我国政府结构,因此信息化的实施不得不根据我国现有政府组织结构特征来寻求较为特殊的,同时有效的保障机制;服务化和无缝隙化则是当前之所急,因为它们就是广大用户对于政府信息利用的切实需求。

【参考文献】

[1] 电子政府思想库:www. lst-eg. org.

[2] 全球互联网发展最新趋势. 科技日报,2001-10-12.

[3] TNS Consultants. Government Online: An International Perspective. Global Summary,2003.

[4] World Public Sector Report,2003:E-government at Crossroads,UN.

[5] 朱晓峰,王忠军. 政府信息资源基本理论研究. 情报理论与实践. 2005(1).

社会科学文献信息化建设

建设省域社科文献信息中心的意义和原则①

徐璞英*

摘　要:省域社科文献信息中心是侧重于社会科学文献信息资源共建共享的区域性图书馆联盟的一种方式。它的建设对于充分发挥省域社科文献信息资源的作用,提升服务创新能力具有重要意义。文章分析了建立省域社科文献信息中心的必要性、可能性和现有基础;阐述了省域社科文献信息中心建设的目标和原则;提出了建设省域社科文献信息中心目前应加强的工作的建议。

关键词:省域社科文献信息中心;图书馆联盟;建设目标和原则

在文献资源建设中,有关领导与图书馆同仁已认识到,作为综合国力重要组成部分的哲学社会科学创新能力的提升和科研成果

①　本文系2005年度国家社会科学基金项目:区域性中心图书馆建设研究——省域社科文献信息中心建设研究(05BTQ002)和2005年度浙江省哲学社会科学规划常规重点课题:浙江省社科文献信息中心模式研究(Z05GL01)的阶段性成果。

*　徐璞英:中共浙江省委党校图书馆,研究馆员。

的积累，依赖于社科文献信息资源的拓展和服务方式的创新，因此很重视这方面的建设，建立了 CERNET 网、CALIS 系统、中国数字图书馆工程等。但是，目前普遍重视全国性的、纵向系统的图书馆网络的建设，对区域性的图书馆网络，特别是对省域社科文献信息网络建设的研究与实践比较薄弱。这对建立健全文献资源保障体系，充分发挥社科文献信息资源的作用，满足经济、政治、文化、社会建设，特别是科学研究对社科文献信息的需求是非常不利的。应加强对这个问题的研究与实践。

1 省域社科文献信息中心建设的必要性

本文所说的省域社科文献信息中心是指在一个省的范围内，为了实现资源共享，以公共、高校、党校、社科院等几大系统图书馆为主体，联合全省的社会科学文献信息资源系统，根据共同认可的协议和合同，按照统一的技术标准和工作程序，通过一定的信息传递结构，执行多项合作功能的省级社会科学文献信息资源联合体。它是侧重于社会科学文献信息资源共知共建共享的区域性图书馆联盟的一种方式。

建立省域社科文献信息中心具有重要意义。

1.1 社会科学研究的特殊性要求单独建立社科文献信息中心

在全面建设小康社会，开创中国特色社会主义事业新局面的伟大历史进程中，哲学社会科学肩负着改革开放事业的理论探索与实证研究的历史重任，与自然科学一样，同样具有不可低估的战略地位和不可替代的重要作用。而且哲学社会科学在研究内容的种类、复杂性、不可理解性和棘手性上不同于自然科学，一般都难以依靠直接的实验，而需要广泛搜集关于社会现象的信息。因此，哲学社会科学研究对于文献信息的依赖程度更高。如果不能及时获取全面、足够的文献信息资源，哲学社会科学研究就不可能与时俱进,不可能提供有价值的决策咨询。新的研究成果也只有形成新的文献信息资源并被人们开发利用后,才能发挥咨政育人的作用。可以说,文献资源是哲学社会科学发展的生命源泉。非温故无以知新,非继承无以超越。建设具有中国特色、中国风格、中国气派的哲学社会科学,推动社会文明的进步和发展,需要继承和借鉴人类的一切文明成果。但是,长期以来我国图书馆界的文献资源建设与服务,尤其是人文社会科学及外文文献资源建设与服务相对薄弱,明显落后于自然科学的文献资源建设,目前还没有全国性的社科文献资源共建共享平台。虽然教育部于 2004 年 3 月开始建立“中国高校人文社会科学文献中心”(CASHL),有计划、有系统地引进了大量国外人文社会科学印本期刊和电子文献资源,顺应了信息资源共享的国际潮流,解决了许多研究者在文献资源上的急需。但是这一项目仅限于部分高校,受益面不广;而且没有中文资源。其他全国性的图书馆联盟,如中国高校 CERNET 网、文献保障系统(CALIS)、以公共馆为基础的中国数字图书馆工程等,都不侧重于社科文献资源建设。各省也没有侧重于社科文献资源共建共享的图书馆联盟。致使有的研究人员有很好的研究题目,却找不到足够的文献资源进行深入研究。有些地方,文献资源保障缺乏甚至成为社科事业发展的瓶颈。单独建立社科文献信息中心可以为繁荣发展哲学社会科学事业和经济发展提供有力的文献信息支撑。

1.2 社会科学研究、科学决策的地域特点要求建立省域社科文献信息中心

社会科学研究与自然科学研究在文献资源的收集、利用上也有很大的不同,前者的地域特色更强。首先,每一个地域由于历史文化的积淀形成了不同的地域文化,文献资源作为记录这一发展成果的载体,同样具有地域特色,并形成了具有不断发展、继承关系的个性鲜明的文献资源。要想充分、有效、便捷地利用这些文献

资源,“省域”的范围比较合适。因为我国的省级行政区域基本上是明代形成的,区域内的经济文化社会生活已经形成了密切的联系。而且省(自治区、直辖市)一级作为行政区域,有比较大的自主权,省域内交通方便,无论是经济往来,还是学术交流都比较频繁,在同一个行政管理主体下资源共建共享也比较方便。其次,省域内的社科文献信息资源与当地的经济政治文化社会建设与发展密切关联,能够满足省域内经济政治文化社会发展过程中理论建设和实践发展的需求。历年积累的社科文献信息资源既较为全面地反映了本省社会经济政治文化发展的历史,又能为分析、预测今后的发展趋势提供翔实的理论根据,从而为研究本省社会经济政治文化发展的特点及规律,提出对策与建议提供卓有成效的服务。第三,省域社科文献信息资源体系具有针对性、灵活性强的特点。国家文献信息资源体系内容丰富殷实,但是由于经费、地域、行政系统等限制,人们在利用这些系统的资源时,却感到存在许多缺憾:费用较高,灵活性差,不能跨系统阅览。而省域社科文献信息资源,反映的是本省社会、经济、政治和文化发展的情况,针对性、灵活性强,优势明显。而且查询成本低廉,使用方便,所以大部分人仍然对本区域的图书馆抱有很大期望。第四,省域内的社科文献信息资源具有就近利用的便捷性。有关文献信息资源利用调查表明,信息用户从本地区获得的所需社科文献信息资源,约占全部需求量的80%,从国家各信息系统获得的社科文献信息资源只占12%,从相邻地域的社科文献信息系统获取的信息约占8%。可见,就近利用社科文献信息资源,是众多信息用户获取信息的一条便捷渠道。

1.3 区域性社科文献信息资源分布的不均衡性要求建立社科文献信息中心

信息资源的分布具有集聚效应和扩散效应,不同地区的信息资源分布是不同的。根据本课题组对浙江省社科文献信息资源分布状况的书面问卷调查，社科文献信息资源的分布存在严重的不平衡现象。参与调查的有浙江省内高校、党校、公共、社科院四大系统的文献信息机构50家，涉及全省11个地市。调查得知：①杭州、金华、宁波、嘉兴等市文献信息机构相对集中，社科文献资源比较丰富。四市参与调查的社科文献信息机构共有32家，占参与调查机构总数的64%，但社科类图书有3779484种，10266749册，占参与调查图书总种数的71.97%，总册数的76.42%；古籍504665种，1257544册(卷)，占总种数的91.24%，总册数的78.74%；社科类中外文报刊80210种，占总数的85.1%；购入和自建社科类数据库分别为257个和51个，占总数的80.31%和61.44%。②经济发展较快的绍兴、温州、湖州和经济欠发达的丽水等市(地)，社科文献信息资源的拥有量基本相等，属中等地区。③衢州、台州和舟山是社科类文献信息资源拥有量较少的地区。三市参与调查的社科文献信息机构有6家，占总数的12%，但社科类图书拥有量只占总种数的6.54%，总册数的4.09%；古籍拥有量几乎为零；社科类中外文报刊拥有量占总数的2.96%；购入和自建社科类数据库分别为10个和11个，占总数的3.13%和13.25%。

社科文献信息资源分布的不均衡性，还明显地表现在同一个区域的"系统"之间。如浙江省高校系统参与调查的图书情报机构只占总数的48%，但是图书和中文报刊的占有量却分别达到55.78%和76.47%。公共馆和党校馆参与调查的机构数相同，且都是系统内的省馆和地(市)级馆，但是文献占有量却差异很大。前者的图书种类和报刊种数分别是后者的3.22倍和3.96倍，外文报纸的种数更是相差40多倍。社科院图书馆面对的是专门从事社会科学研究的读者，但是文献占有量却大大低于机构占有的比例。这种不均衡性在国内其他地区同样存在。据统计，我国文献资源集中分布在经济较为发达的华北和东北南部的京津辽地区、华东的沪苏浙鲁地区、中南的鄂湘粤地区。这些地区文献资源的占有率明显地多于其他地区。北京、辽宁、湖北、陕西、四川、上海、江苏等省市的文献资源累计总量在各自的大区内名列前茅。公共馆和高校馆的文献累计总量明显高于其他系统。

文献信息资源分布的不均衡性,不仅使信息用户利用文献资源不便捷,而且由于信息环境不公平,容易产生信息、数字鸿沟,对提高全省哲学社会科学的整体研究水平和提供决策咨询十分不利。要解决这一问题,建立全省的社科文献信息中心是一个好办法。它能使全省的文献信息资源通过信息中心实现资源共享,使社科信息资源相对贫乏地区的资源缺少状况得到缓解,使各个系统图书馆的文献资源发挥各自的优势和特长,使全省的研究人员和读者都能受益。从而提高全省社科文献信息服务的保障能力,提高哲学社会科学的整体研究水平,提高为领导决策服务,为社会科学研究服务,为社会公众服务的水平和能力。

1.4 广大用户迫切希望建立省域社科文献信息中心

目前社科文献信息资源存在的布局不合理、条块分割、重复浪费、使用效率较低等问题直接影响了我国哲学社会科学的繁荣发展。许多有价值的文献资源藏于“深闺”,不能发挥作用,而不少研究人员却苦于找不着资料,影响科研水平的发挥。

为了了解读者对社科文献信息需求的特点及其对图书情报机构开展服务的满意度和建议,本课题组对浙江省高校、地(市)以上公共、党校、社科院系统的 48 所图书馆和 3800 多名读者进行了问卷调查。调查得知:48 所图书馆中,有 22 所在一定范围内开展了馆际互借,占 45.83%。读者中,分别有 44.73%和 40.05%的人感到“信息量不足”和“当地信息资源不足”是影响自己获取社科类文献信息的第 1、第 2 位因素。“不能跨馆借阅”是第 5 位因素,有 23.50%的读者选择。有 55.56%的读者希望打破地域限制和机构限制,实现资源共享,有 62.14%的读者希望加强图书情报机构之间的协作，有63.76%的读者希望建立全省社科文献信息中心和中心网站。这说明，广大读者迫切希望改善信息环境，促进信息公平，消除“信息鸿沟”，尽快加强和完善统一的文献资源保障与服务体系，实现共知、共建、共享，全面推动我国哲学社会科学的繁荣发展。建立全省社科文献信息中心可以满足广大读者的这个迫切愿望，为哲学社会科学的繁荣发展提供强有力的支持和保障。可以使社科文献配置统筹规划，结构合理，充分发挥本地文献资源的作用，避免重复浪费，缓解图书馆经费短缺、馆舍紧张的矛盾，从整体上节省各系统建设所需的软硬件经费和人力。

2 建立省域社科文献信息中心的可能性和现有基础

2.1 国内外区域性图书馆联盟的发展模式为建立省域社科文献信息中心提供了成功的范例和经验

建立省域社科文献信息中心符合世界建立图书馆联盟这一图书馆发展的潮流。图书馆联盟是图书馆在现代社会中的生存模式，也是当今图书馆的发展方向。正如美国学者威廉·A·卡茨所说，图书馆联盟是图书馆之间共享数据库资源，并取得良好经济效益的最佳措施。在这些联盟中，区域性图书馆联盟因使用方便、成本低廉、能满足用户80%左右的文献需求而受到大家的青睐。虽然区域性图书馆联盟目前还没有侧重社会科学文献资源建设的模式，但是它们发展的基本模式，为建设省域社科文献信息中心提供了值得借鉴的成功范例和经验。如美国俄亥俄州图书馆与信息网络(OhioLINK)由该州的大学和公共图书馆组建而成，联盟成员包括17所公立大学图书馆、38所私立大学图书馆、17个社区与技术学院和公共图书馆。OhioLINK为该州所有用户提供快速的检索和文献传递服务。由州政府统一拨款，建立统一的图书馆自动化系统平台，统一购买电子资源和数据库，成员馆无需交纳会费。联盟通过统一的用户界面，为各馆收藏的同一种文献提供统一的检索点。具有提供联机目录免费查询、共享资源、节省经费等作用。

从20世纪90年代中后期起，我国的图书馆联盟发展也十分迅速。一些经济技术发达和基础设施较好的地区，积极探索本地的区域性图书馆联盟模式，建立基于计算机网络的地区性图书馆联盟。如中国科学院图书馆(LAS)、北京大学图书馆(PUL)和清华大学图书馆(TUIJ)三个图书馆建立了中关村地区区域文献信息资源共享系统(APTLIN)，实现了网络环境下异构系统(不同机型，不同的操作系统，不同的数据库管理系统，不同的应用系统)分布式共享功能，奠定了北京地区文献资源共享的基础。江苏省以CALIS华东地区中心南京大学图书馆为核心，建立了“江苏省高等教育文献保障系统”。上海图书馆联合本地区公共、科研、高校、情报四大系统，与区县图书馆携手，建立了上海市文献资源共建共享协作网。至2004年5月，该协作网已有32家区县公共图书馆分馆、大学图书馆分馆、专业图书馆分馆加盟，并与全球在线计算机图书馆中心(OCLC)建立了馆际互借，实现了跨行业、跨地区、跨国界的图书馆之间的资源共建共享。这些方式为省域社科文献信息中心的建立提供了可资借鉴的宝贵经验。

2.2　丰富的社科文献信息资源为建立省域社科文献信息中心奠定了良好的基础

丰富的社科文献信息资源是建立省域社科文献信息中心的首要条件。现在各省(自治区、直辖市)一般都有公共、高校、党校、社科研究等几大系统图书馆，每一个系统又大多有从省到地(市)、县(区)的图书馆。这些图书馆构成我国图书馆的主体，有着丰富的馆藏。虽然每个系统图书馆的馆藏重点不同，有的专业性还很强，但是这些系统的图书馆中，无论大馆还是小馆，文科院校还是理工科大学，研究机构还是公共图书馆，社会科学的文献资源都非常丰富，有一定的数量和规模，合起来形成了比较完备的社会科学文献资源体系，能够适应经济政治文化社会建设的不同需求。以浙江省为例，现在全省社会科学文献已颇具规模，而且学科完备度较高，古籍资源丰富，注重资源特色。据本课题组调查统计，至2006年3月，参加调查的浙江省50所图书馆，社会科学各类中文图书有5251492种，13435338册；西文图书181091册。社会科学各类报刊杂志有94183种(份)，社科报刊合订本400887册。同时，古籍文献丰富。如浙江图书馆有古籍13万部，计80多万册，其中包括清康熙出版的《文澜阁四库全书》原本；浙江大学拥有古籍文献12.4万册，其中也不乏善本和真本等等。此外，各馆还通过光盘、本地镜像、非本地镜像、使用许可证等形式，引进CNKI中国期刊全文和中国优秀博士硕士论文、人大复印报刊资料全文数据库、万方数据库、人民日报图文、中国法律法规全文等社科类数据库291个(次)。同时，不少馆购买了电子图书，如方正Apabi数字图书馆、超星数字图书馆、书生之家等。在社科文献资源中，现代化载体的比例逐渐增大，类型也不断增加，逐步形成了多种文献载体并存的局面。丰富多彩的文献信息资源为建立省域社科文献信息中心奠定了良好的基础。

2.3 各系统图书馆之间的合作尝试和迅速发展的计算机网络为建立省域社科文献信息中心提供了有利条件

20世纪90年代以来，随着国内信息网络环境的形成，借助信息网络进行区域文献信息资源保障，共享与服务系统建设成为新时期图书馆事业发展的主要标志。尽管其发展偏向纵向管理，但是在省(自治区、直辖市)域范围内，各系统之间的图书馆还是进行了许多协作的有益尝试。比如2005年12月26日，由浙江图书馆、浙江大学图书馆和浙江省科技信息研究院联合打造的公益性网上服务咨询平台——浙江省联合知识导航网(http://www.zjdh.org)正式开通。浙江省高校图工委从20世纪90年代开始，以高校图书馆为基础，吸收部分公共馆与党校馆开展馆际互阅，颁发互阅证，供急需的读者到任一参加互阅的馆查阅文献资料，省去了麻烦的手续，缓解了读者的困难。浙江省委党校图书馆与浙江图书馆从 2004 年开始开展馆际互借，双方读者凭借本馆借书证可以到对方图书馆借阅图书。这些协作活动积累了丰富的经验，为进一步开展区域性文献资源共建共享、为建立省域社科文献信息中心创造了条件。

同时，省域内各个系统的图书馆计算机网络迅速发展，信息化、数字化水平不断提高，从技术层面上进一步提升了建立省域社科文献信息中心的可能性。随着计算机信息网络技术的发展，各省的图书情报机构都在积极推进数字化建设，已初步呈现党政系统、高校系统、公共系统、党校系统等并存的态势。各个系统的图书馆都建立了局域网，建有自己的网站或网页。网络设施比较先进。网络采用比较先进的图书馆自动化管理软件。虽然各个系统运用的软件不统一，但都有一定的兼容性。高校普遍建立了校园网，教研部门、行政部门办公室内的电子计算机都与图书馆联网，可以随时查阅图书馆的网上资源。在校园网范围内的教研人员，在家里也可以上网查阅本校图书馆的资料。

在网络化、信息化、数字化建设方面，各个系统各具特色。如浙江省高校系统图书馆不但文献累计数量、光盘数据库累计数量和自建二次文献数据库数量等资源在各系统居于前列，网络化、信息化、数字化建设也发展迅速。浙江图书馆自 20 世纪 90 年代以来积极引进和应用高新技术，不断推进数字化和网络化建设，已初步形成实体和虚拟并存的数字资源体系，并开通“浙江读书网”、Apabi 电子图书网上借阅等服务；同时还承担了全国文化信息共享工程浙江省分中心的建设任务，可以充分利用网络、通信以及数字技术手段，开辟不受地域与时空限制的文化传播服务。以收藏哲学社会科学文献资源见长的浙江省党校系统数字图书馆建设工程从2000年起步，已经基本构建数字图书馆管理系统和内、外网网站。他们借助全省党校虚拟专用网络这一平台，连接省、地(市)、县(市、区)三级党校文献信息服务体系，可以为全省干部教育提供一个现成的网络图书馆，通过党校虚拟专网向全省党校系统内部、外部乃至全国的党员干部提供数字信息资源服务。社会科学院系统图书馆、情报(信息)机构在管理自动化和网络化建设方面也进展较快，运行良好，经常参加跨地区、跨系统的协作活动。各个系统的图书馆网络发展不但积累了宝贵的经验，而且为建立省域社科文献信息中心提供了可能和保障。

3 省域社科文献信息中心建设的目标和原则

3.1 建设目标

省域社科文献信息中心的建设目标是：以省内高校、公共、党校、社科院等几大系统的图书馆为主体，通过互联网和合作协议，建设省级社会科学文献信息资源联合体，形成优势互补、结构优化、布局合理、专业覆盖面齐全的面向全省的社科文献收藏系统和数字化文献传递服务系统。并且能和国内外高质量的数字资源库群接轨，成为面向世界的开放的文献信息保障体系的一部分。能为教育、科研、决策提供高效率、全方位的社科文献信息保障与服务，成为全省经济和社会发展的重要基础设施。省域社科文献信息中心既是一个信息管理系统，又是一个数字资源系统，考虑实际应用，更是一个共享的、开放的、不断拓展的知识应用系统。

3.2 建设原则

省域社科文献信息中心组织体系的建设，关系到中心的体系、框架、结构，关系到中心今后的日常运行，必须充分重视。

首先，要统筹规划。省域社科文献信息中心是由各个系统图书馆组成的、集中与分散相结合的网络中心，内容庞杂。要保证信息中心正常运转，必须统筹规划，确保各个系统之间、各个图书馆之间协调一致。为此，要从实际出发，充分调研，科学论证，制定出具有可操作性的信息中心建设方案。方案要高瞻远瞩，站在全省的高度，能统领各系统图书馆的长远规划和学科建设的分工合作。改变目前各馆独立行事的局面，保持省域社科文献信息中心的整体统一。信息中心建立后，每年都应制定全省的社科数字图书馆工作计划和文献资源建设规划，平衡协调各系统图书馆的资源建设计划，合理布局，形成具有较强整体功能的信息资源保障体系和服务体系，提高人力、物力、财力和信息资源的使用效率。

其次，要携手共建。省域社科文献信息中心建设需要各馆从全局出发，同心协力，共同建设才能完成。各系统图书馆既要保持原有的特色和基础，又要打破行政隶属关系和管理体制不同的束缚，打破公共、高校、党校、社科院之间的行业界限，还要克服大馆怕吃亏、小馆怕不方便等从本位考虑的思想，明确分工、团结协作、彼此协调，发挥整体优势，形成有效合力，共同推进中心的建设，使省域社科文献信息中心成为一个有机的整体。

第三，要分步实施。作为一项浩大的工程，省域社科文献信息中心的建设要分层次、分阶段、分步骤、有序地进行。要做好每一步规划，抓好每一项落实。同时，前后要一致，衔接要规范。不能只顾眼前利益和局部利益，影响全中心的建设和利益。保证信息中心的网络结构、软硬件配置、软件开发标准在每一层次、每一阶段的一致性，技术、硬件、软件和数据资源的可继承性。

第四，要能够持续发展。省社科文献信息中心的建设具有层次性和阶段性，每一层次、每一阶段的建设都关系到全局的建设。因此，系统建设要有前瞻性，有内在的可拓展性，并且留有充分的余地，能够持续发展，确保信息中心长期的系统开发和应用需要。

4 建立省域社科文献信息中心当前应做的工作

要尽快建立省域社科文献信息中心，当前需要做好以下工作。

4.1 要有政府支持

国外的成功经验告诉我们，要建立图书馆联盟必须要有行政支持。我国要建立省域社科文献信息中心，也必须领导重视，政府支持。因为建立省域社科文献信息中心，既涉及省域社科文献资源建设的总体规划、科学组织，还涉及各系统图书馆之间合作的性质、运行规则、成员单位的权利和义务，更涉及技术、法律、体制等诸多问题，所有这些都需要行政支持和协调。首先要将社科文献资源建设纳入省里的有关规划，以防盲目建设，造成资源浪费。有了规划、计划，还必须抓好落实。根据我国的实情，能否抓好落实，分管领导起着重要作用。所以建议分管领导亲自挂帅，摆上自己的工作日程，组织人员具体研究规划，尽快确定实施方案。

4.2 要有组织保障

组织保障是落实方案的首要因素。要使目前条块分割的高校系统、公共系统、党校系统、社科院系统的文献信息资源有计划地实行整合，增强横向联系和协调，需要有专门的协调机构组织协调，建立跨系统、跨部门的权威职能机构——省域社科文献信息中心建设筹备小组或筹备委员会，负责资源建设的统筹规划与总体布局。在信息中心筹备小组或筹备委员会下，还要有各种委员会具体落实各方面的工作，如资源建设委员会、软件开发委员会、运行管理委员会、资金管理委员会等。在确立组织保障的时候，除了发挥政府部门的作用，还要充分发挥民间组织、行业学会的作用。各省大都有社会科学界联合会、图书馆学会、社科情报(信息)学会等组织。平时这些社团组织经常开展学术交流活动和协作活动，这对加强协作，整合全省的社科文献信息资源十分有利。所以，在成立社科信息中心筹备小组或筹备委员会的时候，要听取社团组织、学会的意见，利用他们的已有成果，吸收他们的骨干参加。

4.3 要有合作机制和合作协议

要使省域社科文献信息中心建设工作顺利进行，还必须建立合作机制，制定合作协议。明确各系统图书馆合作的宗旨、目标，各自的权利、义务。有了合作机制和合作协议后，要由资源建设委员会详细调查本省的社科文献资源，建立联合目录，以便统筹规划，协调发展，具体落实合作机制和合作协议的内容。

4.4 要有技术支撑

现代图书馆联盟的功能大大超过以往传统图书馆的联盟，因此更加仰仗和依赖现代化技术。省域社科文献信息中心的管理应用系统涵盖多个分布式的、超大规模的、异构的多媒体资源库群，要完成分布、海量、异构的信息资源的管理与发布，必须要有强大的技术支撑。首先，要组织专家考察新技术，引进或自行开发适合的管理软件，购置必要的成熟的软硬件基础设施，统一配备服务软件，如数据库管理系统、公共服务软件等，以保证其必要的服务能力。其次，要有相关的标准和规范。标准规范是实施工程建设的重要基础之一。要遵循国际标准和我国通用标准规范，这样既能确保数据的通用和共享，又为未来的扩展、升级和共享奠定基础。信息中心的元数据和信息检索都应采用统一的标准，以便为社科资源的共建共享提供可靠保证。第三，在信息中心的建设中，还要根据国家有关法律法规妥善解决知识产权问题。

4.5 要有经费保障

省社科文献信息中心的建立、资源共享网络的建设、数据库的开发等都必须有足够的资金作后盾，才能可持续发展。建议先拨给一定的启动经费，以后将每年的经费列入财政预算，以用于省社科文献信息中心的基础设施建设和维持正常运作。当然，要建立和维持资源丰富、运行高效的省域社科文献信息中心，单靠政府的投入是远远不够的。因此还要学习国外图书馆联盟的建设经验，建立相应机制，吸收民间资金，并对投入者给予优惠的政策，以鼓励社会各界、企业、个人对文献信息中心建立的投入。系统的成员单位也应根据各单位的规模、读者数量等具体情况，拨出一定比例的经费用于共享资源的引进和建设。

4.6　要有人才队伍

社科文献信息中心建设需要大量高素质的复合型人才。可以说，人才是省域社科文献信息中心可持续发展的必要条件和保证。因此，首先，要开展多种形式的培训工作，提高在职人员的专业素质，培养一批高层次的管理人才，造就一支知识结构合理、信息素质高的复合型人才队伍。其次，要引进一批软件开发、网络管理等方面的高技术人员。第三，要有专职管理人员。国外较成功的联盟组织，大都设立专职人员。专职人员在发起、组织、协调和维持联盟开展的项目中发挥着巨大作用。他们不但能根据形势的发展、社会的需求、技术的提高有效地确立联盟发展的方向，而且在成员馆遇到问题时也能及时帮助解决。如 OhioLINK 就有 14 名专职人员，负责维护联合目录、培训、公关、人事、文秘、联盟项目规划等事宜。

【参考文献】

[1] CASHL 管理中心.中国高校人文社会科学文献资源建设研讨会暨 CASHL 学科中心启动大会会议纪要.大学图书馆学报，2007(2).

[2] 徐璞英.建立全省社科文献信息中心是繁荣发展哲学社会科学的重要保障.浙江社会科学，2005(5).

[3] 张耀东.我国省域社科文献信息资源分布的调查与分析.浙江学刊，2007(4).

[4] 黄长著，等.面向 21 世纪的中国图书情报网络化研究报告.北京：北京图

书馆出版社,2002.

[5] 徐璞英.社科信息服务:现状、需求与对策.浙江社会科学,2006(5).

[6] 威廉·A·卡茨.参考工作导论:基本参考工具书.戴隆基等译.北京:书目文献出版社,1986.

[7] 陈华.论国外区域性图书馆联盟.情报杂志,2007(4).

[8] 陈天伦.目前我国区域性信息资源共享案例分析,2006,10.

省域社科文献信息中心建设的目标与方案[①]

赵　骥*

摘　要:省域社科文献信息中心是社会科学文献信息资源共建共享的区域性图书馆联盟的一种方式。本文依据信息中心构建的蓝图,从系统建设的角度出发,提出了三种类型的建设方案,并着重探讨了各方案的系统建设目标,相应的性能、规模、组织方式,优势和不足,以及建设时的具体措施。最后,针对当前省域信息资源建设现状,对方案的甄选提出了自己的看法。

关键词:数字图书馆体系结构;集成式;OAI-PMH;J2EE

省域社科文献信息中心建设的蓝图是:以省内高校、公共、党校、社科院等几大系统的图书馆为主体,通过互联网和合作协议,建设省级社会科学文献信息资源联合体,形成优势互补、结构优化、布局合理、专业覆盖面齐全的面向全省的社科文献收藏系统和数字化文献传递服务系统。并且能和国内外高质量的数字资源库群接轨,成为面向世界的开放的文献信息保障体系的一部分。能为教育、科研、决策提供高效率、全方位的社科文献信息保障与服务,成为全省经济和社会发展的重要基础设施。省域社科文献信

① 本文系2005年度国家社会科学基金项目:区域性中心图书馆建设研究——省域社科文献信息中心建设研究(05BTQ002)和2005年度浙江省哲学社会科学规划常规重点课题:浙江省社科文献信息中心模式研究(Z05GL01)的阶段性成果。

* 赵　骥:中共浙江省委党校信息管理部,助理工程师。

息中心既是一个信息管理系统，又是一个数字资源系统，考虑实际应用，更是一个共享的、开放的、不断拓展的知识应用系统。

借鉴数字图书馆体系结构目前比较成熟通用的模式，根据省域社科文献信息中心的基本蓝图，我们考虑信息中心这一系统的建设有三种类型的方案可以选择。

(1)省域社科文献信息中心作为省域数字图书馆的重要组成部分，建设一个高性能的省级社科文献数字图书馆。它需要采取政府主导下的集中组织方式。

(2)省域社科文献信息中心作为省域社科文献资源库之一，建设一个分布式的社科文献数字图书馆，在政府主管部门指导下，采取由社科单位紧密联合，资源共建的组织方式。

(3)省域社科文献信息中心作为一个部分社科文献信息发布与共享的平台，实现一种比较松散的省域社科系统图书馆的网上联盟，采取主要成员倡导，其他成员加入的松散的系统内简单联盟的组织方式。

其中应当注意到，在系统建设目标上，方案之间有着明显的区别，每种方案的具体实现目标各有侧重，因此所构建的系统相应的规模、性能以及组织方式也截然不同。

1 建设高性能的省域社科数字图书馆

1.1 本系统建设的目标、功能和组织方式

本系统建设的目标：建设资源高度集成的高性能的省域社科文献信息中心(省域社科数字图书馆)。

系统的功能：以社科系统图书馆的集中式联盟为基础，对社科系统的文献信息资源进行全面的数字化，集成各种类型、各种格式的数字资源，灵活无缝地整合各同构和异构系统内的资源和服务，在互联网上建立一个高性能的开放式的省域社科数字图书馆，为

各类用户提供较全面的社科文献信息资源和服务。

系统的组织方式:采用集中式的联盟和分级管理。

图 1 为系统的组织结构图。

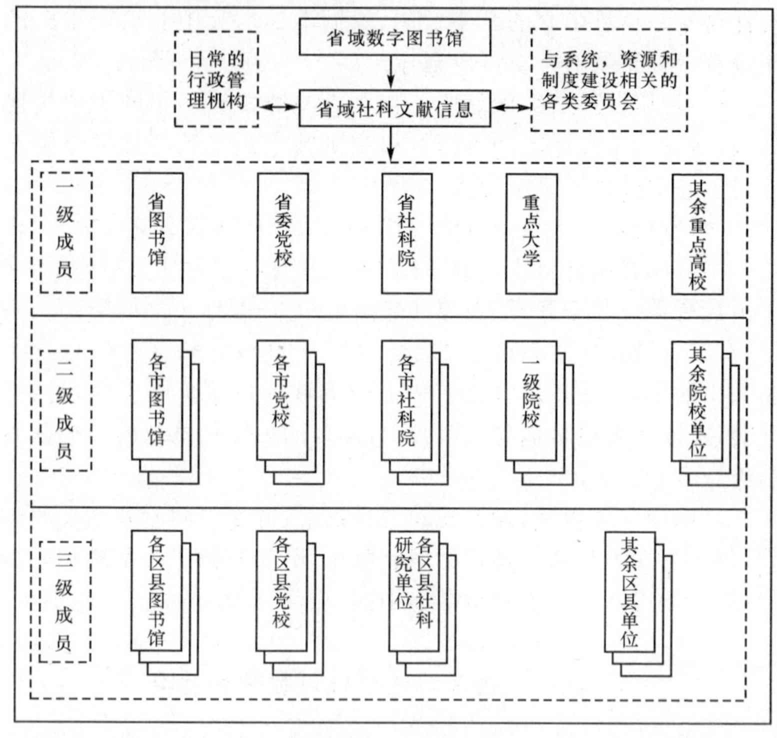

图 1　系统的组织结构图

体系结构以及相关的标准和技术:该系统规模覆盖全省,横向包括公共、高校、党校、社科院等多个系统图书馆,纵向有省、地(市)、县(区)三级,而且很有可能实现跨省以及国际合作。为保障系统在此规模下仍具有较高的性能,应当采用“集成式”的体系结构来进行建设。

1.2 实施本方案需要的基本条件和保障

(1)必须有强大的组织和协调能力,因此只能采用政府主导的形式。政府主导有利于打破各成员间的系统界限和行政地域界限,加强合作,尤其是能使原来拥有较大资源优势的成员注重合作和共享;有利于组织和利用各类资源,提高系统建设的效率;有利于提高系统的公益性。

(2)设置合理有效的运行和管理机制和组织机构。建议由政府设立专门机构,从长远看,较为理想的结构是设立省数字图书馆中心,下设分中心——省域社科文献信息中心,专门负责省域社科文献信息系统的建设和管理运作。

(3)长远的规划。应在建设省域数字图书馆的长远规划下,将省域社科文献信息中心作为其重点项目之一制订规划。

(4)财政资金的支持。除了专设组织机构的行政事业费用,还需有系统硬件建设和软件开发费用、系统网络构建和维护费用、数字资源建设费用、系统运行和管理费用等。其中,系统建立后,数字资源建设和网络维护费用将是重点部分。

(5)电信部门对物理网络建设的支持。考虑系统的公益性,应当积极争取电信部门对系统建设一定程度上(例如费用和技术)的支持。物理网络依托于电信公网,应保障各网络节点间的高速度和高性能。同时考虑到系统跨电信公网和教育网(CERNET),应保障两者互访的通道和系统性能。

(6)优质的人员队伍。需要数字图书馆专家和图书、情报学科的专业人员及计算机、网络、信息系统的专家和专业人员。

1.3 本系统的组织框架

因系统具有横向和纵向两个特点,考虑资源平衡和服务,在结构上应设立1个管理中心,4个省级核心站点,11个地区(市)的中心站点,条件相对成熟的县(区)设立分站点。4个省级核心站点分别为:高校系统核心站点(建议设在当地有影响的部属或省属重点大学)、公共图书馆系统核心站点(建议设在省图书馆)、党校系统核心站点(建议设在省委党校)和社科院系统核心站点(建议设在省社科院)。分站点的设置可以按照地域来加入(例如,分站点 1 和分站点 2 加入地区中心站点 1),也可以依照资源共建的要求加入(例如,分站点 2 加入地区中心站点 1 和地区中心站点 11)。

1.4 基本的网络拓扑结构

系统需依托电信公网,实现物理网络连接,同时还需考虑两个问题。一是如公网能实现高速连接(由电信部门设法保障站点间的高速连接),则可直接依托公网;如公网未能保障,则需通过公网建立虚拟专网,提高网络连接性能以满足系统应用。集成网内资源后,系统进一步通过 Web 服务器向互联网发布信息和服务。二是高校系统基本已经通过教育网实现了网络连接,因此,存在着教育网和公网互访的问题。如互访速度不够理想,为了提高教育网内用户的访问和资源利用率,应在教育网内架设镜像服务器(资源访问列表和服务)并实现数据同步。基本拓扑结构图如图 2 所示。

1.5 采用严格的标准和协议

社科文献信息资源涵盖比较广泛,在用描述较为严谨的概念模型来构建系统内的各类数据对象模型时,必须注意选用灵活性、简易性、标准性和兼容性兼具的标识方法,来建立数据类型和结构化元数据。

在元数据方面,应当选定统一的核心元数据的标准,建议采用 Dublin Core 元数据标准(可进行适当的扩展)。一些特色化的元数据,例如古籍、拓片等,已经形成国家标准的,应当依照国家标准来建设;未形成国家标准的,应当选用知名度高,应用效果明显的。

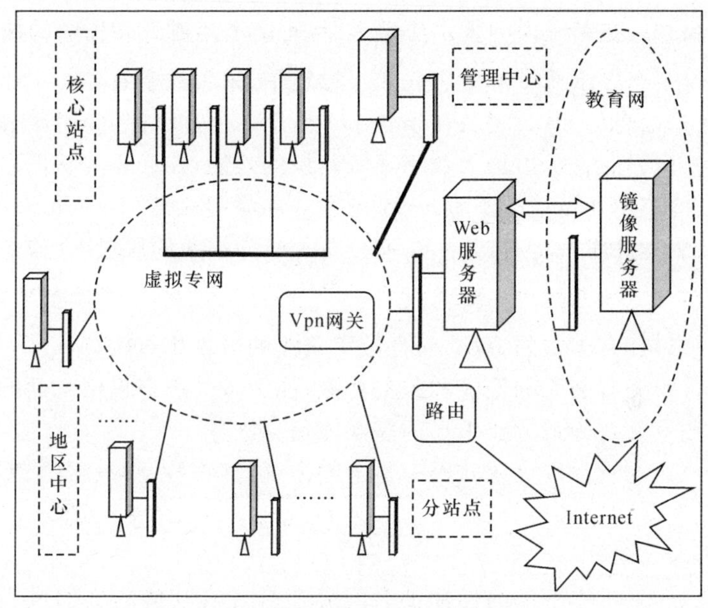

图2　系统基本拓扑结构图

对于新建元数据，应当严格采用系统约定的元数据格式来进行编目；对于已有的元数据，应尽量通过软件编程实现原有数据格式向系统规范好的元数据格式转换。

在互操作协议方面，应选用性能强大的，实践应用广泛的，建议选用 Z39.50 协议来实现。要求软件设计和开发公司在开发服务器端和客户端上，运用互操作性能和服务能力都比较强大的软件。

1.6　资源建设上应统一规划，建立高效合理的机制

应当实现自有的社科文献数字资源整合后直接进入到系统内实现共享，引进的社科文献资源采用有计划的集体采购并实现共享，自建数据库应当采用申报项目的方式方法以建设优质社科文献数字资源，避免重复建设。

1.7 在领域内的技术应用上，尽可能利用成熟和先进的技术

例如，在纸质资源数字化转换过程中，采用数字签名和水印技术保护信息的知识产权；在 Internet 信息采集过程中，应用比较先进的自动标引技术，加大数字资源建设的效能；在社科文献信息资源高度集中建设情况下，应当考虑建立和应用社科专业词汇表；在信息表达和发现上，应采用语义分析等较为高级的层次。

1.8 本方案的主要优点

(1)拥有丰富的资源，而且数字资源的质量相对较高。

(2)拥有强大的性能和服务功能，能为各类用户提供全面的服务，尤其是对于带宽要求高的多媒体信息服务。

(3)有较强的资源和服务整合能力，能够将各领域和各类型的信息资源和服务整合到系统内，使系统成为区域性的信息中心成为可能。

(4)系统本身的高性能使各类新服务和新功能的增加成为可能，面对未来的发展和服务，系统有较大的容纳和增进能力。

(5)对规模扩大有很好的适应性，这使得它兼具拓展性和健壮性。

(6)系统建设成功后，将解决各成员间资金、技术、资源等不平衡这个重要问题。每个成员可发挥特长，利用此平台建设数字资源。

(7)为建设高性能的省域数字图书馆提供重要的经验。

1.9 本方案存在的主要问题

(1)对组织方式的要求很高。组织结构的有效性影响系统运作的性能。如何集中组织和管理几个系统的成员，是一个较大的难题。

(2)成本投入很大，需要充足的财政资金作保障。

(3)无论是利用经济手段还是行政手段，拥有资金和资源等优

势的成员的参与热情很难保障。

(4)建立高质量的专业人员队伍和专家队伍需要一个长期过程,而本系统人员实际分布于系统的各成员单位内,更加大了人员队伍建设的难度。

2 建设社科文献资源共建共享的省域社科文献信息中心

2.1 本系统建设的目标、功能和组织方式

本系统建设的目标:建设一个为用户提供较全面社科文献信息的省域社科文献信息中心。

系统的功能:以社科系统合作联盟为基础,对各图书馆社科系统的文献信息资源进行一定程度的整合、开发和共享各同构和异构系统内的资源和服务,在互联网上建立省域社科数字资源检索的统一平台,为用户提供社科文献信息资源和服务。

系统的组织方式:从资源建设和应用的特点出发构建共建共享的联盟。建议以联盟会的形式进行管理,由核心成员组成理事会,下设系统建设和管理委员会、资源建设委员会、技术与开发委员会、外联委员会、知识产权协调委员会等,由各成员单位达成资源建设的共识,建立有效机制,参与管理。

2.2 本系统的体系结构以及相关标准和技术

体系结构以及相关标准和技术:该系统规模覆盖全省,横向包括公共、高校、党校、社科院等多个系统,纵向有省市县(区)三级,而且很有可能实现跨省以及国际合作。因此,采用"采集式"的体系结构来实现比较有利,建议采用 OAI-PMH 体系结构来实现。

基本的系统框架图见图 3。

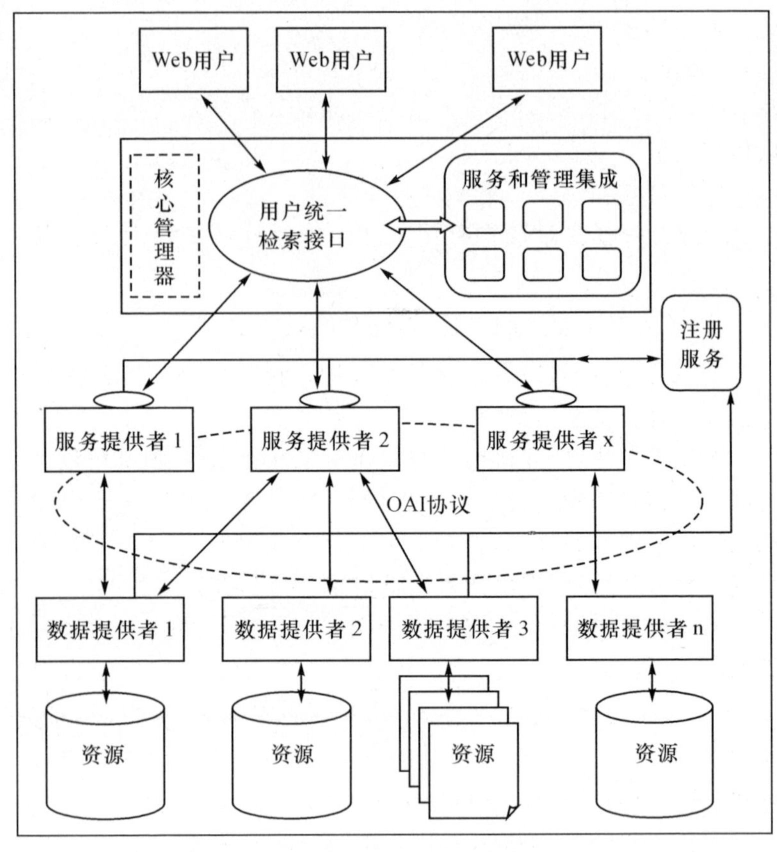

图 3 OAI-PMH 体系统构图

2.3 实施本方案的关键

(1)要有一套较明确和有效的加盟和合作机制。各成员以系统公益性为前提,对资源建设有明确的认识,能积极参与和投入。在系统建设和运作比较成功,有条件和能力进行市场化运作并产生相关的效益后,则可以进一步建立有效的分配机制进行合理分配。

(2)在强调系统合作性的前提下,需要由系统内具有资金、技术、人员和资源等优势的核心成员来主导推进。既要按系统分布考虑公共、高校、党校、社科院等各系统图书馆的代表性成员,同时也要按资源优势和建设条件来推举核心成员,以便更快推进系统建设。

(3)在数字资源建设上,应在合作互利的基础上加强规划性,有明确的原则、方针和计划。例如,采用团体采购以降低成本,资源内容上作一定的划分,既要平衡系统性能,也要避免重复建设造成浪费。

(4)在 OAI 体系结构的基础上,系统开发时需要进一步拓展,定义对仓储资源的内容数据的获取机制,要求元数据必须与内容相连,建立一套符合 OAI 规范的创建新资源的机制和其他类型数据源向其转换的机制,使其成为一个开放式的社科数字图书馆,用户能够真正访问和获取系统的数字资源。

2.4 本方案的主要优点

(1)以资源建设为核心。信息资源对于各成员来说,首先是“自建、自有”,通过系统集成后,达到“共建、共享”,在一定条件下、一定程度上平衡了差异。而对于用户来说,则能获取到资源集成后较高质量的社科信息服务。

(2)各类社科资源,基本上不受地域、组织和加盟形式制约,可以自由地根据资源的特色进行分类组织,也可以构建系统的多个子系统。

(3)成本较低。首先是网络建设成本很低,系统完全可以依托互联网来实现;其次是系统硬件和软件开发成本较低,各成员完全可利用自有硬件系统,再加上开发和配置相应软件来实现,软件开发费用并不高;再次,资源建设费用较低,整个系统无须重新规划建设数字资源,只需将各类自有资源进行共享,就能在整体上构建较为丰富的资源;最后,运行和管理费用低,主要管理任务由架设在核心成员处的核心服务器实现，各成员只需关注自有系统的管理。

(4)组织强度要求不高，不需要集中式的组织管理，也无须专设行政机构，完全可由核心成员牵头，其他成员加盟的形式来实现。相对而言，采用此种分布联盟和协议合作的方式较适合目前纵横交割的组织状态。

(5)实施过程简便、灵活、开放性强，无须高度的统一规划，无须集中设计和实施。架设好系统运行的核心服务器后，各成员可分阶段、分步骤、比较自由地加入系统，最终形成一个整体。

2.5 本方案存在的主要问题

(1)信息资源拥有量极不平衡的各成员，对于资源共享的态度差异较大。是否能达成一致共识，往往取决于系统的收益。虽然公益性的收益很明显，但非公益性的收益还无法预期，更不用说收益如何分配了。

(2)在联盟和合作形式下建立资源建设机制是一个难点。没有政府的主导和专项财政资金的充分保障，要形成一套较为严格的资源建设机制比较困难。

(3)由于本方案的信息资源建设不是在高度规划管理之下进行的，而是以一定程度的平衡和协调进行建设的，故一旦涉及资源的开放和共享，那么各成员单位所采购的信息资源和资源提供者之间将出现知识产权方面的诸多问题，由联盟统一协调并不现实。另一方面，各成员自建资源如何进行系统内的考量，如何进行系统之间的共享，也将出现超出知识产权范畴的一系列问题。

3 建设一个基于 Internet，实现省域社科图书馆联盟的信息平台

3.1 本系统建设的目标、功能和组织方式

本系统建设的目标：建设一个基于 Internet，实现省域社科图

书馆联盟的信息平台。

系统的功能：图书馆传统业务功能实现网络化；面向读者需求的服务多元化；支持服务的机制联合化。

系统的组织方式：采用较独立和自由的加盟形式，主要由系统核心成员（参与系统管理以及所有业务和服务定制）和加盟成员（参与部分的业务和服务管理）组成。

3.2 本系统的体系结构以及相关标准和技术

建设一个基于 Internet，实现省域社科图书馆联盟的信息平台，这在系统目标中居于最低层次。它主要考虑了目前各系统图书馆的现状、实际存在的制约因素，拟以较低的预期来构建系统所能实现的功能。现实中的主要制约因素在于：首先，纵向分级，横向多系统、多单位，各地区、各系统、各单位中，社科资源应用的地位和作用差异大，社科资源拥有量和资源建设能力极度不平衡。这将直接导致系统实现过程中组织和协调上的严重困难。其次，如果省财政经费不能统一落实，则系统建设的经费将出现较大问题，只能严格控制开发、维护、资源建设和人员等各类成本的投入。再次，基于自身利益，各单位对于资源共享的态度差异大，资源整合的难度高。如果以较小成本来达到系统效应，不得不在各单位保持自有优势和利益的前提下进行。

因此，实现本系统目标的基本前提是“低组织度，低成本，低开放性，保持各方的资源自建和自有，以及自身基本业务运作机制”。在着重保持各方原有利益的前提下，利用 Internet 上的系统平台，使社科信息系统各单位提升服务能力，提高服务质量，从而给访问用户带来更高效的服务，这将是系统建设的目标和出发点。如果从本系统建设的角度说，那就是以社科系统和单位实现联盟的要求为根本出发点，而无法以满足访问用户的根本需求作为起点；以改进图书馆业务和服务手段为重点，而无法以资源高度整合、共建共享为重点。因此，本系统着重要做的就是一件事：业务和服务的网络化与联盟化。要有效地来做这件事，可以采用 J2EE 的体系结构来实现。

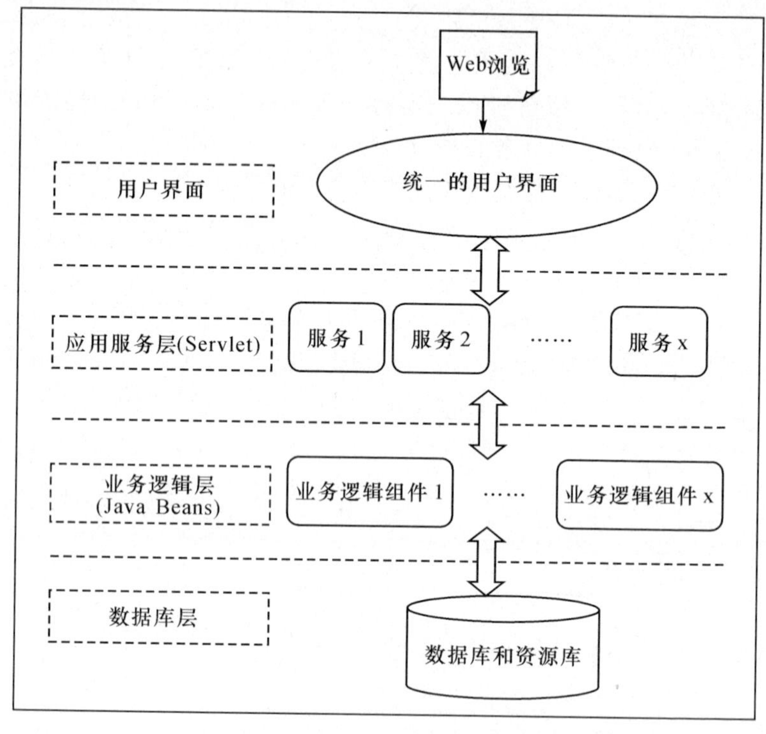

图 4　J2EE 体系统构图

如图 4，J2EE 体系结构的优势还是很明显的。它集成了适合业务处理和应用服务的 EJB 的 Java 平台，具有简洁的结构和跨平台的特性，能有效支持快速开发和即时发布；它使用 Servlet、JSP 和 EJB 作为可重用构件的应用结构，在分布式的环境下，开发、发布、管理和重用应用逻辑等方面具有很大的灵活性，还有有效的数据交换和集成能力；在 Java Servlet 和 JSP 中使用 Java 进行灵活编程，简单的业务逻辑可以直接实现，而复杂的业务逻辑以组件的形式部署在 EJB Server 中。EJB Server 提供了多种组件事务服务,使系统更能够支持大量的并发用户和管理复杂的事务逻辑,从而使丰富多元的图书馆社科服务得到灵活定义。另外,EJB Server 中集成的组件命名服务可以使组件位置透明化,简化了组件的部署和客户端应用的维护;它可实施独立于平台的解决方案。J2EE 平台全面支持和实施 XML。XML 可实施独立于平台的数据,而 J2EE 平台则可实施独立于平台的解决方案。这种强大的组合可实现完全跨平台,特别适应 Internet 需要。

3.3　本系统的基本运行模式

以区域图书馆联盟的形式,实现传统业务和服务“网络化”和“联盟化”,以 Interlib 图书馆产品为基本运行模式。

3.4　本方案的主要优点

(1)保持了各成员系统运行的自有特点和机制,并带来了网络化和联合化的多种好处。主要表现在:联合、协调采购,系统内成员在文献资源采购时就进行合理配置;联合编目,通过馆际的合作,实现区域图书馆群的联合编目,书目资源共建共享;联合目录,提供图书馆群的目录资源与实时的联合目录,反映文献的动态信息;通借通还,读者在任意馆自由借还文献,不改变各馆资产所属,并支持脱机借还。

(2)在服务上,具有较强的拓展能力。由于采用 J2EE 框架和 Java 平台,业务和服务的定义、更新、发布在技术上都能得到一定保障,新的服务定义和应用比较便捷。

(3)系统建设成本低。没有重新建设网络,以及购买或自建资源所带来的高额成本。一般情况下,只要在 Internet 上构建一个服务器环境,运行系统软件,就可以为所有成员用户访问和使用。因此,服务器和系统环境可以架设在某个核心成员内,由几个核心成员集中管理,其他成员部分参与。因费用相对较低,可由几个核心馆承担，或者由所有成员以很低的会员年费的形式来共同承担。也可以独立架设在 Internet 上，由所有成员依据自身在系统内的角色进行联合管理，费用以一个中小型项目的形式，由省财政给予解决。

(4)系统实施和管理方便，用户访问也相当便捷。实际上，系统成员虽是分布式的，系统的服务则是集中式的。由一个集中式的系统环境提供，系统成员利用浏览器或者客户端软件通过 Internet 访问进行服务，参与管理。用户也一样利用浏览器或者客户端访问系统，使用统一检索平台，获取系统提供的各类服务。

3.5 本方案存在的主要问题

本方案不是以信息资源建设为重点内容和根本目标的，因此，没有平衡和协调信息资源的能力，达不到真正意义上的信息资源的共享共建，而是在信息资源自有、自建的基础上，把图书馆的传统业务网络化、联合化，并为社科类读者和用户提供网络形式下的一定程度的新服务。系统所能提供的信息资源，主要是各成员馆愿意开放的部分元数据和宣传推荐自有资源的信息，例如书目、新书公告；所能提供的服务，主要是书目查询和预订、咨询以及相关的简单交互服务。简单地说，是有了一个社科资源建设单位之间、用户和所有社科资源建设单位之间进行交互的统一平台。然而，对于用户的根本需求，通过网络查询资源、访问资源、获得资源和相应的应用服务，本方案还难以满足。

4 对三套方案的分析和选择

这三套方案各有长处，但是层次和目标、功能不同。

第一种组织方式要求高度集中式地建设社科文献数字资源，为公众提供高性能的社科文献数字资源服务；第二种组织方式要求在一定程度上整合省域社科文献资源，提高省域社科文献信息资源的建设和使用效率，从而提高用户获取社科文献的能力；第三种组织方式要求社科单位图书馆建立联盟，以合作、协商等方式共享部分资源。

选择第一套方案，高成本带来高性能，同时兼有信息化发展战略的重大意义，需要进一步地高度规划，因为这是重新开始，除了借鉴发达国家的先进经验和技术手段，我们还没有其他现成的途径可以参照。

选择第二套方案，我们已经有资源自建自有的丰富经验，而信息资源共建共享是必然趋势，也是用户的迫切需求。虽然没有足够的经验，技术上系统的目标不难达到，问题在于系统内部成员间如何达成共识。看来只能分阶段、分步骤实现之。

选择第三套方案，社科资源单位显然有相当的兴趣，无需多大的成本，却有一个联合的平台可以将业务转向网络化，同时宣传自己，推荐自己的资源，无疑是值得的。它的意义还在于积累社科系统间联盟与合作的基本经验。然而，没有信息资源的获取和应用作为基础，信息服务，特别是网上服务的后劲不足，大部分读者仍会感到不方便。

如果更多地考虑当前性，同时也更多地体会用户的迫切心情，或许我们可以走一条折衷的路线，既选择第二套方案，也选择第三套方案。从第二套方案开始，经过一段时间的信息资源建设，在资源共享和开放上有了一定的共识，再来进行第三套方案。毕竟，有根之木才可能结出硕果。

【参考文献】

[1] 肖冬梅，谢伟涛.我国图书馆特色数据库建设现状及问题探讨.情报资料工作，2004(3).

[2] 黄长著，霍国庆.我国信息资源共享的战略分析.中国图书馆学报，2000(3).

[3] 齐华伟，王军.元数据收割协议 OAI-PMH.情报科学，2005(3).

[4] 任全娥.知识管理对图书馆虚拟参考咨询服务的理论阐释.图书情报知识,2005(6).

[5] 燕今伟.图书馆联盟的构建模式和发展机制研究.中国图书馆学报,2005(4).

[6] 王军.数字图书馆体系结构比较研究.大学图书馆学报,2002(6).

[7] 肖珑,冯项云,沈芸芸.描述元数据结构及其扩展规则研究.现代图书情报技术,2004(9).

[8] 郑小惠,张海涛.开放资源互操作协议 OAI 研究.图书馆杂志,2004(1).

[9] 黄美君.个性化图书馆服务模型研究.图书情报工作,2005(1).

[10] 李旭.OCLC 及其联机检索系统 NewFirstSearch 探析.情报资料工作,2001(1).

[11] Schatz,B R. Information Retrieval in Digital Libraries:Bring Search to the Net. Science,275(5298).

[12] Schatz,B R. Building Large-Scale Digital Libraries. IEEE Computer,29(5).

[13] Alloway, G B. Creating an Inquiry Learning Environment Using the World Wide Web. Proceedings of the International Conference on the Learning Sciences,Northwestern University,Evanston. IL,1996.

[14] Roscheisen,M. The Stanford InfoBus and Its Service Layers:Augmenting the Internet with.

[15] Davis,J R. Lagoze C. NCSTRL: Design and Deployment ofa Globally Distributed Digital Library. JASIS,2000,51(3).

繁荣发展哲学社会科学必须抓好"原料供应"和"资源配置"

徐璞英 陈 华*

摘 要:本文是对一次座谈会内容的综述。对社会科学文献信息服务与配置社会科学文献资源的重要性给出了分析,认为繁荣哲学社会科学依赖于高质量的文献信息服务与合理配置文献资源。对浙江省社会科学文献信息资源建设的成绩与存在的主要问题也给出了客观的解析,并提出了相关的建议。

关键词: 哲学社会科学; 浙江省; 文献信息资源建设

为了更好地贯彻落实中共中央《关于进一步繁荣发展哲学社会科学的意见》,省社联调查组于 2004 年 7 月 6 日到省社会科学信息学会召开座谈会。浙江大学图书馆、浙江图书馆、省委党校图书馆、省社科院图书馆、省社会科学信息学会和省图书馆学会的负责人出席了座谈会。与会同志就如何规划、协调我省社科文献信息资源的整体建设,建立适应现代社会需要的社科文献信息资源共知共建共享体系,更好地为繁荣我省哲学社会科学服务进行了探讨。现将有关意见和建议综述如下。

* 徐璞英:中共浙江省委党校图书馆,研究馆员。
陈 华:浙江大学文理图书馆,副研究馆员。

1 社科文献信息资源建设对于繁荣发展哲学社会科学事业和提高全民素质具有重要意义

信息资源同物质资源、能源资源、人力资源共同构成社会资源的四大支柱。社科信息资源作为社会信息总资源的一个组成部分，对于促进经济社会发展，提高全民科学文化素质，为哲学社会科学研究提供文献信息保障，发挥着积极的作用。中共中央 3 号文件提出了进一步繁荣哲学社会科学的任务，省委也把繁荣发展哲学社会科学作为建设文化大省取得实质性进展的一个重要方面，这为社会科学信息资源的建设提供了良好的外部环境，同时也提出了更高的要求。我们要充分认识社科文献信息资源建设作为社科事业发展基础的重要地位和作用，抓住机遇，使这项工作取得突破性的进展。

哲学社会科学研究是对反映社会现象的大量信息进行提炼加工的过程，也是不断积累、继承和发展创新的过程，任何研究成果都是在前人研究的基础上通过进一步开发信息资源取得的。凡是高质量的研究，都必须充分查阅国内外的文献资料，全面掌握以往的研究成果。如果不能及时提供足够的文献信息资源，哲学社会科学研究就不可能与时俱进，不可能提供有价值的决策咨询，更谈不上理论的创新和发展。新的研究成果也只有形成新的文献信息资源并被人们开发利用，才能发挥咨政育人的作用。现代社会的复杂性，使得哲学社会科学研究已经难以光靠个人的知识积累和藏书来进行。高水平的社会科学研究，必须有高水平的文献资源保障体系提供有效的服务。因此，繁荣发展哲学社会科学不能只抓“产品生产”，忽视“原料供应”和“资源配置”，否则，这两个环节就会成为制约哲学社会科学繁荣发展的瓶颈。

提高全民素质的一个重要方面是提高全民的哲学社会科学素

养。各种科普活动和媒体的科普栏目对此起着很大的促进作用。然而知识需求的多样性,决定了提高的最根本途径还是为公众自觉主动地获取哲学社会科学知识提供充分的社科文献信息资源,这是建设学习型社会的一项重要的基础性工作。

2 我省社科文献信息资源建设取得的成绩

在各级党委政府和领导的关心支持下,经过多年的努力,我省已形成了具有一定规模并能够支持科研、教学发展的社科文献信息资源体系。有许多图书情报机构已形成自己的社科文献信息资源收藏特色。特别是浙江大学图书馆、浙江图书馆和浙江省委党校图书馆,办馆历史悠久,馆藏社科文献信息资源丰富。据有关资料统计,历年来,我省公共图书馆和高校图书馆文献资源购置经费的投入,在全国处于中上水平。各个系统的图书馆都在积极推进数字化建设,考虑利用国内外信息资源和资源共享。高校系统已经形成一定程度的校际合作和国际合作,如浙江大学图书馆已建立教育部科技查新工作站(Z09),负责课题查新和 SCI、EI、ISTP、IM、SSCI、AHCI、ISSHP 等的收录与引用情况证明等服务。浙江大学图书馆还与中国科学院研究生院共同牵头承担了“中美百万册书数字图书馆”(China-America Digital Academic Library,简称 CADAL)项目。这一项目将与“中国高等教育文献保障系统(CALIS)”一起,共同构成中国高等教育数字图书馆的框架。浙江图书馆承担了全国文化信息共享工程浙江省分中心的建设。目前,已设立了杭州、宁波、温州、绍兴等 7 个市级分中心和 89 个基层中心。党校系统图书馆正在筹建全省党校数字图书馆网络,建设浙江省情数据库。这两个项目将成为全国党校数字图书馆和国情数据库的重要组成部分,届时,可实现党校系统信息资源的共建与共享。

3 我省社科文献信息资源建设存在的主要问题

但与哲学社会科学发展的需要相比,与我省经济发展的地位和要求相比,与党和人民的要求相比,社科文献信息资源建设还存在着较大的差距。其主要问题表现在:

3.1 文献资源结构不尽合理

我省各图书情报机构隶属于不同的系统和管理部门,一般只根据本系统、本单位的职能和服务对象来配置社科文献信息资源,虽然近年来已做了不少努力,但缺乏管理部门的统一协调,共知共建共享程度较低,存在严重的分散、遗漏、重复、浪费现象,社科文献资源的整体结构不尽合理。

3.2 文献购置经费紧张

由于各部门对文献资源建设投入的增长幅度跟不上文献资源数量剧增和价格上涨的幅度,从整体来看,我省图书情报机构的社会科学文献信息资源的收藏率呈下降趋势,造成文献信息资源的缺漏。建议省政府拨出专项经费用于省社科文献信息中心和资源共建共享网络的建设及维持其正常运作,并列入财政预算。系统的成员单位也应根据各单位的规模、读者数量等具体情况,拨出一定比例的经费用于共享资源的引进和建设。

3.3 提高人员素质

目前,我省从事社科文献信息工作的高素质、复合型人才匮乏。很多图书情报机构都因人才缺乏而无法满足经济、社会、文化发展对社科文献资源开发利用和服务的需要,由此造成图书情献资源缺漏。同时,各图书情报机构在经费不足的情况下,只好采取保“核心书刊”的原则来优化馆藏,使得部分社科文献资源大量重复购置,造成全省社科文献资源在收藏品种上的失衡。

3.4 外文文献资源收藏严重不足

由于经费不足，许多高校多年来执行“保刊砍书”策略，极少采购价格较高的社科类外文图书，多数学科专业几乎见不到20世纪90年代以来出版的新书。广大科研人员、教师和研究生对此很不满意，也与教育部开设双语教学的要求极不相称。

3.5 各自为政，馆际壁垒严重

虽然我省各个系统图书馆的人文社科文献信息资源在总体数量上不能说很少，且在各个系统内部，全国上下甚至与国外都有协作，都在做资源共享的工作，也较有成效。但由于不是同一系统，领导体制、管理机制不一，全省本地的协作和资源共享反倒不是很多。也作过不少尝试，可是深入下去的不多。各个系统之间的图书馆由条条分管，文献资源也被分割开来，不能开展实质性的互相借阅和资源共享。

因此，只有加强文献信息资源的整体建设，对各种资源进行开放和利用，整合和优化，把我省哲学社会科学文献信息资源的组织、协调、管理、服务和技术开发提升到一个更高的层次，才能尽快改变资源少而分散的局面，逐步做到资源的共知、共建和共享，为我省哲学社会科学的进一步繁荣发展、为各级领导的科学决策以及全民素质的提高作出新的贡献。

4 对加强社科文献信息资源建设的建议

要加强社科文献信息资源建设，大家认为应建立我省社科文献信息中心，将全省各个系统的图书情报机构通过互联网和合作协议联成网络(这个中心可以是依托于某一个力量较强的、社科文献信息资源比较丰富的图书馆的实体，也可以仅仅是一个具有约束力的馆际合作协议)，以形成配置合理、具有规模效应的全省文献信息资源体系，满足我省经济社会文化发展和哲学社会科学繁荣发展的信息需求。要建立这一中心，大家认为当前应加强以下几个方面：

4.1 加强领导

社科文献信息资源整体建设离不开政府的领导和支持。作为建设文化大省和数字浙江的重要组成部分，社科文献信息资源的建设是政府工作的题中应有之义。政府主管部门的权威地位、宏观决策、人财物的调配和组织能力都对社科信息资源建设至关重要，也是群众性的学会力所不能及的。社会大众的呼吁和图书情报部门的发展需求要真正落到实处，必须得到政府主管部门的认同和支持。因此，政府主管部门管理应当转变观念，创新意识，进一步提高对文献信息资源建设重要性的认识，花大力气组织和推动文献信息资源整体建设，促进我省社科文献信息资源建设在全国保持领先地位。

4.2 加强合作

在新形势下，社科信息用户的需求呈多样化倾向，一个馆、一个情报部门的文献资源根本无法满足其需求，通过合作达到资源共享是必由之路。随着我国加入 WTO，要使用户方便利用外文资源，同时遵守世界知识产权的有关规则，信息资源的共建共享显得更为重要和迫切。作为经济强省、文化大省的浙江，一定要建立全省社科文献信息中心，形成相对完备的、有价值的省级文献信息资源共建共享体系。要根据我省的特点，组织若干所具有学科优势、文献资源优势和服务优势的高校图书馆、公共图书馆、党校图书馆、社科院图书馆，有针对性、有分工、有系统地收集文献信息资源，并借助现代化的服务手段，为全省各级领导决策、人文社会科学研究和教学提供高水平的文献服务，为繁荣发展我省哲学社会科学事业发挥文献保障作用。

要建立健全高效的社科文献信息资源共建共享运作系统，就要尽快建立适合我省实际情况的社科文献信息资源共建共享的相关机制。

一是组织保障机制。建议省政府建立跨系统、跨部门的省社科文献信息资源共建共享协调机构。这是关键措施和当务之急。该协调机构的主要职能是负责制定全省社科文献信息资源共建共享活动所涉及的法规、政策及条例等，对全省社科文献资源共建共享进行宏观调控，统一规划、统一标准、统一协调、统一分工、统一实施。建议省财政每年划拨一定的经费给该协调机构，以维持其正常运转。

二是资金和技术保障机制。要建立和维持资源丰富、运行高效的社科文献信息资源共建共享体系，必须保证有较充足的经费投入。信息情报机构要加强人力资源建设，加强对创新人才的培养，建立一支结构合理、相对稳定、专业性强、综合素质高的图书情报队伍，培养一批高层次的管理人才。只有这样，才能真正使图书情报人员适应信息时代发展的要求，成为信息资源管理专家和知识导航员，更好地为经济建设和社会文化进步提供高质量的服务。

关于浙江省社科文献信息中心建设的思考

陈 华*

摘 要:本文分析了浙江省社科文献信息中心建设的必要性和可行性,提出了建设浙江省社科文献信息中心的原则、内容及条件。

关键词:图书馆;社会科学;文献信息中心;浙江省

长期以来,我省的社科文献资源一直分散在各个系统图书馆,呈现出条块分割的格局,使得文献对内不能发挥其应有的作用,对外不能形成规模,无法展示浙江省的文化特色和满足用户全方位、综合化的信息需求。建设浙江省社科文献信息中心,就是要打破原有的故步自封的模式,通过政府协调,以新的机制对社会科学文献资源进行整合,对全省社科文献资源的类型、学科、语种和数量分布进行统筹规划、协调建设,构成一个社会科学专业覆盖面相对齐全、文献分布和结构合理的浙江社科文献信息资源保障体系,以适应用户跨系统、跨部门的集成化信息服务的发展需要,为社会提供一个公众性的、开放性的、服务于社科理论创新的平台。

* 陈 华:浙江大学文理图书馆,副研究馆员。

1 浙江省社科文献信息中心建设的必要性和可行性

1.1 浙江省社科文献信息中心建设的必要性

随着经济体制改革的深入，以系统、部门为主体的社会科学创新正向开放化、社会化、市场化、协同化方向发展。在知识创新推进中，部门、系统的界限逐渐被打破，社会科学研究和发展机构与企业研究和发展结合，开始重构知识创新大系统。这意味着，社会科学知识创新已从部门组织向社会化组织发展。在这一背景下，必须改变条块分割的图书情报发展模式，确立以图书情报资源共建共享和开放服务为特征的联合保障模式。

作为社科创新主体用户的信息需求已经发生了根本性的变化，出于职业工作的需求和知识积累与更新的需要，他们迫切需要通过图书情报机构提供的服务，获得从事创新活动所需的内容全面、类型完整、形式多样、来源广泛的知识信息，要求图书情报机构为他们提供全程性、全方位的知识信息保障，以满足他们多方面、系统化和综合化的研究和业务要求。另一方面，社会科学不断向应用领域拓展，许多学科、专业领域的交叉源于社会科学与自然科学技术的结合，使得图书情报机构的知识信息收集存储越来越困难。因此，必然求助于各专业图书情报机构的合作和协作。这种合作和协作关系的发展，要求在管理体制上对相对封闭的图书情报机构进行整体的整合与调整，形成面向多方面用户的服务体系。利用现代技术，建设浙江省社科文献信息中心正好适应这一要求。

1.2 浙江省社科文献信息中心建设的可行性

浙江省高速传输环网的建立，标志着浙江省建成了真正的高速公路。这为建立浙江省社科文献信息中心提供了强有力的技术支撑，使跨机构的知识信息组织与开发及服务成为可能。目前，浙江省各个系统的图书情报机构的数字化建设，已呈现以党政系统、高校系统、公共系统、党校系统等并存的发展态势。如浙江省高等教育数字化图书馆(ZADLIS)建设正式启动，它依托“中国高等教育文献保障系统(CALIS)”和“中美百万册数字图书馆(CADAL)”的建设成果，构建面向全省高等院校的数字化文献信息保障服务体系。浙江大学承担了 CALIS 浙江省分中心建设。浙江省公共系统图书馆承担了全国文化信息共享工程浙江省分中心的建设。目前，已设立了杭州、宁波、温州、绍兴等 7 个市级分中心和 89 个基层中心。党校系统图书馆正在建立全省党校数字图书馆网络，建设浙江省情数据库。这些分散在各系统的数字信息资源联结在一起，构成了一个庞大的网络信息资源库，为建立全省社科文献中心提供了良好的条件，为文献资源共享提供了可能。

2 浙江省社科文献信息中心建设的原则

借鉴 CALIS(中国高等教育文献保障体系)和 NSTL(国家科技图书中心)的成功经验，我们认为，浙江省社科文献信息中心建设应遵循以下几个原则。

2.1 符合省情原则

要综合考虑本省社科文献资源建设的现状，在开放、自由、联合的精神指导下，根据本省图书情报机构的经济基础、文献基础和信息服务模式等具体情况进行分工协调，充分发挥现有信息资源、基础设施、人才和技术的优势，建立一个既符合要求，又具特色的社科文献信息中心。

2.2 整体性原则

借鉴国内外先进经验，打破系统、部门的界限，实现跨系统的联合，由相关上级部门牵头统一协调，制定出资源整体建设的发展规划，确立统一标准，建立地区性的图书馆网络系统和服务系统。在统一规划、统一布局和统一管理下进行文献信息资源的整合与建设，共同推进浙江省社科文献的合理优化，实现信息资源的共建、共知、共享。

2.3　系统性原则

根据本省的特点，组织若干所具有学科优势、文献资源优势和服务优势的图书馆，有针对性、有分工、有系统地收集社科文献信息资源，确保文献信息资源的系统完整和各类信息资源之间的相互联系；保障重点学科，也兼顾其他学科，逐步完善学科覆盖面，从而形成合理的社科信息资源建设体系。

2.4　标准化原则

技术的应用必须采用通用的标准化技术，无论购买还是自建资源，必须充分考虑标准化和规范化，尽量使用与国际标准一致的资源，从而为共建、共享创造有利条件。

2.5　服务性原则

要适应用户个性化需求与深层次服务要求，解决好面向用户服务的各种接口，使整合的资源能够通过具体的图书情报服务机构面向用户重组，形成以用户为导向的服务机制。

3　浙江省社科文献信息中心建设的内容

浙江省社科文献信息中心建设是，以网络为依托，共建以有优势的图书情报机构为中心的省域社科文献信息资源共享服务体系。通过对文献资源、服务体系、技术支撑环境等建设，实现资源协调采购、联机合作编目、馆际互借、文献传递等功能，形成功能齐全、资源丰富、运行高效的浙江省社科文献信息中心。

3.1 文献资源建设

在联合建设文献资源方面,各成员馆要遵循目标一致、平等互利的原则,明确规定社科文献资源建设的性质、范围、运行规则,规定各信息单位在社科文献信息资源建设的权利和义务,并根据工作特点和要求,制定相应的规范。对学术资源,特别是外文资源要进行采购协调,减少不必要的重复,保证必要的品种,达到文献信息资源的合理分布与经费的合理使用。对电子资源要发挥集团优势,进行联合采购,采用多种服务的方式,引进具有权威性的检索型数据库和全文数据库,以扩充国外最新文献的收藏。对现有的社会科学文献资源进行整合,不仅要整合高校图书馆、公共图书馆、党校图书馆和社科院图书馆的社科文献资源,还要整合党政研究机构、社会团体等有关社会科学研究机构的社科文献资源,从而形成合力,发挥整体功效。

鼓励具有学科优势和文献优势的图书馆,遵循"分散建设、统一检索、资源共享"的原则,广泛搜集、整理国内外资料,建设一批具有浙江文化特色、经济特色、学科特色、资源特色、方便实用、技术先进的专题文献数据库,充分体现各个学科的最新成果,以丰富网上资源。此外,还要采用网络资源元数据标准,建立集中服务的学科网络信息导航数据库,全面报道和深入揭示网上可获取的社科信息资源,介绍各学科网上资源的种类、数量、使用方法及更新情况等,帮助用户从总体上把握各学科领域社科机构和社科信息机构的发展现状、资源特色和获取途径。尤其对重点学科的网上电子资源,要按图书馆学的原理和方法进行收集、加工和整序,形成虚拟图书馆资源,供用户浏览查询,帮助用户以最快的速度了解本领域学科前沿研究动向和国际发展趋势。

3.2 文献信息服务体系建设

建立联合目录系统。联合目录建设以各成员馆的文献资源建设数据为基础，由各成员馆按统一格式、统一标准共同完成。在此基础上，实现广域网的联机共享编目和书目数据下载功能，即任一授权成员馆对入馆新书(刊)编目上载后，其他馆都可以从网上查询并下载，以提高编目工作效率和书目数据质量。通过统一的平台，设置集中型的书目查询系统，用以检索各成员馆的公共目录，保证用户了解中心成员馆的资源，实现与馆际互借和文献传递系统等无缝连接，为馆际互借、文献传递、资源共享提供支持。

建立馆际互借与文献传递系统。馆际互借与文献传递服务是实现资源共享的具体手段，没有高效快速的文献传递系统，图书馆的馆际相互借犹如无本之木难以发展。因此，要在中心馆建立基于协议标准的馆际互借与文献传递系统，配置先进的文献传递一馆际互借软件系统及相应的设备，以提供网上预约、传真、电子邮件、电话预约、文献原文复印、扫描、网上下载等服务。系统的注册用户在查到原文后，可通过在线或 E-mail 等形式索要文献原文；图书馆工作人员可根据用户的要求，以电子邮件、电传、邮寄等便利手段，迅速传递给用户，真正实现文献资源共享。

建立有多馆参加的、具有实际服务能力的、可持续发展的分布式联合虚拟参考咨询服务系统。以中心运作为主，结合分布式、合作式的运作，实现知识库、学习中心共享共建的目的。通过此平台的建立，提供以 E-mail 咨询、Web 咨询表单、常见问题库、实时解答等多种形式的咨询服务，使咨询员不受时间、地点的限制，通过网络在第一时间内、实时地解答读者的疑问。

3.3 技术支撑环境建设

省社科文献信息中心承担着全省社科文献信息门户网站建设、数据的原始存档、资源整合及资源提供服务等任务。因此，中心的存储系统及服务器平台在设计上要着重考虑用户、资源及服务三方面的内容。为保证服务质量、数据的可靠性，充分存储资源，对数据进行集中管理，应采用成熟的技术建设省中心系统平台。包括门户 Web 服务器、资源服务器、网络接入设备、海量数字信息的存储设备、光纤交换机，以及其他系统如数据备份服务器、磁带库、UPS 电源、操作系统软件、数据库软件、防病毒软件等。中心门户网站应建设统一检索平台，对各个图书馆和数据库商中的各种异构数字资源进行整合，使得各成员单位资源可以方便相互检索，为用户提供一种更好的整合检索服务，从而提高资源的利用率。

4 浙江省社科文献信息中心的组织构架

建立浙江省社科文献信息中心，必须有一个承上启下的进行日常管理协调的组织。这个组织的有效性、权威性、公正性、主动性和管理能力对中心建设至关重要。我们认为浙江省社科文献中心的实体组织应由管理委员会、专家委员会和省级管理中心组成。

4.1 管理委员会

管理委员会可由参加联盟的各图书情报机构推举联盟内数家机构主要负责人或主管信息服务工作的分管领导组成。负责制定建设规划，组织参建单位共同开展建设工作，制定相应的标准和规范，建立评估指标体系和管理规章制度并组织落实，开展与国内外主要文献信息服务系统的合作和交流，组织学术交流和专业培训等。

4.2 专家委员会

专家委员会由计算机领域、图书情报领域的专家组成。专家委员会负责制定、审核工作方案、技术路线和工作计划，组织有关方面的专家对项目进行评议和可行性论证，监督各个项目的进展情况，对项目建设提出改进的建议。

4.3 省级管理服务中心

省级管理服务中心负责并协调项目的实施;负责规划设计省社科信息中心的整体框架、标准规范以及中心共有系统的建设、运行和维护工作,对分中心进行技术帮助;承担数字资源的原始存档和资源提供服务,配置以海量数据存储与访问为核心的软硬件系统,保存完整的用于存档和用于服务的数字资源;构建中心服务门户,提供全省用户的访问服务;负责与各分中心的网络连接。

作为省级管理服务中心的图书情报机构,必须有良好的基础设施、丰富的数字资源、良好的网络条件、先进的硬件设备、雄厚的技术力量,有能力承担全省图书馆数字资源管理与服务的技术支持、培训任务,能得到所在单位经费、人员及其他条件的支持,有相应的配套经费,有能力承担省中心联合编目数据上传、文献传递等任务。

5 建立浙江省社科文献信息中心的条件

5.1 政府支持

省社科文献信息中心建设离不开政府的领导和支持。作为建设文化大省和数字浙江的重要组成部分,省社科文献信息中心建设是政府工作的题中应有之义。政府主管部门的权威地位、宏观决策、人财物的调配和组织能力都对社科信息资源建设至关重要,也是群众性的学会力所不能及的。图书情报部门的发展需求要真正落到实处,必须得到政府主管部门的认同和支持。因此,政府主管部门应当转变观念,创新意识,进一步提高对社科文献信息资源建设重要性的认识,及早作出先进而又切实可行的全面规划,统筹安排,有计划、有组织地推动省社科文献信息中心建设,促进浙江省社科文献信息资源建设在全国保持领先的地位。

5.2 组织保障

目前,浙江省已建立了高教系统、公共系统、党校系统的文献信息保障机制,但都是条块分割,系统之间缺乏横向协调机制,没有统一的建设平台。为此,需要在上级相关部门的统一领导下,建立跨系统、跨部门的权威职能机构,负责统筹规划、制定出全省的社科文献信息资源布局的总体方案和政策法规,明确规定社科文献资源建设的性质、范围、运行规则,规定各信息单位社科文献信息资源建设的权利和义务,并开展一系列具体工作,使参加馆在不同程度上通过省社科文献信息中心获得各种利益,从而促进图书馆之间建立稳固的合作关系。

5.3 经费保障

省社科文献信息中心的建立、资源共享网络的建设、数据库的开发等都必须有足够的资金作后盾。建议省政府拨出专项经费用于省社科文献信息中心的基础设施建设和维持其正常运作,并列入财政预算。当然,要建立和维持资源丰富、运行高效的社科文献信息中心,单靠政府的投入是远远不够的。因此还要建立相应机制,对投入者给予政策的优惠,以鼓励社会各界、企业、个人对文献信息中心建立的投入。系统的成员单位也应根据各单位的规模、读者数量等具体情况,拨出一定比例的经费用于共享资源的引进和建设。

5.4 人才保障

社科文献信息中心建设需要大量高素质的复合型人才。目前浙江省此类人才还较为匮乏。很多图书情报机构都因人才缺乏而无法满足经济、社会、文化发展对社科文献资源开发利用和服务的需要。因此要加强高素质、复合型人才的引进和培训工作。一方面,组织各种研究课题,提高和培养现有图书情报人员的研究水平。另一方面,开展多种形式的培训工作,提高在职人员的专业素质,培养一批高层次的管理人才,造就一支知识结构合理、信息素质高的复合型人才队伍。

5.5 技术保障

建立高效的社科文献信息中心,需要最新技术的支持。在系统建设过程中,要采用通用的标准化技术,适当引进先进的、成熟的软硬件应用系统,对新技术的应用要留有空间。

【参考文献】

[1] 胡昌平.图书情报事业的社会化发展战略.中国图书馆学报,2005(1).

[2] 浙江省高等教育数字化图书馆数字图书馆服务体系建设项目实施方案. http://library.zju.edu.cn:808/commlib/index.htm.

[3] 浙江省文化信息资源共享工程.http://www.zjlib.net.cn.

[4] 黄晨.浙江省高校数字图书馆建设研究报告.2006.

浙江省社科文献信息中心建设方案探讨

豆洪青*

摘　要:浙江省社科文献信息平台建设中,首先要解决参与各方的关系问题,在组织建设和业务运作中要引入市场机制,保护和平衡各方面利益才是根本。本文对平台应当具有的功能和子系统进行了探讨。

关键词:资源共享;市场机制;社科文献;图书馆合作

图书馆资源共享是一个人们关注和研究已久的问题,随着以网络文献资源为核心的图书馆信息服务工作的加强,用户对图书馆合作中的资源共享要求更强烈。但是这一问题从来都没有得到过很好的解决。这不能不引起我们深思,是研究与实践的方向出了问题,还是在具体运作机制上出现了问题呢?

从 19 世纪德国的默尔首次提出了图书馆之间藏书建设分工协调的思想,到现在 OCLC 在世界范围内的扩张,国外图书馆资源共享取得了飞速的进步。这说明,图书馆资源共享的理念与方向是正确的,因此,问题在于如何通过有效的运作模式来实现图书馆之间资源的最大共享,这也是本项目所研究的重点和目的。

我国在资源共享方面进行了长期的大量的实践与研究,当前关于图书馆资源共享的研究已经成为图书馆学术界理论研究的重

* 豆洪青:宁波大学图书馆,馆员。

点内容，有关资源共享的专题研讨会及相关理论研究成果也越来越多，提出了很多问题及相应的解决方法：(1)观念方面的障碍，即资源共享意识的缺位。图书情报界虽然在理论上认可了文献资源共享的必要性，但顽固的传统观念和思维方式仍有着巨大的支配力量，文献资源共建共享意识薄弱，缺乏全局观念和合作精神，阻碍了资源共享的进程。(2)管理体制和有关法规方面的障碍。文献信息资源共享要求高度的整体化，但由于我国管理体制条块分割、各自为政、互相之间缺乏有机联系，严重制约着我国文献资源共享的发展。(3)资金的制约。实现资源共享虽可节约经费，但在一定的时期内必须有更多的资金投入，目前我国文献资源共享资金投入不足的问题十分严重。

浙江省社科文献信息中心建设方案中，应注重以下三个方面的研究。

1 组织机制构建

1.1 国内现有的共享组织

国内目前其他省市共享组织比较多，比较典型的有上海、广东、天津、湖南、湖北等。

上海市文献资源共建共享协作网的前身是上海地区文献信息资源协作网。协作网坚持“统一领导”的原则，采用会员制的管理办法。

“江苏省高校文献资源共享协作网”(以下简称“协作网”)。协作网总站设于东南大学图书馆，省内各地区都设立分站，分别挂靠在各地区高校中心馆。协作网是省图工委的重要组织机构，任何图书馆加入协作网都要由图书馆向图工委出具申请报告才能加入，对部分类型的高校图书馆有一定的限制，如民办院校和高职院校。

湖南建立了一个平台，成员馆共同使用此平台资源，统一管理。湖南省教育厅与湖南师范大学正式签署了该项目建设委托书。湖南高校数字化图书馆的建设的目标是纳入中国高等教育数字图书馆的建设之中，按省级中心馆的标准、规范去建设与运作。它在省教育厅的领导下，宏观把握；在省高校图工委的指导下，协调发展；在专家委员会的把关下科学决策。

相对于上海、江苏、湖南共享体系的成员管理模式，ZADLIS成员管理较松散，只要是高教系统中的图书馆都是该共享体系中的自然成员。

1.2 共享组织中存在的问题及解决方案

目前一般共享组织管理机构统筹职能不很明显，力度缺乏，更多的是一种协调功能。由各馆共同参与管理，由于利益的平衡和受自身条件(物质基础和人力结构)的限制，很难统一协调，统筹更成一句空话，直接的后果是效率过于低下。当成员不能从组织中获得利益的时候，组织的崩溃(或者说名存实亡)就成为一种必然。

要解决目前共享组织中存在的这些问题，可通过两个方法来实现：一是加强共享组织对下属成员馆的权力或制约；二是共享组织在可控制范围内经营一个统一的平台，以服务和质量来吸引成员参加，然后通过协议来约束。目前共享组织建设是一种政府主导的行为，应该慢慢转变角色，以成员馆为主导，政府支持为辅，比较好的方式是通过协议以委托的形式来对各中心进行管理，各成员单位根据协议在本地区开展相关的共享工作。这样，成员单位在获得利益的同时承担了共享的重大责任，这种约束性的力量可以推动中心去进行共享管理，也使系统具有内在推动力，实现可持续发展。

我们认为，一个组织要能够有效运作，不但组织之间要有共同的利益，更要使组织运作中的具体实施者获得利益。有效的图书馆资源共享实践活动是以市场为引导，以法律为保障，用道德来约束的。事实上，一些成功的资源共享体系也都注重市场理念，OCLC是世界范围内利用市场机制取得成功的典型案例，其中一个重要原因在于它建立了非盈利性公司结构，使资源共享的运作更有效率，更考虑其可持续发展等方面的因素。这种市场化的运作方式，在图书馆资源共享中，具有普遍适用性，也是图书馆合作的内在需求。而且从图书馆事业来说，要想整体上达到资源共享的境界非常困难，引进市场机制后，对共享合作的体系(组织)来说，可以保证图书馆合作资源共享的后续运行资金，并提高共享效率，控制整个共享系统的运行成本。对于单个图书馆来说，有利于图书馆的成本核算，合理安排共享计划。对具体工作人员来说，由于利益的存在，而使工作具有动力。

2　业务开展的运作模式

2.1　集团采购

集团采购又称联合采购、集团采购、联盟采购等，它从开始的为适应文献资源共享而协作采购开始的，随着电子资源价格的上升及网络信息资源的发展而迅速发展起来。因此，集团采购的主要动力在于成本利益的驱动。由于更多的学校加入集团的行列，引进成本越来越低，覆盖面也就越来越大。目前集团采购的主要障碍有：(1)组织、管理上存在困难，由于各图书馆互不隶属，组团困难，或由于各馆在认识和需求上的差异，比较难以组织等。(2)具体实施过程中存在困难。在申报、付款、培训等问题上亦存在一些不足，如错报IP地址，部分成员馆因种种原因拖欠分摊的数据库款，培训不到位等，这些都加大了联盟组织者的工作量和工作难度。(3)利益平衡方面的障碍——这是最大的障碍。有的地方共享组织在刚开始进行集团采购的时候还比较顺利，后来积极性慢慢消退，其中一个重要的原因就是在运行的过程中，投入与产出不成比例,或跟其他馆相比较而觉得利益受损,或由于经费的分摊不合理而加重该馆的负担,这些都对集团采购构成负面影响。

目前集团采购的基本步骤是:推荐→调研→组织试用→委托谈判→组团采购。这一过程很长,更主要的是由于各馆的个性化需求在集团采购中要得到满足比较困难(一个个性化需求将可能提高数据商的成本而使整个价格提高),出现效率与个体利益不相符的情况,进而影响集团采购的进行。为提高效率,可以采用委托的方式由第三方运作集团采购事宜。在实践中,早期的集团采购(通过中国图书进出口公司购买图书)和现在的业务外包的方式,要支付第三方费用。这样,在提高效率的同时,有可能增加采购成本。因此,最好还是通过有效的管理与运作,在集团内部挖潜,以提高效率。

2.2 非版权业务

非版权业务主要是指根据各图书馆特色而进行的资源建设,如网络导航、特色库建设等。在非版权业务运作中,首先要执行统一的管理规范,执行统一的共建共享体系,形成一种共享遵守的开放式的共享体系。其次,在具体的操作过程中,可采用项目申请的方式进行,并以项目的形式来进行经费补贴。经费来源可以从社科信息中心建设经费中划拨,或向其他相关部门获得(如通过科研项目的方式获得,社科信息中心再进行补贴)。在项目审批的过程中,要注意协调大馆与小馆之间的平衡,并充分考虑各馆的特点和实力。

这种项目补贴的形式,不但可以平衡大、小馆之间的利益,同时也可以促进成员馆业务水平的提高。一个系统运营的目的在于提高成员水平,而只有成员水平得到提高,系统整个水平才可能得到提高。

2.3 业务运作模式总结

当前解决资源共享运作中的障碍,理论与实践界主要有两种主流观点与做法:一种是他"律"机制,即用法律和行政的手段来保障资源共享,通过政府加强投入建设信息资源共享的基础设施和维持运行来保障资源共享的资金,用法制、行政手段强制实行资源共享,消除共享的意识障碍。从目前我国资源共享建设的案例来看,确实也有成功的例子,如中国高等教育文献保障系统 CALIS,科技部和中国科学院等部委的国家科技图书文献中心 NSTL,中科院网上文献信息资源共享系统工程。另一种是自"律"机制,即通过树立资源共享的观念,图书馆自发地无偿提供资源共享,如依靠自发力量建成的上海市文献资源共建共享协作网,江苏省高等教育文献保障系统等。但是,相对于全国图书馆资源共享现状而言,这些成功的案例显得太少。这也说明,这两种方案都不能从根本上解决我国高校图书馆的资源共享问题。

(1)国家干预、法律及行政力量等都只是对资源共享提供一个良好的外在环境,是资源共享系统运行的一个重要的保障条件,对资源共享具有推动作用,但并不是资源共享的内在动力。这种在强制条件下实现的资源共享,不能激发资源共享主体内在的积极主动性,不能完全消除共享过程中的障碍。而且,在这种方式中,主张信息资源的拥有者之间实行信息资源的共享,但没考虑到各馆的具体实力。资源共享的实质是一种利益的交换,如果不考虑信息拥有者之间所拥有的信息资源量及价值大小,也就是说不考虑利益的等价交换,将助长资源共享过程中"吃大锅饭"的现象,打击信息资源提供者的积极性。

(2)在自发共享的几个案例中,成功的也只是少数。我们并不否认,在共享过程中,利他主义是真实存在的,是可以被激发出来的。这种崇高的理想行为是值得提倡和鼓励的。但这种品质并不能解决资源共享中资金保障这一现实问题,以简单的道德关系来维系复杂的共享系统显然是不现实的。因此,一个彻底有效的资源共享机制,并不能完全依赖于利他主义。共享不是一种泛道德主义的理所当然的行为,而是市场化条件下利益均衡的结果。从经济意义上来说,利他主义者的利益会受到损害,并且很可能会产生"搭便车"现象。在经济社会,这种以利他主义为基础的共享体系是不牢固的。共享要充分考虑权利和义务的关系,应该对积极贡献资源的行为给予补偿和奖励,建立资源共享的合理机制。只有基于以上这样一种成本和利益均衡的市场经济观念,才能有利于共享成员的责任、利益、成本的合理分配,兼顾效率与公平,其成员才能获得发展的自由。而且通过市场的作用,更能促进图书馆合作共享的内在的、自发的、自主的行为。

(3)图书馆资源共享中的市场机制主要是指在合作的图书馆之间,在遵循互惠互利的原则下,引入市场观念,通过资源的有偿共享,带动文献信息资源及非文献资源(如设备资源、人力资源等)的优化配置,提高图书馆及其合作者的竞争力。在对现有图书馆资源共享现状与机制的分析基础上,作者认为,政策、法律等行政方面的因素及自发、自律都只是图书馆资源共享的保障,而市场机制才是其巩固的、合理的内在驱动力。

3 社科信息中心平台建设内容

将要建设的社科信息中心平台建设应包含以下系统。

3.1 统一检索系统

社科信息中心内有多个相互独立的信息资源系统,它们分布在不同的服务器上,运行在不同的系统环境中,用户若要获取相关信息必须分别进入各资源信息系统进行逐个检索。为解决这个问题,社科信息中心应引入一个统一检索平台,用户通过此检索平台可一次性查获社科信息中心拥有的绝大部分信息资源,无须再逐个检索，这样可极大地方便用户。

统一检索平台是一个用于同时调用多个数据库和搜索引擎进行资料检索的软件系统，它可以帮助用户同时在多个数据库中进行检索，并在同一界面得到多个数据库的检索结果，避免了需要逐个登录数据库、输入检索条件的麻烦，使用方便、快捷，使用户觉得就像在使用一个数据库一样。此类系统有 CALIS 的统一检索系统和清华同方的统一检索系统。

3.2 资源调度系统

在此系统中，要解决图书馆文献服务中上下文相关信息服务和适当复本服务等问题，根据读者身份和当前检索资源"环境"对读者所需相关资源和服务进行调度和呈现，能够实现不同类型数字资源和不同服务方式之间的开放动态链接，从而更有效地实现对不同资源和相关服务的整合，如全文、文摘、图片、馆藏、引文、参考文献的整合，图书馆在线书目 OPAC、联合目录、馆际互借、TOC 检索、数字对象等的整合，系统之间的数据关联和服务关联的整合，等等。此类系统有 CALIS 的基于 OpenURL 开放链接的资源调度系统。

3.3 虚拟参考咨询系统

除了各成员单位大力推广已有的各种信息咨询外，重点将通过建立网上虚拟咨询中心以及成员图书馆分布式联合咨询协作体系，提供以 E-mail 咨询、电子公告牌(Bulletin Boards System)留言、Web 咨询表单、常见问题(Frequently Asked Questions)库、实时解答等多种形式的咨询服务，从而形成网上参考咨询服务。通过建立本地自动化信息咨询支持平台，或者通过电子邮件、电话咨询等形式回答读者在信息查询或检索中所遇到的各种问题。在联合虚拟参考咨询当中，各成员单位不断整理、充实、完善信息咨询库，并将典型咨询问题提交至社科信息中心。

系统由虚拟咨询调度系统、各高校图书馆本地咨询台、本地咨询知识库以及中心咨询知识库组成，既能充分发挥成员馆各自独特的咨询服务作用，又能达到各成员馆间联合协作咨询的作用。此类系统有 CALIS 的虚拟参考咨询系统和 TRS 虚拟参考咨询系统。

3.4 网络导航系统

创建社会科学重点学科导航库本地系统，负责网络资源的搜索和编目，通过 OAI 方式向中心提供元数据或通过文件传输向中心提交元数据。通过 Web 方式访问中心的导航库，并直接或通过代理服务器访问网络资源。系统采用两级分布式架构，既可独立运作，也可作为联合体合作运作，通过分配不同的成员馆承担建设各自擅长的资源，搭建专家级的导航库系统，为读者在海量的网络信息中提供更准确、更便捷、更专业的信息服务。此类系统有 CALIS 的重点学科网络资源导航库系统。

3.5 馆际互借/文献传递系统

馆际互借系统由事务信息处理子系统、互借协议子系统以及文献传递子系统等组成。其中事务信息处理子系统完成馆际信息与资金结算的处理；互借协议子系统处理用户提交或发送互借请求，并通过馆际互借协议进行相应处理；文献传递子系统实现文献的物流运作。提供网上预约、传真、电子邮件、电话预借等馆际互借服务方式。建立本地区文献传递服务系统（全自动“一站式”全文获取以及人工辅助委托代查代检服务），提供文献原文复印、扫描、网上下载、邮寄、传真等多种文献传递服务。此类系统有 CALIS 的馆际互借/文献传递系统。

3.6 联合编目系统

实时发掘和报道所有成员馆藏书刊目录。为区域流通管理系统、馆际互借及文献传递服务系统、教学信息和教学参考书服务系统提供支持；此目录属于一个完整的个性化服务环境，能与馆际互借/文献传递系统、教学参考资料服务系统平滑接入。联合目录建设以各成员馆的文献资源建设数据为基础，由各成员馆按统一格式、统一标准共同完成，通过数据处理系统进行加工、汇总，最终编制浙江省社会科学文献资源的网上联合目录（包括印刷型）。此类系统有 CALIS 的联合目录系统。

【参考文献】

[1] 李家清.我国文献资源共享中存在的问题及对策研究.中国图书馆学报，2002(1).

[2] 李家清.我国网络环境下的资源共建与共享.图书馆建设，2000(4).

[3] 徐加杰.影响文献资源共享深入的原因及对策研究.图书馆杂志，2002(12).

[4] 刘广利，陈晓红.构建区域文献资源共享网络系统.图书馆工作与研究，2002(3).

[5] 王颖洁.近几年来我国文献信息资源共享研究综述.情报科学.2005(2).

[6] 上海市文献资源共建共享协作网.[2006-12-11].http://eservice.digilib.sh.cn/wxtg/service/ILL.asp.

[7] 豆洪青.用市场机制引导图书馆资源共享.图书馆杂志.2006(5).

浙江省社科文献信息中心建设探讨

韩文晴[*]

摘　要:本文通过对社会科学文献特征、社会科学文献使用者特点及各省市对建设文献信息中心的研究三方面的探讨,提出了关于建设浙江省社科文献信息中心的一些建议。

关键词:浙江省;社会科学;社会科学文献;信息中心

社会科学文献有着与自然科学文献不同的特征,而社会科学文献的使用者也与自然科学的使用者有不同的特点。对这些不同的特征和特点的研究是建设浙江省社科文献信息中心的基础。本文就是想通过对这些特征和特点的探讨,并借鉴其他省市文献信息中心建设的经验,对浙江省社科文献信息中心的建设提出一些看法。

1　社会科学文献的特征及其使用者的特点

1.1　社会科学文献的特征

相对于自然科学文献来说的,社会科学文献有以下特征,或者说是不同之处。

* 韩文晴:浙江图书馆采编部,馆员。

1. 社会科学文献有较强的地域特征

首先，自然科学的研究是无国界的，基本上也是无地域性的。一个领先的研究，在世界范围内都可以得到广泛的认同，并且可以翻译成各国的文字对这个研究进行阐述，这种翻译并不影响对该研究内容的了解。而社会科学的研究，特别是人文科学的研究往往有很强的地域性，这是文化的差异造成的。比如对宗教的理解，每个国家对于不同的宗教有不同的感受，不同国家的研究者研究同一个宗教就会有很大的差异。比如哲学，按西方和东方不同的标准审视中国哲学，则也会产生完全不同的研究。比如，文学中的诗歌，如果译成不同的语言，它就会完全失去原有的意味。又比如，各国都有版本校勘学，离开文献的本国文字，这门学科就毫无意义了。所以从世界范围内来讲，社会科学文献有很强的地域性，这种地域性体现在文献上，则有研究内容和文种两方面的内涵。

其次，以中国的范围来看，每个地区都有自己的地方文献收藏，这些地方文献构成了较浓的区域特色。由于这些地方文献分散在省内的各市、县、区、乡镇等，而这些文献往往不是正式的出版物，也就是其发行量都不大，或者基本上都是孤件，现在还没有一个较好的办法对这些文献进行集中或出版。

2. 社会科学文献内容具有综合性的特征

社科文献内容综合性特征导致社会科学文献分布极为分散，给获取某一学科某一专题的全部信息带来不便。一个文献往往汇集了多个主题的信息，这反过来导致了一个主题的信息散见于多个主题的文献中。比如一个关于历史人物方面的信息可能会散见于史书、地方志、个人文集、回忆录、杂记等文献中，这给文献的精确检索带来非常大的麻烦。

1.2 社会科学文献使用者的特点

1. 模糊性特点

社会科学文献具有自身主题表述模糊性及查阅对象模糊性的特点，这个特点导致自身主题表述的不确定性和检索对象的不确定性。这个原因使社会科学文献的使用者更倾向于亲自针对印刷型文献的查阅，而不是用数据库检索。例如，针对一个古代人物信息的检索，古代人物往往有名、字、号、别号、谥号、官职、地名等各种称呼，比如明代董其昌，字玄宰；号思白，后人因为尊敬他，故又称其为思翁；又别号香光居士，故称董香光；因是松江华亭（今上海松江）人，又有人称其为董华亭，死后谥曰文敏，因称董文敏。以上这种情况是中国古代人物的常见情况，这些类似的情况导致了与数据库精确检索相类似的查询在社科文献的检索中有了一定的难度。

2. 路径依赖倾向特点

路径依赖（path dependence）一词最早见于经济史学家、美国斯坦福大学教授戴维（Paul A. David）于 1975 年出版的《技术选择、创新和经济增长》一书，不过当时并未引起重视。20 世纪 80 年代，戴维与美国圣达菲研究所的亚瑟（W. Brian Arthur）教授将路径依赖思想系统化，于是“路径依赖”一词很快成为现代经济学中使用频率最高的词语之一。

路径依赖倾向导致人们习惯于按照已有方式进行活动，而不是按照最科学的方式进行活动。而且惯性的力量会使这一选择不断自我强化。研究人员在资料搜索过程中同样存在路径依赖倾向，也就是说，人们如果习惯了某种检索的方式，并认为这种方式是能解决问题的，就往往不会尝试新的检索方式。

3. 具有收藏情结的特点

人文社会科学研究不同于自然科学研究，后者主要依靠观察分析和实验，而人文社科研究需要引经据典，进行理论分析和论证，文献资源是其中最重要的部分。尤其是文学、历史、哲学等学科，一些经典文献和大型古籍丛书或类书需要经常查阅。这些图书不但可以反复使用，而且具有长时间的利用价值。为了方便利用，人文社科类专家往往都有较大量的藏书，这个特点也为我们要向人文社科专家提供什么样的文献资料提出了一个新的问题。

2 各省市建设社科文献信息中心的经验

2.1 《东北地区社会科学文献信息资源保障体系建设研究》中的主要观点

由中共吉林省委党校图书馆馆长毛昨非研究馆员主持的国家“九五”社科基金项目“东北地区社会科学文献信息资源保障体系建设研究”(99B TQ007)是社会科学文献信息中心建设的较为权威的研究。其对东北地区社会科学文献信息资源现状进行了客观的分析和研究后，主要提出了“多元立体联合保障模式”，并提出了构建东北地区文献信息资源保障体系的八个具体思路：(1)以公用网络为依托，构建东北地区图书馆利用共同体；(2)组建权威的宏观协调机构；(3)制定和完善相关法规标准；(4)构建完整的丰富的文献信息资源体系；(5)建设规范的完备的书目信息检索系统；(6)建立快捷的多层次的文献信息传送系统；(7)建设东北地区特色文献信息资源数据库；(8)网络信息资源的重组与开发。

2.2 河南省文献信息资源保障体系基本模式

河南省文献信息资源保障体系的基本模式：以河南省图书馆或重点大学图书馆为龙头，以学科专业文献中心为骨干，以特种文献中心作支持，共同构成省级文献保障基础；以市图书馆为主导，以驻地高校、科研机构和其他系统文献收藏单位为辅助，形成市级文献保障基础；县级及其以下各文献收藏单位为县、乡级文献保障基础。各级各类文献收藏单位既要横向沟通，进行同一层面的协调协作，又要纵向联系，进行系统内的分工合作，共同构建全省文献资源网络保障系统。

2.3 海南省高教文献信息资源保障体系共建协作方案的主要特点

海南省高教文献信息资源保障体系的最主要特点是“联合共建”。它的联合共建除了包括各校图书馆之间文献信息资源的合理布局，协调分工等一般内容外，最主要的内容是包括省教育厅、省财税厅、学校及图书馆在内从行政、经费等方面保证措施落实的联合共建。海南省财政每年按4%的比例扣除留作图书经费。同时，省教育厅每年下达的重点学科建设经费中，也明确了一定比例用于购置文献资料，保证了重点学科的文献资源建设。此外，学校还将计划外收入的2%和科研经费的5%作为文献购置的配套经费。经费保证是“资源共建方案”的关键措施。

2.4 浙江省关于社科文献信息中心建设的研究

浙江省也有一些关于社科文献信息中心建设的研究，其中浙江省哲学社会科学规划重点课题Z05GL01“浙江省社科文献信息中心模式研究”是一个较为重要的研究，并产生了一系列的研究成果。该研究指出，浙江省社科文献信息中心建设的主要问题是“忽略了地缘关系和行政区域在联盟、信息中心的形成和运行中不可忽视的作用”。其他问题还有，由于经费的不足导致“文献资源结构不尽合理，收藏品种失衡”，“外文文献资源收藏严重不足，影响对国外先进科研成果的吸收”，以及“各自为政，馆际壁垒严重，共知共建共享程度较低”。

该研究还提出了浙江省社科文献信息资源保障体系建设的五个内容：文献资源协调与联合建设、联合目录数据库建设、文献信息服务体系建设、学科网络资源导航库建设、特色数据库建设；提出了建立浙江省社科文献信息资源保障体系的五个条件：政府支持、组织保障、经费保障、人才保障、技术保障。

3 对浙江省社科文献信息中心系统体系结构建设的几点意见

3.1 强有力的协调机构和经费保障是社科文献信息中心系统建设的基础

浙江省社科中心的建设必定会涉及公共、高校和科学院系统图书馆的合作。在本省这三个系统代表性的三大馆已经有了较好的合作基础。浙江图书馆与浙江大学图书馆、浙江省科技信息研究院从 1998 年开始合作，在 1999 年底实现了三方高层次读者的互阅制；2000 年底又签署了三方数字化资源共享协议，希望实现部分数字资源的共享。如何成立一个三方认可的协调机构是社科文献信息中心今后稳定运作的关键。

经费保障也是社科文献信息中心建设的关键。经费包括两个方面：一是各馆的书刊经费是否能得到保障；二是信息中心的协调机构运作经费和由于文献保障产生的额外书刊、设备经费是否能得到保障。

我们认为，如果社科文献信息中心的协调机构能对“实行文献保障产生的额外书刊、设备经费”有分配权的话，则其协调的能力将大大加强。

3.2 社科文献中心的现阶段资源保障要重视印刷型文献

重视印刷型文献是相对于数字资源而说的。我们认为，社科文献中心的建设，想建设一个涵盖所有社科文献的网站提供所有服务的构思，至少在现阶段是行不通的。我们可以从三个方面来讨论为什么社科文献中心在现阶段要重视印刷型文献的原因。

首先，社科文献的自身表述和检索对象的模糊性导致了数据库式的精确检索在社科文献检索中并不占有优势的地位。

其次，社科文献的地域性特点。比如对于浙江省来说，有地域特点的文献主要是地方性文献，包括地方志、家谱、碑刻等，都不会在现在的商业数据库中出现。这些文献的数字化需要自己建设，而我们进行数字化建设的基础就是我们拥有这些印刷型的文献。

第三，现阶段数字图书馆建设的资源内容和技术原因。现阶段各大图书馆提供的社科数字资源以学术论文、学位论文和事实数据库为主，也有一些是图书的全文数据库。而人文社科研究所需的古籍资源，特别是大型古籍丛书，包括《四库全书》、《大藏经》、《道藏》、《藏外道书》、《民国丛书》等，都没有较为完善的网上使用的数据库提供。有些提供的也往往是图像版，无法进行精确的文字检索。海量的数字资源的文本识别是用 OCR 技术自动识别的，以现有的技术对古籍文字的自动识别率大约还在 50%以下，这与对印刷质量较好的图书识别率约达到 99%相比，技术上的差距非常大。

从上述三方面来看，印刷型文献仍然是社科文献重要的资源保证。

3.3 浙江省数字图书馆建设是社科文献信息中心建设的保证

浙江省已经决定进行数字图书馆建设，项目正在论证中。如何将本省社科文献进行有序的数字化，应该是社科文献信息中心考虑的问题。文献数字化有以下几个优点：一是可以保护文献，一些文献由于是孤本，每使用一次都会造成一定的损坏，数字化后可以起到保护原件的作用。二是可以扩大文献的利用范围，不用到实地去查找相关的文献原件。三是虽然现在的社科专家喜欢使用印刷型的书籍，但如果对于一些本来要到外地或除了网上找不到其他信息的内容，专家们还是会使用网上资源的。或者说数字资源的建设其实拓宽了资源检索的渠道,为专家们提供了比以前更为丰富的资源。

我们建议社科文献中心应该抓住浙江省数字图书馆建设的契机,将社科文献信息中心的数字化建设作为一个专项项目纳入到省数字图书馆建设的项目中去,从而在文献数字化进程中将社科文献信息中心建设得更好。

【参考文献】

[1] 蒋颖,杨沛超.人文社会科学研究人员信息搜集的行为规则分析.中国图书馆学报,2006(1).

[2] 毛昨非.《东北地区社会科学文献信息资源保障体系建设研究》完成.情报资料工作,2001(6).

[3] 陈有富.河南省文献信息资源保障体系的共建共享.洛阳工学院学报(社会科学版),2001(4).

[4] 徐璞英.建立全省社科文献信息中心是繁荣发展哲学社会科学的重要保障.浙江社会科学,2005(5).

[5] 陈华.建立浙江省社科文献资源保障体系的设想.浙江学刊,2006(4).

浙江省党校系统图书馆信息服务网络运行模式与功能

周　全*

摘　要:本文以浙江省党校系统图书馆为例,阐述了党校网络图书馆建设和信息服务网络运行模式与功能方面的探索与实践,以期同行在数字化建设中或有助益。

关键词:浙江;党校系统;图书馆网络;信息服务

浙江省党校系统图书馆信息服务网络是一个旨在构筑浙江地区党校文献信息资源共享服务体系,实现区域内信息的集成与集成信息高效服务的数字化工程。其结构包括:组织结构、网络结构、资源结构、服务模式等。文献信息共享、集团购买、标准评估协调、馆员培训是图书馆信息资源共享区的基本功能。本文试图以浙江省党校系统图书馆信息服务网络为个案,探讨一般的信息资源共享区的结构与功能问题。

1　构建信息服务网络的思路

信息服务的能力和水平是衡量现代图书馆的重要标准,正如IFLA主席韦奇沃斯所说的:"能在信息革命中站住脚的,将是那

* 周　全:中共浙江省委党校图书馆,馆长,副研究馆员。

些尽快采用因特网等新技术，能提供跨时空服务的图书馆。”浙江省党校系统图书馆信息服务网络的构建，其主要目标，就是要在全省各级党校间提供跨时空的高效服务。

1.1 浙江省党校系统图书馆的现状

浙江省党校系统数字图书馆建设工程从2000年开始起步以来，在各级党校校委的重视支持下，在广大图书馆工作人员的辛勤工作下，取得了可喜的进展和成效。据统计，近五年来，全省党校系统对数字图书馆建设的总投入达500多万元，已经基本构建了数字图书馆管理系统和内、外网网站，为推进数字图书馆建设打下了良好的基础。同时，在各种数字资源的建设过程中，也培养了一批适应网络信息化服务的党校图书馆管理和业务人才。但是由于技术、业务、需求、经费和管理等方面的问题，加上其他种种原因，造成了各党校之间的开发平台不同、操作系统不同，特别是数据库管理系统千差万别，从而形成了一个个信息孤岛。具体表现在：

(1)文献资源贫乏。由于电子资源价格昂贵，加之各级党校图书馆的购置经费有限，购入的电子资源和图书资料也相当有限，而且呈递减之势。除了杭州、宁波、温州、湖州党校图书馆经费在10万元/年以上，许多市级党校图书馆经费均在5万元/年以下。随着书刊价格的逐年上升，图书馆的购书量在减少，尤其是外文资料少之又少。由此造成了资源缺乏，信息渠道狭窄。

(2)发展不平衡。浙江省市、县级党校有近百所，资源分布和图书馆发展水平极不平衡，文献信息资源集中在杭州、宁波、温州、舟山、湖州等市级党校中，而其他一些市、县党校虽设有图书馆或资料室，但文献资源却极少，有的甚至是名存实亡，缺乏经费、技术、人才和资源。

(3)低水平重复建设。各地党校在信息资源采集方面互不通气，重复引进，花钱不少，引进品种不多；在信息资源加工处理方面，低水平重复，形不成精品；在信息流通方面，由于开发、报道不够，致使馆藏资料利用率低，造成馆藏、空间、管理人员等多方面的浪费。

如何在保证信息安全的前提下，摆脱目前各部门的信息无法沟通、各自为政的局面，实现局域、广域、异构操作系统和数据库环境下的信息集成，将分散的信息资源更好地统一、整合、管理，并通过浙江省党校系统虚拟专用网络平台呈现出来，实现全省党校系统信息资源共建共享，已成为提高各级党校图书馆信息服务应用水平的关键。

为此，我们制定了《浙江省党校系统信息化建设规划纲要(2005—2010年)》，有针对性地提出了信息化建设的三个原则：(1)资源整合的原则。即把工作重点放在数字资源的建设和整合上。(2)立足于应用的原则。即应紧密配合党校的教学和科研工作，强调应用。(3)共建共享原则。即要注意发挥图书馆之间的联合、整体优势，不谋求单打独斗。

1.2 信息服务网络的建设目标和任务

根据上述三个原则，我们相应地制定出了网络信息服务建设的主要目标：建设安全可靠的，连接省、市、县(市、区)三级党校信息服务体系，实现全省党校系统文献信息资源的共建、共知、共享，为全省干部教育网提供一个现成的网络图书馆。围绕这个目标，我们提出当前的任务是：以开发地方特色信息资源——浙江省情研究数据库为突破口，整合全省各地党校已有的市情数据资源，并通过循序渐进、先易后难，用一步一个脚印的方式共建共享，充分发挥党校图书馆之间的联合优势，使之形成浙江省的特色资源和整体优势，为地方经济建设服务，为党委政府部门提供决策参考。

2 图书馆信息服务网络的运行模式

根据《浙江省党校系统信息化建设规划纲要(2005—2010年)》的步骤和要求，为实现浙江省党校系统网络图书馆的数字资源共建、共知、共享的目标，2005 年以来，我们开始了信息服务网络建设的实践和运行。

浙江省党校系统图书馆信息服务网络模式是借助全省党校虚拟专用网络这一平台而运行的。

2.1 组织结构

组织是信息资源共享区的神经中枢。浙江省党校系统图书馆信息服务体系的组织构建是以浙江省委党校信息化办公室为基础的，并由其组织协调，保证全省党校信息服务的正常运转。在图书馆信息共享区中，各个成员图书馆是组织完善的子系统。目前全省党校系统图书馆信息服务网络的具体管理机构是：

领导小组：浙江省党校系统信息化领导小组（成员由全省各级党校分管校长组成）。

管理中心：设在牵头承办单位浙江省委党校图书馆，具体负责浙江省党校系统网络图书馆各项业务工作的指导和协调，省委党校信息管理部负责全省党校系统虚拟专用网络系统的管理和维护。

协调办公室：协调办公室由省委党校图书馆和市级党校成员馆的主要负责人组成。协调办公室的职责包括：组织全省党校系统图书馆电子资源的集团采购，具体负责全省党校系统重点电子信息资源的评价、谈判与合同签订；整合各个成员馆自建的市情数据库为一个浙江省情研究数据库；负责规范市情数据上传的范围、内容、格式、标准等要求；在各成员馆中设置一个牵头馆，具体负责对县级党校县情数据上传的业务管理；建立培训中心，承担全省党校系统信息化建设的培训；负责对各级党校数字资源建设的组织协调工作。

根据我省党校系统图书馆事业发展的现状，以及不同级别图书馆发展的实际情况，决定采取的管理模式是：分散—整合管理模式。这一模式是现阶段浙江省党校系统图书馆较切实可行的一条合作之路。所谓分散—整合管理模式，是指全省党校系统图书馆保持现有的管理体制，各馆保持原有行政业务运作模式，通过全省性的协调机制，建立全省统一的信息服务平台，实现网络信息检索和资源共享。

2.2 网络结构

要使浙江省党校系统图书馆信息服务网络运行模式得以实现，必须有相应的网络平台和技术作保障。这一网络平台就是浙江省党校系统虚拟专用网络。

浙江省党校系统虚拟专用网络主要架构在浙江省电子政务外网平台上。通过虚拟专用网络管理平台，将省、市、县(市、区)三级党校联系起来，使图书馆的联合服务和资源共享有切实的支撑，解决图书馆资源共享和协同发展的瓶颈问题。

目前，该项目已建成省、市两级党校之间的虚拟专用网络，并根据省电子政务网络的建设情况，适时切换到 MPLS 虚拟专网，开展数据、语音和视频服务，实现党校系统办公、教学、科研、数字图书馆等信息资源的共享。

为方便表述，全省党校系统虚拟专用网络简称为：党校虚拟网；省电子政务外网简称为：政务外网。

党校虚拟网的建立为用户提供以下服务：一是对公众服务。允许公众用户通过因特网访问党校虚拟网防火墙(外)中规定的 DMZ 区域中的特定资源。二是移动办公。

在因特网上，通过 VPN 方式与政务外网安全认证网关连接并建立 VPN 通道后，访问党校虚拟网。

图书馆网络信息服务平台是利用已建成的党校虚拟专用网络构建的。虚拟专网不仅为全省党校图书馆之间的数据传输和资源整合提供了重要保证，而且在宽带 IP 网上形成大规模、高质量的具有本省特色的数据库群。通过党校虚拟专网向全省党校系统内部、外部乃至全国广大党员干部提供数字信息资源服务。

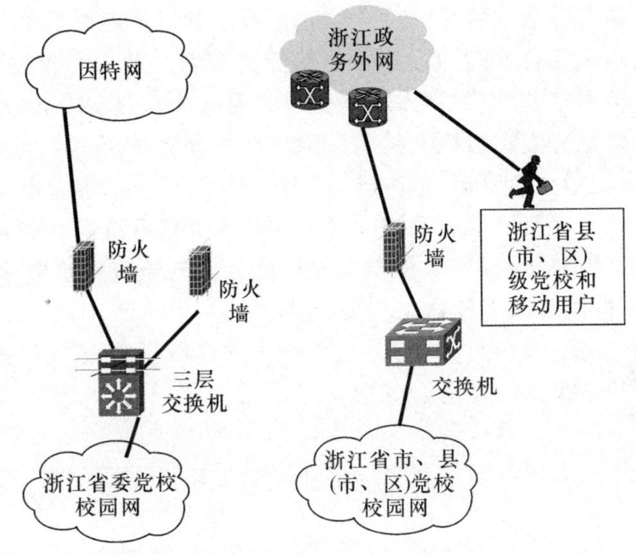

图1　图书馆信息服务网络模式结构图

2.3　资源结构

资源结构主要是指图书馆馆藏文献信息资源,它包括文献信息资源的分布区域、形态及其相互关系。在信息资源共享区各馆拥有的资源数量是不等的,有大、中、小之分,其中信息资源大馆和特色资源馆,成为信息资源共享区的核心馆,是共享的对象。而市、县级党校图书馆往往是共享者,但是这些市、县级党校图书馆并不是只共享,而不出力,它们需提供资金、市场、消费能力,支持全省党校系统图书馆信息资源的正常运转。

2.4　服务运行模式

浙江省党校系统图书馆根据本省的特点、图书馆的数量、图书馆的多种类型以及分布的地理范围,采取一种介于集中和分散之间的资源共享服务模式。这种信息服务模式是一种既带有集中式特点又带有分散式特征的混合模式。浙江省情研究数据库作为全省党校系统联合共建的数据库是馆际共享服务的一个重要部分。在计算机网络技术、数据库技术和现代通信技术的支持下，省委党校图书馆把分散在各级党校的数字化地方资源联成一个集成信息网，改单机服务为联动、多层次、多元化服务，建成全省党校浙江省情研究数据库集成检索系统。对全省的数字化市情信息资源进行有效的组织与开发，在党校虚拟专用网上实现全省市情数字资源的管理，促使各级党校数字资源检索模式由单一封闭循环的内部网，向开放式、多功能、高速化及智能化的广域网络模式发展。对全省党校系统访问省情研究数据库的用户实行用户认证，或通过确认参与浙江省党校系统虚拟专用网络单位的 IP 地址为全省党校系统的广大用户提供服务。这种集中安装和运行数据库及集中管理数据库的存取的运作方式，是一种集中式资源共享服务模式，它实现了区域内各党校图书馆的地方资源的集成，向用户提供集成的地方数字资源服务。

在向用户提供集成服务的同时，我们还采取了分布式服务模式。各级党校图书馆可以按本地要求制定系统界面，控制系统的使用和存取，利用本地现有资源和基础设备，在选择数据库和服务器安装方面有一定的灵活性，能较好地照顾本地特色资源的采购和维护。

通过这种混合式的服务模式，利用虚拟专用网络的技术，浙江省党校系统不仅使得各个党校图书馆能充分利用现有的基础设施来开发符合本地要求的服务，同时又能达到组团的目的，将分散的资源整合到一起，图书馆集团中各成员馆仍然保持自己的独立自主性。这种服务模式也许是目前比较成功的。

2.5 安全控制运行模式

安全控制运行模式是指限定资源的访问范围，包括用户授权认证管理和用户资源访问控制的权限管理。浙江党校网络图书馆资源管理中心根据网络图书馆内成员合作机制，按需设置资源访问级别，系统针对用户请求命令类别采用不同的安全控制。发布资源通过用户授权认证实现安全管理；查询和调用通过用户授权认证和访问控制权限两级安全管理；数据库信息资源和文件资源分为访问和不可访问。浙江党校网络图书馆管理中心通过对用户授权认证和设置访问权限等，实现对共享信息资源的安全管理。

3 图书馆网络信息服务的功能

浙江党校系统图书馆信息服务网络有以下功能：

3.1 信息资源共享功能

浙江党校系统图书馆信息服务网络的建立，实现了全省党校系统内共建数字资源的共享。目前全省党校系统联合共建的数字资源是浙江省情研究数据库。我们本着统一规划、联合开发、分工协作的原则，按照统一标准来协同制作。对联合共建的数据库，我们根据浙江省的区域状况，建立资源采集、加工和标引统一规范；在统一的元数据框架的基础上，对浙江省情研究信息资源进行不同层次、不同深度的提示，从而构筑了一个呈立体网状分布、具有知识关联性、能够向用户提供智能化访问和服务的知识系统。

现在这一共建数据库已在全省党校系统虚拟专用网络上初步实现它的服务功能。

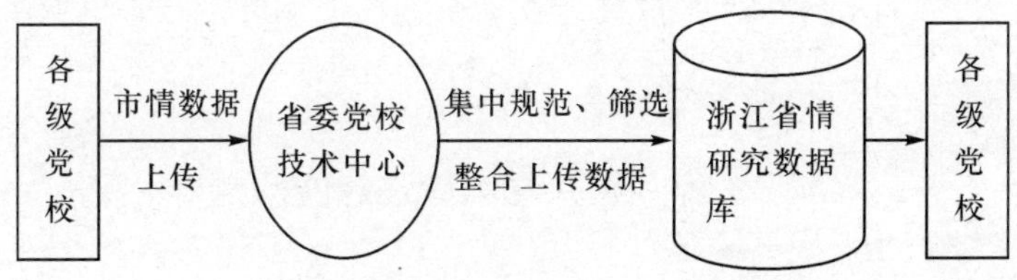

图 2 浙江省情研究数据资源整合流程

3.2 集团采购功能

2003 年 12 月,浙江省党校系统图书馆启动“数字化工程”,并以集团方式采购电子资源。目前全省党校系统有计划、有重点地引进和自建了数据库达 10 余种,基本覆盖了党校系统的主要学科,一些主要数据库建立镜像站点供省内党校图书馆使用。

3.3 标准评估协调功能

浙江省党校系统图书馆协调办公室还不定期地提供不同层次的会议和论坛,研究省内党校图书馆的评估标准,强化全省党校图书馆协调办公室的协调功能。这是信息共享区的重要功能之一。它起到交流、协商、整合整个信息共享区的作用。自 2005 年以来,协调办公室的协调会议内容很丰富,既有图书馆馆长决策层面的会议,也有各图书馆技术人员参与的技术层面的专题研讨。2007 年,浙江省文献信息学会制订了《浙江省市级党校数字图书馆评估标准》,并开始实施。评估工作的开展,将极大地推动全省党校系统图书馆各项信息服务功能的实现。

3.4 馆员培训功能

馆员培训是信息共享区的重要功能。在共享区的各种不同层次的图书馆中,浙江省委党校图书馆和信息管理部发挥知识输出和辐射作用,向各地市、县党校图书馆提供培训机会。自 2005 年以来,管理中心已培训了全省党校系统图书馆技术人员和馆员 120 人次。内容包括虚拟网维护、省情数据制作、图书馆业务操作等。

4 资源共建共享中应注意的问题

浙江省党校系统图书馆信息服务网络的运行,为全省党校的用户提供方便快捷获取信息的环境,也为党校教研人员提供最新资源。但由于信息服务网络刚起步,还有许多不完善的地方,在合作实践中也存在着一些问题,影响了信息服务网络效益的更大发挥。为此,在资源共建共享中应注意:

(1)在各个党校图书馆进行联合共建的同时,还应积极争取学校、科研和管理部门的协助支持,与相关部门开展多种方式的合作,将数字教学资源的建设纳入全省党校系统图书馆信息服务网络建设的轨道上来。

(2)要重视信息资源的更新和数据维护工作,注意通过各种途径和方法,利用技术手段解决动态信息的更新,以保证资源服务的时效性。

(3)强调统一管理和协调,建立内部的质量管理制度和激励机制,一方面可以保证资源建设的质量,另一方面也能保证共建项目的可持续发展。

(4)要注意资源建设和利用中的知识产权问题,在合法规定的范围中合理使用,以避免引起不必要的产权纠纷。

5 结 语

浙江省党校系统从2000年开始着手建立党校系统网上图书资料共建共享的计划,其重点是“浙江省情研究数据库”的创建。2006年我们又在实践的层面上作了新的尝试。这一服务模式具有以下主要特点:(1)网络化,它是网络信息服务的基础和工具。(2)双向交互式交流功能。(3)开放性和易用性。(4)实时和全天候服务。网络每天24小时提供信息服务,用户任何时候均可存取信息,不受时间和空间的影响。同时,这一模式的建立也对本省乃至全国党校图书馆网络建设提供了一种必要的理论借鉴。

目前浙江省党校系统依托党校虚拟专用网络平台,实现了浙江省情研究数据库、浙江省委党校特藏数据库、Apabi电子图书、人大复印报刊资料等 9 种数据资源的共享，其使用频率也不断增加，效益日益明显。浙江党校资源共采、共建、共享模式不仅奠定了浙江省党校系统数字图书馆建设工程可持续发展的基础，而且扩大了各级党校图书馆的生存活力和服务效率，同时也满足了各级党校教学科研的需求。

【参考文献】

[1] 刘鹏. 图书馆信息服务的网络运行模式. 现代情报，2006(6).

[2] 庄琦，曹雄伟. 上海高校网络图书馆的探索与实践. 大学图书馆学报，2001(3).

[3] 石继平. 区域性高校网络图书馆发展探讨——广东网络图书馆建设实践. 图书馆论坛，2005(10).

省域社科文献信息中心的市场化运作模式

贾晓东*

摘　要:省域社科文献信息中心的建立和市场化运作是一个全新的课题,也是一项系统工程,需要包括公共图书馆、高校图书馆、科研系统图书馆、党校图书馆等各系统各类型图书馆打破系统界限,高瞻远瞩,通力合作。以市场需求为导向,以市场服务核心,摒弃传统图书馆信息服务模式,将自己置身于市场大潮中,充分发挥这一图书馆联盟的文献信息资源优势与信息人才优势,把握市场动态,利用市场机会,接受市场考验,并在市场中获取社会效益与经济效益双丰收。

关键词:省域社科文献信息中心;图书馆;市场化运作模式

建立省级区域内的社科文献信息中心能够发挥区域内交通相对便捷、各类图书馆协作关系密切、便于政府协调、充分体现地方特色等优势,能够在一定程度上弥补全国性、系统性和跨省市的文献资源保障体系的不足。而且社会科学与自然科学在文献资源的收集、利用上有很大不同,前者具有较强的地域特色。因此,建立省域社科文献信息中心是十分必要的。

经过多年的努力,我省已形成了具有一定规模并能够支持科研、教学发展和为领导决策提供参考咨询的社科文献信息资源体

* 贾晓东:浙江图书馆,副馆长,研究馆员。

系。有许多图书情报机构已形成自己的社科文献信息资源收藏特色。图书情报机构在信息资源共建共享方面也取得了很大的成绩,已不局限于一般的馆际互借互阅、联合采购、编目等协作内容,而是在积极推进数字化、网络化建设,以各种方式利用国内外的信息资源,实现高一层次的资源共建与共享。

另一方面,与哲学社会科学发展的需要相比,与我省建设文化大省,提升综合竞争软实力的要求相比,我省在社科文献信息资源建设方面还存在着较大的差距。主要表现在文献资源结构不尽合理、收藏品种失衡、开发利用力度不够等。外文文献资源收藏的严重不足,影响对国外先进科研成果的吸收。各自为政,馆际壁垒森严,共知共建共享程度较低。这些问题的存在,严重影响了社科文献信息资源的开发和利用,使之远远不能满足社科研究的需求,甚至成为繁荣发展哲学社会科学的瓶颈。要改变我省社科文献资源不足而又分散的局面,逐步做到资源的共知、共建和共享,以有限的经费提供尽可能多的资源,必须加强文献信息资源的整体建设,对各种资源进行整合和优化,把哲学社会科学文献信息资源的组织、协调、管理、服务和技术开发提升到一个更高的层次。目前业内专家及省内图书馆界人士对建立浙江省社科文献信息中心已经达成共识,但在运作方式上尚有需要研究的课题。笔者认为,充分借鉴社会信息咨询机构服务的有关模式,引进市场化运作机制,是一个可以尝试的途径。

1 省域社科文献信息中心市场化运作相关问题研究

1.1 信息商品及其经济特性

省域社科文献信息中心市场化运作是指将社科信息产品置于市场环境中,通过市场行为来进行信息服务的行为。因此,我们有必要对信息商品有一个详细的认识。

资源既是信息产业加工的对象，又是信息产业生产的产品，它是社会信息财富的源泉。信息是指通过各种方式可以被传播、传达，可通过文字、声音、图像、视频等表征的，并与某些特定的事实、主题或事件相连的消息、情报和知识。信息作为事物的状态和特征，是一种特殊的资源，它与物质、能量构成世界的三大要素。人们较早地认识了物质、能量，并把它们当作财富，视作生产要素。而直至20世纪40年代以后，人们才真正认识了信息，才逐步自觉地(而不是自发地)利用信息，体会到信息也是宝贵财富，也是重要的生产要素。现在提出信息商品的概念，就是人们肯定信息在信息社会中具有重要作用的一种再认识。

信息商品是一种特殊的商品，它不同于一般的物质商品，是从事信息生产的劳动成果。信息商品是一种知识型产品，包括有形的信息物品和无形的信息服务两种，前者是物质物品和荷载于某种物质介质上的信息符号；后者则是无形的物品，它荷载于人体本身，即信息服务。信息商品的价值是凝结在信息商品中的人类劳动，它是信息商品的社会属性；信息商品的使用价值是具有满足人们需要的效用。

信息商品的生产与物质商品的生产一样，也是一种有目的的活动。信息商品的生产包括对客观信息资源的开发及进一步的加工变换，其生产的目的在于创造、组织、加工和变换信息，使自然、社会和人类思维的规律得到认识，同时改变和促进物质生产，其成果是以物质和非物质的形成表现出来的各种信息商品。信息商品的生产是一个探索未知世界、创造信息和知识的过程，劳动对象虽然也包含物质，但主要的劳动对象是信息，即使劳动对象是物质，主要利用的也是其中的信息成分。例如，雕塑艺术创造的对象，其中的物质成分在生产过程中发生的转换，表面上看来好像与物质产品的生产并无两样，但利用的却是其中的信息，获取的是信息价值，得到的是信息商品。一种产品到底是作为物质产品还是作为信息商品进入市场，主要取决于该产品中物质和信息两种成分的比重，例如纸张的功能是用来记录文字的，因此它是一种物质产品；而一份记录在纸介质上的设计图纸，其价值显然远远超过纸张本身的价值，因为它的价值不是由纸张本身决定的，而是由其包含信息成分的价值所决定的，因此它就是一种信息商品。

信息商品的消费是人们为满足物质生活和精神生活而对信息商品的需求，包括生产消费和个人消费。生产消费是生产过程中对信息的利用，是指把信息商品作为生产过程的中间投入，为生产新的物质产品和信息商品而利用的信息商品，也是信息商品中间消费；个人消费是人们满足生活需要对信息的利用，是指消费者把信息商品和信息服务作为满足个人生活和精神的某种需要或享受，也是信息商品的最终消费。信息商品的消费是信息商品生产的前提和基础，没有信息商品的消费，也就谈不上信息商品的生产和流通。简单地说，信息产品进入流通领域，满足人们的生产和生活需要，也就成了商品。信息产品的商品化是与信息技术和市场经济的发展密切相关的，是信息化社会的必然现象，也是社会的巨大进步。

1.2 信息商品具有其自身的经济特性

1. 高首稿成本与低边际成本

信息商品的一个主要特征就是生产成本集中于它的首稿成本，复制费由于先进的信息技术而十分便宜，因而信息商品的边际成本就非常低。这一特点，对于软件和数据库类型的信息商品尤其突出，因为它需要对原始信息生产的劳动成果进行大批量的采集，一旦第一张光盘生产出来，复制生产另一张光盘的成本就非常微薄。

2. 流通的跨时空性

信息商品所具有的知识信息特性，使得信息商品不会像物质产品那样受运输、仓储、分配等条件的限制，而且还可以借助信息商品先天的高技术性，利用现代通信技术跨越时空在信息供需双方实现信息商品的交易和转让,从而信息服务的产品流速和流量高于一般物质产品。

3. 消费无损耗性及共享性

信息商品的消费无损耗性是指在信息商品的寿命周期内可以被反复交换,多次使用,而它的使用价值不会像一般物质产品那样在使用过程中被消耗掉,它表现为信息内容从一种物质载体转移到另一种物质载体,但不会消灭。信息商品消费的无损耗性所带来的共享性,也是信息商品与一般物质产品的重要不同之处。它说明了信息商品的消费在数量上和效用上可能存在着 1=1+1+…的情况,同时它也是信息商品成为公共物品的理论基础。

2 市场化运作的必要性

2.1 社会对社科文献信息需求的特点

现代市场经济条件下,社会对社科文献信息的需求呈现出许多新的特点:从个人看,人们要求掌握各种与自己发展相关的信息,关心社会经济、技术的最新发展动态,不断调整自己的知识结构,不断提高自己的适应能力,进一步了解国家和政府的各种政策、法律、制度及发展方向;作为政府部门,如何使决策社会化、科学化、民主化,这与社会科学信息的收集、预测的反馈密切相关;作为企业,转换经营机制,参与市场竞争,不仅需要产、供、销信息,更需要研究金融、法律、政府、人口等各类社会科学信息;作为社会主义建设者的个体工商户、手工业者、农民,不仅需要科技信息,而且需要政策法规信息,还需要预测信息以及与之配套的经营管理信息;市场经济体制的建立要求与国际市场接轨,因此,国际市场、经济、政治变化的信息对各方面都至关重要。由此可见,国内各阶层用户的信息需求必将日益增长,其深度、广度和复杂程度,是随着社会经济体制改革与市场发展而发展的。

2.2 社科文献信息中心市场化运作的必要性

1. 社科文献信息中心市场化运作是社会的需要

(1)提高信息意识。信息化社会的不断发展,人们的信息意识随之逐步提高。信息量越多,人们面对选择时就可以更全面地对事物进行分析、判断,这样就能够尽量地使所作出的选择更加科学合理。随着国家对教育的日益重视和加强,人们所受的教育程度越高,其信息意识也就越强。人们信息意识的不断提高是利用好信息资源的前提。

(2)消除信息污染。近年来因特网的迅速兴起增加了信息传播的途径,降低了信息传播的障碍,由此产生了网上信息爆炸。如John Naisbitt所说,“我们正被淹没在信息中,却缺乏知识”。从大量的信息中去寻找正确的、有用的信息,是一件非常艰难的事。有些信息似是而非,不经过调查分析根本就无法判断其正确性。这就需要有专门的信息服务机构和专门的信息分析对所获得的信息进行分析、加工,去伪存真,消除信息污染。

(3)解决信息供给与信息需求的矛盾。由于信息意识提高,人们对信息的需求也有了提高。然而信息的供给却存在两个问题:一是信息供给不足,人们需要通过各种途径去获取;二是虽然获得了很多信息,却无法判断和选择。这样就形成了信息供给与需求之间的矛盾,其矛盾的解决,必须依靠专门的信息服务机构。社会对信息服务和信息咨询的需求,是图书馆信息服务市场化、产业化的强大推动力;同时,图书馆信息服务的市场化和产业化是为了满足社会各个行业对信息服务的需求。

2. 社科文献信息中心市场化运作是图书馆自身发展的需要

图书馆是以向全社会进行文献交流为己任的重要信息交流机构。图书馆工作归根结底就是通过对文献的收集、整理和开发利用,来完成其各项基本职能。对文献的收集、整理和开发利用,主要就是对文献内容中所记载的信息、知识与情报的收集、整理和开发利用。图书馆学着重研究的是图书馆如何更好地进行文献信息的交流,而图书馆的信息服务部门则是更为主动地进行文献信息交流的部门。要想使图书馆很好地完成其各项基本职能,就必须对所收集的文献进行整理和开发利用。要很好地对文献信息进行开发利用,不仅要培养大量的信息服务的专门人才,而且要强化图书馆信息服务的意识,加强图书馆进行信息服务的能力;要想使图书馆学从理论上更好地发展,就必须重点研究文献信息的交流,必须加强图书馆信息服务的职能。只有这样,才能够更好地抢占现代化图书馆的制高点,拓宽我国图书馆事业现代化的发展道路,繁荣我国社会主义图书馆事业。另外,在市场经济中,图书馆要想更好地发展,提高自己的知名度,就必须走进市场,根据市场的需要,提供相应的信息服务,适应社会的发展。

3 市场化运作的可能性

3.1 社科文献信息中心具有资源优势

社科文献信息中心收藏大量社科文献信息资源,这是社科文献信息中心相对于别的信息服务部门来说所具有的优势。这为其开展信息服务提供了文献保障和信息支持。

3.2 社科文献信息中心具备一定的人才优势

社科文献信息中心拥有一批专门的图书情报管理人才,他们非常熟悉文献信息的查找和检索,不管是传统的手工检索还是现代化的计算机检索和网上查询检索;他们能够灵活地应用图书馆自动化系统,业务素质高,信息意识强,只要稍加培训和锻炼,将是一些非常优秀的信息服务人才。

3.3 社科文献信息中心具备良好的网络环境

随着社科文献信息中心工作全面采用计算机管理，其网络环境也逐步地建立起来。社科文献信息中心采用各种自动化集成系统建立自己的内部网络环境，Internet 将中心所属各图书馆联系起来，组成图书馆外部开放的广域网络环境。网络的飞速发展，不仅为社科文献信息中心提供了广阔的信息来源途径，而且为信息传递提供了快捷、方便的通道，扩大了信息服务的范围，增加了信息服务的对象。由于以上优势，社科文献信息中心市场化运作模式是完全可能实现的。

4 社科文献信息中心市场化运作中存在的问题

4.1 思想认识问题

这是当前存在的一个普遍问题。由于受到传统思维定式的影响，文献信息服务的市场化运作还未引起足够的认识。其主要表现在：一是认为文献信息服务只有社会价值，不具有市场价值，无法进行市场化运作；二是认为文献信息服务虽然同时具有社会价值和市场价值，但是以社会价值为主，没有必要进行市场化运作；三是认为文献信息服务虽然同时具有社会经济价值，而且经济价值还表现得日益突出，但是在目前还不具备进行市场化运作的条件；四是在表面上支持文献信息服务的市场化运作，而在行动上却并不支持市场化运作，甚至还阻碍市场化运作。

4.2 管理协调问题

这是当前存在的一个突出问题。由于受到传统管理体制的约束，各个文献信息服务部门和单位都是按照各自所属的系统和部门来开展工作的，彼此之间缺乏相互协调与合作。由于管理体制不相适应，部门之间、地区之间相互分割，自成体系，各自为政。这种状况不仅影响了文献信息服务的健康发展,而且与信息资源的市场化运作的客观要求不相适应。由于资源分散,致使文献信息服务的整体性发展难以得到充分体现,致使市场化建设无法开展。

4.3 数据库建设问题

这是当前存在的一个核心问题。数据库是网络文献信息资源建设的血液,是市场化运作的基础。但是当前数据库建设过程中存在的问题却使文献信息服务的市场化运作受到严重的阻碍。而在文献信息服务方面的数据库更是少之又少,因此文献信息服务市场化运作的发展受到了极大的制约。

4.4 建设经费问题

这是当前存在的一个主要问题。经费问题包括这样三个方面的因素:一是经费来源问题。由于受到管理体制的制约,各个文献信息服务单位的经费来源是各不相同的,有的由国家投资,有的由有关单位和部门资助,有的则由文献信息服务单位自筹。由于经费来源的不同,对网络资源环境下文献信息服务工作的市场化建设也就存在不同的态度。二是经费投入问题。经费投入的多少、规模、形式与各个文献信息服务单位的规模及其在本部门本地区的地位作用不同而显示出不同的比例,从而使市场化建设也面临不同的发展机会。三是收益问题。在文献信息服务市场化建设过程中,收益问题也是影响文献信息服务工作市场化建设的重要因素之一,特别是对于那些主要靠自筹资金解决经费来源的文献信息单位就显得尤为突出。这样的结果造成一方面是文献信息服务工作建设投资少,经费不足;另一方面是大量的低水平的重复建设,经费浪费。

4.5 人才结构问题

这是当前存在的一个关键问题。近几年来,随着对文献信息服务工作的逐渐重视,人才严重缺乏的局面已经有所改善,一大批优秀的人才进入文献信息服务工作领域，对推动文献信息服务工作的开展起了积极的促进作用。但是随着网络化的进一步推进，市场化建设的逐步展开，人才问题特别是人才结构问题又一次突显出来。一是人才的整体素质难以适应市场化运作的需要，人才缺乏的现象表现突出；二是人才的结构难以适应开放的文献信息服务工作的市场化运作，专业人才相对较多，而复合型人才则相对较少；三是从事一般文献信息服务工作的人才相对较多，专家型学者型人才相对较少，对文献信息服务开展深层次研究不多，致使文献信息服务市场化运作难以到位。

4.6 服务手段问题

这是当前存在的一个技术问题。长期以来，由于受到各种因素的影响，文献信息服务工作的手段还停留在传统阶段，严重制约着文献信息服务市场化建设的推进。其主要表现在：一是对现代信息技术的掌握不够，了解不深。二是对现代信息技术的应用不多，现代信息技术还没有完全进入文献信息服务工作领域，一些地方和部门虽然已经配备了现代信息技术，但是没有能够得到有效的利用。三是对网络技术的出现与应用及其作用未引起足够的重视。一些文献信息服务部门虽然已经采用网络技术，但其作用没有能够得到有效的发挥；一些文献信息服务部门对网络技术是何物还是茫然无知。

5 省域社科文献信息中心市场化运作

5.1 社科信息机构机制和体制的转变

社科信息机构长期以来，在计划经济体制的保护下，市场观念淡薄，服务观念淡薄，毫无风险意识和忧患意识。在整个国民经济体制的转变过程中，这种状况已经越来越不适应形势发展的需要。

其突出表现为社科信息工作与企业和社会的需求脱节，即拥有社科信息资源的机构不知有何用，怎么用；而需要社科信息的，却不知到哪儿去找，怎么找。在市场经济市场的发展过程中，显然，社科信息资源的开发也应该相应地规范化、市场化。

另外，社科信息机构要转变只为科研、教育服务的传统观念，要用市场经济的规律去开发信息资源。无论是为社会服务，还是为市场经济服务，都要树立“用户第一”的宗旨，要有竞争意识。同时，建立确保为科研、科学和社会经济服务的，体现公益性的体制和机制，直接面向市场进行有偿信息服务。

5.2 由基础建设向开发研究转变

在市场经济体制下，社科信息机构首先必须在信息服务上改变传统的方式和方法。就现阶段而言，社科信息服务应更加深入实际，贴近实际，服务于经济建设大局，加强对社科信息的开发等研究，有针对性地将社会主义现代化建设中出现的新情况、新问题、新思维、新观点等及时地向信息用户介绍，并提出一些可行的措施和办法。服务观念的转变，将在很大程度上改变现有社科信息机构的工作内容、工作性质和工作方式，要将过去的以搜集、存储文献、编制二次服务为主的工作，转变为以搜集、存储、加工提供现代化文献检索、储存手段为基础，研究、预测用户需要和心理，提供针对用户需求的多层次、多方面的信息，重点加强对信息的深层次开发和服务工作。其次，开发研究的关键是要使开发研究的成果适应社会需求，真正做到“产销对路”。因此，加强调查研究、摸清社会需求非常重要。开发研究的形式，一是围绕重点课题进行专题研究，即选择一些社会普遍关注的热点问题，编写参考资料；二是编辑和发行社科信息刊物，并使之进入市场；三是根据客户的要求，及时、准确地提供有关信息，实行有偿服务。

5.3 转变服务观念，适应市场经济需要

随着社会主义市场经济体制的不断完善，社科信息服务机构必须突破只为社科研究服务的单一服务格局，充分发挥多元化的服务功能，为社会发展提供经济、政治、文化等各方面的信息，尤其应注重面向经济建设主战场，并把触角伸向企业和农村，同时不断提高社科信息研究方法，转变社科信息研究模式，将社科事业的领域拓展到社科理论和应用两方面。

就宏观决策部门的信息需求而言，信息内容出现了相应的变化，由于体制改革和职能转变，对国民经济的宏观管理也由直接调控转向应用多种手段间接调控。另外，信息的重要性不仅在于它是决策的基础和依据，各类信息的及时发布已经成为引导经济运行的一种重要调控手段。所以，在政府决策的信息支持方面越来越多地需要各类综合经济信息以及典型的重大的个案信息。

就面向企业的社科信息服务而言，根据我国目前的情况，除对政府需要的宏观决策信息资源加强开发外，对企业所需要的市场信息资源开发应是重点。现在，为适应市场需求的变化和市场竞争，企业必须及时把握诸如金融、价格、经济运行、科技、政策法规、市场动态等各种信息。由此可看出，企业对信息的需求正在剧增，作为社科信息资源的开发者应敏锐地觉察到这一发展趋势并及时提出相应的举措。

就社会公众的社科信息对于需求而言，随着经济发展以及人民生活水平的提高，教育、经济、娱乐、医疗、法律等诸多方面的潜在信息需求已在相当程度上成了现实的信息需求。这种逐步形成的信息的社会需求必然推动信息资源的开发。对此，我们只有不失时机地做好调查分析，才能在广阔的市场发展空间中游刃有余。

5.4 面向未来，加快培养高层次的社科人才

根据经济学的观点，人是所有资源中最重要的资源，其不仅直

接关系到事业的发展，更是关系到国家、经济和社会的发展。目前，社科信息部门明显存在着人员数量不足、素质偏低、结构不合理等现象。随着我国社会主义市场经济的深入发展，社会政治、经济和生活对社科信息的需求量将越来越大，对社科信息人员素质的要求也将越来越高。在理论水平方面，需要具有敏锐的洞察力和较强的超前思维能力，以便及时感知党和政府的决策实施，随时预测社会科学发展的前景；在专业方面，需要掌握社会学、经济学、图书情报学及计算机科学等知识和技能。总之，面向未来，我们需要建立一支层次高、结构合理、学有专长的人才队伍，从而保障信息生产与服务的市场竞争力。

5.5 加强市场研究，明确市场定位

要有效地推进社科文献信息服务的市场化运作，必须加强对市场形势的调查研究，明确市场定位，有针对性地开展信息服务。要使市场在文献信息的配置和利用中起到基础性的作用，建立起符合市场环境下社科文献信息资源建设的市场目标。为此，一是要加强对社科文献信息服务需求用户群体的调查研究。针对市场用户群体的不同需求，开展相应的社科文献信息服务。二是要加强对社科文献信息服务需求层次的调查研究。针对各个层次的不同需求，开展不同形式的社科文献信息服务。三是要加强对社科文献信息服务发展趋势的调查研究。

6 省域社科文献信息中心市场化运作的管理

6.1 加强省域社科文献信息中心市场化运作的管理

省域社科文献信息中心的市场化运作需要加强管理与协调。省域社科文献信息中心的建立，必须打破那种传统的封闭的各自为政的局面，走向开放的相互协作的管理体制。网络环境的产生

为这种相互协作的市场化运作提供了条件。为此，就势必要加强文献信息服务工作之间的协调，强化统一管理。要实现这种管理上的变革，必须做好以下几方面的工作：

一要加强政府部门对文献信息服务工作的调控管理职能，在不断推进市场化的过程中，政府行为在文献信息服务工作中仍然具有不可替代的作用，特别是在市场化运作模式刚刚开始建立时，这种作用就更为明显。

二要制定相应的社科文献信息服务工作管理规章，制定相应的法律法规，规范文献信息服务工作行为，使文献信息服务工作逐步走上规范化、标准化、网络化，从而为市场化运作创造条件。

三要加强社科文献信息服务工作之间的相互协调与合作。协调与合作是网络环境下文献信息服务市场化运作顺利开展的重要推动力量，也是推进市场化运作的重要一环。协调与合作一方面可以互通有无，加强了解与联系；另一方面也可以避免许多的重复劳动，节约人力、物力、财力。

6.2 省域社科文献信息中心的管理机构

为了加强对省域社科文献信息中心市场化运作的高效管理，应该一个相关的管理机构，进行日常的协调与管理工作。我们的思想是建立宏观管理机构、运作实施机构和监督机构。

1. 省域社科文献信息中心管理委员会

省域社科文献信息中心由参加联盟的各图书情报机构推举联盟内数家机构主要负责人或主管信息服务工作的分管领导组成。主要负责信息中心大政方针的确定及重大事项的决策工作，其具体职能包括：

- 负责省域社科文献信息中心的组建工作。
- 主持制定并批准省域文献信息中心章程与发展规划。
- 批准图书情报机构加入省域社科文献信息中心的申请。

• 负责批准制定省域社科文献信息中心的管理制度、有关技术标准与规范。

• 批准省域社科文献信息中心信息资源建设与整合方案。

• 批准省域社科文献信息中心市场运作方案。

• 负责省域社科文献信息中心人事组织与管理以及财务审计工作。

2. 省域社科文献信息中心常设机构

省域社科文献信息中心常设机构包括中心办公室与信息服务部门。办公室负责中心日常行政事务管理;信息服务部门负责具体信息服务工作的开展。

• 办公室负责省域社科文献信息中心各成员馆间的日常联络与协调。

• 办公室制定省域社科文献信息中心管理制度并报管理委员会批准。

• 办公室负责确定市场活动方案并组织实施。

• 办公室负责制定信息服务工作流程并组织实施与管理。

• 信息服务部门实施省域文献信息中心信息资源建设与整合方案。

• 信息服务部门负责目标市场的调研与分析。

• 信息服务部门根据市场需求,联合各中心成员馆生产信息产品并进行产品维护与质量控制。

• 信息服务部门负责提供市场服务并反馈市场情况。

3. 省域社科文献信息中心监督委员会

监督委员会由省域社科文献信息中心成员馆代表及有关信息用户代表组成,负责对中心运作方式、市场行为、管理实施及财务人事情况进行监督并提出合理化建议。

省域社科文献信息中心的建立和市场化运作是一个全新的课

题，也是一项系统工程，需要包括公共图书馆、高校图书馆、科研系统图书馆、党校图书馆等各系统各类型图书馆打破系统界限，高瞻远瞩，通力合作。以市场需求为导向，以市场服务核心，摒弃传统图书馆信息服务模式，将自己置身于市场大潮中，充分发挥这一图书馆联盟的文献信息资源优势与信息人才优势，把握市场动态，利用市场机会，接受市场考验，并在市场中获取社会效益与经济效益双丰收。

【参考文献】

[1] 徐璞英.建立全省社科文献信息中心是繁荣发展哲学社会科学的重要保障.浙江社会科学，2005(9).

[2] 梁秀霞.信息环境下社科信息服务的社会化.大学图书情报学刊，2004(3).

[3] 蔡忠兵.对图书馆信息服务产业化发展的几点反思.科技情报开发与经济，2006(10).

[4] 张绪芳.市场经济对社科信息的需求分析及对策.乡镇经济，2004(2).

[5] 刘屏极.论新世纪图书馆信息服务的市场化、产业化.高校图书馆工作，2003(3).

[6] 袁越兴.论文献信息服务的市场化建设.湖南财经高等专科学校学报，2001(4).

[7] 刘文萃.论非营利部门的市场化运作.山东工商学院学报，2006(2).

联合建设浙江省社科文献信息中心需要解决的问题

韩 明*

摘 要:省社科文献信息中心的建设,是我省地区经济、文化建设发展的需要,也是信息时代发展的必然趋势。本文试着从各文献信息机构行政隶属关系和管理体制不同带来的束缚;网络和数据库资源建设中存在的问题;文献信息人才匮乏及支撑“中心”持续正常运行的经费来源四个方面,来分析建设省社科文献信息中心过程中需要解决的一些问题。

关键词:联合咨询;咨询服务;社科文献;信息化建设

在“三个代表”重要思想和科学发展观的指导下,按照构建社会主义和谐社会的要求,同时适应我省地区经济事业的发展,文化大省的建设,社会科学基础理论的研究以及政府部门的决策和党的理论宣传工作的需要,建立一个完整、系统和高效能的社科文献信息中心,是十分必要的。

省社科文献信息中心通过互联网和合作协议,将全省高校、公共、社科院等各系统图书馆联成一个网络,形成文献资源配置比较合理、具有一定规模效应的全省社科文献信息资源共建共享体系。为了提高社科文献信息资源为社科研究、领导决策和公众服务的

* 韩 明:浙江图书馆采编部,馆员。

水平，满足全省经济社会文化发展和哲学社会科学繁荣发展的信息需求，需解决以下几个问题。

1 解决行政隶属关系和管理体制不同所带来的束缚

目前，我省的图书情报机构分别隶属于高校、公共、社科院等不同的系统和管理部门，缺乏统一的规划与技术标准、格式，难以开发出具有权威性、规模化、规范化的产品，致使有限资源难以发挥整体优势，在造成信息有效供给不足的同时又有大量的资源重复、闲置、浪费，保障程度较低，网络设施浪费和效率低下。因此，我们必须实现全省高校、公共、社科院等图书馆系统之间的文献信息资源共建、共知和共享。

1.1 建立资源共享信息平台

综合应用网络通信技术、信息资源和数据处理技术、多媒体技术等先进技术，建立资源共享综合应用平台，开展馆藏文献的联合采集与资源建设的馆际协调；全省图书馆联合编目；馆藏书目数据的联网检索；网上馆际互借和预约外借；网上数据库资源共享；联合开展数字化参考咨询和信息服务等工作。

1.2 建立联合采购信息系统

联合馆藏建设是信息资源共享的核心任务。尽管我省在国外期刊的采集方面已有了较好的人工协调机制，三大系统有较明确的收藏重点，但在其他文献，特别是高价的电子文献上还没有形成一个协调机制。必须通过资源共享网络进行采购协调并组织集团购买，对于高价格、高利用率的检索数据库和全文数据库，可以由中心购买后设立镜像站点，提供所有成员馆使用。各成员馆必须根据各自的服务对象、馆藏基础、经费状况、人员结构等多方面因素，从文献类型、载体、学科等方面统一协调。如，高校图书馆充分发挥 CALIS(中国高等教育文献保障系统)的优势,以收藏国外期刊为重点;情报研究所以收藏技术标准、政府报告等特种文献为主;公共图书馆以收全社会科学文献为侧重点。通过相互协调合作,建立覆盖不同学科和专业领域的较完整的并各具特色的文献保障体系,对一些边缘性的、高价的、利用率不高的学科文献则完全可以依托国家科技图书文献中心与长三角相关单位的文献信息资源馆际互借共享来满足这部分文献的需要,使全省信息资源建设向生产规模化、分工专业化、服务社会化方向发展。

1.3 形成全省联网的书目信息系统

各成员馆应遵循统一的协议,以集中平台和分布建设的方式建立全省的联合编目中心和公共书目查询系统,通过统一的检索界面和网络化的书目信息系统,使各图书情报机构能利用联机查询中心的书目数据,共享原始编目成果。还可以根据本省区域经济特点和发展的需要,以集中平台和分布建设的方式,自建一些重要的专业特色数据库和全文数据库。

1.4 设立全省社科文献信息中心组织机构

信息中心的建设不仅仅是图书情报界的事,也是哲学社会科学界的大事,是我省建设文化大省的一项重要的系统工程。因此,中心应成立由省级分管领导挂帅、有各系统主要图书馆馆长参加的中心委员会,制定中心正常运转所必需的各项条例、章程、制度、法规等,对全省社科资源共建共享进行宏观调控,统一规划、统一标准、统一协调、统一分工、统一实施。中心委员会办公室可设立在网络技术较先进的馆(核心馆),也可称之为省级主任馆,然后将全省图书馆联成一个网络。这一网络由省、市、县三个层级组成,每一层级都有一个层级核心馆起主任馆作用,联合本地区各个系统的图书馆,形成本地区域性社科信息中心,逐级上联,形成全省网络联盟。这一联盟将根据我省的实际,以集中与分散相结合的方法提供信息资源服务，既不改变各图书馆原有的行政隶属关系，又能充分发挥各成员馆的特色和优势，实现优势互补。

2　解决网络和数据库资源建设中存在的问题

文献信息中心和网络是一个组织系统中不可分割的两个方面，中心的特色与重点就是网络和数据库。建立社科信息资源网络中心，需要提供一致的用户界面，采用统一的数据格式，即采用尽可能一致的网络软件系统。基于目前各系统已建成的局域网现状，要实现信息资源的有效整合和解决相互间异构数据库的不兼容问题，信息资源网络中心建设应着重解决以下问题：

2.1　系统硬件平台标准

即各节点（各网络联盟馆的服务器和客户端硬件）的配置，比如CPU、内存、网卡、存储设备等的规格型号等，应相对一致。

2.2　系统软件平台标准

即各网络联盟馆的服务器和客户端系统软件的配置，诸如操作系统的类型、版本及数据库的类型、版本等也应相对采取统一类型。为此，在信息资源网络系统建设中必须选择能匹配于核心馆网络运作的系统软件。

2.3　开发工具平台标准

即各联盟馆在开发自主数据库或信息资源开发时的数据质量标准，包含信息加工标准（字符集、代码等）、信息记录标准（文献著录规则、机读目录格式等）、信息检索标准（标引和分类、标引规范主题词等）、信息传递标准（计算机网络、数据库管理等）以及文献资源质量管理和控制标准，即各成员馆的目录导航、索引数据等的质量控制要采用统一标准。

2.4 采用集中式管理

信息资源网络建设硬件集中于省级主任馆，所有的管理维护都集中到中枢机构的服务器上，实行网络维护的集中管理。采取集中式管理，有益于硬件维护与升级，对于服务器的软硬升级既方便又经济，各成员馆可避免陷入因软硬件交替升级淘汰的耗钱的循环，有益于降低网络建设成本。最为经济最能体现成效的是委托省级主任馆建立一个操作平台，来管理各层级成员馆的子网络。

2.5 知识产权保护问题

当前，除了各馆收藏的已明显失去知识产权保护的古旧书籍内容的数字化转化不具侵权外，其他印刷型文献的数字化大多存在知识产权保护问题。以网页制作为例，有规可查的即需考虑复制权、发行权、演绎权、传播权、表演者权、录制者权、广播组织权、精神权利等。因此，应预先制定如何遵守国际协议、如何保护各馆特色资源数据库的知识产权的规程。另外，应尽可能向出版商或代理商购买各类数据库使用权，这将在较大幅度节省经费支出的同时，有效地规避知识产权的侵权，实现合法共建共享。

3 解决人才匮乏问题

建设社科文献信息中心，需要一批具有较强的理论思维水平，较高的专业知识水平，广博的社会科学知识，较强的信息吸收、信息处理研究、信息服务能力，以及良好的职业道德的高素质、复合型人才。但是，目前我省这方面的人才比较匮乏。因此，各系统的文献信息机构要加强人力资源建设。

3.1 构建一支结构合理的复合型人才群体队伍

一个人无论怎样学习，即使是倾其一生精力也无法掌握人类的所有学科知识，况且新学科还在不断涌现。因此，各系统文献信息机构建立起一个合理的人才结构，形成一支强大的复合型人才群体队伍就显得尤为重要。在人才培养上，要突出提高质量的要求；在人才质量上，要突出提高思想道德水平的要求；在人才类别上，要注意培养多种层次和类别的人才，满足现代化文献信息中心发展的需要。要培养复合型人才群体，应制订详尽而又科学合理的人才培养计划。计划中要尽可能安排好各学科专业人才的比例，争取使各成员馆内所有复合型人才能够涉猎更多的相关学科和专业，提供全方位的深层次服务。我们在人才培养中，既要重视个体质的提高，又要注意群体质的提高，也要注意个体与个体之间、群体与群体之间质的提高，使他们的心理、行为、思想品质通过培养教育达到优化组合、协调自如，从而创造出一流的工作成果。

3.2 重视和加强个体人才的培养

除了通过参加学术研讨会、专题讨论班、专家学者的讲座、学术科研活动、继续教育等方式，全面提高复合型的知识结构外，还应注重培养多种能力，如开拓、创造能力，广泛的适应能力、应变能力，较强的动手能力、自学能力和一定的组织、管理能力，以适应文献信息中心建设的需要。良好的职业道德是文献信息队伍建设的前提，因此，也一定要重视职业道德的培养和教育，以此提高整个人才队伍的素质。

4 解决经费问题

要建立社科文献信息中心并维持其正常运行，必须有较充足的经费投入和支撑。新中国成立以来，各级图书馆一直依靠国家或地方政府财政拨款发展。但我国至今仍未出台一部图书馆法，更无法规或条例明确规定拨款比例。省社科文献信息中心的建设是个持续性工程，“中心”的网络建成后，后期的维护和升级投入往往成为衡量共建共享工作成效与生命力的决定因素。为此，应本着长期发展的角度，努力提高“中心”的信息服务质量，加大宣传力度，扩大社会影响力，让省政府领导认可并高度重视。省政府在制定经济、文化发展计划的同时，应对“中心”的经费规定适当的比例，作为一个地方性的条例文件来执行，从而使“中心”的运作得到政策层面的保证。同时，积极拓展经费来源渠道，比如：依循“谁受益谁投入”的原则，凡参加的成员馆，按规模大小共同承担一些网络建设投入的费用；由省级主任馆发行远程读书卡或按检索量支付一定的服务费；建立“省文献信息中心基金”，由省级主任馆馆长或其他德高望重的专家出任基金会理事长，聘请海内外知名人士为名誉会长，宗旨是发动爱我浙江，繁荣浙江，为浙江的经济和社会发展作贡献的企业界、工商界及海内外人士的捐款作为基金，用于“中心”的运作。这样做，既可加强与社会各界和海外同胞的联系，又可增加“中心”经费，同时，还可扩大社会影响力。此外还可以通过有偿服务等方法，使省文献信息中心的建设得到有力的物质保障。

【参考文献】

[1] 徐璞英.建设全省社会科学文献信息中心是繁荣发展哲学社会科学的重要保障.浙江社会科学，2005(5).

[2] 陈宝生，杨三军.加强省级区域性社科文献信息资源网络体系共建共享的思考.管理学研究，2005(4).

[3] 周带娣，李晗章.21世纪农业图书情报人才队伍建设构想.农业图书情报学刊，1999(6).

[4] 陈靖华.地方社科院文献信息服务现状和对策分析.求索，2000(4).

[5] 郭笑楠.探求网络经济时代高校图书馆用活资金的技巧.辽宁税务高等专科学校学报，2001(6).

[6] 姚丹.论高校图书馆数据库资源共建共享.情报探索，2004(3).

图书馆信息资源建设新举措

——关于样书现购采访模式剖析

吴 蕙*

摘 要：采访工作是图书馆最基础的工作，面对国内图书市场的新形势，图书采访的观念和方法必须创新。本文介绍了样书现购采访模式的特点和优势，并就样书现购中存在的问题提出了具体对策。

关键词：中文图书采访；采访模式；样书现购

文献采访工作是图书馆业务的基础工作，也是最为关键的环节。它直接关系着图书馆业务工作的服务质量和服务效果。随着现代信息技术的广泛应用及网上信息流量的扩增，当前信息流通不仅速度快而且周期短、时效性强，图书馆传统的书目预订和现货选购已经难以适应形势发展的需要。目前，笔者所在的浙江图书馆采购中文图书已不再采用填报订单预订或直接去采购现场选书的方法，而是由书商主动送样书上门，供采访人员挑选。本文就我馆中文图书采访实行样书现购的方式作一简要的剖析，并针对样书现购中存在的问题，提出具体对策。

* 吴 蕙：浙江图书馆采编部，馆员。

1 浙江图书馆样书现购的实施方法

浙江图书馆与浙江省新华发行集团下属的杭州市新华书店、博库馆藏公司建立了采访主渠道，同时，还开辟了现代书店、枫林晚书店、杭州书林文史书店等多家较有特色的书店作为采访渠道，要求这些书商都提供样书。书商每周送2～3次书，一批样书送来后，采访人员经过选书、查重，在本馆计算机系统中(我馆使用的是美国INNOPAC系统)，生成订购记录，将选中图书的采访订购信息通过E-mail发给书商，他们再配书、送书到图书馆，同时，将部分不需要的图书收回。这样借助便捷的计算机网络技术手段，完成了每批图书的订购。样书现购是一种从传统的现货选购基础上发展起来的一种较为理想的采访方式，它解决了传统的书目预订和现货选购中的缺陷，是对传统采访模式的一种改革。以2004年为例，我馆采购到馆的国内中文图书54451种146801册，其中样书现购42951种115394册。

2 样书现购的优势

2.1 为采访工作提供了质量保证

改革开放以来，我国图书出版发行业的繁荣，虽然给图书馆带来了广阔的文献资源环境，同时也给图书采购工作带来了一定的难度：一是科学技术的迅速发展，信息量的急剧增加，学科间的相互交叉渗透，使同一种图书所含的信息纷繁复杂，从而增加了分析评价和鉴别选择的难度。二是一些出版商，为了眼前利益，猎奇、胡编乱凑，出版了一些知识性、教育性、应用性不强，文化底蕴不丰厚的书籍，或在短期内以不同名称不同系列出版内容交叉重复的书籍。还有一些内容重复、篇幅巨大、价格昂贵、版本多样的各类工具书等。如果仅凭书目上提供的书名、ISBN 号以及简单的内容介绍，采访人员难以对图书内在质量作出正确评价，很可能陷入盲目采购或重复采购的境地。而看样选书，使采访人员直接面对图书，通过浏览图书封面、版权页、前言、目录等内容，了解所选图书是否某一学科专业的重点著作，是否某专业里由低到高、由浅入深的权威性著作，是否优秀教材或教学参考书，是否某学科领域填空补缺的著作；了解图书作者是否学科带头人、专家、权威，是否有创新精神、独到见解的后起之秀，从而对图书进行鉴别评价，判断其是否有价值、是否合乎本馆读者需要，经严格筛选后作出取舍，为采访工作提供了质量保证。

2.2 有利于发挥图书的时效性

在出版量激增的今天，知识更新的速度越来越快，知识老化的周期越来越短。书目报所报道的图书信息除一部分是现货外，绝大部分都是期货，一般要在预订 1～3 个月后才出版，加上供货商人力、物力条件所限，以及运输方式、路途远近等中间环节的耽搁，新书到馆周期最短也得 3～4 个月。还有的书商出于成本和利润的考虑，并不是图书随到随送，而是等积累到一定数量才发送，这无疑又延长了图书到馆时间，致使一些时效性比较强的图书，如计算机类和考研类图书刚上架就成了明日黄花，使用价值大打折扣。样书现购则克服了这种局限，因为送来的样书基本都有现货，缩短了图书到馆的周期，最快的从发订单到配送书只用 3 天时间，使那些时效性较强或读者急需的图书及畅销书能在最短的时间内和读者见面。

2.3 克服了查重困难的问题

以往对图书馆而言，现货选购最大的问题是无法在选购现场查重，只能凭采访人员的记忆购书，很可能会重复订购，造成资金浪费。现在，虽然许多图书馆在外出现购时，配备了便携式数据采集器或笔记本电脑，极大地方便了现场采访工作。但是，因为数据采集器只有 ISBN 号和订数，而没有书名、作者、单价等项，这就使我们建立的采访数据库难免有缺陷，甚至影响到后面图书验收等一系列工作。样书现购使查重困难的问题不复存在，采访人员在设施条件完备的办公室对每一本样书进行认真、仔细的查重，不易重购，不易出乱。

2.4 解决了图书馆与书店之间经常扯皮的问题

图书馆与书店经常因某些书已订和未订而发生误会，并且一旦发现错订、误订或重订，退货较困难。而样书现购，因为书店完全按样本书来配送复本，基本不会出错。如果书店在配送复本上出现差错，或因采访人员工作失误而造成重复订购的图书，都可及时交书店处理。

3 样书现购存在的问题

3.1 书商经营品种的局限性，导致图书馆藏书品种的缺漏

样书现购的品种依赖于书商的进货。无论书商的实力多强，在品种的提供上都有局限性，不可能满足图书馆的所有需求。首先，每家书商有它自己的经营倾向和对出版社的偏爱，选择什么样的货源不是图书馆能控制的。我馆样书现购中，中文科技类图书多为：电子工业出版社、机械工业出版社、清华大学出版社、人民邮电出版社、科学出版社等出版的图书；社科类图书多为：中国人民大学出版社、北京大学出版社、三联书店、人民文学出版社、中华书局等出版的图书；教材、教参类图书以高等教育出版社和一些相关大学出版社的图书为主。这些出版社出版的图书数量多、质量高，能及时反映一些学科最新研究成果，以及这些学科的研究现状和发展趋势，有较高的使用价值，在读者中具有较大的影响力。这些

图书当然是一般书商所乐意经营的。问题在于一些边远地区出版社、地方出版社的图书只占很小的比例，一般书商往往不乐意经营，从而使这些出版社的部分优秀图书未能进入样书现购的渠道。其次，出于经济利益的考虑，书商特别愿意提供一些销量较大的热门书、畅销书以及定价高、折扣高的图书，如大型丛书、系列书、工具书等。而一些学术性、专业性较强的科技类图书及不通过出版商发行的图书，如地方志、行业志、年鉴、会议论文集等，由于发行量少，销售面较窄，几乎无利可图，书商都不太愿意提供。此外，许多出版社为垄断自身的出版利润，大大增加了自办发行图书的品种，大凡出版社认为值得自己发行的好书，往往将总发行权抓在手里，这部分图书也是书商拿不到的。由于书商不可能将所有出版社的新书品种都纳入自己的经营范围，图书馆也就很难在样书现购中采购到馆藏所需的所有品种。这是样书现购中存在的主要问题。

3.2 书商经营品种的雷同，导致采访人员大量的重复劳动

现代图书发行市场出现的新格局无疑拓宽了采访工作的渠道，但在市场经济条件下，受利益驱动，书店之间经常竞相抢售热门图书、高折扣图书，一些大型、综合型书店经营的图书品种几乎千篇一律，缺乏特色，造成了采访人员大量的重复劳动。如浙江省新华发行集团下属的杭州市新华书店、博库馆藏公司是我馆样书现购的主要途径。这两家书商信誉度高、图书品种多、涵盖面广，在图书批发、零售方面都具有一定的权威性。但在样书现购的具体操作过程中，我们发现这两家书商提供的图书品种重复率达90%以上。这就加大了采访人员的查重工作量，导致不必要的重复劳动。面对这种情况，我们只好采取随机式的办法进行样书现购，即图书馆先接到哪家书商提供的样书就先买谁的。这有很大的随意性。2006 年我们又加以改进，对这两家书商分为上、下半年分别采购。

4 解决问题的具体对策

4.1 广泛收集图书出版信息

随着图书出版发行事业的发展，图书发行信息逐渐多渠道化。新华书店、新闻出版总署信息中心、图书馆供应商、出版社都在提供书目信息。我们的做法是：(1)采访人员首先使用3份正规书目信息报：《社科新书目》、《科技新书目》、《地方标准新书目报》。这3份报纸尽管受市场经济发展的冲出，其新书报道量有所下降，但作为稳定的新书书目信息的主要来源，仍然得到业内人士的一致认可，是不可缺少的书目报。(2)通过相关的报刊获得补充信息。如《中国图书在版编目快报》、《中国图书商报》、《中华读书报》、《新闻出版报》等。(3)在网络已经普及的情况下，通过网上书店、出版社网站等获取中文图书最新信息，这不仅可以了解图书的出版动态，还可以了解图书内容和读者评价，甚至还可以阅读部分章节，使采访信息比较全面，利于图书质量的严格把关。此外，部分提供旧书信息的网站，例如孔夫子旧书网等，可以成为回溯性书目信息的重要参考。(4)通过目标图书馆进行信息比对，获取本馆所需信息。如选择国家图书馆、上海图书馆的馆藏记录，与本馆馆藏进行比对，获取补充信息。

4.2 认真分析出版社的特点

据2005年统计，全国有573家出版社，包括副牌35家。其中中央级220家，地方级353家。图书馆的采访工作人员应了解各出版社的出版重点与方向，跟踪发展动态，及时作出评估。那些品牌出版社，是很注重自身企业形象的，会注意树立和维护自身的声誉，力争出高质量、高品位的图书。优先选择那些高声誉的出版社出版的图书，是提高购书质量的比较可靠的方法。

4.3 合理选择书商

公共图书馆选购图书具有品种多的特点，而新华书店提供的图书毕竟是以大众性、科普性、流行性为主，学术性、专业性图书相对较少，只靠新华书店订购图书肯定是不行的。专业特色书店近几年来异军突起，打破了新华书店一统天下的格局。与新华书店这样的大型、综合型书店不同，专业特色书店或者专注于某一专业，如法律书店、建筑书店、教育书店；或者全品种地提供某一出版社的图书，如商务印书馆的专卖店；或者虽然跨专业、跨出版社，也只是限于某一个较大的方面，如杭州书林文史书店、枫林晚书店等等。这些书店的经营方向是全面提供某一专业或某一出版社的大部分图书，这类图书学术性、专业性较强。同时，专业特色书店市场意识强，经营方式灵活，价格优惠，对于图书馆的一些个性化要求也能尽量满足。当然，要从众多的书店中挑选真正服务良好的书商并非易事。可从以下几个方面衡量书商的优劣：(1)发行规模。主要指年销售的品种、数量、码洋等，规模大的发行商一般抵御市场风险的能力也强。(2)到货率。指书商能购到的图书与采访订购量的比例，到货率高低是衡量供应商能力的重要依据。(3)发行速度。指文献出版与图书入馆的时间差，当代知识老化速度越来越快，新书入藏速度直接影响图书馆的社会地位，采访工作需要选择最快的供应商。(4)售后服务。指书商要确保所购图书的质量，对于出版中的质量问题和发行中出现的问题都要及时负责予以解决，诸如装帧问题、数量差错、价格误差等等。对图书馆采访人员提出的问题、意见、要求能迅速给予答复。对于一个新的书商，我们先从小批量的采购做起，经过一段时间的观察，能够达到要求的再逐渐加大采购量。不要局限于一家书商，因为哪家书商都不可能将图书馆需要的图书品种提供齐全，适当地多选择几家，可以互为补充，互相竞争。

4.4 样书现购与书目预订相结合

尽管样书现购有不少优点,但如果图书馆只采用样书现购一种模式,就会导致整个藏书体系的失衡和藏书品种的缺漏。在实践中我们认识到,应该建立以样书现购为主、书目预订为辅的采访方式,样书现购主要针对新华书店发行的图书,书目预订主要针对连续出版发行的图书、全馆全面收藏的文献和发行量相对较小的学术性、理论性很强的图书。二者结合,取长补短,才能提高图书采购质量,达到采全、采准的要求,更好地满足广大读者的需要。

4.5 重视图书查缺补漏

在样书现购的基础上,增加图书查缺补漏的采访工作,更能提高采访质量。所谓图书查缺补漏,是指查找并补充符合馆藏要求的缺漏图书,降低必备图书的缺藏率。首先应考虑补全经典图书、权威性著作、获奖图书、特藏文献、年鉴、多卷书的缺失卷册;其次是学术性、专业性较强的科技类图书,合作出版和作者包销图书;最后才是有一定艺术价值的文学作品,欣赏类和素质教育类图书。对于选题重复的热门图书、中外名著、丛书、套书、辞书,仍要辨其质量良莠,慎重补购。常用的查缺补漏方法有:(1)书目跟踪法。跟踪常规新书补充所用书目,找出近来一段时间内未见报道或较少报道的出版社和学科。(2)专家测评法。按学科、专业寻找一些热心图书建设的专家学者,请他们经常关注学科图书出版和本馆收集情况,对缺藏率、入藏范围、适用性和价值进行经验测评。(3)统计分析法。对馆藏进行内外各种定量分析和数字对比,掌握文献采全率和采集的及时性。(4)书目对比法。选择一个或多个信息量大、具有权威性的补缺源书目数据库,用计算机程序将馆藏书目与之逐一核对。

【参考文献】

[1] 郭明蓉.关于图书的有效采访.情报资料工作,2005(1).

[2] 钱薇.中文图书采访模式思考.绍兴文理学院学报,2006(3).

[3] 张美萍.图书发行市场的现状与文献采访工作模式改革.津图学刊,2004(4).

[4] 袁明华.当代出版发行环境中的文献采访质量控制.图书馆杂志,2006(7).

[5] 谭柏华.论高校图书馆采访质量的前馈控制.图书馆杂志,2006(3).

[6] 陈慧鹏.中文图书采访模式与途径浅析.大学图书情报学刊,2004(4).

[7] 钟建法,苏素尽.中文图书缺藏成因和补缺对策.大学图书馆学报,2005(5).

民国时期浙江图书馆编辑出版报刊评述

沙文婷*

摘　要：本文通过对浙图民国时期出版物情况的阐述，揭示了浙图作为百年老馆除做好图书典籍收藏外，积极编辑出版报刊，阐扬浙江文献，研讨图书馆学，沟通读者与图书馆之间的联系，扩大图书馆的影响的一段历史。

关键词：民国时期；图书馆；出版物

图书馆的出现在中国虽然已有悠久的历史，但真正发展却是在清末民初。之前只能称之为藏书楼，收藏内容多为深奥艰涩的典籍，为极少数知识分子所拥有，大众无缘问津，处于封闭状态。进入清末民初，由于社会教育得到普遍提倡和重视，由藏书楼变为图书馆，由封闭逐渐开放，则是中国图书馆发展的一个里程碑。开放带来的结果，是馆藏的内涵由深奥而趋于实用，以及藏书需求量的剧增。1917 年制定的《浙江公立图书馆章程》规定，“凡有关学术研究之中外新旧图书及杂志，均应随时选购”。图书馆在促进出版事业发展的同时，也开始了本身出版事业的发展，成为整个民国时期中国出版事业的组成部分，且发展极为迅猛。

浙江省立图书馆（浙江图书馆的前身），创立于 1901 年，承“文澜阁”之前业，继藏书楼之成规，并接收了丁氏八千卷楼等一大批

* 沙文婷：浙江图书馆古籍部，副研究馆员。

浙江籍藏书家的藏书。到了30年代就拥有古今中外图书35万册以上，书籍交换也遥通欧美。特别是1932年大学路总馆落成后，于内则有成人阅览室、儿童阅览室、杂志阅览室、报纸阅览室，分设于总馆及孤山新民路两分馆，于外则有流通图书库、巡回文库。而浙江省立图书馆并不只是保藏典籍，并系社会教育为己任，积极参与文化新闻出版事业。宣统年间，浙江书局并入浙江图书馆，在图书馆内成立专门的出版组织——印行所，阐扬浙江文献，研讨图书馆学；沟通读者与图书馆之联系，推动本省之学术文化事业。

浙江省立图书馆编行有甚多报纸期刊及专栏副刊，内容充实，学术价值很高，扩大了浙图之影响，使其跻身于全国一流图书馆之行列。

而浙江省立图书馆，为什么能获得如此巨大的成功？我以为原因有四：其一，江浙一带人文鼎盛，学术空气日益浓郁，特别是1936年举行"浙江省文献展览会"的成功，为浙图编好刊物提供了社会基础。其二，浙江省立图书馆拥有陈训慈、张崟、金天游、夏定城、毛春翔、陈豪楚、李洁非和董启俊等一批国内外有影响的史学、目录学、版本学专家，为编辑报刊提供了人员的保证。其三，水陆寺巷浙江省立图书馆印刷所的成立，为浙图印刷报刊创造了物质上的条件，浙图印刷所为全省唯一官营印行所，设木印部和铅印部。木印部由前浙江官书局改组而成。其四，日寇的侵略，油然而起的爱国之心使广大知识分子不肯安坐书斋，积极投身抗日宣传运动，这也是浙图能办好刊物的原因之一。现谨将浙江图书馆在民国时期编印之有影响期刊报纸及附刊专栏分述如下。

1 期 刊

《浙江公立图书馆年报》 1915年创刊的《浙江公立图书馆年报》是中国最早的图书馆学术期刊，1915—1926年出版，共11期，主要刊登图书馆新置图书、杂志的目录;本馆的日常工作、规章制度和各项工作统计;本年度的工作总结和来年的工作计划。附录对馆藏图书的介绍。

《浙江省立图书馆报》 由《浙江公立图书馆年报》改组,1927年12月创刊,1931年12月停刊。大致仍每年一期,共出六卷五册,以报道馆讯,研究中国文化为宗旨。按照年报的体例,增加论文题跋译稿之类的内容,设有"文献考证"、"文献书目"、"本馆新置图书目录"、"捐书诸先生纪念录"、"本馆概况"等专栏,主要作者及重要文章有,康爵《文澜阁丁氏补钞夹祭遗稿校勘记》、胡适《跋宋刻本白氏文集影本》、马叙伦《王阳明先生年谱校录》、周广业《两浙地址录》、金步瀛《四库全书表解》和《古代藏书家搜逸》等。

《浙江全省图书馆概览》 于1933年6月起,由浙江省立图书馆,逐渐将调查结果汇编而成。对于本省51个公共图书馆、94个民众教育图书馆和123个学校图书馆的现状,调查甚为详确,其中之馆址、馆长、职员、经费,藏书等分区排列。首列统计表及浙江全省图书馆之现状,介绍浙江图书馆协会并附简表。以后每年6月出1回,共出5回。

《浙江省立图书馆月刊》 由于《浙江省立图书馆报》是年刊,翌年方能与读者见面,相隔太久,信息滞后,故将之改组。创刊于1932年3月,1932年12月停刊,共发行一卷十期。其宗旨是:一、监督、记载馆务;二、沟通信息,促进事业的发展;三、辅导读者;四、辅导县市馆;五、学术研究。

《浙江省立图书馆馆刊》 1933年3月由《浙江省立图书馆月刊》改刊而成,1933年2月至1935年12月为双月刊,自二卷起改为月刊,一卷一期至四卷六期,以介绍良书,评论学习传达文化消息,促进图书馆事业为主旨。有"学术评坛"、"分类法探讨"、"书报提要"、"图书文化消息"、"馆藏概况"及"馆务大事记"等专栏。.刊重要文章有:张慕骞《八千卷楼刊书碑牌汇录》、金天游《中国藏书家考略之补充与改正》、柳诒徵《史读考异序》、余绍宋《龙游县志叙例》、毛春翔《浙江省立图书馆藏书版记》、夏定域《求恕斋善本瞥记》等。浙图的馆办刊物,已得到社会的广泛承认。

《文澜学报》 1935年1月至1937年6月,原为年刊,自第二卷起改为季刊。鉴于《浙江省立图书馆馆刊》旨在通晓,并需大量刊登馆讯,不能多容学术论著,因浙图藏书,滥觞于文澜阁四库全书,故于1935年1月,创办了著名的《文澜学报》,以"研讨中国学术,阐扬浙江文献"为宗旨。《文澜学报》内容主要为"通论"、"专著"、"译述"、"专评"、"序跋"、"原著"、"馆藏善本书志"、"特载"、"文苑"、"书材"各栏,每期并附图若干幅。《文澜学报》之编行,得到海内著名学者爱护,纷纷寄予作品。已作为研究浙江文献的珍贵史料,有些已滥觞为专著。著名的有:陈训慈《晚近浙江省文献述概》,张崟《文澜阁四库全书史话》,柳诒徵《劬堂读书录》,余绍宋《龙游余氏家谱序列》,孙延钊《文澜阁嘉惠堂与玉海楼》、《温州文献述概》、《乐府补题考》,杨敏曾《黄梨洲先生遗书书后》,夏定域《吴越钱氏之文化》、《馆藏善本书题跋揖录》,孙正容《南宋临安群市生活考》,陈豪楚《陈同甫先生学说管窥》,朱希祖《宋高宗六龙书海记考证》,毛春翔《四库先哲遗书目》,项士元《台州万言考》、《浙州历代藏书家考略》,顾颉刚《三流说的原变》、《董仲舒思想中的墨教成份》,章乃羹《浙江畸人著述记》。《文澜学报》第二卷第三、四期合刊为《浙江文献展览会专号》,分有"乡贤遗书"、"群邑丛书与总集"、"刻书文献"、"藏书文献"等栏。惜抗战事起,《文澜学报》于1937年停刊,仅出三卷六期。《文澜学报》开创了系统研究浙江乡邦文献之先河,带来了研究浙江文献的高潮,其意义是深远的。1987年,杭州古籍书店重新影印了该刊。

《图书展望》 1935年10月创刊,月刊。本刊以介绍新出图书,辅进读书兴趣为宗旨。内容分为:一、学术杂评;二、学者介绍;三、出版界(介绍浙江省出版的主要刊物);四、读书问题讨论;五、书林；六、新书月报（介绍浙图新到书目）；七、文化简记；八、读者通信。《图书展望》并有《怀念章太炎先生专辑》和《孙仲容先生百岁纪念专辑》。因日寇侵略，于1937年6月停刊，并1946年10月31日复刊，出季刊。《图书展望》复刊编辑体例大致与前相仿，并继续为读者提供优良图书与宝贵知识，以便读者选择与参考，引起读者的读书兴趣，进而发扬读书风气，养成读书习惯，在提高读书效率方面起到了积极的作用。

《浙江图书馆通信》 1941年2月27日，孙延钊接任浙江省立图书馆馆长后，于丽水创刊，不定期刊，以孙延钊《盛名难继之浙江省立图书馆事业》为代发刊词，而期望馆刊能恢复到《文澜学报》的规模，以扩大浙图的声誉。

《浙江图书馆月报》 浙江省立图书馆辅导部编，1945年元月创刊，油印本。馆长陈博文署签。设有"每月座谈"、"馆讯鳞爪"、"新书提要 "、"调查报告"、"馆务简讯"及"参考资料"等专栏。

2 报 纸

《抗敌导报》 1937年9月11日创刊，至1937年11月停刊，共出13期。以浙江图书馆为主，联合浙江大学、浙江医专、杭州高级中学、浙江博物馆等在杭各教育机关共同编行，编辑部设在杭州市外西湖二十五号（现浙图古籍部）。《抗战导报》是知识分子在民族最危难的时候，挺身于民族抗战的前列，积极宣传抗战的代表刊物。陈训慈馆长撰写了《我们是全国总动员的一员》为代发刊词。邵荃麟、沈子球都在刊物上发表了不少宣传抗日救国的文章，还在第十期上刊登了朱德同志的照片和题字，对激励杭州人民奋起抗敌起了很好的作用。

《浙江图书馆报》 1927—1931年出版。

《浙江图书馆新书周报》 1935年1—6月出版。

3 专栏附刊

《读书周报》 由浙江图书馆编辑，附刊于《杭州民国日报》出版，周刊，1932 年 6 月 30 日创设，至 1934 年 6 月 6 日，出 100 期。《杭州民国日报》浙江第一大报，影响较大。《读者周报》是鼓励社会各界读书的兴趣，希望大家读有益的书，以快乐的精神来读书，以实际的希望来读书，以智能救国的信心来读书。内容包含短评、笔记消息等，没有一定的体例，文字浅显简洁。除在版面上为该报添彩外，并达到了沟通联系读者的作用。

《读者之声》 1934 年 6 月 13 日由《读书周报》改名，期号与《读书周报》相连。1934 年 6 月 16 日，《杭州民国日报》扩刊为《东南日报》，附刊是《东南日报》最具办报特色的部分。《读书周报》作为附刊被《东南日报》继续保留下来。《读者之声》编辑方针基本遵循《读书周报》的宗旨，内容略有创新，仍然以面向青年为主，同时尽量扩大读者范围，与社会各界建立广泛的联络，以增加读者兴趣。《读者之声》共出 50 期。

《图书阵地》 1943 年 10 月 16 日于丽水碧湖创刊，为《浙江日报》的专栏，分有"新书汇报"、"浙江学者一人"、"书评"、"国内外文化近闻"、"期刊述评"等小栏目。发有孙延钊《明代温州倭寇叙编年》、《唐代的书院》，项士元《台州之书画家》，胡道静《"万象随笔"的内容和构文》，在"浙江学者一人"栏目里有西江的《章太炎先生及其著作》、洪焕椿《林晋霞先生及著作》等专文。

《读书周刊》 为《众报》的附张，1947 年 12 月 8 日创刊，八开一张一版式。发刊词云："化图书馆所负的使命，不仅是为学术界保藏典籍，供众阅览而已，同时对于一般读者，提供关于读者的资料，如优良图书的介绍，学者和著作者的史略，出版界的消息及图书评论，笔者掌故之灯，使得读书求知之人，得有门径可寻，为此才编《读书周刊》与读者想见。”

《科学化运动特辑》 是浙江省立图书馆于杭州《正报》上开辟的专栏，1948 年 4 月 2 日创刊，是浙江图书馆为倡导科学，切实推动社会对科学的重视而举办的专栏，馆长陈博文致发刊词。该专栏主要介绍国内外出版的科学期刊，介绍科学研究的机构和场所，发表科学文章等。是浙江图书馆除举办科学图书展览外，为引起大众注意而特别出版的。

出版物承载着历史，浙江图书馆的出版物记载着浙江一段辉煌的历史。浙江图书馆的出版物可以证明，浙江图书馆是保存文献典籍宝库、传播知识的渠道，也是浙江人文集聚、交流、研讨的重镇。

网站建设与数据库建设

Web2.0模式的社科网站和网上信息库系统初探

陈杨杨*

摘　要:在社科工作信息化进程中,信息资源的建设和利用是两个重要方面,而与之一一对应的则是信息数据库和社科网站的建设,其中又以前者尤为根本。因为资源建设是一项长期的基础性工作,提高效能极为关键。如何广开渠道、博采众长,资源建设能否寻得额外助力?怎样处理网站和数据库的关系,使之相互促进?Web2.0用户共享共建模式的出现,为我们打开了思路。本文以社科网站的改造和全新信息库的设计为例,探讨了利用Web2.0技术全面提升社科信息资源建设效能的可能性。

关键词:社会科学;Web2.0;网站建设;数据库建设

"加快社科工作信息化建设、整合更多社科信息资源、提高资源利用效能"是《浙江省哲学社会科学"十一五"发展规划》提出的要求,其着眼点则落在了"建设高效的社科网站和网上信息库"之上。从两者关系来看,"建设能为党政机关、社科界和公众提供高效服务的社科网站"是社科信息资源利用的重要途径,而"社科信

* 陈杨杨:浙江图书馆网络与数字资源中心,馆员。

息数据库建设”则属社科信息资源建设范畴，是社科工作信息化的基础和根本。

社科信息资源建设是一项基础性工作，须组织大量人力和物力，须长期而持续地不断投入。也正因此，作为社科工作信息化起点的社科信息数据库的设计和规划显得尤为重要，因为凡其效能的点滴提高，日后也会积累并放大成为可观成果；反之亦然。那么怎样合理设计信息数据库，才能使之不但高效利用信息资源，且最大限度地将其整合呢？能否有一种方法，在资源建设方面更广泛地发动各方力量，广开渠道，博采众长，为社科信息资源建设找到额外的推动力呢？“完成浙江社科网网站的改造”是《浙江省哲学社会科学“十一五”发展规划》提出的当务之急，能否以此为契机，在“提高资源利用效能”的同时也大幅提高资源建设效能呢？Web2.0 为我们给出了答案。

1　在社科信息资源建设中应用 Web2.0

1.1　Web2.0 模式简介

时值 2007 年，Web2.0 早已不再是新鲜的概念，而已成为完善的运作模式和成熟的实用技术了。作为新一代的互联网模式，Web2.0 的创新之处在于追求交互和参与，“互联网用户既是信息内容的浏览者，也是制造者”。这一创新无疑是革命性的，正如互联网业界所言：“Web2.0 是由广大互联网用户集体智慧和力量来主导的全新模式。它将互联网的主导权交还给个人，从而充分发掘了个体的积极性，使其参与到体系中来，众多个体的影响和智慧，以及由众多个体组成的社群的影响就替代了原来少数人所控制和制造的影响，从而极大地释放了个人的创作和贡献的潜能，使得互联网的创造力上升到了新的量级。”

从资源建设的角度来看，“将广大的互联网用户群纳入到内容

(资源)建设者的队伍中来",这不正是一股额外而又庞大的资源建设力量吗?"发挥个人用户的创作和贡献的潜能,为资源建设作出巨大贡献,使得互联网的创造力上升到新的量级",这不正好解决了资源建设"举一人之力有时而穷"的难处吗?如能实现这一信息采集模式,对于信息资源建设乃至整个信息化建设进程而言,将产生意义深远的影响。Web2.0模式善于提供这类丰富的用户参与和协作的机制与方法,正是我们所要加以利用的。

那么这些设想是否切实可行呢?事实上,秉承这一理念的知名网站如Google(AdSense:由众多小网站集体提供大多数内容,并采用了干扰最小的、上下文敏感关联的、对用户友好的内容集成方式)、百度(问题库)所获得的巨大成功早已是不争的事实,其成功经验也无不印证了这一点。而Web2.0的各项技术,如博客(Blog)、聚合推送(RSS)、维基(Wiki)共笔等,也早已被广泛而成熟地应用。事实证明,在社科网站和网上信息库建设中应用Web2.0模式和技术是有理论依据和成功案例的。

1.2 Web2.0模式下的数据库与网站关系

诚如前文所述,在社科工作信息化建设中,信息数据库建设和社科网站建设分别对应了信息资源的建设和利用这两个方面,即数据库主要用于资源的收集、积累与储存,而网站则是数据库提供资源的工具。从两者关系来看,是由网站向数据库索取社科资源,并向用户(党政机关、社科界和公众)提供服务;而数据库则负责建设资源,并为网站提供资源支持。正是由于对两者功能分工各自独立的传统看法,现有的对于社科网网站改造的讨论也仅停留在对网站版面、布局、栏目、内容或美工设计等方面,而从未有过更进一步的关于变革网站传统功能的深入思考,即网站不但是信息资源服务的窗口,也同样可以是资源建设的极好平台。依据Web 2.0关于"互联网用户既是信息内容的浏览者,也是制造者"这一思路分析,社科网站所服务的对象——众多党政机关、社科界和公众用户，不都是些近乎专业的社科信息资源建设者吗？只要稍加组织和利用，信息数据库中的社科信息就能成百上千倍的快速增长，信息资源建设亦可事半功倍。社科网站是否可以不再独立与信息数据库之外，而是既担负资源利用的重任，又为资源建设提供支持呢？也许，传统的网站和信息数据库的关系也应当随着 Web2.0 时代的到来而有所变化了（见图 1）。

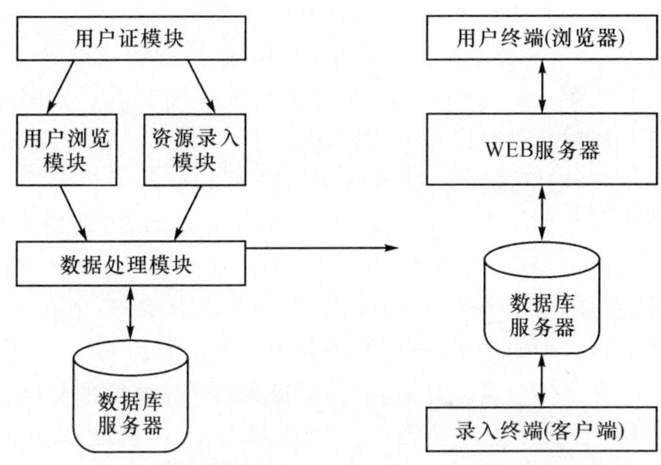

图 1　从传统模式到 Web2.0 模式的转变

2　将社科网站与信息数据库整合一体

2.1　“BT”和“智能代理”的启示

社科网站和社科信息数据库在“Web2.0”模式下究竟该如何配置和协作呢？为合理构建和规划“Web2.0”式的信息数据库，则须进一步分析“Web2.0”所定义的协作模式。在此，本文以具有“Web2.0”代表性的、时下流行的网络下载工具 BitTorrent（简称 BT，是一个多点下载的 P2P 网络软件）为例，作简要分析。

BT 就像一个浏览器插件，适用于软件的发布与下载，其最显著的特点就是：下载的人越多，速度越快。就普通的软件下载方式而言，若同时间下载人数多时，基于该服务器带宽的因素，速度会减慢，而 BT 方式则恰巧相反。这是因为 BT 将服务分布，使得有更多的用户在为这个文件提供带宽和各个片段。BT 由此显示了 Web2.0 的一个主要优势："用户越多，服务越好"。而 BT 方式得以实现的技术关键则在于：服务器重心的转移。即系统不再以服务器为中心，服务器从繁忙的重复劳动中解放出来，把工作重心转移到对分散在各地的客户端的组织和协调上来。以此为例，则为我们统一规划社科网站和信息数据库，并构建"Web2.0"式的数据库共建体系（以下或简称"共建体系"）指明了方向。

正如研究 Web2.0 的著名学者 Dan Bricklin 在其论文《The Cornucopia of the Commons》中所指出的那样："这是一种隐性的'参与体系'内置在合作准则中。在这种参与体系中，服务者扮演了一个智能代理的作用，将网络的各个边缘连接起来，同时充分利用了用户自身的力量。"显而易见，在进行社科信息资源建设之时，同样也是"建设者越多，资源越多"，而 Web2.0 则有能力将普通用户转化为"内容的创造者"。以此看来，在预期的全新资源建设体系中，达到这种"用户越多，内容越多"的结果似乎是可能的。虽然鉴于普通用户的专业水平所限，未经审核和过滤的"信息"内容并不一定能够达到成为合格"资源"所要求的标准，"从内容到资源"其实还有一定距离，因此并非是"越多越好"。然而，信息资源建设者至少可以把工作的中心，从简单重复的数据录入转移到扮演这一"智能代理"的角色上来，做好用户的组织，信息的汇总，内容的过滤、校对、审核和二次加工等专业性较强的工作上来。社科信息建设将从此不再是一家单位或一个机构的事业，而是社科网全体用户共同的事业，网站和数据库两者则可以组成 Web2.0 式的数据库共建系统，并为上述协作模式提供充分的技术保障。

2.2　依照 Web2.0 模式进行系统规划

如上所述，Web 2.0 强调用户的参与和协作，提倡“用户既是网站内容的浏览者，也是网站内容的制造者”的开放式结构。为此，在社科网站和网上信息库的改造设计中，为实现这一目标，则需要对原有结构作出全新的规划和调整，以利于适用 Web2.0 各项技术使用于其中。就像 Web2.0 专著《模式语言》一书的作者克里斯多佛·亚历山大所说：“合作而非控制，是设计 Web2.0 软件时必须遵守的一条原则。”结合社科网站和信息数据库的“共建系统”中，正是要体现这一重要原则，更新后的流程如图 2 所示。

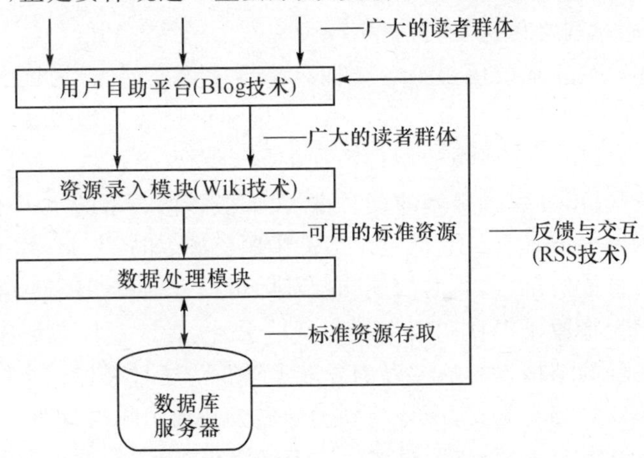

图 2　更新后的“共建系统”流程图

2.3　利用 Web2.0 技术实现的功能模块

如图 2 所示，更新后的“共建系统”将不再以门禁系统区分网站读者与信息录入人员，而代之以自助式的用户平台，广开门户，以期长久驻留读者于其中。用户平台将不再是一个即用即抛的缓存页面，而是充当读者网上工作站的重要角色。在这里，除提供丰富的社科信息资源和便利的检索入口之外，还将利用博客技术，建立读者自己的网络空间，并为数据库储备社科资源素材。

1. 应用博客技术全面整合信息

博客，是 Web2.0 时代最具代表性的应用实例。所谓博客(Blogger)，即 Weblog(网络日志)的缩写，是指一种特别的网络出版和发表文章的方式，倡导普通用户思想的交流和共享。博客网站为每一个用户建立一个 Blog，其载体就是一个网页。在这里，博客系统利用后台的动态技术将用户简短且经常更新的信息归档排列，构成主题内容。其中既可有个人数据，又有一群人基于特定主题或共同领域的集体创作，且都设立与内容相关的超级链接和评论，通过网络传达实时信息。

建立博客式的用户平台将拥有诸多优势。首先，为读者提供免费的网络空间将积聚大量人气，在增加信息数据库使用率的同时，还将驻留一批忠诚的用户。他们因为致力于自己空间的建设而长期驻留，并引导更多的读者来访。其次，博客型的组织方式将有利于引导读者有组织地建设某一主题资源，如各专业、各系统的社科信息或资源，适当的鼓励和推荐即可提升用户积极性，为数据库提供大量原始素材和第一手资料。另外，有针对性地调整这一用户平台的结构，如建立"咨询导航型"博客，这种类似一个图书馆目录卡片的分类方式，可分门别类地向人们展示归档资源。由此，即可由读者自发地梳理、过滤一次资源素材，为资源建设者提前建立起实用、方便的网上索引，可在最初的混乱中创建并维持好秩序。博客平台将起到信息导航员的重要作用。

2. 将维基(Wiki)技术用于数据组织

事实上，在真正进入数据库的资源录入阶段，详细的规格要求和参数标准仍然是十分必要的。怎样在提倡自主、自由和个性化的博客型内容建设与采集合乎规范的资源素材及标准的数据记录之间做好过渡衔接呢？正如图 2 所示，在社科信息录入模块中引入维基(Wiki)技术正是首选。所谓“Wiki”,可形象地称之为“共笔”技术,是指“一个允许一群用户通过简单的标记语言(如XML)来创建和连接一组网页的社会计算系统”。具体来说,可视其为一种超文本系统,这种超文本系统系支持面向社群的协作式写作,同时也包括一组支持这种写作的辅助工具,从而使得普通用户能够轻松地在一个社群内共建某个领域的知识。尤其是对于一个工作团队中要进行相互协作的工作来说,则更有实效。

与内容松散而不加控制的博客创作不同,Wiki强调高度统一而明确的主题,内容建设通过其技术保障而具有高度相关性与标准格式。Wiki技术将有效保证资源的“越多越好”,不至于因为普通用户以博客方式提供的内容由于格式自由而难以统一纳入标准的资源采集接口;又能不妨碍用户的“越多越好”,不至于因为太多的规格限制和专业要求而将广大普通用户拒之门外,挫伤用户参与的积极性。

数据处理是有效整合社科网站和社科信息数据库的重要功能模块。在全新的“共建系统”的设计中,除了能够高效利用元数据标准格式,按照选题、编排、数据质量、用户来源等规格设立的各类检索引擎、数据库分类,挖掘、历遍、收集(或链接)、整合、存储等功能之外,更须强化记录查重,比对、校验和审核程序,信息录入人员可经此进行专业要求较高的数据二次加工的技术性工作。

3. 应用信息推送(Push)技术完成系统交互

最后,作为Web2.0式共建数据库,当充分体现其交互特性。用户提交的资源、给予的评论、提供的资源线索、发出的求助信息,作为一个完整的系统,应做到给予及时的回应。Web2.0的信息推送技术,则能为此提供足够的支持。而为用户进行必要的帮助、鼓励、组织和协调,则更有利于提高读者的忠诚度,使之长期驻留并关注其博客空间乃至整个社科网站的发展,并在不自觉中为信息数据库建设添砖加瓦。

所谓信息推送(Push),是指通过一定的技术标准或协议,从信息源获取信息,通过固定的频道向用户发送信息的新型的信息传播系统。它是根据用户对信息的需求,有针对性和目的性地将用户所需信息主动送达用户。具体技术如RSS(简易聚合)等,即支持以RSS规范格式输出XML文档生成的功能,该文档包含网站最新的更新内容。RSS目前已经成为描述博客网站主题和更新信息的基本方法。RSS使博客用户发布的文章易于被计算机程序理解和摘要,并用规范的定义来收集。RSS亦可说是一种用于共享新闻和其他资源内容的数据交换规范。

作为"共建系统"的反馈机制,利用RSS技术可以轻松地获取系统中其他成员的工作进展情况以便作出相应的调整,使成员间的工作相互配合。在信息推送理念的支持下,不但可以使用RSS,甚至用即时通信软件或者邮件进行沟通亦可。总之,在设计中力保这一渠道的畅通,不但能为系统提供自动获取信息的能力,还将提供对这些信息作出预处理(如摘要)的功能,是承上启下的重要手段。

3 结　语

总之,依据Web2.0理念设计规划的社科网站与信息数据库共建系统,将Web2.0的各项实用技术融合其中,既能提高资源利用效率,又能提高资源建设效能。可以说,以Web2.0技术构建的用户平台既是数据库的发布载体,又是用户参与协作的窗口;而Wiki技术则确保了群体创作内容的统一性和规范要求,是数据录入的重要接口。数据处理模块则是系统发挥智能代理作用的重要环节,在此,资源建设者可将大部分精力投入到对用户提供的庞大信息内容的二次加工之中,真正起到"术业有专攻"之职。在这三层体系中,Web2.0的信息推送技术提供了完善的信息反馈机制,使得社科网站和信息数据库系统不但成为一体,且更具活力。

【参考文献】

[1] 浙江省发展和改革委员会办公室.浙江省哲学社会科学"十一五"发展规划,2007.

[2] 浙江省哲学社会科学发展规划领导小组.浙江省哲学社会科学"十一五"发展规划 2007 年度实施计划,2007.

[3] O'Reilly,T. What Is Web 2.0. http://www.oreilly.com/go/web2.

[4] Google:AdSense for content.[2006-09-20] https://www.google.com/adsense/afc-online-overview.

[5] 鲁宏,等.Web2.0 时代的网络传播.河北大学学报(哲学社会科学版),2006(1).

数字图书馆门户网站建设研究

毛海波 刘柏嵩*

摘 要：数字图书馆门户网站不仅要拥有门类齐全的数字资源，而且要依托计算机网络为读者提供各种高质量的信息服务。门户网站的服务功能在一定程度上反映了一个图书馆的综合服务水平。本文就如何建设数字图书馆门户网站进行探讨。

关键词：数字图书馆；门户网站；信息服务

1 引 言

现代高校图书馆是资源收藏、服务和人集成在一起的一个环境，它不仅要为读者提供各种印刷型资源，而且要为读者提供内容丰富的经过加工的数字资源。我们利用先进的计算机数字化技术对各种信息进行数字化，其过程包括分类、生成、发布、传播、利用和保存。这些数字化资源存储于不同的计算机载体，分布于不同的地理位置，最后通过计算机网络将它们进行互联，实现各种资源的真正共享。而我们的读者也越来越多地通过计算机网络来获取图书馆的数字资源，为此图书馆应尽可能将本馆所拥有的数字资源和相关服务在图书馆的门户网站上体现出来。在网络环境下，

* 毛海波：宁波大学图书馆。
刘柏嵩：宁波大学图书馆，副研究馆员。

图书馆通过网络为读者提供服务的功能在一定程度上反映了一个图书馆的现代化水平。因而，建设一个能反映图书馆各种资源与服务，并能通过网络提供高质量服务的门户网站已经成为图书馆服务成功与否的关键。

2　门户网站功能

目前有相当的图书馆网站还停留在介绍型的阶段，网站没有开展实质性的网上信息服务，仅仅是描述图书馆提供的传统服务、部门设置和规章制度等一般性内容。作为图书馆门户网站，应该以网络信息服务为中心，更多地与读者进行交互式服务，并且为读者提供大量的数字资源。

图书馆门户网站实际上是整个数字资源网站的入口点，也是虚拟图书馆的前门，为读者提供了一个内容丰富的基于 Web 浏览的用户界面，在这个用户界面里既有资源信息又有资源链接。整个门户网站建设内容如下：

- 网站结构与界面设计；
- 信息资源建设及发布；
- 信息资源的统一检索平台；
- 统一的身份认证及个性化服务；
- 数字参考咨询平台；
- 网站论坛；
- Web 站点内部内容管理；
- 与后台系统的集成。

2.1　网站结构与界面设计

数字图书馆门户网站与一般的门户网站和商业门户网站不同，其建设要突出信息服务和数字资源建设的特点。在内容结构上必须简洁明了，学科信息导航清晰，以方便不同学历层次的读者对信息的获取，同时还要体现出网站博学、高雅的气氛。

2.2 信息资源建设及发布

信息资源是数字图书馆的基础，也是读者最终所要获取的信息。它按语种可分为中文资源和外文资源，按数据源可分为镜像数据和 Web 数据库数据。各图书馆可根据自身所服务的对象向数据提供商购买数字资源或自建信息数据库，并通过各自的 Web 发布系统发布到网上。

2.3 信息资源的统一检索平台

数字图书馆内有多个相互独立的信息资源系统，它们可能分布在不同的服务器上，运行在不同的系统环境中，读者要获取相关信息就要分别进入各资源信息系统进行逐个检索，这对读者来说极为不便。为此，数字图书馆需要为读者提供一个可一次性检索并获取各资源系统中所有相关信息的系统平台——统一检索平台。

统一检索平台（USP，Union Search Platform），是一个用于同时调用多个数据库和搜索引擎进行资料检索的软件系统。它可以帮助用户同时在多个数据库中进行检索，并同时得到多个数据库的结果，避免了需要逐个登录数据库、输入检索条件的麻烦，使用方便、快捷，使用户觉得就像在使用一个数据库一样。

其工作原理是：当用户提出检索请求后，其请求被交给服务器端的一个称为“智能搜索器”的程序。“智能搜索器”针对不同的数据库，将用户请求转化为符合其规定的格式，然后将请求发送到各数据库。在得到数据库的返回结果后，“智能搜索器”再将不同数据库的结果转化为统一的格式，并发送到浏览器端显示给用户。

2.4 统一的身份认证及个性化服务

随着数字资源的不断增加和个性化服务的不断推出，我们发现很多资源系统都有其自身的用户系统和认证方式。是让用户频繁登录还是将用户名和密码内置在程序中呢？前者难以让用户接受，后者因用户名和密码的更改而无法实现。

如何解决这一问题呢？我们从目前和未来的应用发展趋势判断认为，应当引入一个统一身份认证服务，以解决用户认证问题。

1. 统一身份认证服务要达到的目标

(1)支持 Web 服务技术框架。使得在对各个资源系统实施基于 Web 服务的应用集成的时候，能够使用这个统一身份认证服务进行身份认证。

(2)方便使用。能够尽可能地利用现有系统的身份认证模块及现有的用户设置和权限设置，避免对现有系统进行大规模的修改。

(3)具有良好的扩展性和可集成性。它不仅能支持现有的数字资源系统，而且当新的数字资源被部署的时候，还可以作为身份认证模块形式工作。

(4)具备灵活性。使用者可以通过多种方式自由地使用该统一身份认证服务。

2. 统一身份认证服务需要具备的功能

(1)用户注册。用户在统一身份认证服务中注册账号，以后这个账号可以在所有使用统一身份认证服务的资源系统中使用。

(2)账号关联。如果用户之前已经在相关的资源系统中拥有账号，同时也已经设置了相应的权限，那么用户能够将这些资源系统的账号与统一身份认证服务的账号进行关联，使得用户登录统一身份认证服务之后，就能够自动使用相关的账号来访问相关的资源系统。

(3)用户认证。为资源系统提供用户身份认证，应兼顾以下两个应用方式：

一是资源系统使用统一身份认证服务作为它的用户系统，用户与资源系统进行交互，并进行登录操作，资源系统将用户提供的用户名、密码等转发给统一身份认证服务以检验其是否通过授权。

二是用户首先登录统一身份认证服务，并获取权限令牌；然后可以使用这个权限令牌访问其他资源系统；资源系统接收该权限令牌时应当与统一身份认证服务进行交互，以检验访问的合法性。

3. 统一身份认证服务中需要考虑的实体

(1)用户(User)。即统一身份认证服务的用户。

(2)账号(Account)。即资源系统的账号，与统一身份认证服务的用户相关联。一个用户可以关联多个账号。

(3)资源系统(Application)。使用统一身份认证服务的资源系统。

(4)会话(Session)。当用户登录统一身份认证服务后，即创建了一个活跃的会话，并获得会话的认证令牌。在这个会话中，用户可以使用会话的认证令牌访问各种资源系统。

2.5 数字参考咨询平台

数字参考咨询平台是为读者提供一种通过计算机网络进行交互式咨询的平台，读者可以通过网络与图书馆的参考咨询馆员进行交互式对话或通过电子邮件进行联系，获得所需要的帮助。其服务方式主要分为：异步服务、实时交互服务以及合作化咨询服务三大类。

1. 异步服务

这是数字化参考咨询服务最简单和最流行的形式，目前主要采用 E-mail 方式来实现。通常的做法是在门户网站上公布数字图书馆的参考咨询馆员的 E-mail 地址。

2. 实时交互服务

为了在数字化参考咨询中保持传统面对面咨询中实时交互的优点，一般采用基于 Internet 的实时交互式数字化参考咨询服务程序(QQ、MSN 等),其功能为实时交互式的网络聊天。这种数字化参考咨询服务极大地提高了咨询服务质量,能有效支持远程的复杂咨询和用户培训。同时在门户网站上公布图书馆的参考咨询馆员的 QQ 号或 MSN 号码。

3. 合作化咨询服务

咨询请求量的急剧增加和学科交叉、地域差异、语言类别、文化背景等的复杂性带来了信息需求的繁杂和多样性,同时由于咨询员人数和知识面的限制,单个图书馆实际上很难做到全面的咨询服务,为了更好地满足所有用户的需求,出现了网络化的合作数字参考咨询服务。它由多个成员机构联合起来形成一个分布式的虚拟数字参考服务网络,面向更大范围的网络用户提供数字参考服务。这种工作机制有效地实现了信息资源、人力资源、服务资源等的最优化共享和利用,是未来数字图书馆咨询服务的重要模式。

2.6 网站论坛

网站论坛是门户网站的一个重要组成部分。它为读者提供一个在使用本站各种资源时所遇到问题和交流心得的平台,同时图书馆也可以通过此论坛组织相关专题讨论组,来获取读者对图书馆服务或使用资源情况的信息。

2.7 Web 站点内部内容管理

门户网站上所有信息的维护都是由网站内部信息管理系统实现的。此系统功能非常强大,一般包括信息发布系统、新闻发布系统、用户管理系统、文件图片传输系统和 Web 统计系统等。

2.8 与后台系统的集成

与后台系统的集成主要涉及各个资源系统的参数设置,与数据库的连接,以及 Web 服务的日志配置、防黑客入侵等工作。由于门户网站的运行牵涉到的东西很多,它还要跟一些后台系统进行集成。

3 门户网站架构

整个门户网站的物理结构可分为四个模块：Web站点（发布信息）；辅助系统（邮件系统，数据备份等）；因特网的接入；数据存储。因此，站点的整个结构可以分信息发布模块、用户管理模块、网络互连模块和数据存储模块等四个模块。

1. Web站点

门户网站的Web服务器可以由一台高性能的服务器或几台服务器做集群来实现。一般情况下，门户网站的首页放在Web服务器上，具体的信息服务分布在各个服务器上。这样做第一能提高用户的访问速度，第二便于系统员管理。门户网站运行环境是由Web服务器的操作系统决定的，在Unix或Linux环境中Web服务的方案是：Apache＋MySQL＋PHP。在Windows Server环境中Web服务的方案是：IIS＋MSSQL＋Asp/.Net。另外TOMCAT＋MSSQL/ORICAL＋JSP方案可以运行于上述各种环境中，其中Apache＋MySQL＋PHP这套方案，实践证明其具有稳定、快速和免费的优势。

2. 辅助系统

整个数字图书馆要正常运行还需要数据备份服务、防病毒系统、网络安全监控系统、UPS和防火墙设备等。数据备份服务器用来备份整个门户网站中重要的数据，而且要做到每天备份，以确保数据的安全，从而防止因门户网站服务器的故障而导致整个系统的数据丢失。防病毒系统用来防止计算机病毒入侵整个门户网站，UPS为门户网站提供24小时不间断电源，网络安全监控系统和防火墙用来防止计算机黑客入侵。

3. 因特网接入

选择电信运营商的100/1000M宽带来接入到本地网络中的防火墙，它用来保护门户网站的整个网络不受外网黑客的入侵，再由防火墙连到主交换机，最后从主交换机分别连到各个服务器上。

4. 数据存储

数字图书馆的信息量是海量的，为此我们选择的数据存储系统应该具有高性能、高可用性、高可扩展性等特点。目前，基于SAN架构的数据存储系统具有此种性能。这种存储系统是通过光纤交换机或光纤集线器将具有光纤通道的存储设备和服务器群连接起来，形成一个独立的高速光纤存储网络。SAN技术的推出，能够为我们解决一系列的数据存储难题，如海量信息的备份、存储池、数据共享、远程存储和数据迁移等难题。

4 结 语

综上所述，要建立一个出色的图书馆门户网站，不仅资源内容要丰富，以适合不同层次的读者需求，而且服务功能要齐全，始终要以方便读者、服务读者为宗旨。与此同时，要配置好整个网站的架构，使其能稳定、安全、可靠地运行，最终更好地为读者服务。

【参考文献】

[1] 史田华. 网络信息的智能化搜索. 图书馆杂志，2002(3).

[2] 张毓晗. 四川省高校图书馆门户网站建设情况分析. 情报杂志，2003(9).

[3] 雷远平. 网络门户网站登录技术研究. 武汉理工大学学报，2003(10).

[4]http://www-900.ibm.com/developerWorks/cn/webservices/index.shtml.

数字图书馆信息资源整合的应用研究

宋　怡*

摘　要：资源整合是数字图书馆建设的重要基础工程。本文从当前图书馆信息资源的构成与整合动因、图书馆信息资源整合的概念、实现整合的方式、如何构建数字图书馆信息资源整合系统，以及整合过程中遇到的问题诸方面，作了基础性的研讨，提出了所要采取的对策和当前可行的整合思路。

关键词：信息资源；整合；数字图书馆

随着信息技术和 Internet 的飞速发展，图书馆的管理模式、服务方式等向着计算机化和网络化发展，文献资源的组织也从单一的纸介质向多元化发展。面对多载体、形式各异的各类文献，如何搜集、组织、存储、传递，并向读者充分揭示馆内外文献信息，将成为图书馆面临的一个亟待解决的新课题和难题。笔者根据一些基本调研情况，结合图书馆信息资源现状，对数字图书馆信息资源整合的应用研究提出以下观点和建议。

1　当前图书馆信息资源的构成及整合动因

1.1　图书馆信息资源的构成

一是传统的印刷型文献。如图书、期刊、报纸等。这类资源依

* 宋　怡：杭州师范大学图书馆，馆员。

然是图书馆的重要馆藏来源。

二是磁性介质的正式与非正式出版物。包括电子书刊、光盘数据库、网络数据库等电子信息资源。这类资源具有体积小、容量大的突出优点，如中国期刊网、万方数据资源系统、国研网等，国外的 Springer Link、LexisNexis Academic、World Scientific 等。

三是流动在 Internet 上的虚拟信息资源（网络信息资源）。这类资源具有虚拟的性质，没有具体的载体形态，需要经过整合、组织和转换才能进入图书馆的馆藏，是数字图书馆最具潜力的信息资源。

1.2 整合动因

目前，图书馆各种资源数量呈增长趋势，但因其整体的无序化，内容组织程度不高，数字资源间交叉关联程度较低；再加上目前数字资源与传统资源基本上是分离的，用户必须掌握多种检索软件的使用方法，必须在不同的网络环境之间来回切换，重复查找，而且在进入不同的检索系统时都需经过认证，所有这些因素使得数字资源的使用率大打折扣。从某种意义上讲，数字资源量越大，给用户造成的负担也就越重。因此，只有对各种新数字资源进行合理有效的整合，才能充分发挥其效用。理想的整合应该是把不同的信息资源无缝透明地连接在一起，使用户能用简明的方法同时处理不同来源、不同性质的数据信息；从开始检索到最终获得原文，只需经过一次认证，而且都在统一的界面中进行，使用户感觉如同在一种信息资源系统中操作一样。总之，资源整合就是依据一定的需要，对各个相对独立的资源系统中的数据对象、功能结构及其互动关系进行融合、类聚和重组，重新组合一个新的有机体，形成一个性能更好、效率更高的新的数字资源体系。

网络环境下用户对信息需求呈现出社会化、知识化、集成化、即时性、动态性、个性化、信息行为自主自助性等特点。大到政治、经济、文化，小到个人生活衣食住行，每时每刻都需要获得各种信息。人们越来越重视信息,对信息的需求量也成倍增长。

2 图书馆信息资源整合的概念

整合(Intergration),适用于经济、政治、社会、数学等各个领域。其字面意思是整理、汇合、聚合、融合的意思。整合的实质就是各个单独事物共同遵循统一的原则、标准、规定,打破原来的界限,形成有机的统一体。整合发挥的是整体效率,体现的是整体效益。信息资源整合则是指信息资源优化组合的一种存在状态,是根据系统论的原则,依据一定的需要,对各个相对独立系统中的数据对象、功能结构及其互动关系进行融合、类聚和重组,重新结成一个新的有机体。数字图书馆信息资源整合就是把图书馆内外的资源,无论是网上虚拟资源还是馆藏书目资源,以及自建数据库等多种载体、多种形式、多种类型、分散异构的信息资源有机地结合在一起,实现图书馆所有资源分编流工作的融合,使用户能够在统一的数据存取模式下通过统一的用户界面完成对不同数据库和网络资源的检索。

3 实现整合的几种方式

3.1 基于 OPAC 的整合

基于 OPAC 的整合是图书馆数字资源最基本的整合方式。它包括 OPAC 资源系统的整合、电子图书和电子期刊的整合。其中 OPAC 资源系统的整合主要是通过执行 Z39.50 协议,聚合不同平台上的异构 OPAC 数据库,建立书目整合检索系统,反映联合馆藏。用户只要通过一个 OPAC 系统界面即可检索联合图书馆的 OPAC。电子图书、电子期刊的整合就是对电子图书和电子期刊进行 MARC 编目,整合到 OPAC 检索系统中,并在 OPAC 系统中提供超链接功能，以便读者在OPAC系统中检索到所需电子图书或是电子期刊的同时直接打开全文。

3.2 基于数据的整合

图书馆的每一个子系统都会带来一系列新的结构数据化，存放在各种不同的数据库中，这些数据之间往往存在着一些偏差。为了避免数据重复性地输入，避免数据结构不一致性，在图书馆信息资源整合过程中首先要处理好数据结构的异构性。数据整合的目的是将不同的数据库集成起来，提供一种单一的虚拟数据库，这样就不会出现与核心业务不一致的数据库多头现象。

数据整合主要包括数据选择、数据挖掘、数据清理和数据预处理。利用应用系统将收集到的杂乱的、重复的、不完整的数据进行重新整合，抛弃一些与挖掘目标不相关的属性，为数据挖掘子系统提供干净、准确、更有针对性的数据，提高知识发现的起点和知识的准确度。经过数据整合产生的新的知识模式可以通过表格、统计图、图形、可视化数据表达出来。

3.3 基于内容的整合

这里的内容是指非结构化的信息资源，如印刷资源、电子表格、文本文件、图像、图表、报告、音频文件和视频文件等。这类信息资源通常占图书馆信息资源利用的80%左右。我们应当根据读者的需求有效整合，保证他们能实时访问到与过程相关的非结构化内容。

在信息资源整合过程中针对用户使用情况及馆藏情况，合理配置纸质文献和电子信息资源。如北大图书馆把目前拥有的200多个数据库、近万种电子期刊和10余万种电子图书整合在统一检索平台上，提供异构系统的跨库检索服务。用户可按学科、数据库名称、文种同时检索到多个数据库的资源，即输入一个检索式，可以同时看到多个数据库的查找结果。

3.4 基于过程的整合

在数据和内容整合的基础上，我们可以寻求过程的改善。过程整合能将图书馆内存的信息规则和过程通过信息应用软件转变成一种外在的过程和规则引擎。这种外在转移增加了灵活性，从而可以对过程的改善或者新的信息咨询作出更加有效的反应。最终，通过提高外在的和内在的过程自动化水平，可以提高过程执行的整体效率，达到优化过程。

3.5 基于 Web 的整合

基于 Web 整合有静态整合的动态整合两种方式。

一是静态整合。即利用信息网格的组织机制，整合在网格系统中注册的主机资源，为用户提供点播服务、一站式服务等。该方式采用网格技术较好地实现对虚拟机及异构资源系统的协调管理与负载平衡，提高整合系统的性能，增加可靠性与易用性；支持大规模数据资源的整合。基于网格信息整合系统主要功能包括：认证与授权、资源发现、数据转换、处理过程管理、异构平台的动态绑定等。

二是动态整合。P2P(Peer to Peer)是近年来兴起的一种分布式系统，它通过众多主机之间的互联及资源协同共享构造巨型信息存储设施。P2P 的主要特点是支持互连主机的动态变化。采用 P2P 作为信息整合系统的基础结构，不仅可解决大规模数据源的整合问题，而且可实现 Web 资源的动态整合，使系统具有强大的扩展性。

3.6 基于导航的整合

主要是根据用户个性化的信息需求，提供按字母或主体学科类别入口方式的网络连接模式，整合网络信息资源，弥补本馆不足。

4 数字图书馆信息资源整合系统构建

图书馆通过对信息资源的分解重组,按逻辑关系组织成立体网状、相互联系的资源系统。这种整合模型的主要优势有:建立起不仅包括图书、期刊、文摘、索引、特色数据库、网络资源、文献资源、动态资源,还包括图像、音频、视频等不同数据格式,而且能够实现不同类型、不同级次(一次和二次)资源间的链接。通过知识因子的有序化和知识关联的网状化,沟通相互隔绝的学科领域,使之成为相互渗透、相互作用的有机体,发挥科学知识的整体功能,形成具有新的组织结构和功能的资源体系。

这种整合不是简单的集合和链接,而是剔除冗余、重复和略知信息,是一个复杂渐进的问题。笔者从理论上给出基本模型(见下图)。

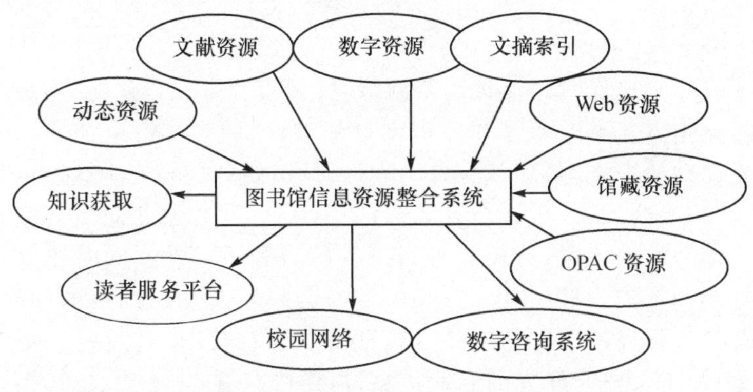

5 信息资源整合过程中存在的问题

5.1 信息资源建设欠协调

目前,无论是数据商之间,还是图书馆之间都缺乏统一、协调的管理思想，各搞一套，造成信息资源整合中的重复建设。没有深层次、全方位信息资源整合技术的支持，所以无法突破学术信息资源开发的限制，实践性、生活型、动态型资源较少。

5.2 信息资源研究力量薄弱

就我国图书情报界所发表的相关论文的数量和质量来看，对图书馆信息资源整合进行研究的力量也比较薄弱，还处在逐步深化的阶段。

5.3 数据库不够完善

图书馆的自动化系统是图书馆业务的心脏，但图书馆自动化系统存在着不同程度的问题，存在有书无数据，有数据无书，数据质量问题等情况，公共查询书目数据查询可信度不高，通过联合目录查询开展馆际互借的难度较大。

6 结 语

信息资源整合是避免重复建设，保证资源配置最优化，实现经济效益最大化的有效途径。根据目前的现状和发展，应加强以下几方面的研究：一是加强整合的理论研究，如：内涵、原则、特点、目标、功能等研究，分析各种方法的优缺点。二是加强信息资源整合技术的开发与研究，分析各种系统的特点和适用性。同时建立信息资源开发的审核制度。三是资源整合还涉及知识产权的问题，需要社会各界的合作与支持。因此，图书馆应发挥其对信息资源筛选、加工、分析、研究的专业优势，抓住机遇，迎接挑战，以加强对信息资源进行优化整合，进一步发挥数字图书馆在国家信息化建设中的战略作用。

【参考文献】

[1] 赵冬梅. 图书馆信息资源整合. 情报科学，2005(3).

[2] 于凤英,王召龙.浅谈图书馆数字资源整合.济南职业学院学报,2005(12).

[3] 张文德.论图书馆整合.中国图书馆学报,2005(5).

[4] 刘富霞.网络环境下高校图书馆信息资源的组织与整合.内蒙古科技与经济,2005(23).

[5] 郭海明,李秋之.图书馆信息资源整合模式研究.图书馆学、信息科学、资料工作,2006(3).

[6] 李春旺.Web信息整合机制研究.图书馆学、信息科学、资料工作,2006(2).

略论数字图书馆的社科文献建设

杜惠芳*

摘 要：社会科学文献是图书馆的重要组成部分，所以社科文献的数字化也是数字图书馆建设的重点。数字图书馆的社会科学文献建设应着重做好加大资金、技术的投入，加强馆际交流，加强图书馆人才队伍建设等方面的工作。

关键词：数字图书馆；社会科学文献；建设；问题及对策

随着当代通信和网络技术、高密度存储技术、计算机和多媒体技术等高科技的飞速发展，图书馆信息服务正在迈向旨在建立有序的信息空间，实现真正意义上的信息资源共享为目标的新领域——数字图书馆系统建设。因特网的开通使高速度、大容量、异型机传输信息成为可能。当今，数字图书馆建设已成为评价一个国家信息基础水平的重要标志。目前，我国正大张旗鼓地建设数字图书馆。

1 数字图书馆的概念和建设重点

数字图书馆这一概念是人类进入 20 世纪 90 年代后提出来的，1994 年美国国家科学基金会等单位正式实施的一项“数字图

* 杜惠芳：浙江图书馆古籍部，馆员。

书馆启动计划"中首次提出了数字图书馆的概念。1995年初,美国IBM公司又发起全球数字图书馆研究的倡议,并成立了数字图书馆学会。我国从20世纪90年代中期开始,着手数字图书馆的研究,但直到1996年北京第62届国际图联大会以数字图书馆为专题展开讨论后,才陆续有论文问世,进入2000年后,则掀起了一个研究高潮。

数字图书馆并非指图书馆实体,它描述的是一种数字化的信息体系结构和现代化的服务机制。这种体系结构中的信息资源是用数字技术处理加工而成的,并能通过网络存取而达到全球信息资源共享的目的,包括图像、文字语音、音响、影像、影视、软件和科学数据等多媒体信息。它是个内涵很丰富的概念,绝不是传统图书馆所能包容的。

社会科学文献是图书馆的重要组成部分,所以社科文献的数字化也是数字图书馆建设的重点。

2　如何加强数字图书馆的社科文献建设

2.1　加大资金的投入

争取政府支持,取得政策与资金的保障。数字图书馆工程不仅是高科技项目,也是跨部门跨行业的大文化工程,必须由政府出面统一规划、组织和协调,尤其是进一步开放信息资源,打破行业间特别是政府部门之间信息流通中的自我封闭和保护主义行为,使信息资源的调配得到统一。同时在资金和政策方面取得政府的支持和保障,这是开展好数字图书馆建设的前期保障工作,只有前期工作顺畅,关系理顺,并有足够的资金投入,工作才能有效、有序。

2.2　标准化原则

在网络化的建设中,必须坚持标准化原则,考虑网络的连接能力,避免产生“信息孤岛”。因为数字图书馆的最终目的是面向用户,而这个用户是不分肤色、不分国别的,所以图书馆的网络化建设必须面向世界。只有这样,图书馆的信息资源才能得以更快的发展和更好的利用。

2.3 加大技术投入

技术问题是数字图书馆建设中的关键。由于数字图书馆中的数字化信息量是庞大的,要同时为网上众多的用户提供快速的检索服务,因而无论在什么阶段,图书馆都必须采用较先进的技术手段。

由于有些社科文献存放时间比较长会出现斑点和污迹等现象,而且扫描文本时可能产生图像倾斜、阴影、文字变形、产生污点、断裂等情形,从而造成扫描文本图像的视觉质量下降,而且为文字的识别(即把扫描的文字图像经过计算机智能处理转化为计算机中的文本字符)带来很大的困难。这势必对文本图像采取滤波处理、倾斜校正处理、阴影去除和文本变形校正等技术措施,确保纸质社科文献转化工作的顺利进行。

2.4 古籍数字化问题

古籍文本输入的主要方法目前有两个:键盘输入和光学字符识别(OCR)扫描输入。键盘输入属于手工作业,效率低,成本高。OCR 则是一种较为先进的自动化信息资源输入技术,但也存在一些诸如图像质量不高、扫描速度低、单位成本高、识别率低等技术性问题。并且,现有的汉字识别系统多数是针对简体的,识别字数一般只有 4000 个字左右,识别竖排繁体古籍效果非常不理想。即使是能识别繁体汉字的系统,也由于古籍汉字的频度与现代汉语差异较大,使得识别效果一般较差。计算机对文字的处理要通过编码来完成,国标字库(GB)仅收字 6763 个字,国标扩展汉字字库(GBK)收字也只有 20902 个字。与此相对的是庞大的汉字数,

《汉语大字典》收字近 6 万个字,《中华字海》收字达 8 万个字,古籍通用字约有 4 万个字,常用异体字约为 2 万个字。相对古籍中众多的异体字、通假字、避讳字而言,计算机的文字编码不敷应用,缺字一直是古籍电子化的瓶颈。

因此,国家有关部门应成立一家相应的机构,规范计算机文字的编码,提供经费支持,为古籍数字化事业保驾护航。

2.5 加强馆际交流

要大力加强同政府部门、教育、出版等系统以及有关企事业单位的合作与联系,利用馆际互借和文献传递,进一步丰富馆藏资源。

信息技术的飞速发展和网络环境的形成,使图书馆面临的信息环境发生了极大的变化。这突出表现在:一方面,出版物的数量急剧增长及价格不断上涨,与图书馆有限的收藏能力之间的矛盾越来越突出,许多图书馆现有的经费已无力应对上涨的图书期刊价格和各种不断变化的需求,从而迫使众多图书期刊品种不断削减,完全依赖自身馆藏已无法满足科研的需要和读者的需求。另一方面,由于信息技术迅速的发展尤其是网络环境的形成,使信息的传播突破了时空的局限,网络的搭建使信息资源共享成为可能和现实。图书馆能够通过馆藏互借和文献传递十分便捷地从异地存取各种信息资源,使图书馆的馆藏无形中得以扩大,读者可获取的信息资源大为增加。因此,在网络环境下,要进一步加强社科文献信息建设,一个重要方面就是要积极地开展馆际互借和文献传递服务,实行资源共享,弥补馆藏图书期刊资源的不足,以满足读者对各种社科文献信息的需求。

2.6 加强图书馆人才队伍建设

培养一支强大的技术人员队伍,造就一批能将图书馆技能和信息技术相结合的复合型人才,是建设数字图书馆的关键。因此,各级图书馆要注重高层次、高技术人才的引进，通过各种渠道和手段引进人才，逐步形成一批高素质人才集结的“人才高地”。要加强对在职人员的继续教育和培养，通过选拔推荐优秀人员攻读学位、进修学习和举办培训班、讲座，强化计算机与网络技术的培训等手段，来改善专业人员的知识结构，提高专业水平，培养复合型人才。要使知识和智力真正转化为现实生产力，最关键的是要发挥人才的积极性，为此要进一步加大管理体制的改革，探索一条让各种人才“引得进、留得住、冒得出”的用人机制、能上能下的竞争机制和合理流动的优化机制，使各种人才都处于一条平等的起跑线上，人人都有机会充分展示自己的才能，避免人才资源的闲置、错位、流失和退化，满足数字图书馆多层次的人才需求。

3 数字图书馆社科文献建设存在的问题及对策

当前，数字图书馆仍是一个新生事物，在其技术尚未完善的今天，它不可避免地具有许多缺陷。对此，我们不能忽视。

3.1 信息安全问题

网络安全是指网络上的信息安全。安全的操作系统、安全的网络协议、安全的数据库系统和安全的网站服务器共同构成网络安全，缺一不可。因此，我国政府应引导并给予生产这四大产品的软件生产商必要的政策支持，以尽快开发这四大网络产品，真正确保我国信息网络的安全。

3.2 版权问题

信息资源的建设中所遇到的首要问题就是信息资源的著作权问题，这也是世界各国在数字图书馆发展中迫切需要解决的共同课题。为了加快我国网络信息资源建设的速度，我们必须组织人力对网络信息资源的著作权问题进行深入研究，并制定可行的法律和规范，消除中国数字图书馆工程建设中的版权问题。

【参考文献】

[1] 吴强，贾传荧，李冰梅. 图像处理技术在档案文本数字化中的应用. 兰台世界(理论版)，2006(4).

[2] 张锦周. 试论网络环境下社科文献信息资源的建设与服务. 福建论坛·经济社会版，2002(12).

[3] 黄海玉. 浅论数字图书馆及其建设中面临的问题. 沈阳教育学院学报，2002(1).

关于建立图书馆古籍文献书目数据库的构想

芦继雯[*]

摘　要：本文以建立图书馆古籍书目数据库为线索，结合浙江图书馆古籍书目的现状，探究并分析了目前图书馆建设古籍文献书目数据库存在的问题，阐述了建立古籍书目数据库的必要性及建库的条件与特点。

关键词：浙江图书馆；古籍书目；数据库建设

在当今这个信息时代，人们已普遍认识到建设知识网络对图书馆发展完善的重要意义。用计算机进行普通图书编目，已在大中型图书馆普遍实现，为图书情报信息的充分揭示和快速交流提供了优越条件，而古籍书目数字化则是其中的一个新课题。古籍是中华民族文化遗产的重要组成部分，为弘扬民族文化，让世界充分了解中国，建设古籍书目数据库是我们义不容辞的责任。用现代化的手段代替手工编目，既是广大读者的要求，也是古籍编目工作者的夙愿。

1　现状及建库必要性

浙江图书馆现藏有 100 万余册珍贵古籍，从宋代到民国各个

* 芦继雯：浙江图书馆古籍部，副研究馆员。

时期的刻本、抄本、稿本非常丰富，馆藏善本编入《中国古籍善本总目》的计 2881 部，编入馆藏善本目录的计 6935 种 7506 部。自宣统元年(1909)浙江官书局归并浙江藏书楼，正式以图书馆命名以来，经过几代馆员的辛勤工作，大部分古籍已经分类编目，积累了公务目录、排架目录和读者目录各一套。在现代文献已普遍进行计算机编目，并取得相当成果的今天，古籍手工编目所带来的种种问题与不便日趋突出。特别是在目录品种方面，目前只有题名目录与分类目录两种，提供的检索途径比较单一，像经常用到的著者、主题等基本的检索要求都无法满足，而且卡片式目录不便于交流，仅适于在馆内使用，无法实现资源共享。机编目录恰能解决上述问题，可以提供多种检索途径，还可以从系统内部进行各种统计工作，并能产生卡片式、书本式、机读式不同载体形式的目录，以实现国内及国际化的资源共享。机读目录的检索速度、检索深度与卡片目录更是不可同日而语。由于古籍文献的文字、体例、内容、载体形式和装帧方式与现代文献有着很大差别，其著录信息源、著录规则以及著录内容已形成了一整套完备的传统模式，将这种传统的模式与先进的计算机管理技术相融合，以科学合理的方式揭示出来，是目前亟待解决的问题。

2 建库的条件

2.1 使用统一的分类法

建设古籍书目数据库的最终目的只有一个：方便读者利用。而读者利用必由一定的检索入口来实现，其中除了题名、著者之外，还有分类。分类就是根据图书所反映的学科内容，按照科学的分类体系，将其划分到相应的类目之下。而事实上，由于古籍本身的特殊性，长期以来在古籍分类上没有统一的标准。从全国范围看，划分古籍时，所采用的分类系统五花八门，甚至出现一个图书馆对所藏古籍先后采用多种分类标准的情况。就我馆而言，线装书中的善本书使用“四部法”，而普装书使用的是我馆自编的《中日文图书十进分类法》，这就给古籍书目数据库的建设和利用带来诸多不便。由于“四部法”是集我国古代分类法之大成，有较完善的分类体系，它反映了古代学术以儒学为主线的发展规律，其分类就是书的内容，非常容易类分中国古籍。并已应用了1300多年，历史上的官私目录都采用它作为分类体系。所以近年来，希望将四部分类法作为统一的古籍分类体系的呼声甚高。那么，古籍分类究竟采取哪种分类法好呢？笔者认为，应汲取“四部法”和《中图法》之精华，根据目前的需要和可能，可以在制作古籍书目数据库时，同时使用“四部法”和《中图法》。一方面，同时使用两种分类法，既可以满足学者研究古代历史文化发展史时迅速检索的需要，又能适应一般读者检索所需书目数据信息的需求。另一方面，因为古籍书目数据是综合书目数据库的重要组成部分，综合书目数据库要求有一个统一的分类法，以利文献检索。因此，一个行之有效的分类法对古籍书目数据库的建设至关重要。

2.2 规范著录标准及机读目录格式

要使古籍书目数据库达到规范化、标准化，就必须严格按照古籍编目相关的国家标准进行著录。

(1)以《中国文献编目规则》之《古籍著录规则》为著录内容规范化的准则。这一标准的制定参考了《国际标准书目著录(古书)》，结合了我国古籍的特点，同时考虑到计算机的著录要求，从而保证了著录内容的规范性。

(2)古籍的著录项目要严格按照《古籍著录规则和CNMARC》的格式著录，因为它是唯一的具有普遍意义的机读目录标准格式。而且，无论将来的古籍机读目录格式如何制定，在格式及字段的选择和确立上，必须依据CNMARC格式。由于这一基本原则不会改变，在建库中，要求字段格式适应CNMARC格式，字段内容必须符合古籍著录规则。采用这一格式进行古籍文献的规范著录有利于书目数据标准化，也有利于各馆之间书目数据的交换。

2.3 做好主题标引及解决用字问题

主题标引就是通过对文献内容的分析，把文献所论述的对象（或事物）概括起来，再使用规范化的词——主题词，将其按照一定的规范加以组织，使之成为检索语言的过程。主题词是机读书目数据的重要部分，是衡量其质量好坏的关键。在目前尚无专供古籍使用的主题词表时，为使古籍主题标引工作规范化，应该采用《中国分类主题词表》作为古籍主题标引的统一依据。《中国分类主题词表》是一部大型综合性的信息文献标引工具，相当于一部扩充了的《汉语主题词表》，又是一部主题词型的《中图法》第三版类目相关索引，有国家标准的同等效力。用它可以将分类标引和主题标引同时完成并相互校正，可以降低标引难度，提高标引质量。

由于古籍本身使用的是繁体字，所以，从客观著录的角度来讲，必须使用繁体字。但书目数据库是一种存储和检索书目信息的工具，只要能达到存储和检索的目的就可以用简化字著录。用规范的简化字著录符合国家语言文字工作政策。由繁到简本来就是汉字发展的总趋势，而且得到国际社会的承认。使用简化汉字，适应广大中青年读者的阅读能力，通过简化字检索到繁体字古籍，还能丰富他们的汉字简化知识。用简化汉字著录古籍有利于图书馆综合性书目数据库的建立。目前《中国机读目录格式》规定使用的字符集是《GB2313-80 信息交换用汉字编码字符集·基本集》和ISO10646（即 GBK 字符集），这两个字符集已经在国际标准化组织登记。若古籍书目数据库的编制与综合书目数据库脱节，就会造成检索时无法一次获得所需的全部信息。如果古籍著录和普通图书著录共用一个字库，则有利于古籍书目数据库和普通书目数据库互相融合，建成统一的综合性书目数据库，便于书目数据的管理和检索。但简化字也有其弊端，如可能出现误用简化字、生造简化字、繁简混用等错误，这需要在工作中认真地去把握。

2.4 配备高素质的编目人员

数据库的建设是一个漫长的过程。它会受到人的知识、技术水平和客观条件的影响和制约。其中人的知识起着举足轻重的作用。图书馆在建库之前，应抽调馆内业务素质和思想素质较高的工作人员，成立古籍数据录入小组。所谓业务素质，就是要求编目人员不仅要具备一定的图书馆学知识，还要有一定的版本学、目录学、文献学及古汉语知识，还要具备相关的计算机知识，并有较熟练的计算机操作能力；所谓思想素质，就是要求编目人员要有较强的事业心和责任心，能吃苦耐劳，认真仔细，这样才能保证高质量的数据生成。同时，还要配备对古籍著录规则和MARC格式有深入理解并能较准确地把握，有丰富机编经验的高素质的编目人员。对编目人员已编好的每条数据进行认真查对校验，严格把好质量关。

2.5 建立科学有效的管理机制

科学有效的管理机制是必不可少的。合理规划古籍数据库的建库工作流程，在保证质量的前提下，尽可能减少不必要的重复。古籍数据库建成以后要对广大读者开放，书目数据要通过读者的查询和图书馆的各项服务工作来检验，所以应该经常关注使用效果，注意收集反馈信息，通过反馈来的信息对机读目录数据存在的错误进行及时修复，以达到优化数据的目的。

3 建设与服务

在数据库建设的同时，不可忽视宣传与推广。古籍的读者本来就不多，争取读者，尤为重要。争取读者的措施之一就是读者培训。由于古籍读者群年龄偏大、计算机知识不足等特点，在读者培训上要花费一定的时间和精力。另一方面，读者熟悉了数据库，掌握了使用方法，才能反馈使用中的意见、感想和体会，从而参与数据库的建设，数据库方能最大限度地满足读者的需要。

4 结 语

古籍书目数据库的建设是一项长期而艰巨的任务。其质量的好坏，直接影响着图书馆管理水平及服务水平，关系到将来能否真正实现古籍书目数据的资源共享。另一方面，书目数据库的建设只是实现图书馆自动化的基础，远不是图书馆自动化的目的。书目数据库仅限于提供书目信息，从资源共享这个意义上来说，是不够的，读者掌握了书目信息，却见不着文献全文，只有望洋兴叹。所以，进一步开发文摘数据库和全文数据库，才是满足读者需要的必由之路。

【参考文献】

[1] 李荣慧.古籍书目数据库建设面临的问题及对策.图书与情报，2000(1).

[2] 秦淑贞.如何建立规范化的古籍书目数据库.现代图书情报技术，1999(2).

[3] 谢琴芳.汉语文古籍文献书目数据库建设管见.大学图书馆学报，2003(6).

[4] 王雪迎，杨慧.计算机古籍编目初探.清华大学学报，1999(2).

网络环境下党校图书馆特色专题数据库的建设

李振鸥*

摘　要:本文阐述了现代科学发展对图书馆优势和地位造成的冲击,指出了党校图书馆进行特色专题数据库建设的紧迫性和重要性,并提出了特色专题数据库建设的原则和发展战略。

关键词:图书馆;网络;数据库

1　党校图书馆特色专题数据库建设的紧迫性

1.1　现代网络信息技术的发展及图书馆传统优势的丧失

党校图书馆特色馆藏专题数据库建设是形势所迫,也是当前社会发展的必然趋势。党校系统图书馆与各高校图书馆的发展一样,经历了纸质图书馆、自动化图书馆两个阶段,现在正向数字化、网络化图书馆迈进。图书馆的逐渐演变,不仅代表了技术应用上的一种进步,也暗示着图书馆的角色正在发生某种变化。这种变化在由纸质图书馆向自动化图书馆演进的过程中已有所显现,最明显的是目前访问和使用图书馆的人越来越少了。无论从流通统计、参考咨询统计,还是从图书馆到馆人数统计,都可以清楚地看

* 李振鸥:中共温州市委党校图书馆,馆员。

到这一现象的存在。

在网络信息技术尚未充分发展并得到普遍应用的时候，图书馆作为信息的存储和提供机构，在知识获取、信息传播方面都具有举足轻重的优势和地位，可以说，那个时候图书馆是人们获取知识和信息最重要的渠道之一。

然而，随着计算机技术的普及和互联网的迅速发展，图书馆开始面临前所未有的压力。美国著名图书馆学家兰卡斯特曾预言："随着以计算机为中心的现代信息技术的应用和电子出版物、机读文献的普及，传统的图书馆将完成历史使命，而走向消亡。"同时在其所著的《走向无纸信息社会》一书中提出："随着电子资源的日益重要和纸质资源的日益减少，随着计算机终端在办公室和家庭日渐普及，……图书馆不可避免地走向衰落。"英国学者卓普逊也指出："电子计算机和远程通信技术的日益结合必将取代图书馆的储存和传播知识的功能。"对这些观点，我们不敢苟同，但其中确实包含了一些合理的内核，即图书馆居于"信息垄断"地位的时代已一去不复返了。

1.2 竞争对手的增加以及图书馆地位的削弱

随着当代信息技术的发展，新一代的计算机网络正在向高速化、多媒体化、以宽带主干网为基础的多网融合的方向发展，将逐步实现 5 个 W 的个人通信：即任何人（whoever）可以在任何时间（whenever）任何地点（wherever）与任何一个其他人（whomever）通过网络进行通信，以传递任何信息（whatever）。在这样的背景下，一方面，从事信息服务的人越来越多，许许多多的媒体、信息咨询公司，甚至个人都纷纷涌入信息服务领域，并迅速占领信息市场。另一方面，由于网络具有灵活多样、丰富多彩的服务方式和服务内容，对各阶层用户均有极大的吸引力，这些用户再也不会像以前那样把图书馆作为最重要的甚至是唯一的知识信息获取渠道了。但凡个人或单位的计算机只要借助于一台个人电脑终端和一根网线，读者就可以不必亲临图书馆，可以在任何时间、任何地点自由地存取、检索、查询、浏览网上信息资源。

网络的魅力是巨大的，网络的能量是无穷的。网上信息资源利用率之高，使用范围之广泛，其优势是传统图书馆所无法比拟的。在这些强有力的竞争对手面前，图书馆作为信息资源主要提供者的地位开始削弱。

2 党校图书馆特色专题数据库建设的重要性

21 世纪是信息化、网络化的时代，在网络时代的大环境下，党校图书馆除了要加强网络建设外，还必须抓紧数据库建设，特别是特色数据库建设，因为党校图书馆要使自己能在网络信息技术迅速发展的社会中站稳脚跟，就必须积极争取主动权，按照时代的要求，发挥自身长时期累积起来的资源、技术和管理优势，建立起有党校自身特色的专题数据库。党校图书馆作为一种特殊的机构，相比于其他信息机构而言，其理论根基和实践积累都极其深厚。它所积累的丰富的资料与高校图书馆、公共图书馆相比，不仅具有专业性、针对性、权威性强的一面，而且更具有系统性、完整性和综合性全的一面，这是一种得天独厚的优势，是其他任何机构都无法比拟的，这就是党校图书馆的优势所在。党校图书馆只有在充分认识自己优势的基础上，扬长避短，走特色专题数据库建设之路，才能为自己在信息服务领域中争得一片生存和发展的空间。

建设特色专题数据库是党校图书馆开展特色服务，转变传统低层次服务为主动增值服务的体现，是图书馆服务意识和观念的根本转变，也是图书馆今后发展品牌的必由之路。

建设特色专题数据库的重要性之一是：有利于更新人们的思想观念，摆脱重藏轻用、贪大求全的旧观念。由于特色馆藏是在特殊的历史背景、地理位置、服务性质和对象等因素下建立和发展起来的，相对来说重复率较低，建立起来的数据库的重复率也会大大降低。这样不仅有助于缓解当前一些图书馆经费不足的矛盾，使各馆能将自己有限的经费用到刀刃上，而且还可做到既不重复又消灭空白。另外，在建设特色馆藏专题库时，还可以采取拿来主义的方法，大胆引进别人建好的、与我们的教学科研有关的各种数据。建设特色馆藏专题库不必什么都自己动手，但要切忌随意增大信息量，因为太多的信息在网络中传播，不仅会增加信息处理的工作量，增加信息筛选、甄别的难度，浪费读者的时间，无形之间会给读者带来不便。一直以来，一些图书馆误以为全文数据库和检索软件越多就越能满足科研人员的需求，但经过服务实践和读者调研发现，读者更渴望直接得到本学科的网上信息资源。记得曾有人形象地指出，因特网上的信息，如果有一英尺宽，则只有一英寸深，也就是说网上信息虽然多，但良莠不分，并非多多益善。因此，党校图书馆在建设特色专题数据库时，一定要在质和量之间把好关。

建设特色专题数据库重要性之二是：使分散无序的特色文献资源得以系统化，有序化整理和深层次挖掘，并通过网络进行传播使用，使传统文献在网络环境下重新体现其知识价值。可以预见，特色馆藏专题库的建设和应用将为党校教学和科研提供更丰富的信息资源。

建设特色专题数据库重要性之三是：有助于扩大党校的辐射教育功能，我国正在推动“政府上网工程”。党校作为培养党的领导干部的阵地和熔炉，有必要建立党校特色数据库，使之成为介绍党校的历史、概况和现状及发展前景，展示改革开放以来所取得的成就，宣传党的路线方针政策，面向社会、面向世界的窗口。同时，还可以提高党校的地位和知名度，扩大党校的辐射教育功能，使更多的人了解党校的理论水平、教学研究成果，了解党校的信息资源。

3 党校图书馆特色专题数据库的建库原则

3.1 选题、立项、论证原则

特色专题数据库的开发和利用是科学研究的前期劳动。开发特色专题数据库，首先要选好题，把好立项论证关，这十分重要，因为它关系到数据库的价值，数据库所能创造的效益，及数据库的生存和发展。所以，在数据库建设的立项、论证阶段，需要学校相关部门的支持与协作，需要听取专家、学者的意见；在数据库建设过程中要及时地与有关部门沟通，联系，通报新进展，争取广泛的支持；数据库建成后，要让相关职能和专家验收；数据库完善后，要通过多种形式的宣传让全体师生了解和使用。一个数据库的生命力在于被用户所使用，没有被利用或者利用率低都会造成浪费。

3.2 专业性原则

保证重点，突出专业性，永远是图书馆文献资源建设的基本原则。党校图书馆自建特色专题数据库，要抓住党校的特色，因为党校系统图书馆的主要任务是为党的干部教育，为党校的教学、科研提供文献信息服务。教师、科研工作者和主体班学员是专题数据库的使用主体，这个群体对信息的准确性、权威性、前瞻性及学术价值要求比较高，因此建库时一定要根据党校的教学研究特色设置，精选有学术价值，能反映学科前沿发展水平和发展动态的信息资源作为对象。另外，在建设特色馆藏专题库中还应该注意收集、开发知识产权保护范围以外的信息资源，比如：政府信息资源信息作为一种权威、可靠的信息资源目前在我国的开发力度还是远远不够的，科研人员获取此类信息难度还是相当大。

3.3 地方性原则

要优先开发和建设具有地方特色的文献资源。例如，我们温州市委党校图书馆，经过多年的建设和收藏积累了许多包括本地区在内的各种会议文件、统计资料、学术报告、调查报告等。特别是改革开放以来，温州人敢为天下先，创造了灵活的市场机制和富有特色的经济格局，温州成了世人瞩目的热点地区。有关宣传温州、介绍温州、研究温州的著述大量问世。为此，我馆顺应时势并根据读者的需求，利用这些资源建成了初具规模的温州模式研究库、温州市情资料库、数据温州等专题数据库。其特色是文献资源丰富，专业性强，时代感突出，层次较高，在为教学和科研服务的同时，也为政府机关、事业单位及社会各界提供信息服务，这些专题信息不仅备受关注，而且颇受好评。

3.4 规范化、标准化原则

数据库建设的规范化、标准化工作，是实现网络文献信息资源共建共享的基础，网络化的重要特征是开放互联和资源共建共享。因此，各级党校图书馆必须把标准化工作贯穿于共建共享的各个环节。此外，规范化、标准化程度还是数据库建设成功与否的标志，它不仅直接影响数据库的使用效果，更决定其应用前景。因此，在特色馆藏信息的组织与数据库的建设中，一定要坚持规范化、标准化的原则。建库前，必须根据国家有关文献著录的标准原则确立统一的录入标准。标引方式，数据库字段应包括顺序号、分类号、题名、著者、年 月 日、卷 期、页码、主题词或关键词、内容摘要等。要尽量增加文献标引的深度，扩大检索点，设立多途径的检索方式，使各种索引功能完备，操作简练，便于读者使用。

4 党校图书馆特色专题数据库建设的发展策略

党校系统图书馆的特色馆藏专题库建设，不可能一蹴而就，它是一项复杂的系统工程，要经过较长时期的建设才能真正收效。因此，要有一个思路清晰的规划，在统一的组织管理下，协调有序地进行，不能盲目建设，要找准自己的定位，依据学校的教学科研服务要求，再结合自己的技术开发能力来确定建设目标、程度和方式。任何操之过急的做法都是不切实际的。在特色馆藏专题库建设中，要随着时代的发展不断注入新的内容，要注重信息的积累，使它的资源既能充分满足教学与科研的现实需求，又能满足社会持续发展的长远需求。要始终坚持以党校的教学、科研为第一需要，明确党校图书馆是政府部门的图书馆，它的主要对象是党和政府的各类决策者。为此，必须坚持重点开发对领导决策具有重要参考价值的地方文献资料，必须注重实用价值与学术价值的统一，要充分利用自己的专业知识对社会信息资源进行甄别选择，努力为党校图书馆营造相对纯净的信息资源数据库，为读者提供优良的信息资源保障。

建设特色馆藏、提供特色服务，是网络环境下党校图书馆馆藏信息资源建设的一项重要工作，图书馆如果没有特色馆藏，将难以强有力地吸引本馆读者利用现实馆藏，更难以吸引异地读者利用虚拟馆藏。就特色专题库建设而言，它应是一项有明确目标、远期发展规划、近期实施措施的工作，是一项艰苦而长期的工作。如果说任何事物的发展都会经历一个从不成熟、不完善到逐步成熟和完善的过程，那么，党校系统图书馆特色馆藏专题库的建设也不例外。

“党校系统数字图书馆建设能不能搞起来，能不能搞好，领导是关键。”这是中共中央党校副校长王伟光在全国党校会议上的讲话。他还说：“抓数字图书馆建设是做一件功德无量的大好事，各级党校要把数字图书馆建设置于校委的直接领导之下，列入校委的议事日程，要有专门的校领导来抓这项工作，领导应该亲自抓规划，抓落实，及时解决职能部门在工作中遇到的实际困难和问题。”笔者认为，中共中央党校副校长王伟光在全国党校会议上的讲话同样适用于特色馆藏专题库的建设，因为，特色馆藏专题库的建设如果能得到校领导的重视和支持，那就是特色馆藏专题库建设最可靠的保障。

当前，我们已经进入了只要点击鼠标就能迅速传递信息的时代。顺应时代的发展，抓住机遇，发展自己的特色，是党校系统图书馆继续发展的需要，也是网络信息迅速发展时期党校系统图书馆最明智的选择。

【参考文献】

[1] 高佩群. 地方文献服务——社会创新的现实需求和战略选择. 情报资料工作，2003(1).

[2] 刘长生，祝建辉. 图书馆网络信息资源建设中应当注意的几个问题. 南京市委党校学报，2003(4).

[3] 吴建中. 图书馆员需要互联网 互联网更需要图书馆员——在中文元数据应用国际研讨会上的总结发言. 图书馆杂志，2001(6).

[4] 王伟光. 贯彻全国党校工作会议精神，加快图书馆信息化、数字化、现代化建设步伐. 情报资料工作，2001(2).

[5] 鲜鹏. 论图书馆类型划分的本质属性——兼论党校系统图书馆应该向研究型专门图书馆发展 . 情报资料工作，2002(6).

[6] 黄宗忠 . 论 21 世纪的虚拟图书馆与传统图书馆(上). 图书馆理论与实践，1998(1).

温州人著述数据库概述

潘猛补*

摘　要：本文是在《温州文献数据库》的基础上对温州人著述的价值、流传概况以及数据库编纂过程及所遇重点难点的综合概括。全文从小处入手、大处着眼，对系统建设框架和体系结构能够钩沉索隐、精细把握，对完成浙江社科网数据库建设有所帮助。

关键词：温州；地方文献；数据库

"温州学"作为一门关于温州文化和温州人的学科，分历史和当代两大部分，温州历史文化专题研究、温州当代发展研究、温州人研究和温州文献整理是其四大任务。而就学科材料构成来说，温州现实、温州文献、温州人著述并列构成温州学构架三大材料基础。近年来对温州现实与温州文献的研究，已取得了令人瞩目的成就。特别是在史料和目录整理方面出版了《温州文献丛书》、《温州地方文献联合目录》等一批有分量的成果。由于《温州地方文献联合目录》只收录反映研究温州地区人、事、物等的著作，着眼于近现代的著作，凡内容不直接涉及地域特征者均不予收录，故大批温州人著述未能得以揭示。温州人著述早自明末永嘉姜准就曾辑有《东嘉书目考》一书，开创了编纂温州人著述书目之先河。正如其自序所言"吾乡先正著述之富，郁郁乎埒二酉而轶两京"，惜散失已

* 潘猛补：温州市图书馆古籍部主任，研究馆员。

久，无从稽考。至清末朴学大师孙诒让编纂《温州经籍志》，收录自唐至清道光1000多年间有关温州人著述2000多部，可谓集一郡地方文献书目之大成，但因客观条件所限，漏收之作，时有出现；后人虽亦编有《玉海楼藏温州乡贤书目》、《永嘉区征集乡哲遗书目》、《当代百家温州人著作书目》等书目，对温州人著述有所揭示，有所探讨，但从古到今系统的搜集和叙录，目前尚付阙如。然而在信息爆炸的时代，任何单位无法单独收齐所有论述温州人、事、物的著述，更由于其数量过于庞大，内容良莠不齐，如果没有一个全面的、有深度的、有特色的、标准化的书目来导航，那么不少重要的信息将未能被利用，不少研究者在研究时无从下手，有的信息将有流失之虞。所以，如何把分散在各图书馆、各单位以及民间藏书家手里的地方文献整合起来，这正是作为社会知识中心、文化中心、信息中心之一的图书馆责无旁贷的任务。

基于上述原因，在温州分社科联和市文化局的支持下，我们成立了以温州市图书馆为主体、各有关单位参与的编辑部。于2006年初开始进行征集、交流、汇总温州人著述的编纂工作。这是一项紧迫而艰巨的文化工程、系统工程、社会工程，更是温州学的基础工程。温州人著述反映了地方文化的发展水平，是地方文献不可分割的组成部分，对温州人著述作一番全面的调查摸底工作，完成《温州人著述数据库》作为《温州地方文献联合目录》的姐妹篇予以反映显得十分必要。只有这样才能全面反映温州历史与现状的整体面貌，展示温州人的文化成果和精神财富，张扬温州人的智慧和风采，了解温州人才的概况和特色。

温州素有“东南小邹鲁”、“文献之邦”之称，遗留下来的温州人著述文献数量十分丰富。据我们的初步调查，目前存世者尚有1万余种。数量众多的温州人著述，是中华民族精神文化遗产重要的有机组成部分，其主要的文化价值，特别是对温州学研究的价值，尚待进一步整理发掘和认识。

具体说来，温州人的著述首先表现在有极具特色的地域性。自宋代已经形成永嘉学派、永嘉诗派、永嘉文派、永嘉医派以及后来的永嘉弈派、永嘉画派，乡贤留下了大量著述，虽然其内容没有直接涉及地域特征，但作为古人留下的理论成果和研究专著，它们是研究永嘉学派、永嘉诗派、永嘉文派、永嘉医派、永嘉弈派、永嘉画派不可或缺的资料，同样是相当重要的。至于现存宋以来温州人著述，其中诗文集约占半数以上，以诗文集而论，虽然其内容不是全部直接涉及地域特征，但它们其中不乏包括大量的有关温州政治、经济、文化、民风民俗、山水名胜、文学艺术史料以及为量颇多的竹枝词，亟待分类挖掘整理和进行解读。特别是改革开放以来，温州模式的迅速崛起，温州模式是目前温州学界研究的热点。在温州人著述中，这方面的内容亦极为广博而富有特色。除以研究温商为主要内容的专书外，在温州人诗文中，有关温商的资料尤为丰富。其中大量的传记、报道、诗歌、散文、摄影、图画都详细记载了温州模式的发展情况，可使我们对温商的起家及经营方式、资本周转机制与温州社会生活情况有更具体入微的感性了解。温州人著述涉及学科领域十分广泛，涵盖了哲学、社会科学、自然科学等各个学科。温州人著述数量大、涉及面广而极富地域文化特色，对于温州学研究来说，温州人著述的学术价值是不言而喻的。因为这些著作出自温州人之手，他们对乡土文化有着外郡人士所不能企及的真切理解和体验；他们对温州历史文化和社会生活各个方面的记载，可靠性强，史料价值高，是我们研究温州历史及文化遗存、民风民俗的不可或缺的重要资料。总体说来，这方面的研究，无论从深度和广度而言，同对狭义温州地方文献重要性的认识相比，与对作为温州学学科三大支柱之一的建设要求相比，还是远远不够的，研究力度尚待加强。可以说，对现存温州人著述的研究和开发利用程度，直接影响到温州学这门内涵十分丰富的学科的基本建构和整体学术水平。温州人著述是研究温州的史料渊薮，是一个已引起少数学者注意，但迄今尚重视不够故而亟待开掘的宝藏。

其次，就温州人著述质量而言，现存温州人著作在整个中国学术史占有相当重要的历史地位。自宋代以来史学研究本身就是温州学人向来注目的重点之一，温州人著述中史学特别丰富，有相当一部分著述有很高的学术价值，在中国学术史上占有极高的地位。如：徐自明著有《宋宰辅编年录》20 卷，对宋代宰辅的事迹任免有较详细记述，为研究宋史重要资料，堪称传世之作。与此相类似的著作，诸如周去非著《岭外代答》10 卷，记录宋朝南方和东南亚、西南亚及东非各国的风俗、物产，十分详尽，是一部研究宋代对外关系的重要史料著作。徐霆《黑鞑事略》，是研究 13 世纪上半叶蒙古国历史的重要史料著作。周达观《真腊风土记》，既是一部优秀游记，又是一份历史文献，为几百年来国内外学者所推崇。它们可以补正史之不足，且有其学术上的不可替代性，其崇高的学术价值，已得到中国史学界的公认。除此之外，《四库全书》系列所收录温州人著作 160 余种，加上《四库全书》系列所未收入的几个大家著作，以及晚清近代温州知识群体在全国很是突出，都是各学科领域卓有贡献的著名学者，留下了大批有很高学术价值的著作，也值得认真加以梳理和研究。在佛教著作中，温州人著作之祖玄觉《永嘉集》、道教著作中林灵真《灵宝济渡金书》等著作作为当时宗教文化的代表之作，已大大超越了地域文化的范畴，对研究同时期中国宗教文化无疑有着重大的价值。

因特殊的人文地理环境形成的独特的地域文化，使温州人著述有相当浓厚的地域文化色彩，有相当一部分高质量的学术著作，代表了时代的学术前沿水平。不同地方所孕育出各自不同的人才群体，产生不同的群体著述。如温州有如此众多和影响广泛的数学家群体，被人们誉为“数学家之乡”，要研究中国数学史，就要研究这一数学家群体不同时期具代表性的著作。如研究考古，就离不开研究郑振铎、夏鼐等大家的专著；研究古代文学，就离不开研究夏承焘、王季思、董每勘等大家的专著；研究法律，就离不开研究高铭暄、陈光中等家的专著；研究语言，就离不开研究郑张尚芳、潘悟云、温端政、颜彦明、游汝杰、许威汉等家的专著；研究传记文学，就离不开研究温州叶永烈、黄宗英等家的作品。这些都是温州的骄傲。

研究温州，首先要研究温州人。把温州人研究透了，温州经济现象也就迎刃而解了。研究温州人，要从人文背景入手。从社会学、哲学、人文学的各个层面，系统地研究温州的历史和现在、文化和经济、科学和宗教、语言和民俗，全方位地展示温州的发展轨迹和态势，张扬温州人的个性和温州人精神。温州经济发达，促使著述的繁荣。繁荣程度居于全国前列，并有着自己突出的特点。在今天已转化成一种以实利主义为特征的实践型文化。温州人有自己的精神追求，但追求的大抵是与光宗耀祖相关的东西。温州人有自己的终极关怀，但关怀的总是与个人、家族息息相关的利益，并逐渐养成了类似的自恋情结，而这种群体性的自恋情结体现在自费出书上。在温州，老板出书已经成为一种新时尚。据调查，在22 家获得中国名牌或中国驰名商标称号的民营企业中，有 7 位老板出过书。这 7 位企业家出的书，内容大多是宣扬企业文化、企业理念和经营之道的，如正泰集团董事长南存辉主编的《创新正泰》，奥康集团总裁王振滔撰写的《追求卓越》、《商海王道》。而德力西集团董事局主席胡成中出版的 3 本书，分别是《企业集团创新论》、《企业文化与品牌战略》和《财富与责任》，现在胡成中还准备出第 4 本书。也有一些企业老板另有不同的视野，红蜻蜓集团董事长钱金波这些年来投入 4000 多万元致力于鞋文化的研究，并主编出版了《中国鞋履文化辞典》，填补了国内该领域的空白。温州老板结合他们自身经历来解读温州现象、解读温州企业、解读民营经济，通过总结出书来展示企业文化，这种商业新文化对社会有积极的影响。除老板出书外，普通温州人自费出书也是当前温州社会流行的一种文化现象。出书是对自己成果的一种总结，出书能证明自己,能给自己一生留下一点划痕,所谓立言也。温州人自费出书,自命不凡,自我陶醉,自我娱乐。这是温州人"四自"精神在文化方面的体现。写书出书不再是学者作家们的专利,许多老人在离退休后,把自己在职时的经验总结或学术成果整理成册,或将离退休后创作的诗文、书法、作品、绘画,结集出版。其中在职的中青年也不乏其人。据不完全统计,近年温州有关个人作品自费出版了近2000多种,数目颇为可观。这是对文化出版事业的一种补充,尽管有些人冷嘲热讽。当今政治清明,经济繁荣,这就为写书创造了宽松的政治环境与良好的经济条件。不少自费出的书,也确是珍贵文化的一部分,蕴藏着有关文艺学、社会学、经济学、教育学、历史学、民族学、人物传记以及地方史的资料,对温州学术研究具有重要的价值。有的自费出的书,水平低下,但敝帚自珍,精神可嘉,无可厚非。当然温州作者们还有待走出自费出书的圈子,整体水平也有待提高。愿有更多的温州人出书,出更多的好书。因为研究温州人,就要研究温州人的书。地方人士的著述是他们思想、观点和学术水平的真实反映和直接体现,是人物研究的可靠材料。只有这样,才能建立独具本地特色的温州学;也只有这样,温州学才能突出重点和增强特色。

作为第一部全面反映上自唐宋、下迄当前的温州籍人士(含寄籍外地或侨居国外者以及外籍人嫁入或入赘温州者)的著述的大型工具书,共著录近3000名作者所撰10000余种著述,是第一次把温州人著述作为专题进行研究和叙录,难免会遇到各式各样的问题。为此我们先通过建立温州人著述数据库,按时代分卷,分为古代、近代、现代三卷。每卷分作家小传、照片书影、书目提要、新闻评论、作品阅览五部分进行建库,为以后出书打下坚实的基础。我们在从事这项基础性工作时尽量做到:

第一,收录尽可能完备。所谓完备,包括两个方面:一是作者尽可能全,无重大遗漏;二是著述类型尽可能全,凡历史上温州籍作者撰、注、辑、校、编、译、书、绘、摄、制等10种体式的著作，书刊资料、照片、音像带、电子出版物等不论是否出版或发表，载体等，都应尽全采录。我们一方面利用历史上的艺文志、经籍志、《民国总书目》、《全国总目录》等关于温州人著作的记载、著录，另一方面，也参考了温州市图书馆馆藏目录与民间藏书家书目经反复核定考订。除著录版本、馆藏以方便读者为目的以外，在收录的广泛性上，大大超出了预期的目标。

第二，体例力求合理，以最大限度地容纳多种信息。我们以方便读者为目的，根据实际情况，确立了以人系书，环环相扣的体例。先作者小传，次著录版本与馆藏，复次为传记研究资料索引，以尽可能在有限的篇幅内包含更丰富的资讯。作者小传内容，包括生卒、字号、籍贯、科第、仕履、师承、业绩等，以简明为原则。作者小传众所周知，一般藏馆目录基本不列作者小传，提要式目录(如《四库全书总目》)列作者小传而又难以周全。我们在编纂过程中，将小传另列一目，既可一目了然，了解作者的一般情况，又着重介绍其学术成果，故而这一部分是全书的重点。本书旨在为温州学研究者了解温州人著述的历史面貌或查阅相关文献的版本、馆藏情况提供方便与参考。故著录版本与馆藏采取以现存著作为对象，以简略为原则。至于已佚的著作，由于孙诒让《温州经籍志》已作著录，故本书不予著录，以免重复。最后附有作者传记研究资料索引，以尽最大的限度为读者提供有关温州人著述的资讯。我们从正史、方志、文集、年谱、碑传、序跋中，尽力爬梳、收辑相关的传记资料，凡足资参考者，概行列入；近代人有价值的相关研究成果，对研究作者生平、学术有较大参考价值的现当代人著作论文，亦视具体情况酌收。虽然其不是全书的重点，收有传记研究资料者只限于名人，数量尚不及所收人物三分之一，相信亦将为温州学研究提供相当的方便。

著者籍贯的确定是编辑地方人士目录中的一件相当复杂而又

不可回避的工作：既要遵从实际标准，又不能不考虑习惯和实际学术传承。以我们遇到的情况而论，温州人客居外地，人数既多，寄籍、占籍的情况又十分复杂（外地人居温州情形亦然）。那么，究竟以何为准？我们认为“地方”一词在地方人士著述这一特定范畴里有狭义和广义两种理解，狭义的地方人士是指籍贯为本地籍的人士；广义的地方人士包括本地籍人士和居住、工作在本地的外地籍人士。具体由三部分人构成：①籍贯为本地，工作居住在本地者；②籍贯为本地，工作、居住在外地者；③籍贯为外地，长期工作、居住在本地者。第一部分人，籍贯与居住地均为本地，纯属地方人士。第二部分人现虽居外地，但其根在本地，他们大多与本地有着千丝万缕的联系，他们本人的地方属性已显示了明显的地域特征，不可能将其排斥在地方人士之外。如姜立夫之子姜伯驹。第三部分人，籍贯虽为外地.因其长时间工作、居住在温州，他们已将自己融入当地社会，为温州的经济文化发展作出了贡献.不少是在温州成才出名，这部分人已成为新温州人。故以广义的地方人士作为地方人士著述的采集对象，更符合地方人士的实际情况，能较好地反映温州学术、文化和人才状况。随着社会的发展，广义地方人士的内涵也随之拓展。在现代社会，人员迁徙和流动较之过去更为频繁。这种变动带来的变化，一是籍贯在逐步失去原有的意义和作用，籍贯大有被出生地取而代之的趋势。例如，一向被作为福建长乐名人的郑振铎，出生地为温州，他当然是温州人。籍贯一词的内涵应随之扩大，除祖籍之外，还应包括出生地。至于曾在本地工作、居住过的外地籍人士，他们的籍贯属外地，且现在如已离开本地.就不将其作为地方人士的采集对象了。

建好完善的温州人著述数据库，是一项长期而艰苦的工作。我们相信通过大家的努力，一定能在此基础上编出一部高质量的《温州人著述综录》，为梳理温州文脉，解读温州文化，构建温州学，打下坚实的材料基础。

“高校文库”建设的多元现象及特色研究

——以“浙师大文库”为例

金明生 陶世夫*

摘 要:“高校文库”是高校文化、精神、文脉的象征。其征集对象,应定位于本校师生员工和校友,不能随意扩大化;其征集范围,应以学术专著、教材、专利、公开发表的高水平论文为主要收藏品;其征集渠道,应建立起多元的征集保障体系。此外,文库务必彰显特色,重在整合利用,以实现特藏资源的价值。

关键词:高校文库;学术薪火;规范化;彰显特色

1 引言:一个具有成长优势的研究课题

高校是一个国家、地区的思想库、人才库和信息库,在推进“先进文化”建设、提升文化软实力中,居于举足轻重的地位,具有价值导向功能、精神引领功能和学术创新功能。而“高校文库”正是高校功能的显示屏。它是专门收藏本校师生员工、校友的学术专著及其他学术成果的特藏库,是高校学术成果的荟萃之地。它承载着历年高校学人的思想、精神、智慧和心血,是高校文化、精神、文脉的象征。

* 金明生:浙江师范大学图书馆,研究馆员。
陶世夫:中国人民大学图书馆,馆员。

笔者认为,对"高校文库"建设中现实问题的研究,是一个具有成长优势的课题,该课题具有三方面的重要意义:

首先,"高校文库"的创建不仅体现了高校图书馆工作的创新,同时也体现了其业务建设的拓展,在馆藏体系中增加了本校特色文献,拓宽了为教学科研服务的渠道,成为高校图书馆加强与本校教学科研机构联系的新纽带。此外,"高校文库"反映着各校的学术发展轨迹并把握着学术进步的脉搏,它既是各校教学科研的历史写照,又是各校教学科研成果现状的体现。一方面对各校的教学科研成果是一种检阅,另一方面对开展各校的文化史、教育史、校史、名人名著的研究是一种"史实记忆"。对"高校文库"建设的多元现象进行分析研究并彰显其特色,是事业发展的需要。

其次,"高校文库"在显示各校教学科研成果的整体面貌和水平的同时,还不断地传递着各个学科研究领域的学术信息,从而拓展了人们的学术视野,活跃了人们的研究思路,在相互观摩、相互学习、相互交流、相互激励中起到彰前贤而励后学的作用。此外,"高校文库"尊重学术成果,并促使其实现价值,使赠书者不仅获得一种慰藉,也激发其自豪感和荣誉感,对读者也产生相当的感染力,使人们的尊师爱校之情油然而生。对"高校文库"建设开展专题研究,有利于聚集学术薪火,传承并弘扬学术精神。

第三,"高校文库"对各校历年分散的成果进行较全面系统的收集并永久性收藏,起到了妥善保存和开发利用的作用。这其中有大量的签名本,不仅有作者亲笔赠阅签名,而且有对文库的题词和对出版错误的亲笔更正。这些著作除自身的学术价值外,从版本学意义上讲更具保存价值,尤其是一些著名学者的手迹,其价值和意义,随着时间的推移将更加深远。对"高校文库"建设开展专题研究,有利于整合资源,充分发挥其特殊功能。

从现实层面看,"高校文库"的建设,是基于教育部颁发的《普通高等学校图书馆规程》中的有关要求,即"保证重要文献和特色资源的完整性和连续性，注意收藏本校的以及与本校有关的出版物和学术文献”等条文。经过业界的不懈努力，如今，中国人民大学、北京大学、清华大学、浙江大学、复旦大学、南开大学、武汉大学、厦门大学、广东海洋大学、浙江师范大学等全国数百所高校的文库都具有一定的规模，各文库建设在不断探索中呈现出较快的发展态势。

但由于“高校文库”建设的各个环节缺乏规范性，各校文库建设模式上存在着差异，微观工作体系方面还存在着不少问题，以至于在一定程度上影响或制约着文库的发展。这就需要切实开展专题研究。而现实情况是，学界对“高校文库”的理论和现实问题研究却明显滞后。笔者通过“中国学术期刊镜像站”查阅了自 1987 年中国人民大学在国内首创“高校文库”以来的有关论文，结果仅查到 10 多篇探讨性的文章；又通过“天宇全文检索系统”查阅了 16 个数据库，其中能搜集到的印刷型文献中也少有论及。这一查阅结果表明：目前业界对“高校文库”的研究还有待深入。

本课题对“高校文库”建设的多元现象进行审视，围绕着文库的征集对象、征集范围、征集渠道、藏书特色等问题，以“解决实际疑难”为主旨，以规范其微观工作体系为要务，以“浙师大文库”为案例开展研究，力求在理论上有所创新，实践上有所突破，为职能部门有关决策提供依据，为文库建设者提供可资借鉴的方式，从而促进各地的“高校文库”建设上水平、上层次，使文库特藏资源在教学、科研等方面切实发挥作用。

2　征集对象：定位于本校师生员工和校友

据笔者调查，目前“高校文库”的征集对象，有的定位于本校在校工作、学习的师生和曾经在本校工作、学习过的校友；有的定位于本校在校教师和校友；有的定位于本校在校教职员工和校友；有的除本校在校教职员工和校友外，社会各方所有向文库的赠书、本校教职员工和校友向文库赠送的所有家庭藏书均纳入文库收藏。就本校出版物而言，有的定位于本校正式与非正式出版物，有的则不包括本校非正式出版物。

上述各地"高校文库"征集对象的多元定位现状，反映出文库的征集对象还没有基本统一而准确的定位。如果征集对象只限于本校在校教师和校友，那么除此以外的其他人员被遗漏了，这些人员每年也有不少成果产生。如果征集对象只限于本校在校教职员工和校友，那么，在校学生被忽略了，有的学生在校期间就与导师合作出书，甚至独自出书。如果征集对象除本校在校教职员工和校友外，社会各方所有向文库的赠书、本校在校教职员工和校友向文库赠送的所有家庭藏书均纳入文库收藏，那么，征集对象被泛化了。有的文库不收藏本校非正式出版物，事实上，非正式出版物也记载着大量与本校有关的内容或信息。

针对上述问题，"高校文库"藏书建设需要对本校的著者和本校出版物的含义予以准确定位，进而明确其征集对象。我们主张"高校文库"的征集对象应为本校师生员工和校友。如此，它须具排他性。为避免征集对象的遗漏和扩大化，其在文字上要有严谨的表述，操作上要有明确的定位。"本校师生员工"应包括教师、教辅人员、机关干部、职工和不同专业的学生；"校友"应包括国内外曾在本校不同历史变迁时期工作或学习过的人员。此外，本校的正式和非正式出版物均应属文库的征集对象。

3 征集范围：以学术专著、教材、专利、公开发表的高水平论文为主要收藏品

我们认为，文库的收藏品应以本校师生员工、校友的学术专著及其他重要学术成果为主，包括中外文专著、编著、译著、教材、工

具书、文集、核心期刊论文等;对于“其他重要学术成果”,如专利、手稿、书评、画册、获奖证书、录像、录音带等,也应属征集范围。

但由于各“高校文库”征集对象的定位差异较大,其征集范围便出现多种状况。上述收藏品,有的文库收藏得比较齐全,有些文库只收藏了一部分。从收藏部门看,有的高校是文库在进行收藏;有的高校是文库与档案馆分别进行收藏;还有的高校是科研处及二级学院资料室也在进行收藏;如此等等。或遗漏,或重复,造成收藏范围的混乱,使赠书者不知所从。

“浙师大文库”在征集范围上也许对业界有所启发。该校根据首届全国高校文库工作研讨会提出的“历史性、资料性、激励性”的要求,在文库建设的一系列关键词中,将“全面”和“特色”作重点列入。这就要求框定征集的基本范围,使收藏的文献既全面又不滥。因为文库建设要为追踪学校的历史,研究学校学脉的发展,在推进全校师生的“知校、爱校、荣校”活动中发挥积极作用,没有全面性就没有丰富性,也就缺乏魅力,而过滥则又不足以体现其激励性。

基于上述考虑,“浙师大文库”主要征集以本校师生员工和校友为第一作者的成果,包括正式出版的论著、编著、译著、教材、教学参考书;正式发表的博士、硕士论文,被 SCI、SSCI、EI 摘录的高水平论文,以及在社科权威期刊上发表的论文;还有专利、书画集、国家级(含北京、上海)出版社出版的文艺作品等。同时,浙师大确定文库为图书馆的一个特藏部门,要求各学院、单位配合图书馆做好征集工作。

4 征集渠道:应建立起多元的征集保障体系

当前,我国诸多高校的文库虽然都在征集书刊,但与“及时、全面的收藏”的要求仍有一定的距离。主要原因在于:文库书刊征集者难以全面掌握本校著者的出书信息,缺乏相应的制度保障和足够的经费支持,以至于文库征书的渠道虽然多,但不够畅通;文库征集者无论多么努力,赠书者仍处于可赠可不赠状态;学校向各部门、全校教职员工及校友发布的关于向文库呈缴本人学术成果和本校出版物的通知也只能保持一时的热情,时过境迁,很快被人们遗忘;适当提取、购买、复印也远不够弥补赠书之不足。

为此,我们提出如下对策:“高校文库”要疏通各种征集渠道,建立起多元的征集保障体系。

一是以呈缴本制为主渠道。措施一:转变文库掌握教职工出版信息难的局面,改每年教职工向科研处领表填报科研成果,为通过校园网填报,要求他们向科研处和文库分别传递一份电子文本。第一次填报应将当年的成果和呈缴本制建立之前的成果一并填报。措施二:科研处、各院系等部门进行科研成果年度考核时,要求教职工将成果交送文库。由文库根据教职工提供的成果将每位著者的赠书情况及时向科研处、各院系等部门反馈。措施三:本校人员参加成果评奖由文库向科研处提供图书,评选后科研处将图书返还文库。措施四:建立奖励制度,凡及时向文库赠送当年成果的教职工,图书馆可向其提供增加借书量、延长借书期、优惠馆际互借收费服务等。

二是对于种种原因未收集的重要成果,可根据掌握的确切信息通过购买、提取、复制的方式进行收藏。

三是图书馆要保障对文库购书经费的投入,每年的文库购书经费要纳入预算之中。

现将“浙师大文库”的收藏渠道作一介绍。该校文库的征集工作由学校50周年校庆学术活动组和图书馆具体负责,要求师生员工直接将成果送到所在学院、部门(单位),并由所在单位统一交送图书馆;校友的成果由各学院统一收集后交送图书馆。为了有效地开展征集活动,该校采取了一系列措施:

- 利用学校的校园网、《浙师大校友》、校报、广播、电视、校庆

《简报》等媒体发布"浙师大文库"征集书刊的信息。内容包括征集目的、范围、方式等。

• 通过学校社科处、科技处的成果统计目录获取有关科研成果信息,征集人员据此直接与作者联系。对于身兼数职,忙于教学、科研和行政工作的知名学者;年事已高,行动不便的离退休学者;已故学者的家属等,征集人员主动登门拜访征书。

• 各学院教师出版的教材由编写者或教材科向文库提供数册;省有关部门及学校资助出版的专著,近几年报社科处、科技处参加评奖的成果,均要求作者赠书给文库收藏。

• 分批在校园网主页公布文库入选书目,内容包括书名、作者、出版社等,并通过传媒宣传文库的意义及收藏品,让更多的人认识文库、了解文库。同时在校庆网页、图书馆网页开设"浙师大文库"专栏,以吸引更多的人来赠书。

• 作者赠阅的书刊数量不限,一经入选文库,及时发予收藏证书并表示感谢。

由于措施可行,征集工作得到了师生员工和校友的积极响应和大力支持,仅一年多时间,就征集到各类文献 1500 多种。

5 文库务必彰显特色,重在整合利用

一所高校的特色既为自身的魅力所在,也是文库的魅力之源。"浙师大文库"在汇聚学术薪火, 彰显文脉特色上成效初现,收藏的内容涉及哲学、经济学、法学、教育学、文学、历史学、理学、工学、管理学等十多个学科门类。总体上看,它具有三个鲜明的特色:

特色一:教育教学的论著占较大比例。这缘于该校是一所以教师教育为特色的教学研究型大学。长期以来,学校以培育师资为主,教书育人是其宗旨。众多学者的课题及出版的论著往往与教育教学有关。此外,浙师大 50 年来培养了 18 万专业人才,历届

毕业生大多从事教学工作，他们的研究方向也往往“不离本行”。

特色二：儿童文学的理论研究成果不仅多，而且系统性较强，在全国各地的“高校文库”中独树一帜。这是因为浙师大有一个著名的儿童文化研究院及一个较强的学术团队，其儿童文化研究的广度和深度都是国内少见的。原校长蒋风教授捐赠的著作就有《中国文学儿童讲话》、《儿童文学概论》、《儿童文学丛谈》、《海外鸿爪录》、《儿童文学教程》、《玩具论》等 40 余种。

特色三：教师主编的教材及教学参考书较多。这是由于浙师大是一所多学科性大学，现有 16 个学院 52 个专业，全日制本专科在校生 21000 余人，研究生 2700 余人，各类成人高等学历教育学生 25000 余人。学校还拥有教育部确定的全国重点建设职教师资培训基地、铁道部确定的铁路机车司机培训基地、浙江省高校师资培训中心、浙江省幼儿师资培训中心、浙江省幼儿园园长培训中心等人才培养培训基地。根据学校的特点及教学需要，学校组织教师编写了不少教材和教学参考用书。

文库的特藏资源重在整合利用，以体现其价值。为此，我们提出如下建议：

一是在排架方式的选择上，可采用以学院、系、所为单位，按著者进行排架的方式，也可以按分类排架并对优秀成果进行专架陈列的方式。这方面应视文库的藏书量、特色和读者对象而定。

二是在目录体系的建立上，可以由分类、著者、书名目录组成目录体系，并增加一套按学院、系、所、个人排序的参见目录，以反映学院、系、所、个人的赠书情况。

三是当文库发展到一定规模时，应将文库藏书纳入馆藏书目数据库，实现利用计算机对文库藏书的检索、查询。实力较强的重点大学应自建文库数据库。此库是独立于馆藏书目数据库的，其特点在于，部分数据相对文库藏书而言是虚拟的，主要数据由三方面藏书组成：即文库藏书；馆库本藏书中的师生员工、校友著作；各系所资料室藏书中的师生员工、校友著作。文库数据库的格式要标准化、规范化，对获赠图书的分类、标引等数据处理工作要符合标准，尽量与国际标准取得一致，以便进行文献联机检索，实现资源共享。

四是在文库数据库揭示的藏书内容上，应力求多角度地揭示藏书，除著作的版权项外，应增加作者简介、内容提要、获奖情况、书评等内容，对优秀学术成果的思想内容、学术观点作系统介绍和深层次揭示。这不仅有助于读者的阅读、理解和吸收，而且可加大对学校教学科研成果的宣传力度。

五是在文库数据库检索方式上，要充分考虑文库的特点，在一般检索途径的基础上，增设一套从学院、系、所、个人角度检索藏书的途径，以揭示某一学院、某一系所、某一教师赠书的情况，同时对每一藏书均应注明收藏址，以便于读者查阅。

【参考文献】

[1] 全国高校文库工作研讨会. 关于加强全国高校文库建设的倡议书. 高校文库工作通信，2005(创刊号).

[2] 高跃新. 浙大文库建库十年随想 . 高校文库工作通信，2006(1).

[3] 高明. 首届全国高校文库工作研讨会会议纪要. 高校文库工作通信，2005(创刊号).

[4] 陶世夫. 高校文库藏书建设的现状、问题与发展对策探析. 图书馆学、信息科学、资料工作，2005(6).

[5] 陶世夫. 高校图书馆文库发展之路探析——兼论中国人民大学文库建设.

[6] 周家珍. 高校文库建设之路的探索——北京大学文库 15 年历程的回顾. 大学图书馆学报，2004(3).

[7] 陆汉荣，等. 高校文库之起源——书院藏书. 图书情报工作，2003(10).

[8] 吴芳，高安明. 探索高校文库发展——兼论京师文库建设. 图书馆学研究，2005(1).

[9] 季亚娟,高校文库建设刍议.浙江高校图书情报工作,2003(5).
[10] 李紫健,张帆.高校图书馆文库工作的实践.农业图书情报学刊,2005(6).
[11] 陈勤.高校文库定位及其实践研究.晋图学刊,2005(5).
[12] 宋金芹.建立浙江海洋学院文库的思考.图书馆学研究,2004(3).
[13] 卓晓霞.建设文库全文数据库,为教学科研服务.图书馆学刊,2004(1).
[14] 于晗.复合型高校文库初探.大学图书情报学刊,2004(3).
[15] 韦庆媛.清华文库建设回顾.高校文库工作通信,2005(创刊号).
[16] 金明生.汇聚学术薪火,彰显文脉特色.高校文库工作通信,2006(2).

知识产权和信息安全问题

浅析数字图书馆的知识产权保护

张 燕*

摘 要：本文针对数字图书馆的新特点和网络化环境，简要介绍了数字图书馆建设中涉及的知识产权保护问题，并提出数字图书馆知识产权保护的一些技术措施及方法。

关键词：数字图书馆；知识产权；著作权

数字图书馆(Digital Library)是随着计算机技术、现代通信技术和网络技术的迅猛发展而发展建立起来的，是一种新型的知识和信息的存储、使用模式。它的出现使图书馆的馆藏资源数字化、信息传递网络化、信息利用共享化，并且强化了图书馆的信息服务功能，使其服务手段更加多样化，提供的服务更加准确、及时。其基本特征表现为：(1)使用计算机将各种文献信息资源数字化，并用数字化信息提供网上服务，有些还能提供各种动画片、影视片、多媒体资料等的网上服务。在数字图书馆中，将以多媒体数据为主。(2)通过各种电子通信手段，特别是网络，连接各种信息服务中心和数字图书馆，包括地区、国家和国际上的信息数据库系统。

* 张 燕：浙江图书馆采编部，馆员。

(3)使用新技术,如光盘存储超媒体技术等,组织较大型的专业数据库检索系统,供读者检索。(4)当用户在联机查找遇到问题时,馆员能进行干预,为读者解决问题。其功能主要有以下几点:(1)各种载体数字化;(2)数据的存储和管理;(3)组织对数据的有效访问和查询;(4)数字化资料在网上的发布和传送;(5)系统管理的版权保护。

知识产权是国际上广泛使用的法律术语,是指人的智力活动创造的精神财富即智力劳动成果所享有的权利。它是一种无形产权,具有专业性、地域性和时间性等特点。它包括:著作权(版权)、发明专利、商标、厂商名称等。数字图书馆的知识产权问题主要是针对著作权问题而言。所谓著作权,是指著作权人对其文学、艺术和社会科学、自然科学、工程技术等作品享有署名、发表、使用、出版以及许可他人使用和获得报酬等项权利。

1 数字图书馆建设中出现的知识产权保护问题

1.1 馆藏资源数字化过程中的知识产权保护

数字图书馆不同于传统的图书馆。传统图书馆最主要的职能是收藏包括书刊、缩微、声像等模拟形式的文献,在对所收藏的图书资料保存、组织的基础上,进行书目自动化工作,主要为到馆读者提供各种服务。数字图书馆的收藏对象是数字化信息,以互联网为平台,面向全球用户提供基于内容的服务。

作品数字化是指利用计算机技术把其他形式的文字、表格、声音、图像等信息输入计算机系统并转换成二进制数字编码的技术。与传统图书馆不同,数字图书馆是依靠网络而存在的,作品的数字化和网络传输是数字图书馆存在的基本条件,馆藏资源数字化是数字图书馆的基础。单纯的这种转换只是带来作品形式上的变化,不具有著作权意义上的创造性,没有产生新的作品。我国《著作权法》第22条规定，在不侵犯著作权人的利益的情况下，图书馆、档案馆等为陈列或保存版本的需要，复制本馆收藏的作品，可以不经著作权人许可，不向其支付报酬。目前，关于作品数字化中知识产权问题的界定，学术界主要有两种不同的观点：一种观点认为，作品数字化是类似于翻译的演绎行为，数字化后的作品能够随意组合、增删和移位，它与原来的作品不一定有直接的对应关系。作品的数字化过程凝聚了人们的创造性劳动，经过数字化后的作品的著作权，应该属于从事数字化工作的人。另一种观点认为，作品数字化实质上是一种复制行为。因为将作品数字化，只是将原作品的载体形态进行数字化转换，而这种转换过程是由机器来完成的，其中并不包括人的创造性劳动，经过数字化处理后的作品，并没有产生新的作品。作品的数字化与传统的印刷、复印、录音等复制行为并没有本质的区别，因此，数字化的作品著作权也没有发生任何变化。一些国际惯例和公约也倾向于将作品数字化认定为复制行为。国家版权局1999年发布的《关于制作数字化制品的著作权规定》的第2条也将其规定为复制行为；国务院法制办和国家版权局共同起草的《著作权法修正案（草案）》也十分明确地将"作品数字化"界定为复制权利。复制权是著作权法中作者重要的经济权利之一，作者有权许可他人以复制方式使用作品并由此获得报酬。2000年11月《最高人民法院关于审理涉及计算机著作权纠纷案适用法律若干问题的解释》第2条规定："受著作权法保护的作品，包括著作权法第3条规定的各类作品的数字化形式。""著作权法第10条对著作权各项权利的规定均适用于数字化作品的著作权。"第3条规定："已在报刊上刊登或者网络上传播的作品，除著作权人声明或者上载该作品的网络服务提供者受著作权人的委托声明不得转载、摘编的以外，网站予以转载、摘编并按有关规定支付报酬、注明出处的，不构成侵权。但网络转载、摘编作品超过有关报刊转载范围的，应当认定为侵权。"因此，目前对数字化作品的合法方式，仅限于著作权人许可的作品、不受版权限制的作品，以及在报刊上刊登或在网站上传播的作品（不包括港、澳、台的作品以及适用于《伯尔尼公约》和 WTO 成员的作品）。在数字图书馆建设过程中，凡未经著作权人许可，就将其作品（文字、影视、音乐、美术、摄影等）加以数字化或制成数字化制品，都构成对著作权人的侵权。

1.2 信息资源传播中的知识产权问题

信息资源数字化的最终目的是将数字化后的信息通过互联网络来进行传播、扩散，这也是数字图书馆的一个重要特征。数字图书馆数字化信息资源的网络传播，充分体现了数字网络的极大便利。网络传输作为一种新的传播方式，已经打破了原有的传播格局。其中《世界知识产权组织版权条约》（WCT）和《世界知识产权组织表演与唱片条约》（WPPT）规定，文学和艺术作品的作者、表演者和录音制品录制者享有通过网络向公众传播作品、表演及录音制品的专有权；1996 年 12 月 WTO 的新条约《WTO 版权条约》赋予了版权人控制包括因特网在内的作品传输权利。这一权利的明确，为版权所有人对其作品、表演者和录音品制作者对其录音制品增加了一项专有权，即未经版权所有人、表演者和录音制品制作者的许可，不得将其作品或录音制品“上网”和在网上传播。在实际操作中，如果在网上传播受版权保护的作品，必须先取得著作权人的授予权，否则就构成侵权。虽然我国《著作权法》第 22 条规定，在不侵犯著作权人的利益的情况下，图书馆、档案馆等为陈列或保存版本的需要，复制本馆收藏的作品，可以不经著作权人许可，不向其支付报酬。但图书馆将作品数字化后无偿提供给读者，需要与版权人签订许可协议。

1.3 信息资源服务中的知识产权问题

数字图书馆建设的最终目的是为广大社会公众提供信息资源

服务，而信息服务的主要方式是利用数据库。随着中国数字网、超星数字图书馆等数字图书馆的相继开通并服务于社会，数据库的利用将越来越广泛，由此而产生的知识产权问题就不可避免。世界各国对数据库的法律保护处于增强扩大的趋势，如1996年欧盟理事会发布的《关于数据库法律保护的指令(96-9EC)》就首先提出对数据库实行特殊保护；《版权条约》第5条规定，数据或其他资料的汇编，无论采用何种形式，只要其内容的选择或排列构成智力创作，其本身即受到保护。目前，我国数字图书馆建设中利用的数据库主要有两种：一种是元数据库。元数据库是有关数据的数据，是充分利用信息分类和特征描述来构造某些信息的特征数据。由于元数据库的创作都凝聚着创作者的智力成果，具有原创性，受到版权保护。任何用户在利用元数据库时，应当先处理好元数据库的版权问题，不能侵犯其作者的精神权利和经济权利。另外一种是对象数据库。对象数据库是指文本、图片、声音、影像等信息经数字化加工后形成的数据。它一般以分布式的方式存放在各地的信息资源中心，形式多为独具特色的专业数据库。由于对象数据库一般具有专业性和独特性，作者在创作过程中需要付出更多的辛勤劳动和智慧，其创作成果可以视为是一种精神财富，应当受到法律保护。

2 数字图书馆建设中知识产权保护的一些技术措施及方法

2.1 加强知识产权的法律法规建设

数字图书馆信息资源建设的特点决定着信息资源数字化必须受法律的保护。我国政府从20世纪80年代初起就已逐步申请加入了一系列知识产权保护的法律体系。数字图书馆文献信息的传播方式给知识产权保护带来了很大的困难。从我国现有的知识产权保护法规来看，对网络环境下的知识产权保护仍有不少空白，跟不上实际工作需要。国家立法部门应针对信息资源数字化、网络化后的具体情况尽快对著作权法等相关法律法规进行完善和修订,制定有关数字图书馆的版权保护细则,使版权人、信息传播者和公众的权益得到最大限度的保护。有学者呼吁,在参考国外有关法律的基础上,结合我国目前的实际情况,尽快就网络数字信息保护问题制定《网络版权法》,使在保护权利人对著作权的独占以承认其智力劳动价值的同时,又能使作品得以被社会充分利用达到繁荣科技、文化事业的目的。

2.2 建立健全的著作权集体管理制度

国内外的实践证明,采用著作权集体管理组织的形式进行管理是解决信息采集知识产权问题比较有效的方法。我国《著作权法》第 8 条 1 款规定:"著作权人和著作权有关的权利人可以授权著作权集体管理组织行使著作权或者与著作权有关的权利。著作权集体管理组织被授权后,可以以自己的名义为著作权人和与著作权有关的权利人主张权利,并可以作为当事人进行著作权或与著作权有关的权利诉讼、仲裁活动。"集体管理组织代表作者向作品使用单位集体授权,向作品使用单位收取报酬并分配给著作权人。著作权集体管理组织实际上起着沟通作者与作品使用者的桥梁作用。因此,图书馆界应当抓紧成立一个统一的著作权集体管理组织,如在国家图书馆成立版权保护中心,各地公共图书馆作为其分支机构。当然,建立著作权集体管理组织要符合我国的国情,并且在社会对这一组织形式还不是很熟悉和认同的情况下,必须有法律的规定和行政机关强有力的支持。

2.3 数字图书馆知识产权保护的技术措施

数字图书馆的知识产权保护,除了建立健全知识产权法以外,还应加强技术运用与监管。通过采用先进的计算机技术,如访问控制技术、数据加密技术、信息确认技术、防火墙技术等有效地防止盗版和非法复制,更好地保护数字图书馆的知识产权。

(1)访问控制技术。访问控制技术是一种访问者对特定网络资源是否能访问或者访问的深度和广度的控制技术。它允许用户对信息库进行适当权利的访问,限制他人随意删除、修改或拷贝信息文件,是防止未授权访问的最基本的技术。它的目标是:保护被访问的客体,对访问权限进行确定、授予和实施,在保证系统安全的前提下,最大限度地共享资源等。目前数字图书馆数据库的访问一般采用 IP 验证和账号验证,当 IP 验证无法通过时,则启用账号与口令验证。访问控制机制的设置应遵循最小授权、对存取访问的监督检查、实体权限的时效性、访问控制的可靠性、存取权分离、最小共享存取及设计的安全性等原则。它主要包括自主访问控制和强制访问控制两种类型。

(2)数据加密技术。数据加密是指将需要在网络上传递的信息首先进行加密,当加密信息到达目的地之后再解密的一种技术。它是保护数字图书馆知识产权的主要技术手段之一。数据加密的原理是将信息格式转化为密文,然后传输或存储密文,当需要时再重新转化为明文。数据加密技术在信息传递中所起的知识产权保护作用,体现在网络层加密、运输层加密、应用层加密三个层次上。

(3)信息确认技术。信息确认技术通过严格限定信息的共享范围来达到防止信息被非法伪造、篡改和假冒的目的。目前信息确认系统可分为消息确认、身份确认和数字签名三种类型。消息确认主要是指通信双方对通信信息进行验证,使约定的接收者能够验证消息是约定发信者送出的且是在通信过程中未被修改的。身份确认使得用户的身份能够被正确判定。数字签名是附加在数据单元上的一些数据,或是对数据单元所作的密码交换。数字签名能够实现以下功能:接收方能够证实身份;发送方事后不能否认发送的报文;接收方或非法者不能伪造、篡改报文等。

(4)防火墙技术。防火墙技术是一种使用很广泛的网络安全技术，其工作原理是在被保护网络与外部网络之间设立一道屏障（即防火墙），在此检查进出被保护网络的信息是否被准许通过，或用户的服务请求是否被允许，从而阻止非授权用户的进入和对信息资源的非法访问。防火墙技术是当前网络信息安全防范措施最重要的手段。随着新的网络安全问题的发生，出现了许多具有不同功能的防火墙，如病毒防火墙、电子邮件防火墙、FTP 防火墙、TELET 防火墙等。通常把各种防火墙置于一起使用来弥补各自的缺陷，以增强网络系统的安全性能。

总之，在数字图书馆的建设过程中，既要做好著作权的保护工作，又要维护图书馆的合法权益，充分发挥图书馆的知识共享性，促进知识信息的传播和利用。通过对数字图书馆的知识产权保护，更好地促进信息资源的利用和共享，利用资源创造智力成果为知识产权法增添新的内容，从而共同推进社会的文明和进步。

【参考文献】

[1] 郑巧英，杨宗英. 图书馆自动化新论. 上海：上海交通大学出版社，1998.
[2] 罗光灿，何儒云. 数字图书馆建设中的知识产权问题探讨. 图书馆，2002(5).
[3] 周媛，盛小平. 论数字图书馆的知识产权保护. 津图学刊，2002(4).
[4] 谢大勇. 数据库建设的再认识. 图书情报论坛，2001(1).
[5] 郑颖毅. 数字图书馆的著作权保护问题. 图书情报论坛，2003(1).

现代图书馆网络安全管理问题

张继敏　毛　旭*

摘　要：本文分析了现代图书馆网络化进程中影响图书馆网络安全的几个问题，并提出了相应的安全策略和解决方案。

关键词：网络安全；图书馆管理；安全管理

随着网络的普及和发展，图书馆信息资源的数字化和网络化在给用户带来前所未有的便利和广阔学习天地的同时，也为图书馆管理带来了越来越多的无法预测的安全问题。如何保证图书馆网络化进程中网络设备、数据、系统的安全，以确保基于网络的图书馆各项工作的正常运行，保证网络不被攻击和造成瘫痪，保证数据的完整性和准确性，已经成了现代图书馆管理的一个重要问题。

网络安全是指网络系统的硬件、软件及其系统中的数据受到保护，不因偶然的或恶意的原因而遭到破坏、更改、泄密，系统连续可靠正常地运行，网络服务不中断。图书馆的网络安全也同样是利用网络管理控制技术，保证图书馆的数据机密性、完整性、可用性、真实性、可控性，图书馆各项网络业务和服务工作不中断。

* 张继敏：中共舟山市委党校图书馆，馆长，副研究馆员。
毛　旭：浙江温岭市图书馆，馆长。

1 网络硬件的安全管理

在合理的、有较好弹性的网络结构下，如何利用网络硬件设备，即网络产品及其所包含的网络安全技术来解决网络安全就摆在了我们的面前。目前用于解决网络安全性问题的产品主要有防火墙产品和虚拟专用网(VPN)。防火墙是非常有效的网络安全设备，它常常被安置在图书馆内网与外网的节点上。防火墙可以检查、筛选、过滤、屏蔽所有来自外网或内网的传输信息，并限定它们从一个控制点进入和离开，防止有人对系统的蓄意破坏，以确保系统安全。VPN 主要解决的是图书馆各分馆之间或系统之间跨地域的数据传输的安全问题，其目的在于保证图书馆内部的关键数据能够安全地借助公共网络进行频繁的交换。

图书馆对网络设备的管理主要是通过制定相应的网络设备管理制度、工作制度、登记制度，明确岗位职责，来及时发现问题、解决问题。由专人负责整个网络的硬件设备维护，网络设备的使用说明、保修单、附带的系统盘也要有专人负责保管；要建立登记制度，包括网络故障处理登记、设备定期维护登记、系统升级或打补丁的记录；要建立网络结构拓扑图、网络布线图、网络设备及信息点的各类档案。有了制度作保证，有了档案及各类记录资料，整个网络从建立到发展就有了一个清晰的脉络。只有严格地按制度办事，落实责任到人，不抱任何侥幸心理，并经常对设备进行维护，网络设备的安全管理才能更科学化、规范化，也才能尽可能少地发生由于网络硬件设备的问题而造成的图书馆网络安全问题。

2 网络操作系统和应用系统的安全

对网络硬件系统的操作和控制同样关系着网络的安全。可用硬件自带的或其他具有网络监视和虚拟网络功能的软件对网络进行全面监控，防止网络受到侵犯；也可利用网段的划分来阻止广播风暴，特别是虚网(VLAN)划分得越好，网络就越安全。而针对像Windows 操作系统的安全问题，在管理上要及时安装操作系统中有关安全的补丁程序。

对图书馆应用软件的系统安全问题，则要经常升级以减少应用系统的“后门”，并使用防病毒技术、备份和恢复技术来确保系统的万无一失。在系统中，要针对不同的用户和工作人员，设置密码，约束权限；对系统管理员的密码尤其要注意保密，加强管理。

3 数据的安全

在软硬件的背后，还要靠大量的数据作为网络正常运行的支持。图书馆的数据安全是指网络信息资源在网络传输过程中不丢失、不被修改、不被窃取。在一个开放的网络环境中，随时会因为各种原因而造成计算机系统拒绝服务。这种原因可能来自硬件，也可能来自软件；可能是人为的，也可能是客观因素造成的。不管怎样，当这种安全问题来临时，我们要做的就是尽快恢复系统的运行，为读者提供正常的服务，而做到这一点的前提就是数据备份。

在确保图书馆应用系统安全的前提下，数据的安全性和可用性都离不开良好的数据备份工作。一个良好的备份策略，可以应对图书馆各种安全问题。为什么这么说？因为硬件受损可更新，系统破坏可重装，而数据的不完整将会使我们付出无法估量的代价。

对于中小型图书馆来说选择有双硬盘备份的服务器或双机系统备份，再加上应用系统的日志恢复功能和定期利用刻录设备人工进行一次完全备份，已完全能保证数据的安全。而对于大型图书馆，由于数据量大，每时每刻数据都在变化，那就要选择合适的备份用的硬件设备及相关的备份软件。目前主流的硬件备份设备仍然是磁带机,它与大部分的服务器系统都具有良好的兼容性。磁带机的规模与数据量成正比,小馆可以购一台,大馆就需几百台磁带机组成阵列群组。并且,通过备份软件来管理备份进程,这样除了可以节省人力,还可减少人工操作备份难免会产生的失误。此外,就是要制订一个科学的备份计划,例如,每月让系统执行一次完全备份,每日执行一次增量备份,每月对做好的完全备份介质进行异地存放及轮换重用。

4 用户的安全

对于用户的安全性问题,最重要的就是用户的授权问题。图书馆网络系统中的用户不外乎两类,数据制作人员和数据利用人员。前者为图书馆工作人员;后者是公共用户,他们既可以是到馆的用户,也可以是网络上的用户。所以,要针对不同的用户进行不同安全级别的权限设置或实施其他的安全授权措施。

首先,对于图书馆工作人员的用户权限设置,除了系统管理员具有所有的权限外,其他工作人员要根据工作性质,开放相应的权限。例如,图书分编人员只有对编目数据库有写的权限,而对其他的数据库只有读的权限或还有修改的权限,却无删除的权限。被授权图书馆工作人员在注意做好进入系统的用户密码保密工作外,系统管理员还要对密码进行定期更换,以保证系统的安全。

其次,对公共用户,也分为两种情况。对那些到馆的公共用户,系统要么设置他们只有对所有数据库读的权限;要么系统在为读者使用的计算机上只安装一个单独的检索模块,设置一个公共的账号,在这个操作权限内用户同样也只有读的权限,没有任何写的权限。而对于网络上的公共用户,图书馆为了数据安全和局域网服务器的安全,要分开存放,供网络用户使用的数据与数字图书馆网站放一个服务器，而图书馆局域网服务器与外网隔离，单独运行；根据需求对供外网用户使用的数据进行定期更新，以最大限度地保证数据同步，使公网上的用户可像浏览网页一样查询图书馆数据。

但是，仅靠技术层面来防止工作人员和公共用户人为的有意或无意的对软硬件的破坏而造成网络数据的不安全是不够的，我们在技术上对工作人员进行必要的权限设置的同时，还要对用户进行计算机安全教育。对馆内工作人员的教育是重中之重，特别是数据信息系统的正确操作。必须在对馆内工作人员强调严格执行操作规程和各项管理制度的同时，对他们进行计算机操作、系统工作及防病毒教育及其他技能培训。

5 环境的安全

在这儿提环境的安全，是因为从大的方面来讲有自然灾害、意外事故；从客观上讲有图书馆网络中心机房和各工作点设备的安置环境及网络结构设计是否合乎科学，电压是否稳定，机房温度、湿度是否标准，有无抗静电、防漏电、防盗窃的措施等；从主观上讲有使用不当，安全检查不到位，内部人员素质低造成数据丢失或系统破坏；从外来层面讲有“黑客”入侵、计算机病毒等，都会给图书馆网络带来安全问题。

所以，要确保网络安全，从建楼、布线开始就要密切注意环境因素会给网络带来什么不安全的问题。自然灾害、意外事故，只要是人为可以预防的，在管理上就要未雨绸缪。例如，打雷的天气，如果机房楼宇没有防雷设备，就应该关闭一切网络设备。又如，数据的远距离备份，也是为了防止盗窃和火灾等意外事故带来的数据安全问题。而其他的各种环境因素也同样不仅要从制度入手，从管理上抓落实，规范化操作，安全设施到位，而且要加强安全意识的教育。

6 防范病毒带来的安全问题

图书馆信息系统若不采取病毒预防措施，一旦计算机病毒进入系统后，小则破坏工作站操作系统，大则攻击服务器导致整个信息系统的数据丢失、服务中止、系统瘫痪。现代的图书馆从采购到验收、典藏，从分编到流通都依赖于计算机和应用系统，如果出现因病毒引起网络安全问题，不但图书馆的日常业务工作不能开展，还可能因为数据的丢失造成经济上、人力上的损失，后果不堪设想。因此，防范病毒也是确保图书馆网络安全的一个重要环节。

首先，要做到图书馆局域网与外网的物理隔离，这可以最大限度地减少病毒的入侵。在图书馆服务器上安装网络版防病毒软件，每次服务器上病毒库更新一次，各工作站都能保证同步更新，然后定期地执行病毒扫描，及时清除病毒感染和扩散的隐患。当然网络设备的防火墙监控软件上也同样能看到网络中各工作站是否安装了防病毒软件并是否中毒在向外扩散。另外，各工作站最好不要轻易使用来历不明的各种软盘，一定要先进行病毒扫描再打开。图书馆局域网中的病毒往往都是因为工作站用户不自觉地把病毒带入系统，并在网络中快速自动复制传播造成的。其次，病毒的产生总先于防病毒软件病毒库的更新，所以只要图书馆有了安全的数据备份，也不用太提心吊胆。因为，如果真的中了病毒，系统被破坏得无法正常工作，那么只要重装系统，并倒入数据，一切又可恢复正常。

总之，图书馆的网络安全问题是图书馆管理工作的重中之重。我们从上到下都不能有侥幸心理，一定要坚持从制度入手，配合技术手段，在防治上有超前意识。只要我们不断提高安全防范的硬件设备和软件系统，充分做好数据的备份工作，加强用户的管理和教育培训，这样，我们在网络安全上就能变被动为主动，更好地开展图书馆各项信息服务工作,并为用户提供一个稳定可靠的系统环境。

【参考文献】

[1] 电脑专家网. http://www. teway. net/Support_techInfo. asp? NewsID=4910.

[2] 陈红波. 计算机网络安全威胁及其对策. 科技情报开发与经济,2005(12).

[3] 王玉英. 现代图书馆的数据信息安全探析. 科技情报开发与经济,2005(3).

论电子政务信息系统安全保障体系架构

夏芬瑛*

摘　要：电子政务信息系统是政府机构用于执行政府职能的信息系统，与国家利益密切相关。信息安全是电子政务的生命。构建一个电子政务信息系统安全保障体系是电子政务发展的关键。

关键词：电子政务；信息系统；信息安全；保障体系

随着互联网的高速发展，现代社会已进入崭新的信息化时代。在这一信息化进程中，政府的信息化已成为带动社会信息化的龙头。以电子政务带动国家信息化已成为我国加快国民经济建设与社会信息化发展的一项战略决策。据统计，截至目前，我国政府相关机构及部门的网站已有5000多个。然而，人们在充分享受网络带来的便利——实现信息资源共享的同时，也日益受到网络信息安全问题的困扰。特别是电子政务信息系统是政府机构用于执行政府职能的信息系统，与国家利益密切相关，许多信息都带有保密性，它的信息安全与否是事关国家安危、经济发展、社会稳定的重大问题。信息安全是电子政务的生命，构建一个电子政务信息系统安全保障体系是电子政务发展的关键。

* 夏芬瑛：浙江师范大学图书馆，馆员。

1 电子政务信息系统解析

所谓电子政务，是指政府运用现代电脑和网络技术，将其承担的公共管理和服务职能转移到网络上进行，同时实现政府组织结构和工作流程的重组优化，超越时间、空间和部门分隔的制约，向社会提供高效优质、规范透明和全方位的管理与服务。所谓信息系统，即信息传递交流系统，一般是指将信息从信息源传递给有关用户的职能系统。所谓电子政务信息系统，是指一个基于网络的，符合Internet技术标准的，面向政府机关内部、其他政府机构、企业以及社会公众的信息服务和信息处理系统。它由政府部门内部之间、政府部门与社会和公众之间通过网络进行的政务信息子系统组成。具有共享、交流、协作等特点的电子政务信息系统完全改变了政府传统的管理模式，它通过信息流整合、梳理和完善政府的业务流程，提高了政府的工作效率和综合决策的协调性，改善了政府的管理和服务。而这一切功能的实现，需建立在一个安全、可靠、方便、快捷的网络系统基础之上。

2 影响电子政务信息系统安全的因素

2.1 信息安全的涵义

按照国际标准化组织（ISO）的定义，信息安全即“为数据处理系统建立和采取的技术和管理的安全保护，保护计算机硬件、软件和数据不因偶然和恶意的原因而遭到破坏、更改和显露”。从这一定义，我们可以看出信息安全主要包括网络基础设备安全、网络运行系统安全、网络信息安全、网络信息管理安全等几个方面。

网络基础设备安全，即实体安全，主要指各类计算机设备（如服务器、工作站等）和网络通信设备（如路由器、交换机、集线器通信线路等)的安全。这些设备对自然环境的要求较高,除常规的防火、防水、抗震等要求外,还要保证有合适的温度、湿度及防静电、电磁干扰等物理条件。只有提供一个安全、适宜的使用环境,才能避免产生各种设备故障,消除安全隐患,延缓机器设备的老化、损坏。

网络运行系统安全,指提供一系列安全措施以保证信息系统连续、可靠、正常运行,网络服务不中断。

网络信息安全,指保证网络上的信息具有可靠性、可用性、完整性和保密性,防止信息遭到破坏、更改、泄露,杜绝虚假、不良信息的传播。

网络信息管理安全,指完善的信息安全管理体系,必须制定一系列安全管理规章制度用作管理手段。

2.2 影响电子政务信息系统安全的主要因素

一是安全意识薄弱,安全知识缺乏。政府机构的工作人员普遍对信息安全问题认识不足,安全意识极其薄弱,并且缺乏相关的信息安全常识。有的人甚至连杀毒软件应及时升级都不知道。总的来说可以归纳为五个不知道:不知道如何有效保护信息安全;不知道如何合理选择安全产品;不知道如何正确使用网络安全产品;不知道怎样制定安全管理制度;不知道如何解决系统出现的问题。他们当中还有些人认为信息安全是技术员、系统管理员的事,与自己无关。

二是缺乏有效的安全管理机制。常言说:“三分技术,七分管理。”许多安全事故的发生和隐患的存在,与其说是技术上的原因,不如说是管理上的疏漏。

三是系统本身存在漏洞、缺陷。由于受到人们认识水平、技术水平的限制,目前流行的许多操作系统均存在网络安全漏洞,像UNIX 服务器、NT 服务器及 WINDOWS 的 RPC DCOM 漏洞等。

四是电脑病毒。各种电脑病毒可以说是威胁网络信息安全的罪魁祸首。它们不但传播速度快、范围广、破坏性强，而且常常令人防不胜防。一旦病毒入侵，就会对网络系统带来严重的危害。

五是电脑黑客。黑客主要利用安全漏洞、软件本身设计上的漏洞、设置上的疏忽和操作上的失误等方面进行攻击。黑客攻击的主要方式是大批盗窃信息、盗用服务，进行非法监视和收集情报，引入假电文和提取数据用于进行欺诈，造成间歇停机，甚至造成整个系统瘫痪、数据错误。

3 电子政务信息系统安全保障体系的构成

通过以上几个影响信息安全因素的分析，我们可以有针对性地构筑一个基于信息安全最佳实践的安全的电子政务信息结构体系，并开发制订出相应的事件管理和响应处理流程。构筑电子政务信息安全保障体系，最佳的解决方案就是综合使用人员、技术和管理三方面的手段，互相配合，全面防范。

3.1 人 员

在人员、技术和管理这三个因素中，最关键、最核心和最活跃的因素就是人。

首先，我们要加强信息安全教育，不管是上层领导还是普通的工作人员，都要树立强烈的信息安全意识。

其次，掌握相关的法律法规，提高人们的信息道德素养。如学习《中华人民共和国计算机信息系统安全保护条例》、《中华人民共和国计算机信息网络国际联网管理暂行规定》、《国际联网安全保护管理办法》、《计算机信息系统国际联网保密管理规定》等。通过学习，使大家能够自觉遵守这些法律法规，减少误用、滥用及违规、违法行为的发生。

再次，掌握一定的信息安全知识，提高人们的信息能力。定期或不定期组织工作人员学习安全知识，了解最新的网络动态，更新知识,使大家都有一定的安全防范能力。

最后,建立一支思想素质好、技术水平高的网络人才队伍。系统设备的日常维护、安全技术的利用等都离不开网络专业人才。对他们要适才适能,量才录用,强化激励,充分发挥他们的积极性、主动性、创造性。

3.2 技 术

先进的技术是信息安全的根本保证。一个安全的信息体系应该包括以下几方面的安全技术措施:划分安全区域;鉴别、认证与授权;边界安全;基于主机的安全;实时监控与安全审计;数据加密。

一是划分安全区域。即按照安全级别或性质类型划分各处的安全域,制定不同的安全策略。划分安全区域是整个安全解决方案的第一步,它为后面的身份管理与授权、安全边界、核心资产保护提供了明确的界限和依据。安全域有两个特征:同一个安全域内的系统有相同的安全保护需求,并相互信任;安全域内部又可以分为安全子域。进行安全域的划分是实现信息系统安全等级保护的前提,对不同的安全域有不同的信息系统组网、设备部署的原则。要根据不同信息系统的资产价值和安全风险情况,确定各安全域不同的保护等级。

二是鉴别、认证与授权。鉴别、认证与授权是安全保障体系中非常重要的一个环节。鉴别和认证是通过对网络系统中的主、客体进行鉴别,并给这些主、客体赋予恰当的标志、标签、证书等。而这些“标签”常常在访问控制和审计跟踪中被使用。对于主、客体的鉴别,是访问控制作出判断的依据;而对主、客体一定粒度的鉴别,决定了审计跟踪中被监控对象的粒度。目前一般采用的认证授权技术有两种:对称密钥加密和公开密钥加密。它们都是采用高强度的密码技术来进行身份认证。

三是边界安全。即依据网络安全域的划分,确定主要的边界,并对边界实施相应的保护。实施边界安全包括两类措施：一是以防火墙为主实现安全等级不同的区域间的逻辑隔离和访问控制。防火墙是保护信息安全的最基础的设施，是网络信息安全的第一道屏障。它是一种用来加强网络之间访问控制，防止外部网络用户以非法手段通过外部网络进入内部网络、访问内部网络资源，保护内部网络操作环境的特殊网络互联设备。它对两个或多个网络之间传输的数据包如链接方式按照一定的安全策略来实施检查，以决定网络之间的通信是否被允许，并监视网络运行状态。二是采用“网络动态隔离与访问控制技术”来实施内网与不信任（如互联网）之间的强隔离。由于近年来网络攻击呈现攻击过程自动化、攻击技术复杂化、漏洞发现得更快以及渗透防火墙的趋势，因此，必须采用网络安全隔离技术来弥补防火墙的不足。目前，基于三机系统的网络安全隔离和信息交换系统技术已在社会上得到广泛的应用。这类技术产品不但能有效地隔离内外部网络、阻断网络直接连接、阻断通用协议貫通，还能够进行细粒度的内容过滤和安全审计。

四是基于主机的安全。即核心资产的保护。主机的安全是组织整体安全的一个重要方面。虽然主机已经得到防火墙、验证机制和入侵监测系统的保护，但它仍然可能会受到攻击。所以对主机本身实行安全控制也至关重要。必须制订、执行和监控一个可以接受的基线安全级别，以确保可以识别和解决一些风险，并保持安全策略的依从性。

五是网络监控与安全审计。网络监控不仅是针对外来的入侵者，还包括对内部工作人员行为的监控、传送数据的监控、异常网络流量的监控等。通过实时网络状态的监控，我们可以及时发现问题，解决问题。如东软的 NETEYE IDS 2.2 入侵检测系统就是此类产品。

六是数据加密。数据是整个网络的核心，只要涉及保密性就应该实行加密。因此,数据加密技术是为提高信息系统及数据的安全性和保密性,防止秘密数据被外部破译所采用的主要技术手段之一。数据加密技术主要分为数据传输、数据存储、数据完整性鉴别和密钥管理技术四种。

3.3 管 理

健全的网络安全管理体系,也是保证网络安全的一个重要因素。先进的技术虽然可以降低、控制网络危害,但是没有任何安全保障体系可以防止所有入侵,做到万无一失。如果没有健全的网络安全管理体系,同样会给网络信息系统造成危害。统计表明,大约有 70%～80%的安全事件完全或大部分是因内部管理不善而造成的。

一是要建立专门的网络信息安全组织机构,配备专职的信息安全人员。该组织机构必须由主要领导、技术部门和管理部门的人员组成,且各类人员都有明确的安全管理职责。

二是必须制定一系列的安全政策、规章制度并严格监督执行。如机房管理制度、专职人员配备、调离制度等。

三是要有详尽的工作手册和日志记录。许多攻击和病毒能通过日志的记录得以发现,从而采取相应措施,及时堵上漏洞,减少损失,并对以后可能会发生的同样或类似情况进行预防。

四是要有紧急事故处理预案。网络安全事件随时可能发生,因此必须要有紧急事故处理预案,制定一系列流程来管理和响应发生的安全事件。如当事件发生时,有关人员能迅速找出警报源,并根据事件的性质,作出适当的处理,使网络系统能尽快恢复正常,减少事件所带来的危害。事后还要认真进行调查分析,找出事故原因,及时总结经验教训,弥补存在的缺陷和漏洞,防止同类安全事件的再次发生,等等。

总之,电子政务信息的安全不能单纯依靠某类信息安全产品,而必须结合人员、技术、管理这三方面的因素,相辅相成,综合利用,才能构筑一个真正牢固的安全保障体系,推动电子政务的建设和发展。

【参考文献】

[1] 张剑松.电子政务:北京全力推进.中国公务员,2001(6).
[2] 严怡民.信息系统理论与实践.武汉:武汉大学出版社,1999.
[3] 叶忠杰.计算机网络安全技术.北京:科学出版社,2003.
[4] 蔡林.浅谈网络安全隔离与信息交换系统.计算机时代,2004(8).
[5] 张泽虹.中国信息安全的五个不知道.光明日报,2002-07-10.
[6] 王尊新,白如江,鲍翠梅.高校图书馆网络与信息安全评估指标体系研究.图书情报知识,2004(3).
[7] 颜海.论电子政务信息系统安全保障体系.图书馆学、信息科学、资料工作,2002(8).

服务工作

技术+服务=效益

杨　方*

摘　要：近几年，不少文献收藏机构在经费增加的同时读者人数却在下降，由此引出了如何提高文献服务效益的问题。本文阐述了提高文献收藏机构服务效益的一些建议。

关键词：文献收藏机构；服务效率；服务效益

在我国，大多数文献收藏机构都为社会广大公众服务的公益性文化事业单位。文献收藏机构对公众的服务水平是衡量一个国家或地区社会文明程度的标志。而作为文献收藏机构本身，当纳入公共服务时，更要认真研究如何实现自身服务效益的最大化，以发挥其最大的功能。

文献资料服务的效益分为两个方面：一方面是它的社会效益，另一方面是自身的经济效益。争取最大的社会效益是公共服务工作的核心。文献收藏机构的一切工作都是围绕这一核心任务来开展的，也是它赖以生存的土壤和发展的基础。

* 杨　方：浙江图书馆图书文献服务部。

1 评析读者人数下降的原因

近几年，一些文献收藏机构，如一些公共图书馆出现了读者人数下降的现象。很多图书馆虽然在各个方面做了大量的工作，但读者人数仍呈明显下降的趋势。例如，某图书馆 2003 年到馆人数为 1211239 人，借阅册数为 1524885 册；而 2006 年到馆人数只有 976721 人，借阅册数为 756687 册。文献收藏机构吸引力下降的现状不能不引起我们的担忧和思考。

究其原因，可能有以下几方面：一是由于城市化进程的发展，城区规模不断扩大。很多学校都扩迁到市郊，学校师生来往图书馆增加了路程，间接造成来馆次数的减少。二是当今我们身处信息时代，拥有广播、电视、电影等大众传媒，新型信息传播工具更是层出不穷，如智能手机、网络等等。据有关统计，我国拥有收音机 5 亿台，电视机 4 亿台，拥有有线电视 1.5 亿户，全国电影院有 3000 家，网民超过 1 亿，手机拥有者的数量更是世界第一。现代传媒紧紧包围着我们，所以人们到馆阅读书籍的时间越来越少。据 2004 年全国电视观众调查数据显示，人们平均每天收看电视的时间达 174 分钟，比五年前增加了 43 分钟，比十年前增加了 56 分钟，如果在周末，收视时间比平时还多出 34 分钟。显然读书时间相对减少了。生活方式的改变，文化娱乐的多样化，使得人们习惯于轻松地随时享用休闲时间。在网络环境下，读者可以随时上网检索所需要的信息资料，而到图书馆借阅却要受到时间、空间、规章等诸多因素的制约。三是长期以来，在收费问题上，存在颇多争议。读者一直认为公共服务的文献收藏机构应该以公益性为主，不能向读者收取任何费用，特别是图书超期费等。他们常常向工作人员提出收费不合理的意见和看法，有些读者甚至认为文献收藏机构把这笔钱拿来搞福利了，以至于产生对文献收藏机构的抵触情绪。四是找书难。读者通常在电脑上查到显示状态为“在架上”的书目记录,却在架上找不到。因为开架书的流通性太大了。例如,我馆开架阅览图书分为四个借阅室:外文图书借阅室、中文文学图书借阅室、中文社科图书借阅室和中文自然科学图书借阅室。这些借阅室存放近几年出版的图书。而在另一个外借库——中外文图书闭架外借库中,则存放20世纪70年代至2003年的图书。很多读者被弄得晕头转向,影响了借书效率。

2 提高文献服务效率的建议

以上事例说明了一点,即读者要利用文献收藏机构,首先要看文献收藏机构是否有被利用价值,同时也要看这一价值的取得是否便利快捷。笔者认为,文献收藏机构应在下列几方面加强建设。

2.1 加强信息资源基础建设

任何一个文献收藏机构都必须针对读者的需求花大力气夯实这一基础。必须在信息资源的收集、整理、加工和使用上大做文章,要做到广博、精深两不误。信息资源体系讲究科学、系统、完整,只有这样才能给读者以正确的指导和帮助。

馆藏资料不应再局限于印刷品的范围,而应扩展到一切信息载体。如音像制品、电子读物、网络信息等。特别是网络信息,其数量巨大,内容新颖,更新频率快,有很大的实用性。如本馆采编部、电子阅览部在这方面做了大量工作,这为今后图书馆资源向数字化、网络化发展打下了扎实基础。

2.2 改进服务方法和手段

文献收藏机构服务方式可分为传统型和现代型两大类。传统型服务包括外借、阅览、参考咨询、宣传辅导等内容。现代型服务主要指计算机网络技术在文献收藏机构业务中的应用。就传统服务而言，要树立“文献收藏机构的生命就在服务”的观念，在具体工作上要多些人性化服务。文献收藏机构工作人员的职责就是从读者利益出发，为读者服务，对读者负责，工作重心在“用”上。譬如，有段时间，关于公务员考试的书特别热门，而文献收藏机构的这些图书又分类得比较细，读者多感不便。在这种情况下，可临时开几排书架，专门放这类书籍，让读者一目了然；也可以在闭架借书处装个显示屏。如上海图书馆，电脑上检索到在闭架的书，是自己需要的，读者只要点击一下，再输入个人信息，就直接在闭架借书处等待，不用自己再填单子，等候排队了；至于书到了没有，可以看看显示屏。这是非常可取的。

2.3 大力提高工作人员的素质

一定的物质基础是必要的，也是必需的。但能否取得效益最大化主要在于人对物质的运用能力，人员的素质是事业成功的保证。现代科技迅猛发展，知识更新频率越来越快。许多文献收藏机构工作人员的知识已老化滞后，与时代的发展不相适应。为此，首先要加强工作人员的职业道德教育，使员工牢固树立读者第一、服务至上的理念。其次，要开展针对性较强的业务培训。在这方面，我们图书馆做了许多工作。我们的一线对外服务部门，不仅组织员工参加各种业务学习，鼓励员工参加各种业余文化学习，而且还组织员工，结合本部门的业务工作进行总结、研讨。

2.4 充分利用网络开展信息服务

在网络环境下，信息资源丰富，具有多样化的表现形式，能够满足多层次、多学科对文献信息的需求，而且网络用户相当广泛，几乎覆盖了社会的各个领域和各个阶层。面对社会日益强烈的信息需求，文献收藏机构必须在更新服务方式上下功夫，要充分利用现代信息技术和网络的发展优势，拓宽服务空间，摆脱传统文献处理的限制，积极面向社会、面向需求。突破传统服务模式，坚持以用户为中心,紧密配合用户需求,主动为读者服务。文献收藏机构从传统的文献资料的收藏者和提供者,转变为网络环境下信息产品的开发者和提供者。主动的个性化的信息推送成为创新服务的重要内容,能收到较好的社会效益和经济效益,引起用户的更多关注。

2.5 树立整体服务的大局观

在网络环境下的服务更要强调分工协调,强调信息资源的网上共享和网上服务的有机组织,避免各自为政。网络环境为文献服务提升提供了良好机会,并对信息资源的收集、加工、整理、服务赋予新的内容和方式。在这样的技术背景下,文献收藏机构加强馆际协作、合作是必需的。通过分工协调采购,调整文献信息资源在时间、空间、用途、门类和数量上分布关系,不仅可大大降低文献购置成本,还可提高文献保障率。文献收藏机构根据各自的收藏和服务特色,在相互协调的基础上确定所承担的文献认购方向,承担一定的收藏任务,利用资金购买重点文献资料,可以弥补文献资源购置费用的短缺。同时,通过网络技术进行便捷的交流、合作形成整体服务,无疑可以吸引更多的读者。

2.6 开展用户教育与培训

文献收藏机构应当减少用户提出请求到获得信息服务之间的时间,必须让用户掌握一定的信息能力,包括掌握各类文献的查询方法、各类工具书的使用方法、信息网络基本知识和机检的基本操作及了解电子文献、电子出版物等知识,使信息对于用户的效用得到充分提高。我们要开展对用户的教育与培训,提高用户利用信息的能力。

2.7 注重服务效率

我们现在所处的社会是一个高度信息化的社会,网络技术、数字技术的发展渗透,使文献收藏机构的传统服务方式受到极大的冲击。传统的“坐、等、靠”的观念已不能适应现代人对文献收藏机构的要求。一方面,数据交换和网络互连形成了资源共享,极大地扩充了收藏文献资源的范围,为咨询服务提供了更广泛的信息源;另一方面,社会对信息服务的及时性、有效性提出了更高的要求,对信息源和搜索渠道都要得到极快的指引。这一切就使得我们的信息服务必须提供快速、优质的信息产品和服务,面对不同的用户、不同的信息需求,提供迅速、准确又极具个性化的服务,否则,信息服务就会失去市场。

如何取得文献收藏机构服务的效益最大化是一个综合性的系统工程,需要国家相关部门、文献收藏机构本身及社会各方力量的支持及努力,才能取得相应的成效。不过,对文献收藏机本身而言,用心的服务、过硬的技术,才能获得良好的效益。

【参考文献】

[1] 彭蓓蕾.从成本与效益角度谈图书馆的信息服务对策.中共贵州省委党校学报,2006(4).

[2] 蔡史霓.论数字图书馆的服务创新.图书馆,2006(4).

[3] 张新宇.图书馆实施知识管理的动力机制研究.图书情报工作,2006(2).

为读者服务是图书馆永恒的主题

夏根娣*

摘　要：本文主要论述了在网络环境下，图书馆读者服务工作的重要性，并针对目前读者服务的状况，提出了新形势下加强读者服务工作的设想。

关键词：数字图书馆；特色服务；个性化服务；团队精神

图书馆的宗旨是一切为了读者，为读者服务是衡量一个图书馆工作水平的标尺。离开了为读者服务这个前提，图书馆也就失去了存在的意义。

不同类型的图书馆有各不相同的读者群，不同时期的图书馆为读者服务的方式和内容各异，但无论哪类或哪个时期的图书馆，为读者服务的宗旨却是一致的。因此，图书馆的一切工作，都要紧紧围绕满足读者需求而进行。

1　有识之士重视图书馆工作，更重视为读者服务的工作

早在 20 世纪初，革命导师列宁就明确提出“方便读者”、“吸引读者”、“迅速满足读者对图书的一切要求”应成为图书馆服务工作的指导思想。他还在《对国民教育能够做些什么》一文中指出：“值

* 夏根娣：中共宁波市委党校图书馆，副研究馆员。

得公共图书馆骄傲和引以为荣的，并不在于它拥有多少珍本书，有多少十六世纪的版本或十世纪的手稿，而在于如何使图书馆在人们中间广泛地流传，吸引了多少新读者，如何迅速地满足读者对图书的一切要求……”

20 世纪 30 年代，印度图书馆学家阮冈纳赞提出了图书馆学五原则，即：“书是为了利用的”、“书是为了一切人而存在的”、“给读者所有的书”、“节约读者的时间”、“图书馆是个发展着的有机体”。这五条原则充分体现了阮冈纳赞“读者至上”的基本思想。20 世纪 50 年代西方国家图书馆界曾提出“服务至上”的观点，我国图书馆界也提出了“一切为了读者”和“为人找书，为书找人”的口号，这些内容类同的提法和口号，鲜明地反映了图书馆界为读者服务的工作目标，作为新时期的图书馆人，更要把强化服务意识、提高服务质量作为研究和实践图书馆工作的主要课题，开创读者服务工作的新局面。

2 新时期读者服务工作现状

全球信息化和网络化的不断发展，使图书馆从书籍的海洋进入了信息世界，在网络环境下，信息资源的载体形态、传播方式和内容范围等均发生了显著的变化，读者对图书馆的要求也越来越高，传统的读者服务方式已不能满足读者对信息的要求，由此带来了图书馆服务方式的创新和服务层次的深化。许多图书馆在做好传统服务的基础上，花较多的精力投入图书馆服务方式的改革与创新，探索出各具特色的服务模式，使读者服务从封闭走向开放，从静态走向动态，从单一发展到多元，从被动变为主动，服务内容正在尝试从文献服务→信息服务→知识服务的转变。另外，各图书馆还通过开展专题服务、定题服务和专业数据库服务等形式，形成图书馆深层次、全方位的服务格局，探索出更为先进的服务方式。如目前正在高校图书馆逐步推行的学科馆员制度，就是高层次的读者服务模式，充分体现了“读者至上”的服务精神，受到了广大读者的欢迎和好评，它是图书馆读者服务工作的开拓与创新。

总之，目前图书馆为读者服务的方式、内容在不断的创新，为读者服务的宗旨更加明确。但与时代的要求，还存在差距，如在为读者服务中精品意识还不够强，图书馆员的素质还不适应开展高层次服务的需要，对读者需求的调研还不够细化。这些因素阻碍着图书馆的进一步改革与发展，必须下大力加以解决。

3 加强读者服务工作的设想

网络环境下，丰富的信息资源与人们资源利用困难的矛盾变得较为突出，人们对图书馆服务提出了更高的要求。这就迫使图书馆人进一步牢固树立服务理念，创新服务模式，提高服务水平。

3.1 树立精品意识，实现三个转变

信息时代信息量激增，这既给人们获取信息和知识提供了方便，同时也带来了信息环境恶化的问题。网上信息泛滥，鱼目混珠，信息污染现象严重，增加了读者获取知识的难度。这就需要图书馆员树立精品意识，对网络信息资源进行筛选、分类，并加以去伪存真、去粗取精，提高浏览信息的浓度，做好知识信息导航工作；同时做好信息的深加工，根据读者需要，提取信息精华，做好知识服务，在实践中实现三个转变。

1. 以文献为中心向以读者为中心转变

在网络环境中，读者既是图书馆信息资源的生产者，又是信息资源的利用者，更是信息资源开发的最终受益者，故而信息资源开发的方式与内容必须坚持以读者为标准，最大限度地满足读者的需求，逐步形成以读者为核心的网络服务方式和体系。

2. 从注重管理到注重服务的转变

管理不是目的，而是过程。管理的目的是为了更好地服务，只有服务才是图书馆一切工作的基本出发点和归宿。因此要千方百计做好读者服务工作。

3. 从信息服务向知识服务的转变

知识服务是面向知识内容和解决方案的服务。它所提供的知识信息资源更面向实际需要，更有效，更具针对性。这种服务是以资源建设为基础的高层次的信息服务。

3.2 创新服务方式，提高服务层次

江泽民同志在党的十六大报告中指出："创新是一个民族进步的灵魂，是一个国家兴旺发达的不竭动力。"创新也是图书馆生存和发展的根本。在图书馆资源和环境得到显著改善后，为读者提供特色化、个性化等高层次服务便成为图书馆工作的核心。

1. 特色化服务

图书馆在努力满足读者多元化知识信息需求之外，还要使自己的服务具有鲜明的个性特色，做到服务特色化。

特色服务是一种特指性较强、层次较高的服务。开展特色服务，首先要构建特色馆藏。不同的图书馆在长期的信息服务过程中，以信息资源、馆员、服务渠道以及服务内容等形成了自己的优势和特色，只有充分发挥自身优势，展示自己的特色，构建特色数据库，才能有效地提高服务质量，并在激烈的市场竞争中立于不败之地。比如我们党校图书馆对学员的服务，在内容方面可以根据我们的馆藏特色和读者的特殊性（党员领导干部，学历层次较高等），重点开展党建知识和管理知识的服务，同时拓宽服务领域，不仅在学习期间为他们服务，而且要与之建立长期关系，只要他们有需求，我们就随时提供服务。

特色数据库是开展特色服务的基础，要加紧对特色数据库的

创建工作。目前我国由图书馆开发的特色数据库主要分布在高校图书馆、公共图书馆和科学院图书馆三大系统,高校馆是开发特色数据库的生力军,在这个系统中仅 CAUS 项目资助的特色数据库就有兰州大学图书馆的敦煌学数据库、上海交通大学图书馆的机器人信息数据库等 26 个,还有许多由各省市院校自己建立的特色数据库,如中山大学图书馆的孙中山数字图书馆、暨南大学图书馆的华侨华人文献信息数据库等。科学专业图书馆及公共图书馆均根据各自的优势开发出各具特色的数据库。这一系列特色数据库的建成,为特色服务打下了坚实的基础。党校系统图书馆在特色数据库建设方面相对滞后,目前正在迎头猛追。比如我们宁波市委党校图书馆,2004 年新购置了浙江天宇信息技术有限公司研发的"分布式全文信息检索系统",将多种单机版电子出版物整合到校园网上,供教研人员随时查阅。同时还计划构建《宁波市委党校教研人员论著数据库》和《宁波四张名片数据库》(宁波帮、宁波港、宁波装、宁波景)。这些数据库的建成将为我校教研人员提供内容新颖、数据翔实的市情资料,同时可在宁波市的经济建设、对外开放及招商引资等方面发挥重大作用。

2. 个性化服务

随着社会信息化进程的加快,人们对个性化服务的需求逐渐显现,个性化的生产与服务逐渐为人们所认同,个性化的产品、个性化的服务成为当今时代服务的主流。它们的目标就是满足特定读者在特定时间所需要的特定信息服务,做到服务的针对性。

读者满意是个性化服务的出发点和归宿。个性化服务能提供高质量的知识信息。在网络时代,图书馆可以通过网络传送读者所需要的信息,以满足特定读者的不同需求。在这里,首要和关键的是要做好读者信息需求的调研。

开展读者信息需求调研,分析和研究读者信息需求特点,掌握读者信息需求规律,是开展个性化服务的前提和基础。因此,要采用实地调查、问卷调查、跟踪调查及网上咨询等多种形式，对读者信息需求的性质、数量、特点、发展变化规律以及他们的现实需求和潜在需求进行深入细致的调查研究，特别要了解读者的动态需求，建立读者需求档案，进而建立个性化数字图书馆，力求使读者的满意率达到最大化。

目前个性化数字图书馆在国外已初具规模，个性化服务取得了理想的效果。美国康奈尔大学图书馆最早开发出网络个性化服务平台 Mylibrary 系统，并于 1999 年投入使用，取得了理想的效果。利用该系统，相关资料会主动持续地找到相应用户(读者)，使用户能随时掌握最新动态和信息，从而使自己的研究始终处于领先地位。另外华盛顿大学、北卡州立大学图书馆、加州数字图书馆、新加坡国立图书馆等相继开发出了自己的网络个性化服务系统，均收到了良好的应用效果。我国个性化数字图书馆建设起步较晚，比较成功的有中国科学院国家科学数字图书馆所建的“我的数字图书馆——基于个性化集成定制的门户网站”系统和浙江大学开发的“我的图书馆”系统。相信不久的将来，这一新生事物会像雨后春笋般地普及和提高。

3.3 达成共识，营造一支高素质馆员队伍

美国图书馆学家哈里森曾说过：“即便是世界一流的图书馆，如果没有能充分挖掘馆藏优势、讲究效率和训练有素的工作人员，也难以提供广泛有效的读者服务。”在美国有一种说法，即在图书馆服务所发挥的作用中，图书馆的建筑占 5%，信息资料占 20%，而图书馆员占 75%。我国科学家钱学森也曾说：“现代的图书馆、档案馆、情报单位的人员，应该是信息专家和信息工程师，是信息系统的建设者，也是使用的向导和顾问。”这都说明，高素质的馆员是开展高层次信息服务的必备条件。由此，我也真正理解了为什么美国等西方国家将双学位作为图书馆员入门条件之缘由了。然而目前我国图书馆员的素质与之相担当的重任不相适应，因此造

就一支高素质馆员队伍迫在眉睫。

1.“外引内培”,造就一支高素质馆员队伍

随着新技术在图书馆的广泛应用,图书馆人才必须同时具备图书馆专业知识、各种综合知识、学科专业知识和现代化技术知识,以适应信息时代读者对图书馆的高要求。“外引内培”则是构建高素质馆员队伍之捷径。“外引”就是通过人才招聘,引进一批高素质的馆员,他们必须是具有图书馆学和相关学科的知识并具有较强研究能力的人才,这些人不用培训即可投入网络环境下的高层次读者服务工作。“内培”就是通过各种渠道对现有图书馆员加以培训,办法可以灵活多样,既可以进行全面培训,也可采用补课的办法,即缺什么补什么,使之完善。如对仅仅具有图书馆专业知识的馆员,鼓励和要求他们深造其他学科专业知识,并成为相关专业的行家,这样才能对各类信息进行深入的分析研究,为用户提供高质量的知识信息;其他专业毕业的馆员则补上图书馆学专业知识,提高他们的信息处理能力,从而提高整体服务水平。

2. 发扬团队精神,实现服务水平质的飞跃

所谓团队精神就是大局意识、协作精神和服务精神的集中体现。培养和建立团队精神,首先要提倡员工对企业的奉献精神和集体主义精神。图书馆是一个有机的整体,图书馆服务质量的好坏取决于整体服务水平的高低。要提倡全员成才,加强各部门之间的联系与协作,注重整体素质的提高,将个人成才与群体优势的激活有机地结合起来,把个人的目标升华为团队的利益,从而增强凝聚力、向心力,把图书馆工作队伍建设成一个多学科、多专业、高素质的群体。突破传统的服务模式,努力开拓创新,使图书馆读者服务工作更上一层楼。

时代在前进,图书馆在发展,但不管图书馆发展到何种程度,是传统图书馆、数字图书馆还是更高层次的图书馆,其为读者服务

的功能永远不变,为读者服务是图书馆永恒的主题。

【参考文献】

[1] 吴慰慈,邵巍.图书馆学概论.北京:书目文献出版社,1985.
[2] 杨杰.特色服务:现代公共图书馆建设亮点.宜宾学院学报,2002(5).
[3] 王翠萍.国内外图书馆 Mylibrary 个性化服务系统比较研究.情报资料工作,2004(3).
[4] 罗杰林,陈远.知识挖掘与数字图书馆个性化服务.中国图书馆学报,2004(3).
[5] 赵建梅.论网络环境下图书馆的服务创新.图书馆论坛,2002(8).

省域社科文献信息用户需求的多维考察

——兼谈省级信息服务项目的构建要素

李 芳[*]

摘 要：文章基于对两种省域典型社科文献的信息需求情况的分析，多角度考察了现有的信息建设现状，并指出了其中重要的几种构建要素，以及实证分析了社科文献信息化后对纸质文献出版的影响。

关键词：社科文献信息需求；构建要素

社会科学文献是社会科学领域中诸学科各文献的总称。它具有面广量大、相互交叉，积累性和继承性强，老化速度慢，有一定的政治倾向性和地区民族的特点。文献类型以专著和论文为主。

为了更好地建设省域社科文献信息中心，本文基于对两种省域典型社科文献(《图书馆研究与工作》以及《浙江家谱总目提要》)的信息情况的分析，多角度考察现有的信息建设现状，并指出其中重要的几种构建要素。

---

* 李 芳：浙江图书馆《图书馆研究与工作》编辑部，副研究馆员。

1 省域社科文献信息用户信息需求与信息素养调查分析

1.1 从图书馆工作者的信息需求看省域社科文献信息用户需求

《图书馆研究与工作》(季刊)是由浙江省图书馆学会和浙江图书馆联合主办的学术性与知识性相结合的综合性图书情报专业刊物,创办于1980年。它立足浙江,面向全国,坚持理论研究与实际工作相结合。是各系统图书馆员开展图书馆学的理论研究,交流工作经验,普及业务知识,提高理论水平和业务技能的重要园地。笔者对近几年来的论文发表情况和投稿情况进行了梳理分析,主要有:图书馆事业建设中节约型图书馆创建、和谐图书馆建设热、图书馆建筑热、职业精神、图书馆立法与制度建设、学科馆员制度建设、文化体制改革、图书馆岗位竞聘、绿色图书馆建设、核心竞争力、公共服务体系建设、区域性共建共享、长三角合作、统计工作、评估、继续教育、评价体系、信息素质教育、联盟建设、科学发展观、创新型组织文化建设;图书馆管理中冲突管理、人文关怀、知识管理、激励管理、柔性管理、危机事件应对、细节管理;用户研究与服务中关注弱势群体(外来民工、老年读者)、问题读者、未成年人思想道德建设、绿色网络、经典阅读热、知识产权热、读者权利、影视同期声热、非语言传播热、图书漂流;图书馆现代化中开放存取、电子资源的利用、网上参考咨询研究、特色专题数据库建设、新技术的应用;新农村建设中流通站建设、社区与乡镇图书室建设现状调查分析等;区域性相关研究工作信息,区域性共建共享建设进展、四库学、版本学、文化研究工程、藏书文化、家谱研究等等。下列表1是近五年论文主题统计,栏目设置随图书馆事业的发展而变化,有增、有减、有合并;2005年和2006年为提高学术含量增设了特稿,主动引导新的热点,开辟新栏目:为未成年人服务和新农村建设服务;图书馆事业依然是重点关注探讨的对象,分类编目话题数量减少与文献资源建设与利用合并,读者服务与信息服务改为用户研究与服务。

表1 论文主题统计

论文主题	年份					
	2002	2003	2004	2005	2006	平均数
特稿				6	7	13
图书馆事业	47	30	37	28	37	36
图书馆现代化	10	11	4	11	9	9
图书馆管理	5	14	9	22	—	10
文献资源建设	18	19	15	12	13	16
分类编目	4	—	—	—	—	—
读者服务	19	17	13	12	16	7.2
文献信息服务	19	11	5	—	—	—
地方文献与古籍研究	14	19	13	11	13	14
为未成年人服务	—	—	—	16	8	4.8
为新农村建设	—	—	—	—	10	2
乡镇与社区图书馆	9	2	5	3	—	3.8
图书馆建筑	—	—	1	—	—	—
他山之石	6	—	2	1	2	2.2
其他	1	4	5	—	1	2.2
年均论文数	123	127	105	123	116	119

1.2 从图书馆工作者自身的社科文献信息素养看社科文献信息化的必要性和艰巨性

从稿件的实际情况看,作者对图书馆学专业素养有待于进一步提高。譬如题目为“加强信息交流，争取信息平等，创新服务机制”，实际内容却是文献利用制约因素探讨及对策（编号05－123，以下同）；又如“图书馆文献资料的完整性保护探讨”，文章的内容为文献流失及其防范探讨（05－134）；另外还有“考析贺知章——从周易《道德经》看贺知章人生轨迹”，其内容偏离图书馆学专业探讨范畴（06－182）。

在我们收到的论文中，我们常见到有以下现象：一是引用信息数据太陈旧。如：“我省乡镇图书馆建设现状及发展对策”一文从“九五”谈起，明显滞后（07－125）。二是内容无新意，老调重弹。如：“图书馆网络参考咨询台建设之我见”（07－87），“高校图书馆建立‘学科馆员’制度初探”（07－128）。三是论述形而上，乱提口号。如：文章中有“近年来，国民读书率持续走低，图书馆也不可避免地受此影响波及”的论述（05－123）、“人文精神呼唤建立与完善图书馆制度”一文中有“关于知识产权保护是私人资本的利益追逐”的提法（06－108）。四是标语口号式。如：“加强图书馆信息化建设，推动社会信息化发展”（05－128），“与时俱进，开拓创新，促进学会工作全面发展”（05－96），“把少儿工作搞得更多元化一些”（06－10）。五是文章大而无当。如：“论数字时代的图书馆建设”（05－161），“发展中的开放存取”（06－267），“浅谈当前图书馆存在的问题与对策”（07－172），“关于加快图书馆立法进程的思考”（07－146），等等。

另外，学术文献信息利用自觉性不够，文后未列参考文献，据统计已发表的文章中有参考文献的1995—1998年仅占25％，1999—2004年提高到52％，2005年是78％，2006年引文率达到82％。著录不规范并且很少注明出处。引文数量的多少可以直接反映论文作者对相关学科的新的情报信息的吸收能力。从表2可以看出，引文总数在逐年增加，每篇论文的引文数量平均保持在4.6，说明作者利用和吸收各种文献信息的意识和能力在不断增强和提高，但与外界相比仍有很大差距。

表 2 引文数量统计

项目	年份					合计
	2002	2003	2004	2005	2006	
有引文的论文篇数	76	82	79	96	95	428
发文篇数	123	127	105	123	116	594
引文率(%)	62%	65%	75%	78%	82%	72%
引文总数	284	301	421	460	500	450
篇均引文量	3.7	3.7	5.3	4.8	5.3	4.6

据《图书馆研究与工作》刊物统计，期刊的引用率最高，占50%；其次是图书，引用率为33%；网上资源这一庞大的信息源，占10%。网上资源因其快捷、丰富被作者所引用的比例逐年提高。引文文种中英文比重有所提高，引文文种单一。其他文献如论文集、讲稿、稿本、手册、规范、细则、资料汇编引用略有上升（见表3）。

表 3 引文类型统计

年份	引文数量	图书		期刊		报纸		网络		其他	
		数量	比例	数量	比例	数量	比例	数量	比例	数量	比例
2002	284	83	29%	171	60%	6	2%	14	5%	10	4%
2003	301	128	43%	137	46%	8	3%	14	5%	14	5%
2004	421	215	51%	130	31%	10	2%	57	14%	9	2%
2005	460	100	22%	300	65%	19	4%	27	6%	15	3%
2006	500	118	24%	250	50%	12	2%	89	18%	31	6%
合计	1966	644	33%	988	50%	55	3%	201	10%	69	4%

2 社科文献信息化核心构建要素分析

以浙江省文化研究工程成果之一——《浙江家谱总目提要》一书为例，该书编纂历时四年，省、市、县三级图书馆、档案馆、博物馆、文物办、方志办以及大专院校等102家公藏机构，近200名专业人员参加。共著录和收录浙江家谱12778种，其中正文“提要”部分著录现存本省公藏和私藏浙江家谱6097种，“存目”部分收录现存外省、港台以及国外的浙江家谱6681种，还著录了现存浙江的外省籍家谱512种。著录姓氏299个，除汉族外，还有回族、畲族等少数民族的姓氏。除了一般书目规定必须著录的事项外，针对家谱的特点，《浙江家谱总目提要》对宗族堂号、谱的始修时间、修谱次数、修录世系、卷目内容、始祖及始迁祖、排行字、名人和珍贵史料等都予以著录，并一一注明收藏单位(个人)。编排上，先谱主姓氏笔画，后按谱籍地的省市县名分列，再按宗族派别归类、出版或编纂年份顺排。有姓氏目录表、堂号索引表、谱籍索引表和收藏单位名称对照表，查检非常方便。

核心构建要素分析：

运用公信力战略体现整合力：它通过整合过去的内容价值要素、产业价值要素、业外资源相关的价值要素实现新的发展，实现新的核心竞争力的打造，这就是我们所说的整合力也就是核心竞争力。也就是说通过这种整合把内容价值最应该存在的价值要素整合成能够体现出一种独特文化魅力的文化产品。这种文化产品具有双重价值，不单给人提供一条一条具体的信息服务，同时也给大家昭示一种新的生活方式，昭示一种新的游戏规则，让人们感受到一种精神家园的归属感，这就是未来文化产品在内容整合方面的一个方向。《浙江家谱总目提要》的编纂工作正是运用这种整合力的理念，根据组合式增强创新性。2001年，文化部办公厅发出

《关于协助编好国家家谱总目工作的实施意见的通知》。在 2001 年 8 月,由浙江图书馆牵头,提出了《浙江家谱总目提要》编纂计划,参加单位及分工,确定了集中培训、分头编纂、汇总审校的工作思路。统一了 11 个市级图书馆、宁波天一阁藏书楼以及部分县、市、区图书馆专业人员。2002 年 4 月,在浙江图书馆召开了《浙江家谱总目提要》编纂工作会议。2002 年 8 月,省文化厅与省档案局联合发文《关于组织编纂〈浙江家谱总目提要〉的通知》(〔2002〕55 号),统一了 102 家公共图书馆、档案馆等机构,也有一些私人藏谱家。使得该书具有相当的广泛性和代表性。

终端服务链的可扩展力:在规划《浙江家谱总目提要》的工作时,编委会就充分注意到数字资源的充分运用,最终形成了既有书本式书目,也有数字文献信息资源形式。注重后期的维护,增加与读者的互动,不断添加信息来源。如随着新闻媒体的不断报道,影响不断深入,后期不断有修谱者要求把信息添入。因为书本式书目的局限性,数据库就有便于可扩展的条件,便于完善服务内容。

信息内容建构的专业化:近年来全国各地文献信息数字化建设,经过了初期粗放式增长的建设高潮,后期的数字化建设不能重走老路,内容建构上必须专业化、统一规范化。分类明晰、检索途径多、访问速度快、内容系统性特色鲜明、有一定的广度和深度成为未来信息化建设的主要方向。

3 从社科文献信息化后纸质文献销售终端的掌控情况看对印刷文献出版的影响

《浙江家谱总目提要》的编纂工作相当复杂,投入的人力、精力、财力和时间相当可观,以及繁体字印刷出版等,所以,定价不菲,尽管网上有数字资源,但订购者还是络绎不绝。截至 2007 年 1 月数据的统计:个人订购计 19 人 23 本,其中大半是研究为主;

县市图书馆中本省共有 41 家 56 本，外省 9 本 14 册；书店、进出口公司共 7 家 66 册，档案 3 家 3 册，地方志办公室 1 家 10 册，文保所 3 家 4 册，名人研究会 1 家 1 册，社会科学院 1 家 2 册共计 85 家 179 册。省地方志办公室更是有意把它作为会议礼品。购买方式多种多样，计现金 30 户、邮汇 15 户、银汇 45 户。

《图书馆研究与工作》自从 2005 年第二期加入中国学术期刊和维普数据库后，市场要求也并未降低，并呈现出多途径的趋势。

以《浙江家谱总目提要》(图书)和《图书馆研究与工作》(期刊)都有纸质载体和数字文献载体的信息资源，它们都发挥了各自的作用，纸质文献资源仍占有自己的市场份额，与往年大体持平。

【参考文献】

[1] 赵国璋等. 社会科学文献检索. 北京：北京大学出版社，1990.

[2] 李性忠. 浙江家谱总目提要即将出版. 图书馆研究与工作，2005(3).

[3] 虞宝竹. 整合力是未来媒体的核心竞争力. 中华新闻报，2005-07-20.

[4] 程小澜. 家谱与中国文化——浙江家谱研讨会论文集. 杭州：浙江人民出版社，2005.

[5] 陆林. 从文学研究的角度浅谈家谱文献的整理编纂. 见：国家图书馆古籍馆编. 2004 地方文献国际学术研讨会论文集. 北京：北京图书馆出版社，2006.

[6] 万湘容，何颂英. 地方文献数字化建设的现状与思考——以 25 个省(市)公共图书馆为例. 图书馆研究与工作，2006(4).

新中产阶级与城市图书馆服务

吴　荇　陈天伦　张　蓉*

摘　要：在文化需求框架内解读中国的新中产阶级，我们看到了阅读文化的新现实。这个阅读的"新的方向"，要求图书馆能够提供良好的文献支撑平台和优质的阅读环境，能够培养人们力争上游的精神，提高人们的创新能力。对此，将服务城市公民作为目标的城市图书馆，应当自觉学习、调整心态和勇于挑战。也许正是这样，城市图书馆才充满着希望。

关键词：图书馆；城市图书馆；新中产阶级；图书馆服务

新中产阶级，又称中产阶级、中产阶层、中间阶级或中间阶层，它并不属于马克思主义所有制关系意义上的纯粹阶级范畴，而是社会学意义上生活方式、价值取向、职业特征、自我感知等趋同及社会评价与认同一致的一个群体。据粗略估计，当今中国的中产阶级人数已经达到了1亿左右，占总人口的10%左右。预计到2010年，中产阶级人数将达到4亿。到那时，中国将成为世界上拥有中产阶级人口最多的国家。新的中产阶级兴起和壮大将对中国的政治、经济和文化产生深远影响。如何瞄准这一群体来展开针对性的城市图书馆服务，对图书馆的长远发展来说至关重要。

---

* 吴　荇：浙江图书馆，副研究馆员。
陈天伦：浙江图书馆图书文献服务部，研究馆员。
张　蓉：浙江图书馆地方文献部，副研究馆员。

1 在文化需求框架内解读新中产阶级

作为一个有趣的事实，在大众文化与大众传媒陡然繁荣的年代，人们不约而同地将自己的文化产品定位在所谓新中产阶级的趣味与消费之上。这与其说是一种现实的文化想象，不如说是基于某种文化需求，它以自身的强大攻势，在尝试“喂养”、构造中国的新中产阶级群体。

周晓虹主编的《中国中产阶层调查》，这样叙述介绍当今中国中产阶级的生活——“职业中产阶级经常阅读经济管理题材图书的频度超出非中产阶级 80%；经常阅读政治图书的频度超出非中产阶级 30%；经常阅读其他人文、社会科学图书的频度超出非中产阶级 18%；经常阅读子女教育图书的频度超出非中产阶级 49%。”我们不愿把它更多地看作是一项调查统计数字，更想把它们看作是可以代表和反映新中产阶级的文化、精神生活的一种读书趣味。

中国新中产阶级诞生于物质和时尚都极为发达的消费主义的时代。这个时代展示出欲望化、商业化、物质化和财富化的特点，为新中产阶级的精神行为打上了鲜明的印记，使他们的读书选择带上了时代色彩。这个群体中虽然偶有阅读人类经典的爱好者，但基本上他们读书趣味的内容，主要涉及一些财富人物传记、品牌故事、奢侈艺术、美食大餐、休闲旅行、碟片鉴赏、宠物文化、家居文化设计、汽车文化杂志，以及那些幼稚化的绘本等等。有人对此作了细分，在图书中，国内上层中产阶级目前热衷阅读的是《基业长青》、《从优秀到卓越》或者科特勒、韦尔奇等人的传记或自传，都是舶来品；中层中产阶级热衷阅读的则是《穷爸爸、富爸爸》、《成功是如此简单》之类的励志书籍；能够让下层中产阶级缠绵悱恻，时常陷入掩卷沉思状态的，则是《谁动了我的奶酪》或者《我能动谁的奶略》这样一些幼稚的、类似儿童读物的东西。

作为我们开展图书馆服务工作，更关心新中产阶级阅读的选择动机，以及社会阶层的文化关系在阅读过程中所起的作用。可以这样认为，新中产阶级的读书的文化需求，其实正是他们人生理想和社会价值追求的反映和折射。中等收入者强调个人奋斗，顺应社会潮流，不断争取成功的价值，渴望在激烈的竞争中高度发挥个人的英雄气概。新中产阶级的阅读热情反映出他们试图通过阅读来有效地找出自己对生活的解释，增加自己生活的光亮。一种对于"强者"的近乎于激情澎湃的肯定和赞颂正好体现新中产阶级特殊的趣味。由此，我们看到，在今天，读书，或者在读什么书，已经成为一种文化趣味的标记。这种标记，实际上标识了人们的一种阶层属性和所在文化中的地位。这正像张颐武所著《新新中国的形象》中所说，"我们的读者从来也没有像今天这样发生着剧烈的变化，图书市场的'细分'的空间正在加大。当年我们把读者想象为一个'整体'的时代已经过去。……这些转变的新的结构已经形成，而我们似乎还没有高度关注这一转变的新的方向。"过去，读什么书或者喜欢哪一类的读书，基本上是一个大众的问题，如今读书趣味，却成了一种阶层属性的文化符号标志。面对这个阅读文化的新现实和"新的方向"，图书馆在设计服务过程中应该充分加以注意。

2 在消费取向视野下探索图书馆的制度安排

2.1 图书馆服务制度造就读者群

新中国图书馆读者服务工作的变化首先表现在向广大人民群众敞开图书馆的大门，大力开展图书馆流通工作。图书馆通过改进服务方式，扩大了服务面。采用汽车图书馆、图书流动站等多种方式，把图书送到工厂、农村、工地、机关、学校和居民点，通过向读者宣传优秀图书来指导阅读，举办图书展览、新书介绍、图书评论、好书推荐报告会、座谈会等活动，吸引更多读者来利用图书馆。在向科学进军的旗帜下，各类型图书馆积极为科学研究服务，设立科技书刊阅览室或参考工具书阅览室，加强参考咨询工作，为了弥补各馆藏书的不足，开展馆际互借和国际互借，互通有无，以最大限度地满足科研读者的需求。

随着我国人民社会生活水平的提高，满足人们对知识和阅读需求的不断发展。图书馆重视公共图书馆区域性网络建设，将图书馆网络向社区延伸。同时，多元化的服务理念也在逐步受到重视，五邑大学是一所地方性大学，在“面向地方，服务基层”的方针指导下，学校图书馆于1988年春正式向所在地的校外知识界开展服务，到2006年已18年了。内蒙古通辽市科尔沁区图书馆大力开展为农牧业生产服务从1986年6月6日开始，20多年来，开展送书下乡服务，作为公共图书馆为牧区读者服务的实践，最终摸索出一套适合于本馆的服务办法来。

回顾图书馆开展服务的历程和事例，我们清楚知道，是图书馆服务制度造就了读者群。目前，中国日常生活的主导意识已经由“生产”向“消费”转变，“消费”不再是一种次要的和附带的行为，它本身就成了人生的重要目的。新中产阶级的自我认同和话语又迅速上升为一种主导的社会价值，在社会生活的各个领域发挥作用。但如何让新中产阶级与图书馆产生链接，则需要图书馆服务添加新的要素。

2.2 服务的拓展：新中产阶级意愿

让中国与全球经济、文化接轨，带来许多新的幻想和新的激情，这些幻想和激情似乎是中国急剧的非常规发展的最为独特的原动力，尤其是中国的新中产阶级“走向世界”的跨国想象成为一幅充满期望的图景，一种“明天会更好”的承诺，看起来是虚拟的，但似乎比现实来得更加现实，已经“植入”了我们的文化中，让人们感到新的社会力量、新的变动和冲击不断涌现，图书馆也不得不卷入其中，扮演自己的角色，寻找自己的位置。

阅读不仅将成为城市新中产阶级必不可少的身份象征，更成为时尚精神与文化需求的一种介质。在这种情势下，图书馆阅读提供给每个人的感知，应该创造出一种享受，是人类欲望的延伸，也是潜意识中自我肯定的精神载体。担任阅读引导的图书馆服务需要通过不断提出新的阅读概念和形成新的阅读趣味来吸引人们的。它由一系列服务措施组成，这一系列服务措施看似随意，却出自人们的文化需求和心理需求，实际上是由图书馆精心设计的。为此，作为城市图书馆，针对新中产阶级群体的特征，调整图书馆服务的方法，图书馆阅读将会出现一条宽敞的阳光之路。

2.3 新中产阶级读者群:新问题与新制度

中国的新中产阶级形成时间短，虽然眼前的规模较西方发达国家还比较小，甚至有学者称，中国的高收入群体还不足以构成阶层或阶级，但不可否认的是他们区别于其他社会群体的鲜明特征已受到人们的关注。他们的工作，他们的生活，甚或他们的喜好，都显示出新社会群体的特征。同时，我们也应该认识到，未来中国新中产阶级将不再是少数社群。新中产阶级的形成和发展，有利于社会稳定和政治文明，有利于合理产业结构的形成和经济的快速增长，有利于社会成员素质的提高和社会结构的合理化。因此，图书馆要更新观念，加强休闲设施的投入，为新中产阶级群体提供具有吸引力的文化氛围和智力支持。

这里我们不妨引用一下达尔文的观点，那些能够长久生存的物种，不是最聪明的，也不是最强壮的，而是最能够适应环境的。当今新中产阶级在迅速发展中，如何能抓住机遇、迎接挑战是我们图书馆不能回避的客观现实。对于中国新中产阶级来说，奋斗乃是建构其生活基础的前提。所以，图书馆的关键是要提供良好的文献支撑平台和优质的阅读环境，能够培养人们力争上游的精神，提高人们的创新能力。

3 教育与消费引领未来城市图书馆的服务创新

3.1 创建优雅的阅读环境

创建优质阅读环境，其目的应是实现图书馆环境的整体优化。具体可从三个维度去实现：一是从图书馆读者阅读目的的“分支”维度，即接受教育、休闲消费、公共交流、历史资料考证、学科动态跟踪等；二是从图书馆服务自身的“静态结构”维度，即精神文化、制度文化、物质文化等；三是从图书馆服务的“动态结构”维度，即图书馆服务的能力、图书馆吸引公众的能力、图书馆资料价值的开发能力。具体操作要根据图书馆的内外条件、需要和可能，进行整体优化或从局部到整体进行优化，包括以下几方面的创建：营造安静空间；营造信息空间；营造个性空间；营造想象空间；营造趣味空间；营造优雅休闲空间；营造探究活动空间，等等。

3.2 优化文献资源的收藏体系

众所周知，对图书馆来说，文献资源是服务创新的基石。文献创造价值是图书馆服务创新的主旋律，提高收藏文献资源的整体水平和利用率正是城市图书馆的生命。

新中产阶级有良好的教育背景，有着令人羡慕的教育经历，竞争力很强，往往不仅是专业知识深厚，而且懂外语、会电脑，从而可以凭借个人能力进入高收入的行业，获得丰厚的报酬。国家统计局城调总队 2000 年 7 月在北京、上海、天津、浙江、广东等 10 省市进行了样本为 10000 户的高收入户的问卷调查，调查结果显示高收入群体比例最高的是大学专科，占城市高收入群体的 25.38%；其次为大学本科，占 24.55%；排在第三的是高中，占 22.61%。这种情况说明如果没有一定的受教育程度作背景，进入高收入群体的可能性是极小的，这也反映出高收入群体与人力资本的重要关系，过去“脑体倒挂”的现象已经逐渐消失。

为此，将服务城市公民作为目标的城市图书馆，要注意到新中产阶级工作或劳动的方式主要是脑力劳动，对受教育程度有一定的要求，懂得知识和学习的重要性等特点，调整图书馆自己的文献收藏体系，传播适应社会竞争的知识。

3.3 寻找图书馆业务的发展空间

新中产阶级是改革开放背景下社会变迁的产物，对精神生活和文化生活的消费与需求是相当强烈的。高雅艺术、高雅文化会越来越多地受到他们的欢迎，同时也因为他们而产生极大的市场，带动整个社会的良好文化动态。从这一方面讲，城市图书馆并不局限于服务新中产阶级，更为重要的是利用他们对良好社会文化氛围形成的有巨大的影响力，来倡导健康的价值观念，激励人们的积极进取心，带动社会先进文化的形成。

目前，我国许多城市图书馆馆舍、资源、网络条件与国外相差不大，所以，城市图书馆拓展服务可以从发展图书馆的社交与合作功能着手，通过开放获取资源，来扩大读者范围，实现无障碍获取文献，提高学术文献利用价值，增强图书馆社会服务的影响力及竞争优势；通过提高自身业务素质，改进图书馆基本资源的集成方式，逐步实现无缝存取的一站式服务方式，即通过对资源、服务或设施的重组，使读者以最少的步骤获取所需的多种多样的服务。

图书馆服务的竞争主要是服务质量的竞争，读者认可才是质量。城市图书馆适应性也取决于自觉的学习意识、适时的心态调整和勇于挑战。也许正是这样，城市图书馆才充满着希望。

【参考文献】

[1] 张宛丽.现阶段中国社会分层近期研究综述[EB/OL].[2007-03-06]. http://www.sociology.cass.cn/shxw/zxwz/t20040712_2272.htm.

[2] 周晓虹.中国中产阶层调查.北京：社会科学文献出版社，2005.

[3] 辛保平. 中国中产阶级的生活[EB/OL]. [2007-03-06]. http://www.efesco.com/other/pub/info_view.jsp? info_id=36240.
[4] 张颐武. 新新中国的形象. 济南:山东文艺出版社,2005.
[5] 赵莲芳. 为校外读者服务十七年回顾与思考. 图书馆学研究,2005(8).
[6] 薛丽红. 十年送书下乡服务回顾. 农业图书情报学刊,2005(1).
[7] 陈峰烽,楼靖华. 论现代图书馆的休闲功能. 农业图书情报学刊,2006(8).
[8] 李爽. 中国城镇居民收入差距研究. 北京:中国计划出版社,2002.
[9] 吴建华. 论城市图书馆系统与学习型城市建设. 图书情报知识,2006(5).
[10] 朱慧萍. 崛起的文化休闲产业经济. 国际商务研究,2005(1).

虚拟图书馆参考咨询的发展与浙江大学图书馆的对策

胡葛福*

摘　要: 本文主要介绍了虚拟参考咨询在国内外的发展情况和未来发展趋势,提出了浙江大学图书馆构建虚拟参考咨询的对策

关键词: 虚拟参考咨询;发展策略;浙江大学图书馆

随着网络技术、通信技术、计算机技术、多媒体技术的飞速发展,作为数字图书馆的重要组成部分,虚拟参考咨询服务已成为21世纪全球图书馆界研究和关注的焦点。浙江大学图书馆要想在今天的网络世界占据一席之地,成为世界一流的图书馆,开发和应用虚拟参考咨询服务势在必行。

1　虚拟参考咨询服务的涵义及模式

1.1　虚拟参考咨询服务的涵义

虚拟参考咨询服务(Virtual Reference Service,VRS)又称数字参考咨询服务(Digital Reference Service)、电子参考服务(Electronic Reference Service)、网络参考咨询服务(Networked

* 胡葛福:浙江大学图书馆文理分馆,馆员。

Reference Service)或在线参考服务(Online Reference Service)。它是图书馆员利用计算机网络、通信技术和多媒体等新技术与用户交互,为用户提供知识服务,帮助其解决各种问题,获取所需信息的一种信息服务。虚拟参考咨询服务突破了传统参考咨询服务时间和空间的限制,可以在任意时间获取或提供信息,是一种更为灵活的个性化的信息服务和信息获取方式。目前,虚拟参考咨询服务已成为国内外图书馆界热点研究问题。据有关调查表明,全美97.3%的学术图书馆拥有网站,其中44.7%具有网上问答的参考咨询服务。国内许多高校图书馆已投入相当多的人力和财力开展虚拟参考咨询服务工作,如清华大学图书馆、北京大学图书馆和上海交通大学图书馆等。

1.2 虚拟参考咨询服务的模式

虚拟参考咨询服务的模式有静态与动态或非实时与实时服务方式,在静态(非实时)的虚拟参考咨询服务过程中,参考咨询员与读者之间不发生实时的动态交流,主要有电子邮件(E-mail)、网络表格(Web-form)、常见问题解答(FAQ)、公告版(BBS)、留言簿(Message Board)等方式,咨询服务内容除了一些常见服务(如图书馆新闻、楼层分布、读者服务、读者指南、规章制度、书目及借阅查询、新书通报、常用资源介绍等)外,还包括常见问题解答、开发特色数据库、开展网络导航服务、电子邮件和表单方式的服务。

动态(实时)的网上咨询服务过程中,参考馆员与读者之间进行实时动态的交流,主要有交谈软件(Basic Chat)、视频会议(Video Conferencing)、呼叫中心(Call Center)等,其中网络呼叫不仅可以文本聊天,而且具有页面推送(Page Pushing)、同步浏览(Collaborative Browsing)、脚本传送的功能,为用户提供形式多样的咨询服务。

2 国内外虚拟参考咨询服务发展概况及趋势

2.1 国外虚拟参考咨询服务概况

虚拟参考咨询服务起源于美国。1984 年,美国马里兰大学健康服务图书馆率先推出参考咨询服务的电子化访问(The Electronic Access to Reference Service),被认为是世界上最早提供 DRS 的图书馆之一。1997 年,美国加州大学 Irvine 分校图书馆利用Apple Video Phone Kit 网络会议软件,为远程用户提供具有实时交互功能的参考咨询服务,成为实时咨询服务的先驱。同年,英国的公共图书馆网联盟(Consortium for Public Library Networking)启用了 Ask A Library 合作咨询系统,被学术界认为是最早出现的 DRS 合作模式。1999 年,美国教育部资助 Syracuse 大学信息所主持了一个 Virtual Reference Desk 的项目,它直接协调了 10 多种不同类型机构所提供的数字化参考咨询服务,使其服务超越了单纯的图书馆领域。2000 年 1 月,由美国国会图书馆和其他 16 个图书馆联合发起的合作提供数字参考服务项目,开创了由世界各国图书馆联合提供数字化参考咨询服务的机制。2002 年 6 月,该项目的核心成员馆美国国会图书馆和 OCLC 等联合开发了合作的 DRS 系统 QuestionPoint(QP),进一步推进了 DRS 的合作化趋势。经过几年的发展,目前已有 20 多个国家的 1000 多个图书馆利用 QP 系统,参与合作咨询服务。包括 OCLC、美国图书馆协会、图书馆系统和服务公司(LSSI)、虚拟咨询台项目、英国的 EARL 等都已加入,数字化参考咨询的服务向国际化合作方向发展。至 2002 年,北美地区已有 83%的大学图书馆提供网上参考服务,其中 500 多家图书馆网上提供实时的咨询服务,数字咨询服务成为网络环境下图书馆参考咨询服务的发展主流。

2.2 国内虚拟参考咨询服务概况

国内虚拟参考咨询服务起步比较晚，2000年前后开始出现。1999年底，复旦大学图书馆在主页上设置"网上咨询"栏目，北京大学图书馆于2002年10月试运行虚拟参考咨询服务，清华大学图书馆和中国人民大学图书馆于2003年也开始提供此项服务。非实时的E-mail、E-form、BBS及Message Board咨询方式才刚刚在国内流行。西安交通大学钱学森图书馆、武汉大学图书馆、中山图书馆等用BBS或Message Board方式开展咨询服务，参考咨询在40小时内给予答复。上海图书馆、复旦大学图书馆、上海第二医科大学图书馆采用E-mail或E-form形式开展网上咨询服务。国内仅有上海交通大学图书馆、北京大学图书馆、清华大学图书馆开展实时虚拟参考咨询服务。在虚拟参考咨询服务中，尚未实现网页推送技术、共同浏览技术。此外视频、音频压缩与传送技术还有待充实。目前国内做得比较好的有国家科学数字图书馆。国家科学数字图书馆的科学参考咨询台是由中国科学院文献情报系统及科研院所图书馆联合相关文献信息机构推出的一项网上参考咨询和知识导航服务，为国家科技和知识创新，面向我国现代化建设和科学研究，提供优质、便捷的学科文献咨询和专业知识服务。2002年10月，中国高等教育文献保障系统(CALIS)牵头，计划在全国高等院校系统内建立分布式实时合作咨询的系统，联合虚拟参考咨询服务(DCVRS)为成员馆提供一个联合虚拟参考咨询服务，沟通咨询馆员与读者关系，进而将该系统发展成为立足国内，面向全球的分布式实时合作系统。

2.3 虚拟参考咨询服务的发展趋势

参考咨询服务是图书馆服务工作的"灵魂"，参考咨询服务水平的高低是衡量现代图书馆工作质量的重要标志。为了更好地发挥各馆间的人力、资源的优势，从本地虚拟参考咨询到联合虚拟参考咨询将是虚拟参考咨询服务的发展方向，从区域性的联合、集团间的联合到全球性的联合，将是未来几年虚拟参考咨询服务的发展趋势。国内图书馆在开展虚拟参考咨询服务时，采用新技术、提供新服务时一定要借鉴国外的先进经验，少走弯路，以最短时间、最快速度缩短我国与国外的差距。

3 浙江大学图书馆开展虚拟参考咨询服务的对策

据有关机构排名，在全国高校综合排名中浙江大学居第三位，仅次于北京大学和清华大学。浙江大学图书馆也要创一流大学图书馆。在大力建设数字图书馆的同时，需做好数字图书馆的服务——虚拟参考咨询服务，使其成为图书馆核心服务。可以采取以下几个方面对策。

3.1 领导重视，观念更新

数字图书馆的发展有两翼，一方面是数字资源建设，另一方面是数字化服务。作为图书馆的领导在重视大力建设数字资源的同时，一定要重视“数字化服务”。我们建设数字图书馆的目的是更方便地为用户使用，用户服务做得好坏，直接影响着图书馆在用户心中的地位。虚拟参考咨询服务是数字图书馆时代用户服务的核心工作之一，所以必须建立一套切实可行的管理制度，包括岗位责任制、绩效评估制度、激励奖惩制度、学科馆员制度、人事管理制度、培训制度等，以制度来规范各项工作，确保虚拟参考咨询服务顺利开展。

3.2 合理规划，有序发展

浙江大学图书馆参考咨询部经过多年发展，已经有相当实力，得到校内外用户的肯定，在开展虚拟参考咨询服务时更要合理规划，有序发展。在参考国内外发展经验的基础上，要有超前意识，选用世界一流的虚拟参考咨询服务软件，进行本地化改造，以适合本馆的特色化服务。首先，构建浙江大学图书馆内部五个分馆之间的协作咨询网，这是基础，必须做好做实。其次，参与浙江省高校虚拟参考咨询服务网，成为领导馆，加强省内高校协作。第三，要做好与省图书馆和省科技情报所之间已经开展的“浙江联合知识导航”网，做好省内区域协作虚拟参考咨询服务。第四，要积极参与CALIS虚拟参考咨询服务，成为全国高校图书馆核心馆之一，开展 24/7 全天候虚拟参考咨询服务。最后，条件成熟时加入OCLC，成为全球虚拟参考咨询服务网成员馆，与世界同步，参与全球数字资源共享体系，全面提高我们的服务能力。

3.3 资源整合，特色服务

虚拟参考咨询服务除了可利用传统咨询服务工作的一切印刷型文本形式的文献外，还可以利用网上的一切数字化资源，包括各种类型的数据库、电子出版物、各种综合网站与专业网站；形式也多样化，有全文数据库、题录数据库、图书资料、多媒体信息等。Internet 已成为世界上覆盖面最广的全球信息网，然而它是一个极度开放的网络，信息发布有太多的自由度和随意性，缺乏必要的质量监控和有效的管理机制，信息质量参差不齐，有正式出版的与非正式出版的、学术信息与商业信息，网上信息处于极度无序状态。所以，我们图书馆员必须将各种文献资源进行整合，建立更专业化的网上导航系统，系统组织网上文献，建立各个专业及相同学科不同研究方向的网上资源导航系统，特别是重点学科的导航系统。

虚拟参考咨询服务也要特色化。针对浙江大学的学科设置，馆员要利用自己的专业知识，根据用户的信息需求，有目的、有计划地下载对教学和科研有参考价值的网络资源，使之转化为馆藏的一部分，组成自己的特色数据库，提供用户使用。如浙江大学硕博学位论文数据库。同时，我们可以将不同学科、类别、来源的文献资源整合为符合创新要求的特色数据库。如利用中美百万册数字图书馆项目建设机会，将原来馆藏的纸质文献转化为数字形式，就可以与其他数字资源整合在一起，构建特色资源库。更要集中专业人才，对大量的网络信息进行深层次的信息加工和管理，有针对性地编辑文摘、综述、题录等特色信息产品，供用户使用。

3.4 培养人才，专业服务

虚拟参考咨询服务内容的知识化、服务手段的现代化、服务对象的全球化、服务方式的网络化，对咨询提出了更高的要求。这些要求包括：具有图书情报专业和广博的知识面；能够熟练检索各种印刷本、数字和网络信息源的能力；具有良好的沟通协调能力和团队合作精神；具有良好的职业道德与服务意识等。

虚拟参考咨询馆员的素质是影响信息咨询服务水平的关键因素，咨询队伍质量直接影响着参考咨询工作的整体成效和社会效益。为配备高质量的咨询队伍，我们首先要建立完善咨询馆员从业资格认证制度，对咨询馆员的外语、计算机、图书情报知识都要有严格的要求。学科咨询馆员，是指系统掌握图书馆学专业知识，并较为精通某一学科或几门图书馆学科以外的学科知识，能深入从事文献信息开发和读者咨询等图书馆工作的高层次图书馆馆员。图书馆可以引进高层次、高水平的人才和通过各种途径对现有人才进行培养。图书馆可以选拔有培养前途的咨询馆员继续深造学习，给优秀的人才提供高层次高学位的深造机会，以提高其水平，打造自己特色的专业咨询队伍。由于高校虚拟参考咨询服务的专业性太强，可以聘请校内外专家兼职免费咨询，构建网上咨询专家网络，共享专家咨询队伍，提高图书馆虚拟参考咨询服务的质量和层次。

总之，虚拟参考咨询服务已成为图书馆服务创新和业务发展新的增长点，成为用户提供智能化的信息价值高的核心服务业务。浙江大学图书馆要创一流大学图书馆，必须站在比较高的平台上，发展好虚拟参考咨询服务。

【参考文献】

[1] 孟连生,惠瑶.中国数字参考咨询发展概况.理论与实践,2006(1).
[2] 初景利.图书馆数字参考咨询服务研究.北京:北京图书馆出版社,2004.
[3] 张素芳,徐刘靖.数字参考咨询发展的问题与对策研究.现代情报,2006(8).
[4] 刘宁南.国内外虚拟参考咨询项目透视与分析.现代情报,2006(8).
[5] 贺延辉,马海群.论数字参考咨询服务的发展趋势.中国图书馆学报,2005(4).
[6] 郭晶,潘卫,黄敏.世界一流大学图书馆的数字参考服务实践研究.图书馆杂志,2005(9).

谈联合社科文献信息咨询服务问题

陈天伦*

摘　要:当今时代,人们对社会科学信息和知识越来越关注,对信息服务的质量要求也越来越高。要实现社科文献信息化建设的飞跃,多个社科文献收藏机构或社科信息咨询机构必须建立合作关系,充分利用各自的信息资源特色和人才优势,并采用规范的服务方式和联合模式等来进行社科文献信息参考咨询的协同工作。

关键词:联合咨询;咨询服务;社科文献;信息化建设

1 引　言

参考咨询是现代文献收藏机构用户服务工作的核心内容之一。参考咨询服务无论在传统模式下还是在现代网络环境下,都是文献收藏机构沟通用户与信息源的一种有效形式,也是文献收藏机构赖以发展的基础。按照传统的定义,参考咨询是文献收藏机构对用户在利用文献和寻求知识、情报方面提供帮助的活动。它以协助检索、解答疑问和专题文献报道等方式向用户提供事实、数据和文献线索。现代信息技术的发展为参考咨询服务提供了良

* 陈天伦:浙江图书馆图书文献服务部,研究馆员。

好的工作平台，使得参考咨询服务进入了一个以数字化、网络化为主要特征的全新的发展时期。这种建立在数字化、网络化平台上的参考咨询服务通常被称为数字参考咨询，也称为虚拟参考咨询或在线参考咨询。

网上联合社科文献信息服务是一种数字参考咨询服务形式。它由多个社科文献收藏机构或社科信息咨询机构，通过建立起的合作关系，充分利用各自的信息资源特色和人才优势，并采用规范的服务方式和联合模式等来进行社科文献信息参考咨询的协同工作。它给出了一个充分利用现代文献收藏机构网络设施和数字资源的平台，具有组织方式与人员结构的分布性，与读者交流的虚拟性与非实时性，提供服务的无形性、异质性和易逝性等特点。用户可以在已入网的电脑上，通过咨询系统界面提出问题并且得到答复，能够以最快的速度、最低的成本、最方便的方式获得社科文献信息。

2　联合社科文献信息咨询的基本问题

2.1　服务方式的选择

采用联合方式进行社科文献咨询，是要建立一个网络化的数字咨询工作平台，不仅利用数字网络和新技术的优势挖掘互联网的海量社会科学文献信息资源，还可以将所有合作机构所典藏的非数字化社会科学文献资源一并利用，以向用户提供在任何时间、任何地点的全球化的实时、互动的专业化参考咨询服务。我们从专家资源和满足用户需求的时效性两方面将其服务方式划分为异步方式和同步方式。

FAQ(Frequently Asked Questions)被认为是一种常用的在线服务手段，各个成员馆都将典型问题搜集起来，进行统一汇总，汇集各个专家的答案，分类、输入知识库和设计在线帮助。我们借用网络营销中的一个观点，认为一个好的 FAQ 系统，应该至少可以回答用户80%的一般问题。这样不仅方便了用户，也大大减轻了工作人员的压力，节省了大量的服务成本，并且增加了顾客的满意度。可见，重视联合社科文献信息咨询中FAQ的设计是非常有价值的。当然，在网络环境中E-mail因其简便易行而被广泛和频繁地使用，有效地利用电子邮件开展联合参考咨询服务也可以成为一种重要的手段和方式，它的优势就在于可随时随地进行网络上的文献传递。另外，在联合咨询网页上为用户预留提问空间和咨询馆员问题解答空间，各个成员馆之间按照一定的合作机制，通过Web建立合作链接，能激励用户参与等。这些服务方式都可以在异步联合数字咨询方式中采用。

社会科学文献信息与大众的生活密切相关。因此，在同步联合数字参考咨询中可以选择采用社会上流行的BBS、专业聊天工具、远程视频等网络交流方式。采用BBS服务方式，能针对用户对自身的需求模糊不清，需要通过与用户之间的交互，逐步明确用户需求的情况。它因能及时给予用户相应的指导性建议，为读者节省大量的时间而深受欢迎。但是这种服务方式容易触及用户的个人隐私，同时由于提出的问题量较大，尤其是当用户提出的问题比较复杂时，咨询馆员往往难以应对。因此，利用BBS提供联合参考咨询服务不是一种最理想的交互工具。采用个人聊天室的方式为独立用户提供个性化服务的特点是咨询馆员与用户之间可以实现实时交互，及时获得用户的详细需求信息，同时也在一定程度上保护了用户的个人隐私，是一种比较实用的服务方式。但是，用户不能够了解咨询馆员的操作步骤，虽然本次提问获得了较满意的答案，但是下一次出现该问题，仍然需要咨询馆员的重复解答，增加了咨询馆员的工作量。通过虚拟现实技术、音视频会议技术，采用远程视频方式服务，可以实现咨询馆员与用户之间的联系。这种服务模式目前很受欢迎，发展会非常快。

2.2 联合模式的选择

联合数字参考咨询服务最早开始于国外，不同的文献收藏机构、商业机构之间都可以实现不同的合作模式，或是行政区域内的合作，或是跨行政区域的联盟之间的合作，或是系统内部的合作，或是跨系统的联盟之间的合作。无论这些联合规模如何，它们都能在一定程度上满足用户的信息需求，是社科文献信息咨询服务发展的方向。作为社会科学文献和社会科学信息会涉及相应的研究机构、教育机构和文献收藏机构等。这些机构分布在社会的不同系统。因此，组织有一定影响力的社科文献信息咨询服务必然需要跨系统的联合。另一方面，由于联合数字参考咨询服务往往依托网络运作，所以行政区域界限对联合参考咨询服务运作的影响也变得模糊起来。

社会科学和自然科学是人类科学的两大门类，掌握必备的社会科学知识，有利于人们树立正确的世界观、人生观、价值观；有利于培养人们的科学思想、科学方法和科学精神，提高科学文化素质；有利于提高人们的道德素养和精神境界，推动精神文明建设；有利于人们思维方式、行为方式和决策方式的转变，增强分析问题和解决问题的能力。开展社科文献信息咨询服务，具有建立适应生产力发展的生产关系和上层建筑，促进社会协调和和谐发展的作用。因此，我们有理由认为，可以依靠政府政策和资源的支持来开展所属行政区域内的联合社科文献信息咨询服务，政府对社科文献信息咨询服务的正常运作给予直接或间接的资助容易让联合咨询进入起步阶段。当然，单一采用这种联合模式时，政府的支持力度往往可以决定咨询服务的生存空间。

社会科学无疑属于人类科学体系中的重要组成部分。社会科学理论源于实践的总结，社会科学的理论研究不仅包括调查、统计和分析的方法，而且需要使用自然科学的许多技术和模型，更需要从事研究的人掌握科学的思维方式，以及从分析到综合、从具体到抽象、从逻辑推论到辩证思维等一系列方法。开展社科文献信息咨询服务，关注人们的思想变化和心理结构，从而为科学地解决社会矛盾架设起桥梁，实际上是一个跨行政区域的社会课题。因此，我们在实际的联合社科文献信息咨询服务中，不能片面地强调行政区域内部的合作，要重视公众与社会科学专家学者之间的沟通，让公众掌握更多的社会科学知识。采用跨行政区域的联合社科文献信息咨询服务模式，可以优化咨询人员的知识结构，更充分地利用联合机构的整体资源，分层次、有针对性地满足各种用户的信息需求。当然，采用跨行政区域的联合社科文献信息咨询服务模式，咨询服务的管理会更加复杂。

随着数字参考咨询的发展，很多开发计算机软件的商业机构都不约而同地涉足联合数字参考咨询软件的开发。这些开发联合数字参考咨询软件的公司一方面开发适合于文献收藏机构发展的系统平台，另一方面为购买该软件的成员机构提供良好的服务，其中也包括了参与联合来提供参考咨询服务。即在某些成员机构虚拟咨询台关闭期间，或在他们回答不了用户咨询的问题的时候，以及在咨询高峰时段向用户提供实时咨询服务。充分利用与软件的商业机构的合作来开展联合社科文献信息咨询服务，在一定程度上可以降低咨询服务的运作成本。

3　联合社科文献信息咨询的协同工作

3.1　问答记录的规范

联合社科文献信息咨询服务是社科文献收藏机构为公众了解社科信息、学习社科知识而开设的一个服务项目，其基本特征就是数字信息服务系统可以通过标准的方式共享信息资源和知识库，用户能够通过数字化的方式提交问题和获得答案。同时，在协议标准的支持下，不同的数字参考咨询系统可以方便地互操作和交换数据，服务代理可以为用户在广阔的范围内寻找更为理想的问题解答者。

在数字参考咨询过程中，要确定专人负责在线咨询接收和答复，及时对用户模糊不明的问题进行澄清，以便更好地理解用户的实际需求，提供更合适的答案。咨询过程提供给用户的咨询解答是以实时互交或者异步电子邮件等的方式提供的，也是咨询服务人员智慧的结晶。因此，咨询过程中认真规范地询问与加以表述十分重要。例如，对原始信息源的出处、信息获取方法等要清楚地反映，做到清晰而简洁。咨询解答的规范化有助于提高联合社科文献信息咨询服务的整体水平，使得咨询服务有序、严谨。

3.2　咨询问答记录的保存和利用

数字参考咨询的问答保存和利用，包括答案的评价筛选，重新标引规范、获取信息内容，按照某种体系组织形成问答知识库，问答知识库的维护、统计和更新。其核心就是问答知识库不是问题和答案的简单堆砌或者罗列，是经过加工标引后的结构化的问答集合，是经过精心选择和组织的有参考价值的信息产品。它不仅包含问题和答案信息，还包括对解答咨询问题有益的附加信息、参考文献，以及跟踪反馈、评价分析、统计数据等信息。

为了保存和共享丰富、有价值的社科问答咨询信息和专家资源，提高联合社科文献信息咨询服务系统的自动化和智能化管理程度，提供更多、更便捷的社科信息和社科专业知识导航，构建问答知识库的标准主要体现在四个方面：一是评价筛选标准，决定需要保存的问答数据的特点；二是内容组织标准，决定问答数据的存储方式和组织形式；三是数据著录标准，决定问答数据的输入规则和要求；四是管理维护标准，决定对问答数据进行统计更新的程序或原则。

3.3 咨询质量的管理

联合社科文献信息咨询的质量是一个受到广泛关注的问题。质量标准的一个层面是宏观的质量控制规范,包括宏观服务政策、规章、制度的制定,合作协议的签署,资金、设备、咨询人员的匹配程度;另一个层面是微观的质量评价指标,包括对参考咨询业务流程和最终答案内容的质量评价和统计等。

在开展数字参考咨询服务的过程中,选取一些衡量指标对其服务效果和质量进行公正客观的评价,从而不断地改进业务流程或服务模式,提高用户和工作人员的满意程度,改善服务质量。综观国内外学者对数字参考咨询质量评价标准的研究,评价指标的选取主要集中在用户、咨询人员、答案、参考资源、业务流程等数字参考咨询的核心要素上。关于用户的评价指标,如用户教育、关注用户数、重复用户的比率等,用来反映用户对服务的满意度。关于咨询人员的评价指标,如专家的权威性、员工培训、咨询经验、反应快慢程度、与用户的沟通能力、采用技巧与方法、热情和兴趣等,用来反映咨询人员的专业技能、服务态度和技巧。关于答案的评价指标,如答案准确性、答复形式、答案字数、对用户的适用性、答案的可靠性等,用来反映答案内容本身的质量高低。关于参考资源的评价指标,如载体类型、权威性、新颖性、可获得性等,用来反映参考的信息资源的质量高低。关于硬件设备的评价指标,如具有的网络设备、计算机、场地、配套工具等,用来反映支撑咨询过程的基础设施的保障程度。关于业务流程的评价指标,如答复的及时性、服务程序的清晰性、服务的广度、咨询的成本、宣传推广、隐私保护等,用来反映参考咨询过程的效益和合理性。

4 展 望

我们这个时代,人们对社会科学信息和知识越来越关注,对信息服务的质量要求也越来越高，他们希望在某一时间、某一地点采用某种手段及时地满足他们想要了解的问题。为了解决这个问题，社科参考咨询服务必须从传统的面对面服务逐渐转变成一种充分利用收藏资源和服务人员专业知识的适应网络环境发展的数字参考咨询服务。数字参考咨询服务方式在其产生之初就是面向大众、面向问题的，所以在一定程度上满足了大众获取新知识的需求。但是数字参考咨询是否能够解决所有的用户需求问题呢？参考咨询员能否提供各个方面的知识？为了解决这些问题，一些文献收藏机构联合起来为用户提供联合数字参考咨询服务，将单个文献收藏机构的信息资源、人力资源进行了有机的集成，方便了用户，同时也最大限度地利用了文献收藏机构的资源，成为现有文献收藏机构服务的一种巨变，为文献收藏机构开拓了发展的空间。我们通过对联合信息咨询服务的方式和服务模式的思索，对联合信息咨询的服务主要协同工作的探讨，可以看到联合社科文献信息咨询服务的前景。也相信，社科文献信息化建设的飞跃，应该引入新的知识管理思想，将相关文献收藏机构联合起来开展网上社科文献信息咨询服务。

【参考文献】

[1] 徐璞英.社科信息服务:现状、需求与对策.浙江社会科学,2006(5).
[2] 戈宁.网络环境下的社科信息资源服务存在的问题及对策.辽宁教育行政学院学报,2006(10).
[3] 何爱琴,鄢小燕.国内合作数字参考咨询系统比较分析.图书馆学研究,2006(8).
[4] 张会田.数字参考咨询服务系统结构与功能优化研究.图书情报知识,2006(1).
[5] 孟连生,惠瑶.中国数字参考咨询发展概述.图书馆理论与实践,2006(1).
[6] 张喜年.合作数字参考咨询服务模式比较分析.情报杂志,2006(04).
[7] 李淑芬,谢亮.国内联合虚拟参考咨询系统的比较分析图书馆建设,2005(3).

论建立以需求为导向的图书馆服务体系①

沈国弟*

摘　要: 现有图书馆体系是以政府、部门为导向的,这种导向在较多情况下与读者的需求是不一致的。为此,应该以读者需求为导向,按读者需求的群体性、层次性、专业性,对现有图书馆服务能力进行整合,重新规划设计图书馆的社会服务体系。本文结合图书馆事业现状,提出了建立浙江省新图书馆服务体系的思路和具有可操作性的方案。

关键词: 图书馆服务体系;读者需求导向;公共图书馆;高校图书馆

1　图书馆服务体系的现状及其功能分析

1.1　现有图书馆服务体系

我国现有的图书馆体系,是以行政隶属关系为基础,按图书馆的领导系统组合的。在这一体系下,我国图书馆主要分为三大系统,即公共图书馆系统、高校图书馆系统和科研图书馆系统。另外

① 本文为浙江省社联重点课题《浙江省高校、公共图书馆服务功能拓展研究》成果。

* 沈国弟:浙江财经学院图书馆,副研究馆员。

还有工会系统、军队系统、学校系统、党政机关和其他各类图书馆。在浙江省，公共图书馆和高校图书馆是图书馆系统的主体。

公共图书馆是由各级政府投资兴建并由文化行政管理部门主管的面向社会公众的图书馆。目前，省、市、县（区）三级图书馆组成了地方公共图书馆体系，县（区）图书馆为体系中的基层图书馆（社区图书馆还未成气候）。截至 2002 年年底，浙江省公共图书馆系统共有图书馆 83 所，馆舍总面积 28 万平方米，藏书总量 1847 万册，年总经费 1.22 亿元，共发放读者证 45 万张。

高校图书馆是由各高校举办的面向本校师生读者的图书馆，具有较专业的馆藏和较固定的读者群。至 2004 年，浙江省拥有普通高校图书馆 72 所，2002 年平均每馆文献资源经费在 200 万元以上。

县以上各级政府都建有一个公共图书馆，各高校、各研究机构也各建一个图书馆，这种体系是以政府、部门为导向的体系。从这个意义上说，现在的图书馆是政府的图书馆、部门的图书馆，而不是社会的图书馆、读者的图书馆，因此，它很难全面顾及读者需求的各种因素。

1.2 现有体系中的积极因素

在现有图书馆管理体制下，图书馆主要根据隶属关系由各系统垂直管理。在高等学校，图书馆由学校直接管理，在理论上图书馆被赋予了与师资、实验室同等重要的地位。因此，一般高校，特别是本科院校都以较大的投入，建立起规模较大的图书馆，有比较丰富的藏书，能较好地保障学校教学和科研对文献信息的需求。

隶属于各级政府文化部门管理的公共图书馆的建设也日益为各级政府所重视。浙江省人民政府 2003 年颁布的《浙江省公共图书馆管理办法》规定了“县以上人民政府应当将公共图书馆事业纳入国民经济和社会发展计划，制定公共图书馆事业发展规划”，以地方法规形式规定了县以上图书馆的建设要求。

在现有图书馆体系中，就单个具体的图书馆而言，一般都是很受重视的，体现在对图书馆建设和投入都有较高的积极性。如改革开放以来，浙江省高校图书馆界普遍都在进行第三次馆舍建设，并且新馆建筑规模普遍在3万平方米左右。但就图书馆事业的整体发展而言，仍不容乐观。

1.3 现有体系存在的问题

现有体系存在的问题主要是图书馆服务网点少，图书馆的覆盖面小，图书馆服务功能的发挥受到限制。第一，由于目前的图书馆建设是以政府、部门为导向，而不是以读者为导向的，因此，在对单个图书馆进行较大投入的同时，对社会图书馆服务网络的设计与投入往往得不到应有的重视。政府可以投入几个亿的资金建设一个图书馆，但对于百姓来说，巨大的投入建设的只是一个服务点，而这个点对大部分有文献服务需求的人来说，是可望而不可即的。第二，将县级图书馆定为最基层的图书馆，这种设置不仅无法满足人们在地理位置上对图书馆的要求，而且提高了人们使用图书馆的时间、经济成本，限制了文献的利用率，以至于我国的图书馆利用率极低。第三，图书馆分属于不同的系统和部门，主管部门对图书馆的领导侧重于经费和人事的管理，对图书馆的业务建设和业务活动则重视不够。

以浙江省为例，在农村，每个县级行政区平均人口75万，平均面积近1400平方公里，县城城区人口平均在10万以下，这就决定了绝大部分农村人口得不到图书馆的服务。在城市，拿杭州市来说，杭州市区的140万市民，目前可以利用的图书馆仅省、市两个公共图书馆及两个少儿图书馆，让普通市民、郊区农民赶一二个小时的路程去利用图书馆，这是不太现实的事。现在，虽然社区图书馆建设已经起步，但靠社区的力量很难充实、更新图书资料，其服务功能极其有限。

因此，在现有图书馆服务体系下，社会上的普通读者虽然理论上可以通过公共图书馆来获得文献信息服务，但由于受公共图书馆的数量、服务网点、开放时间、地理位置等条件的限制，只有较少一部分人能享受到公共图书馆的服务。如在2000年全国公共图书馆图书流通总人次及外借人次评比中处于全国最高水平的广东省，其省会城市广州市办理图书馆借书证的人也仅占广州市民的4.7%。在杭州市区，领取杭州市图书馆借书证的仅占杭州市人口的1.25%，更不要说广大的农村地区了。

2 社会对图书馆服务的需求分析

满足读者对文献信息的需求是图书馆存在的价值所在。读者对文献信息的需求具有群体性、层次性和专业性的区别，在考虑图书馆服务体系的时候，应充分考虑读者的这些特点。

2.1 需求的群体性

需求的群体性是指社会对文献信息的群体性一般需求。如高校师生、机关工作人员、厂矿企业职工、农民、普通市民等都是文献信息的需求群体。目前的图书馆服务体系，公共图书馆主要是针对社会一般群体对文献的需求建立的，是社会的信息服务中心；高校图书馆是为解决高校师生这一特殊群体建立的，其他图书馆也是针对一定的群体的。因此，目前的图书馆都是为一定的群体服务的，有很强的系统性和封闭性。需求的群体性是决定办馆地点的依据。

2.2 需求的层次性

需求的层次性是指不同读者对文献信息内容需求的层次性。不同的读者对文献信息需求有不同的层次要求。一般来说，图书馆读者对文献信息的需求分三个层次：一是娱乐、消遣层次；二是学习（教学）层次；三是研究层次。普通读者对文献的需求主要是娱乐性、消遣性的;高校学生对文献信息的需求主要是学习型的;高校教师、科研人员、技术人员、决策人员对文献信息的需求主要是研究型的。满足不同层次读者的文献信息需求是每一个图书馆都要面对的。

2.3 需求的专业性

需求的专业性是指读者对文献信息需求侧重于某一个专业领域。专业性不分层次,不同读者群都可能会对文献具有专业上的要求,如农村地区的读者对农业技术的推广、应用方面的文献有较强的需求,企业图书馆的读者则对与本企业有关的专业技术文献有较集中的需求。专业性需求决定专业图书馆的建设。

2.4 对图书馆服务需求分析的意义

图书馆是为读者服务的,因此,图书馆服务网络也应以读者需要为导向。以上对图书馆服务需求的分析,是为图书馆服务体系的设计和建设提供依据。我们可以以读者需求的群体性、层次性、专业性作为三个向量建立一个三维立体坐标,来决定应该在什么地点、针对什么样的读者群建立哪个层次的图书馆,以及这一图书馆的专业取向。据此,我们可以将图书馆区分为以下一些类型:

1. 面向社会读者的图书馆

娱乐、消遣型,教育型,综合性的城市公共图书馆和城市社区图书馆;

娱乐、消遣性兼农业技术推广应用与教育的县级公共图书馆及农村乡镇图书馆;

综合性研究型的省公共图书馆;

反映地区特色的教育、研究型专业图书馆。

2. 面向特殊读者群体的图书馆

综合性教育研究型高校图书馆;

专业性教育研究型高校图书馆;

专业性研究型的研究院所、政府机关图书馆；

教育型的中小学图书馆。

3. 其他类型图书馆

其他类型的图书馆包括面向社会读者的高校图书馆，高校、公共图书馆合办的专业图书馆等。

3 以读者为导向的图书馆服务体系的建立与运作

3.1 体系的管理体制

目前的图书馆管理体制是以系统为导向、相互独立、相互封闭的体制，新体制必须突破这种状况。浙江省在 2003 年颁布了《浙江省公共图书馆管理办法》，但《办法》规范的对象只限于公共图书馆，不利于跨系统的图书馆统一管理体制的建立。因此，有必要对《办法》进行修订，使其规范对象涵盖各种类型图书馆，实现图书馆管理体制的根本性变革。新的管理体制就是要以政府法规为依据，建立一个跨系统的统一的管理机构，来对图书馆事业发展进行统一决策、统一管理。

新的管理机构应该是一个权威性的机构，负责对本省图书情报工作进行总体规划，分门别类地制定出各种类型、各种规模图书馆在运作方式、工作标准、收藏内容、发展方向等方面的定性规定和定量指标。同时该机构应能对各大系统图书馆工作进行协调及可能的分工，并负责监督、检查和考核各图书馆的工作状况与实绩。

目前，国内部分地区已经建立了统一的图书馆事业管理机构。这些机构各具特色，如上海的中心图书馆模式、北京的以首都图书馆为依托模式等，都是可以参考和借鉴的。

3.2 体系的主体与参与者

我们说建立新的服务体系，并不是抛弃原有的体系，而是要利用原有体系，在原有体系的基础上进行改进与完善，很重要的是对原有体系的利用。在以读者为导向的服务体系中，公共图书馆、高校图书馆仍将是主体，并且其功能将得到进一步加强。特别是公共图书馆，将大大拓展其服务的触角。公共图书馆、高校图书馆将以其强大的服务功能确立其在新体系中的主体地位。

另一方面，通过合作办馆、开办分馆等形式，增强社区图书馆、部门图书馆等现有图书馆设施的服务能力，使其成为公共图书馆、高校图书馆扩大读者服务面的一个支点，使各种形式、各种类型的图书馆联成一体，组成一体化的社会服务网络。

3.3 体系的建立与运作

1. 体系的建立

新的体系以地方有关图书馆法规为依据，成立跨系统的图书馆管理协调机构。由该机构统一规划本地区图书馆事业，以公共图书馆、高校图书馆为主体，充分利用社会的办馆力量。在这一体系中，各系统、各图书馆是既有分工又有协作的关系。形成一个横向的有研究型图书馆，教育型图书馆，娱乐、消遣型图书馆；纵向的有省级公共图书馆，市级公共图书馆，县图书馆，社区、乡镇图书馆；交叉的有公共图书馆的高校分馆、机关分馆、企业分馆、学校分馆等。具体来说，各图书馆在新体系中承担的服务功能与作用如下：

省图书馆：在体系中应处于核心地位，承担较多的社会服务功能，包括对省内市、县公共图书馆的业务指导与工作检查；为本省读者提供研究性服务，承担研究型图书馆的角色；利用省机关、省级大型企业的场地设施，开办省机关、企业专业分馆；在高校开办特色分馆，以及在省内其他形式的资源共享。

市图书馆：为本市读者提供研究性服务；市机关、企业专业分馆建设;学校(中小学)分馆建设;社区、市区乡镇分馆建设。

县图书馆:为本县读者提供文献信息服务;开办乡镇分馆。

社区(乡镇)图书馆:为本地区读者提供一般服务和特色服务,如农业技术的宣传推广服务;接受市、县图书馆的扶持,成为其分馆。

高校图书馆:为本校读者提供各层次服务;与高校为本地经济发展服务相适应,为高校所在地社会读者提供研究性服务;与省图书馆联合开办特色图书馆,如旅游图书馆、音乐图书馆等。

机关、企业图书馆:为机关、企业职工提供文献信息服务;接受省、市图书馆的扶持成为其专业分馆;寻求高校图书馆文献信息服务。

2. 体系的整体功能

这一体系体现了以读者需求为导向的要求,各种需求层次,各种类型读者群体,各种专业的文献信息需求都能得到比较好的保障。特别是把图书馆的布点、配套向社区和乡镇延伸,有效地对省、市、县、社区、乡镇及其他类型图书馆进行分工,强化各自的特色,从而有效地拓展整体的服务功能。如省图书馆可能集中精力进行高层次的研究型服务,而将大量的普通读者服务工作分解到社区和乡镇图书馆,从而可强化社区、乡镇图书馆组织和服务,使整个社会的文献信息服务能力有一个较大的提高。

3. 体系的运作

为使整个系统能有效地运作,须着重做好以下工作:一是网络化管理与书目资源共享,实行一定范围内的统借统还。网络化管理可以缩短读者与图书馆的物理距离,化解读者利用图书馆的障碍。二是在全省范围内进行文献资源建设协调,建设、发展特色图书馆,通过分工,确定各馆的特色与馆藏重点,以增强本省范围内的文献保障系数。三是文献资源的联合采购,特别是数字化资源建设，应实行全省范围内的集团采购，以降低资源成本。目前，浙江省已经有不少数量的数据库实行了集团采购，通过集团采购的数据库一般能比个别采购节约经费三分之一以上。四是经费的适当统筹调配，如集中各馆部分资金进行大规模的文献项目建设，即集中力量办大事，如图书馆系统网络建设、地方特色数据库的建设与共享等。

【参考文献】

[1] 赵兰英.都市图书馆的网络扩张.瞭望新闻周刊，2003(24).

[2] 李联豹.从社会化谈基层图书馆的管理体制.图书馆论坛，2003(2).

[3] 王冰.公共图书馆管理体制改革与嬗变.中国图书馆学报，2002(4).

[4] 金文虎.与时俱进的上海图书馆.图书馆建设，2003(2).

[5] 朱凡.台湾地区图书馆与大陆图书馆的比较与分析.图书馆工作与研究，2003(2).

[6] 卢海燕.国家图书馆部委分馆模式探析.图书馆杂志，2002(5).

[7] 邹华华.关于社区图书馆的发展战略.图书馆杂志，2004(5).

[8] 卢子博.先进发达的香港公共图书馆.江苏图书馆学报，2001.

[9] 卢子博.关于中国图书馆事业未来发展走向的几个问题.中国图书馆学报，2002(2).

[10] 周和平.建立适合我国国情的图书馆管理体系.中国图书馆学报，1999(4).

[11] 戴蓓.加快省会城市公共图书馆事业发展战略构想.中共杭州市委党校学报，2003(4).

[12] 刘晓清，等.浙江图书馆数字化建设的实践与构想.图书馆工作与研究，2002(5).

[13] 竺海康，等.论建设浙江省高校信息资源共建共享体系的可行性与必要性.图书馆研究与工作，2002(2).

[14] 与时俱进开拓创新的浙江省公共图书馆事业.浙江日报，2003-09-30.

[15] 浙江教育网，http://www.zjedu.org/zjjy.

[16] 教育部高校图书馆事实数据库系统，http://162.105.140.111/calis.

基于网络的区域性数字图书馆参考咨询服务模式的研究

周　密　刘柏嵩*

摘　要：由于网络信息技术的发展和普及，参考服务工作面临着新的信息环境和新的挑战。当前，数字参考咨询服务正变得越来越重要。本文介绍了国内外数字参考咨询服务的现状，讨论了网络环境下建立区域性数字图书馆参考咨询服务的必要性，最后就如何在网络环境下构建区域性数字图书馆参考咨询体系提出了一些相应的措施。

关键词：虚拟参考咨询；区域性数字图书馆；服务模式

1 引　言

数字参考咨询服务(Digital Reference Service，简称 DRS)，又称虚拟参考服务(Virtual Reference Service，简称 VRS)，是当前图书馆界研究和应用的热点，目前还没有一个确切的定义。它主要是指在图书馆传统参考咨询服务的基础上，运用网络和计算机技术，用户通过网上提问，信息专家给予直接回答或以数字化信息回答的方式实现的一种知识服务机制。数字参考咨询是图书馆参

* 周　密：宁波大学图书馆，副研究馆员。
刘柏嵩：宁波大学图书馆，副研究馆员。

考工作在网络信息社会里的新形式。为此,对该种服务也有不同的提法,有的图书馆建立了虚拟咨询台(Virtual reference desk),如 http:// www. vrd. com;http://www. refdesk. com,以此开展参考服务;有的图书馆利用E-mail开展参考服务,所以又称为E-mail参考服务。在此,我们以数字化参考服务这个概念来统称此类型的服务,并描述为:用户通过电子手段(如 E-mail、Web 表格、交谈等)提出要询问的问题,图书馆的参考馆员也依靠电子手段来答复用户的问题,而不是由用户亲自到图书馆咨询台或通过电话进行咨询。

与传统的参考咨询相比,数字参考咨询的服务方式、服务手段都是全新的,而且还在不断发展着。主要是指图书馆基于 Internet 在传统的参考服务中采用新的技术,以便更快更好地帮助读者查找所需要的信息。数字化参考咨询服务在国外也正处于实践和探索阶段。

在今天迅速变化与发展的信息时代,数字参考咨询服务已成为支持学习、促进知识探索与创新的一个非常重要的工具。只有深刻地认识其内涵,有效地进行系统的规划和组织,才有可能保证 DRS 运行的高活力以及所提供服务的高质量,为用户提供一个全面和无缝的信息服务环境,从而确保数字参考咨询服务的全面深入开展。

2 数字参考咨询服务的现状

2.1 国外数字参考咨询服务的现状

世界上第一个走向在线化的数字参考资源服务要追溯到 1984 年。基于如何在电子化环境中进一步加强图书馆传统服务功能的考虑,美国马里兰大学健康服务图书馆率先推出“参考服务的电子化访问”(The Electronic Access to Reference Service,

EARS)服务项目。20 世纪 90 年代以来,数字参考咨询服务在国外蓬勃发展,数字参考咨询机构如雨后春笋般涌现。主要有:

1. 咨询图书馆(Ask a Librarian)

英国公共图书馆网上信息获取项目于 1997 年推出。它的推出,使英国实现了全国性的数字化参考咨询服务。

2. 合作性数字参考咨询服务(Collaborative Digital Reference Service,CDRS)

2000 年由美国国会图书馆和 16 个参与馆发起的项目,目前的成员馆已达 100 多个。美国图书馆协会、图书馆系统和服务公司(ISSI)、虚拟咨询台项目、英国的 EARL 等都已加入,显示了数字化参考咨询服务的国际性。

3. 虚拟咨询台(Virtual Reference Desk)

1999 年由美国教育部资助、Syracuse 大学信息所主持的一个项目,它协调了 10 多种不同类型机构所提供的数字化参考咨询服务,使其服务超越了单纯的图书馆领域。

4. 咨询点(QuestionPoint)

由联机计算机图书馆中心(OCLC)开发的世界范围内协作参考咨询服务系统。该系统目前已拥有 1000 多个参与者。

到目前为止,国外大多数图书馆都已开展了电子邮件数字参考咨询服务,目前正致力于开展实时交互的、技术更完善的数字参考咨询服务形式——实时数字参考咨询服务和合作数字参考咨询服务。

2.2 国内数字参考咨询服务的现状

与国外参考咨询服务相比,我国的 DRS 还处于初级起步阶段,无论是提供 DRS 的图书馆的数量、类型,所提供的 DRS 服务采取的形式,还是接受与处理提问的数量和内容广度,相关的技术与服务保障研究等各个方面，都与国际水平有相当大的距离，大多数的数字参考咨询服务是在2000年后开始起步的。其中有代表性的：

1. 全国图书馆信息咨询协作网

由国家图书馆信息咨询中心牵头，通过建立网员制咨询服务协作关系，实现文献资源和参考咨询人才共享以及全国图书馆界的合作。它的服务是基于E-mail方式的，较为简单。

2. 网上联合知识导航站

由上海图书馆牵头并联合了上海众多高校、科研单位及其相关机构图书馆，开展专业参考、知识导航等服务，是目前国内图书馆界第一个提供专业参考和知识导航的专家系统。

3. 基于E-mail的虚拟咨询台形式

国内其他大学的图书馆一般都是采用此种方式提供服务，如中国人民大学、西安交通大学和武汉理工大学等；也有部分在电子邮件咨询的基础上提供简单的、定时或全天候的实时交互咨询，如上海交通大学图书馆、东南大学图书馆；另外，清华大学和北京大学图书馆购买了OCLC的QuestionPoint服务系统，提供电子邮件咨询和实时问答咨询。

目前我国图书馆界在数字参考咨询服务领域的合作项目很少，到目前为止只有两个：一个是中国国家图书馆发起的“全国图书馆信息咨询中心”，其成员馆仅有14家；另一个是上海图书馆于2001年5月28日推出的“网上联合知识导航站”，成员包括上海十几所高校图书馆。这两个项目规模都比较小。

国内外数字参考咨询服务的发展状况表明，开展数字参考咨询服务是为了适应知识经济时代发展的需要，实现数字资源与智力资源共享的需要，是传统参考咨询突破时空的界限、利用网上平台拓展自己的专业性服务的需要。

3 区域性数字图书馆参考咨询服务发展的必要性

3.1 区域间经济、文化发展的不平衡，实现全国性资源的共享尚为时太早

我国地域辽阔，人口众多，区域间经济、文化发展很不平衡，科技水平还不高，文献资源共享没有高速高效的通信技术保障，实现全国性文献资源的共建共享困难还很多。有关文献资源调查表明，我国图书情报用户文献需求80%左右一般是由地区的协调来满足的。因此，人们应充分考虑地理方面的因素，在文献资源共建共享的宏观规划下，率先实现并逐步完善区域间图书馆文献资源共建共享。根据各地的具体情况，各地区依靠自身的财力、物力，首先建立地区性的文献资源共享网络，构建区域间数字化参考咨询服务体系，不仅是可行的，而且也是比较现实的。

3.2 数字化参考咨询服务卓越的优势

数字化参考咨询服务是一种新型的服务，它的发展速度很快，正在向区域化、大型化的方向发展。与传统的参考服务相比，数字化参考咨询服务具有明显的优势：

1. 不受时间限制

借助于网络，图书馆可以开展OPAC查询、数据库检索、电子资源获取等服务，利用Internet的电子邮件、文件传输及线上交谈功能开展参考服务，为读者提供了极大的方便。

2. 不受地域限制

读者可以通过网络在家里、办公室等有计算机终端的地方使用图书馆的各种资源，咨询有关的问题。而且，不但本馆的读者可以利用，外单位、外地的读者也可以随意访问图书馆的站点，从而获得资源，享受服务。

3. 提供即时性服务

利用电子邮件等功能，可以极大地提高文献的传递速度，尤其是电子化的文献传递实现了从查找文献到获得原文的即时性服务。

4. 提供主动式服务

传统的参考咨询服务是咨询人员在图书馆咨询台等候读者上门或通过电话提出问题，然后参考馆员给予解答。在网络环境下，信息服务更强调主动服务，尤其要体现"当地(on-site)服务"。

5. 保证服务质量

数字化参考咨询服务减少了现场咨询的业务量，使参考馆员有更多的思考时间，不会在匆忙中影响答询的质量。同时，由于读者的申请可以打印，这样就克服了电话中叙述不清楚的现象，尤其可以避免词汇和数字的错误，增加准确性。

3.3 网络环境给图书馆之间的参考咨询服务合作提供了便利的条件

DRS的根本是以用户为中心，尽最大可能满足用户的各种信息需求，尤其是对复杂的咨询问题。另一方面，网络自身开放性、分布式的特点，既决定了用户地域分布的广泛性，也决定了用户群体性质的多样性，这些都导致了处在不断变化之中的用户需求也始终是繁杂、多样的，任何单一的图书馆是不可能担当这样的重任，图书馆之间只有通过相互协作的方式才有可能。在英国和芬兰，图书馆已经以"联盟(Consortiums)"的方式连接起来，为公众提供国家数字化参考服务，芬兰的国家数字化参考服务由18家公共图书馆参加；英国大型的公共图书馆则加入EARL计划；美国的图书馆界也在试图进行联合，如推出了"Ask a Consortium"服务等。

4 区域性数字图书馆参考咨询服务发展的策略

4.1 提高对DRS的认识，建立以用户为中心的数字参考咨询服务体系

在数字化图书馆时代，图书馆将逐步成为知识信息的服务机构及知识信息的咨询窗口。为此，我们要从理论基础到工作实践，迎接信息社会网络环境给传统参考咨询带来的变革和挑战，更新观念，将参考咨询服务作为现代图书馆工作的重中之重；同时认清从传统的参考咨询服务过渡到网络的参考咨询服务还需要一个过程，不是一蹴而就的。

数字参考咨询服务体系应以用户为中心，根据用户使用的目的、要求、行为方式来理解和设计相关方法和技术。在设计数字参考咨询服务体系时，首先考虑用户究竟需要什么服务，如何使用户方便有效地利用这些服务，按用户的需要和行为方式来组织服务和管理。特别要根据数字参考咨询服务范围广泛的特点，掌握不同用户的信息需求特点，以及网络环境下用户信息需求的新特点，按用户需求（而不是传统习惯、理论）来调整改造技术方案和组织结构。这是数字参考咨询服务体系建立的关键，也是开展面向用户的数字参考咨询服务的基础。

4.2 加强图书馆网络的软件和硬件设施建设

网络质量问题常常是限制数字参考咨询服务发展的重要因素。首先应完成以图书馆内部业务处理为核心的图书馆管理自动化；其二，应完成对外面向用户提供文献信息服务自动化；其三，实现以网络为基础的数字化参考咨询服务。由于使用自动化系统的馆（室）软件不规范、不标准，出现劣质、低速甚至数据丢失无法正常运转等现象，最终无法形成文献信息网上服务功能。随着数据

和计算机网络通信技术的迅速崛起，我们可以构建一个真正综合性的、宽带域、多功能、可以随时满足人们多角度、全方位需求的数字参考咨询服务体系。

4.3 提高协作意识，走合作化数字参考咨询服务的道路

我国图书馆单独开展数字参考咨询服务的能力还是比较弱的，因而数字参考咨询服务比较可行的模式是建立合作化数字参考咨询网络，以更好地满足更多网络用户的需求。合作化数字参考咨询服务，是通过一个图书馆及相关机构的数字网络联合起来形成一个分布式的虚拟数字参考咨询服务网络，面向更大范围(甚至是全球网络范围)的网络用户提供数字参考咨询服务。合作化数字参考服务的出现，给在任何时间和任何地点的研究者提供专业的参考咨询服务。它不仅利用网络上的信息，还要利用图书馆所拥有的不在线的信息。合作数字参考咨询服务是将网络技术应用于参考咨询服务的一个典型例子，同时它也是资源共享的新尝试。

4.4 制定开放统一的数据库建设标准与规范，加强自建数据库的规范化建设

标准化问题是开展区域性合作化数字参考咨询服务的重要环节。数字参考咨询服务涉及的标准较多，如技术标准、服务标准、信息交换格式标准、信息共享标准、元数据标准等。20 世纪 90 年代起，由于商业与非商业数字参考咨询服务协作以及图书馆和图书馆联盟之间合作的加强，对数字参考咨询服务标准化的研究和探索取得了初步的成果，美国国会图书馆和其他组织制定了一些相应的标准和协议，如支持数字参考服务的网络协议：Z39.50、OA、ILL 和 NCIP 等等。2001 年美国国家信息标准组织专门成立网络数字参考委员会组织，探讨有关数字参考协议、知识库以及提供者简介文件的标准问题，期待制定出较为通用的数字参考服务

标准。

对于像DRS这样一类需要大量信息积累、融合、交换与共享的服务，标准的制定应该从DRS服务规划阶段就开始考虑。当然，标准的制定非单一图书馆或DRS能够完成的，必须有一个协调性组织或几个联合体来牵头组织制定。如何在吸收国外数字参考咨询服务标准化研究成果的基础上，形成适合我国数字参考咨询服务相关的通用标准，值得我国图书馆界研究人员关注。

4.5 建立一支高素质的数字化参考咨询服务人才队伍

数字图书馆馆员应该能担当知识工程师、信息导航员的角色，应该熟练掌握现代信息技术，如计算机技术、网络通信技术、数据库开发与管理技术、网络信息资源开发与管理技术等。同时他们还得具备一定的专业知识和研究各种信息知识的能力，适应含糊多义性、不确定性环境的能力，用户研究能力及针对用户信息需求进行智能化推送服务的能力。这也是数字图书馆时代新型图书馆馆员应具备的素质。

5 区域性数字图书馆参考咨询服务的几种模式

5.1 实时交互式的参考咨询模式

为了在数字化参考咨询中保持传统面对面咨询中实时交互的能力，可采用新的技术和方法来提供数字化参考咨询服务。比较流行的是聊天室(Internet Chat)、网络白板(Whiteboard)、网络会议(Video Conferencing)、网络呼叫中心(Call Center Technology)等。目前OCLC推出的QuestionPoint软件在分布式合作咨询模式上就是一个典范。但是，实时参考咨询在组织、人员训练、管理和经济支撑等方面还处于摸索阶段。

5.2 基于网络化合作的数字参考咨询服务模式

数字参考咨询的最终目标应该是整个数字化空间中的资源共享、专家共享和服务共享。因此,无论从这个根本目标还是从各个国家现在的实践都说明数字参考咨询最终要走向合作。另外,电子邮件和实时参考咨询的方便性容易带来急剧增加的咨询需求量,咨询人员也经常会遇到超过自身知识和可利用资源的能力的复杂问题。而且,由于人员限制,单个图书情报机构实际很难做到24/7咨询任务。为此,人们正探索利用网络技术建立多个机构甚至多个系统间的数字化参考咨询合作,基于网络化合作的数字参考咨询服务模式则能很好地解决这些问题。

5.3 网上联合知识导航站模式

在知识经济时代和数字信息环境下,随着网络信息系统的发展,学术信息交流体系重组、信息检索和传递的非中介化,用户获得信息的主要障碍已从距离上的障碍转变到选择上的障碍。这种用户需求的转变决定了图书情报机构的服务功能必须向"知识导航"(服务)转变。知识导航是指通过 Internet 将分散在各站点的相关数据库,以逻辑的方式联系起来,构建文献知识库,并建立专业导航系统。利用知识挖掘(Knowledge Mining)和推送(Push)等技术,对国内外各种数据库进行搜集、整理、甄别和评价,并对其主要内容、研发单位、类型、收录年限以及检索方法进行简明扼要的介绍和主题标引,建立可按主题词检索和分类目录式的资源组织体系、动态链接,为用户提供网上数据库知识导航系统。

5.4 基于合作的数字资源挖掘与利用咨询服务模式

数字资源的挖掘与利用,是建立在对图书馆或情报机构的数字资源的整合,包括自建资源的整合和引进资源的整合两大部分。现阶段实现数字资源整合的方法主要有:(1)基于 OPAC 的整合。它的实现有两种方法:一是通过执行 Z39.50 协议,聚合不同平台上的异构OPAC数据库，建立书目整合检索系统，如基于数字图书馆的整合。二是通过支持分布的数字信息系统间的互操作、无缝交换和共享信息资源与服务，构建一个逻辑的集成信息服务机制，并按数字资源的逻辑关系组织成立体网状、相互联系的知识资源系统。如中国试验型数字式图书馆，它的数字图书馆应用系统是进行数字化建设及整合各类数字资源的基础平台，实现资源的深层标引和分布式资源库的跨库链接。(2)基于数字资源的整合。图书馆或情报机构应尽可能地选择同一检索平台，并尽可能利用数据商整合的平台和数据资源，同时应采用规范的标准框架体系。如"中国人民大学经济学学科数字图书馆"的数字资源整合，就参考了国家图书馆的元数据方案，制定了中文元数据标准，这给实现数字资源的整合提供了一种思路和方法。在数字资源的类型上，要实现从目录、文摘等到全文，包括引文全文的无缝链接；在数字资源的载体上，要实现从文本资料到图片、音频资料、视频资料及网络信息资源的查找。

在对数字资源挖掘、整合的基础上，推出集成化的主动信息服务，其中包括自定义的检索服务、主动的信息发布服务、智能化的检索代理服务等，不断提高数字化参考咨询服务的质量和水平。

6 结 语

在Internet环境下，开展数字化参考咨询服务是参考工作发展的必然趋势。考虑到区域性数字图书馆的特点，借助计算机网络条件，构建基于网络的区域性图书馆参考咨询服务模式，并与其他网络参考服务系统、其他信息服务机制和用户服务机制结合起来，从而满足本地区用户的信息需求。并在积累经验的基础上，逐渐辐射全国，最终实现在不受任何系统、资源、地域限制下提供咨询，能在整个网络上搜寻及利用数字化资源和服务，使用户24小时不间断地得到咨询服务，从而实现网络环境下的信息服务模式再造。

【参考文献】

[1] 孙继亮，张福学. 图书馆 E-mail 参考服务探讨. 大学图书馆学报，2000(3).

[2] 韩丽风，卢振波. 高校图书馆虚拟咨询台建设方案. 大学图书馆学报，2000(3).

[3] Diane Nester Kresh. Offering High Quality Reference Service on the Web: The Collaborative Digital Reference Servie. D-Lib Magazine, 2000(6).

[4] Chowdhury, G. G. Digital Libraries and Reference Service: Presenting and Future. Journal of Documentation, 2002, 58(3).

[5] 梁孟华，马大川. 数字图书馆中面向用户的数字参考服务. 情报科学，2002(9).

[6] 张晓林. 数字化参考咨询服务. 四川图书馆学报，2001(1).

[7] 王梅. 论数字参考服务. 中国图书馆学报，2003(5).

[8] 潘卫. 数字参考服务：发展与思考. 大学图书馆学报，2002(4).

[9] 强自力. 国外实时咨询软件评价. 大学图书馆学报，2003(1).

图书馆在网络信息服务业中的战略选择

桑秀萍*

摘　要:本文对图书馆在网络信息服务业中现状进行了分析,探讨了非营利信息服务业的战略选择。

关键词:网络信息服务;图书馆事业发展

随着互联网逐渐成为人类信息传递和知识交流的主流平台,以静态的文献信息服务为主要方式的信息服务让位于动态的网络信息服务。相应的,在由网络信息检索工具、商品化数据库提供商、数字图书馆等主要竞争主体和大量现实、潜在的网络信息用户共同构成的网络信息服务市场中,以图书馆为代表的传统信息服务机构,已有的份额正在部分丧失,读者正在流失。在原有竞争优势渐失的现实环境下,如何重新进行自身定位,找准市场目标,是图书馆事业可持续发展的关键。

1　图书馆在网络信息服务业中的现状分析

当前,我国网络信息服务市场的参与者既包括经新技术改造的传统信息服务机构,也包括新加盟的商业性信息服务机构,还包括网络信息咨询业以及从事网络信息服务的专业网站。与营利性

* 桑秀萍:舟山市图书馆,馆长,副研究馆员。

的信息服务机构相比，以图书馆为代表的公益性服务机构至少拥有以下三大优势：一是拥有经长期积累而成的庞大的信息资源，这些资源正被有计划、有步骤地转换成可供网络化存取的数字化信息资源。二是拥有自成体系的、具有对各类地区形成有效覆盖的信息服务网点。三是拥有一定规模的、较为稳定的信息用户群体。但是，图书馆不仅是最受益于互联网的行业之一，而且也是被互联网改造得最为彻底的行业之一。从整体上看，我国目前能够提供完全的网络化信息存取与信息服务的图书馆为数不多，大多数图书馆仅仅局限于通过 OPAC 系统向网络用户提供远程检索书目与文摘信息。全文检索受文献资源整体利用率不高的影响，尚处于起步阶段。虽然据各类图书馆统计，其馆藏信息资源的数字化率已达到 50%，但其中以引进的商品化数据库和网络信息检索系统居多，自主开发、拥有自主知识产权的信息资源数据库所占的绝对比例还很低，传统纸质文献的数字化率更不足以支持大规模的远程全文信息服务。同时，由于缺乏经营意识，加之管理体制的行业分割所造成的负面影响，图书馆自身的信息资源尚未形成行业性的整体优势与合力，使得图书馆在网络信息服务市场中的竞争力受到了相当大的影响。而处于同一竞争层次的商品化数据库生产商则有着较大的灵活性，他们在面对信息市场的多元化需求时，引进和开发新技术的建设远远快于图书馆。

2 图书馆在网络信息服务业中的战略选择

网络信息服务业对以网络技术和计算机技术为核心的现代信息技术的依存度极高，虚拟化、智能化、个性化将成为行业性的发展趋势。基于对当前我国网络信息服务业竞争态势的分析，笔者认为，目前，图书馆面向网络环境的信息服务，更多的还只是停留在理念确立、方法探讨阶段，实质性的、大规模的开展阶段还远未到来。因此,图书馆首要任务应致力于与新型的网络信息服务机构及网络数据库生产商建立合作伙伴式的战略联盟,充当网络信息中介。同时,以改革行业管理体制为突破口,通过数字化手段,将各个图书馆的资源优势进行大规模的重组与整合,以形成整个行业的资源优势合力。

2.1 组建图书馆网络信息开发与利用联盟,走规模化发展道路

结构合理、分布均衡的信息资源是网络信息服务赖以存在和发展的保障。图书馆历来承担着保存和传播人类知识的关键角色。人类所创造的一切文明成果,无论以什么形态存在,图书馆都收藏有关于它的文献。在"内容为王"的今天,图书馆的文献资源完全有可能被有志捕捉网络商机的经营者看中,让曾经处于信息交流中心位置的图书馆失去竞争优势。正是基于此,"中国数字图书馆工程"、"全国文化信息资源共享工程"应运而生。这两项工程以信息技术为手段,以中文信息资源为核心,以公益性为原则,以共享为目标,在互联网上形成超大规模、高质量的中文数字资源库群,并通过国家骨干通信网向全国及全球提供高效服务。而这两项工程的重要依托就是各级公共图书馆,也使图书馆作为文化信息资源的收藏中心、传播中心的地位更加突出。有数据显示,"数字图书馆"和"共享工程"所拥有的信息资源是目前中文网络信息资源中信息质量较高且所占比例较大的信息资源。遗憾的是,过去较长时期遗留下来的信息资源重复建设与封闭使用问题,依旧是图书馆网络信息资源建设中挥之不去的阴影。因此,确立图书馆在网络信息服务业中的比较优势,应立足于构建一个基于网络环境的信息资源共享协作系统,走规模化发展道路。同时,采用相关技术,实现各种不同来源、结构异质的分布式的数字化信息资源的网络化互联,发挥数字化资源的最大优势。在图书馆行业信息资源重组的过程中,应遵照互惠互利的基本原则,以制度创新解决因信息资源所有权问题而引起的利益补偿问题，并以此为基点提高图书馆的核心竞争力和综合发展能力。

2.2 统一开发特色数据库群，占据网络信息服务中的细分市场

信息资源的魅力在于其独特性。图书馆网络信息服务的发展目标应立足于信息资源建设的互补与协调，以标准化、规范化为准则，加大特色数据库资源的开发力度，使之成为一个具有明确的细分市场目标的差异化信息产品群。在网络化信息服务环境中，用户对信息的需求是多方面、多层次的，具有一定内容特色、地区资源特色的数据库在满足网络用户对多层次信息需求方面具有较大的市场空间。例如，越来越多的图书馆建立了“地方文献资源库”，并使之数字化、网络化，这对于提升地方文化、诠释文化内涵，促进网络信息服务业的发展，起到了积极的作用。

2.3 发挥市场机制作用，提高图书馆信息服务产业化含量

市场经济条件下的公益性文化事业不同于计划经济条件下的公益性文化事业，必须尊重价值规律，发挥其积极作用。实际上，从某种意义上说，图书馆是一个经营体。当我们把图书馆看作是一个经营体的话，不难发现图书馆有很多与企业相类似的结构和运作环境，从用户环境、信息加工、研究咨询到信息传播等业务可以看出，图书馆在不断地增加价值。也就是说，图书馆信息管理与服务的过程，是一个不断增值的过程。这些价值是在通过为用户提供增值性服务的过程中体现出来的。英国图书馆协会曾经对大英图书馆的战略提出过反馈意见，认为图书馆确实很难完全靠政府拨款来满足不断增长的用户需求，因此需要通过产业化经营手段，如开发核心业务、用好现有资金、发展营销及合作、削减利用率低且效益不高的项目等手段，广泛吸引社会资金，更好地体现图书馆的存在价值。

当图书馆将网络信息服务作为产业来经营时，首先，需要思考的是与用户的关系，即什么是今天的信息市场上用户的需要和期望，如何跟踪掌握用户的动态需求，如何将重心转移到知识要求高、增值效益大的业务领域等问题。其次，是如何调整管理方式来适应变化的环境，即如何把用户信息融入自己的战略与服务规划之中，需要什么样的组织技能与管理模式，需要什么样的人力资源来管理这一正在走向复合型的图书馆等。

3 图书馆开展网络信息资源服务应注意的问题

3.1 要处理好图书馆事业性无偿服务与产业化有偿服务的关系

图书馆是公益性文化，也是市场文化。公益性是指图书馆肩负着为提高全民族文化和道德素质所需知识的普及与传播，知识可以被亿万次使用而不受损失；市场文化是指图书馆利用信息资源所开展的信息服务活动。有鉴于此，有人预测，图书馆改革的前景是由图书馆事业过渡到信息产业，否则，图书馆在信息化社会中将没有生存的环境。这是对“文化产业”的一种认识上的误区。误区之一是认为文化产业仅限于那些非公益性的文化企业；误区之二就是凡文化产业就要全面进入市场，以追求利润为目的，公益性文化将被市场淹没而不复存在。前者是一种极为狭隘的认识；后者则是一种极端思维。

有研究人员指出，“图书馆的一些服务收费只是权宜之计，绝不应该是今后图书馆的发展方向”。发达国家的无偿服务建立在高度社会保障体制基础上，是我们致力的目标。中国图书馆不应该另辟蹊径，加入信息产业；更不应该脱离图书馆主体，走独立办公司的道路。

3.2 要处理好社会效益与经济效益的关系

图书馆的网络信息服务必须以市场为导向，注重产品和服务的社会效益，实现社会效益与经济效益的统一。服务与产品在许多方面存在差异，如服务具有无形性、不可分离性、不稳定性、不可储存性等特性，这些差异使得作为非营利组织的图书馆，在营销策略上不能完全参照营利性组织的营销策略来执行。当然，在具体的实施过程中，图书馆经常面临两难的选择：既要满足社会和广大读者的需求，坚持无偿服务的原则，同时又要面对经费拮据、入不敷出的困境。这就需要有一个合理的结合点，也就是图书馆社会效益与经济效益的结合点。中央对这个问题有一个准确、完整的表述，即“把社会效益放在首位，力求社会效益和经济效益的最佳结合”。

首位即是第一，结合即是统一。坚持第一，追求统一，二者不能偏废 。

3.3 要建立科学的管理制度，形成完善的运行机制

图书馆网络信息服务要得到发展，面向市场，应对竞争，就必须建立切实可行的管理制度、分配制度，制定完善的监督机制，配备充足的专业技术人员和相应的现代化设施，加强各部门、各图书馆之间的高度协调和紧密合作。如何使图书馆的网络信息服务形成以上格局，本身就是一门专业学问，其重要性绝不亚于现代企业管理。

4 结 语

总之，从以书刊借阅为主体的信息服务向以网络信息交流为主体的知识服务的渐进过程中，我们可以看到，图书馆的整个管理体系和服务模式正在发生深层次的变化。今天，图书馆将更加注

重"质"的发展,更深层次地思考信息服务整体效益,更注重利用互联网的开发环境,为信息资源管理与服务提供技术及环境支撑,更积极地引进先进的管理理念和模式,促进图书馆管理体制与机制的改革,推动图书馆事业全面、协调、可持续地向前发展。

【参考文献】

[1] 凌美秀.网络信息服务业的竞争态势及图书馆的竞争策略.图书情报工作,2004(4).
[2] 吴建中.现代图书馆管理的热门话题(上).图书馆杂志,2004(8).
[3] 冯洁音.战略思考——图书馆发展十大热门话题.上海:上海科学技术文献出版社,2002.
[4] 程亚男.书海听涛——图书馆散论.北京:北京图书馆出版社,2001.
[5] 李莲娣.图书馆产业化服务刍议.内蒙古图书馆工作,2003(4).
[6] 林曦.网上参考咨询服务的实践与探讨.图书情报工作,2004(1).
[7] 席涛.论图书馆事业在文化产业中的作用.四川图书馆学报,2004(2).

网络环境下的文献信息服务

应燕波*

摘　要：本文主要论述了网络环境对图书馆文献信息服务工作的影响，以及文献信息服务出现的新格局。

关键词：网络环境；文献信息服务；图书馆

图书馆是搜集、存储、加工、整理、传递知识信息并提供利用的场所。随着社会信息化程度的提高和互联网络的不断发展，面对读者日益增长的信息服务需求，图书馆应该充分利用馆藏文献资源、利用数字化技术及信息技术等自身优势，拓展信息服务的新领域，为经济建设服务，为精神文明建设服务。

1　网络环境对文献信息服务工作的影响

网络环境是指在电子计算机和现代通信技术相结合基础上构建的宽带、高速、综合、广域型数字式电信网络。这种网络通过网中设网、网络互联可以覆盖一国、数国乃至全球。网络环境使传统的信息提供与获取方式发生了彻底的改变，使图书馆信息服务工作发生了深刻的变化。

* 应燕波：舟山市图书馆，馆员。

1.1 图书馆信息服务理念的转变

当今社会信息数量激增，尤其是网络信息，可以说是日新月异，瞬息万变，已经给作为文献信息集散地的图书馆带来了巨大的冲击。图书馆只有改变传统的管理理念和服务理念，才能适应形势的发展。在为读者服务时，我们的服务理念不能再停留在祖祖辈辈的“收藏”和“足不出户”的借借还还上，而是要解放思想，明确读者的需求是图书馆赖以生存和发展的生命线，牢固树立“以人为本”和“用户至上”的观念。图书馆工作人员应从“重藏轻用”的桎梏中解脱出来。因为“重用”不仅体现在让珍贵的文化遗产从尘封的书架上走到平民中来，更重要的是通过数字化、网络化使这些文献资源接触更多的读者，从而实现资源共享，最大限度地发挥其实际效用。另外，图书馆还应该树立以市场为导向的理念，利用网络优势，开展特色服务，从而建立起符合市场经济体制要求的、适应网络时代发展的现代图书馆服务体系。

1.2 文献信息资源的变化

传统图书馆信息服务工作的信息资源，主要以馆藏的文献为主，而网络环境下，除了视听声像资料、缩微资料外，各种类型的电子信息资源蜂拥而至，彻底打破了图书馆印刷型文献一统天下的局面，使图书馆的文献信息资源向多类型、多载体的方向转变。电子信息资源以其存储密度高、信息量大、内容新颖、更新速度快且方便快捷以及易于实现资源共享等显著特点，迅速受到读者的认同和青睐。图书馆已不仅仅通过对文献信息的拥有来进行服务，还要通过馆藏和网络信息资源来开展信息服务。

1.3 服务对象、方式、时间的变化

传统的文献信息服务主要是被动服务。由于网络系统的贯通，图书馆之门洞开，使得馆员与用户联系的方式发生了根本的变化。服务的对象可以从传统时期的“本单位读者”扩大到“社会用

户”的范围,世界各地的读者都可以通过网络提出文献信息服务的要求。信息服务不再受时间与空间的限制,由传统的点对点的个别服务转变为点对面的全方位服务,读者可以来馆也可以在网上进行咨询;馆员回答的方式可以是一对一或一对多,也可以是联合咨询方式下的多个咨询馆员共同切磋来解答一个问题;读者接受解答咨询的方式可以是面对面,也可以是通过网上 E-mail 或网上的实时交互。

1.4 读者信息需求及服务人员的变化

面对全球范围的信息交流以及每天涌现的海量信息,读者对信息的需求呈现复杂性和多样化,读者已不再满足于从图书馆工作人员那里得到“文献信息在哪里”,而更希望知道“答案是什么”。他们期望得到来源广泛且经过浓缩、整合的,脉络清晰、形式多样的综合型、复合型知识信息,使自己时时处于了解、掌握世界最新科技动态的地位。进行文献信息深层次开发,为读者提供综合、集成且高效的知识信息,已是摆在图书馆员面前的重要课题。因此,网络环境下的图书馆员首先应当具有传统文献信息服务的技能,其次要具备使用计算机和 Internet 网络的知识与技能,不但要善于运用文字与用户进行交流,准确而恰当地表达检索策略和检索结果,而且还要有较强的外语能力,能及时准确地为读者提供相关的中外网站、网址和搜索引擎。

2 网络环境下文献信息服务的新格局

2.1 优化配置信息资源,实体、虚拟馆藏协调发展

搞好信息资源建设是开展图书馆文献信息服务的基础,也是提高图书馆核心竞争力的基础。新的网络环境正在深刻地影响着图书馆藏书的发展,电子信息资源的广泛使用以及读者对多元化

信息的需求，要求图书馆在资源配置上既要有前瞻性，又要有理性的思考。要根据现实和潜在的市场需求，本馆的自身条件，特定的用户群的信息需求等，科学地制定本馆特色化建设的目标，在加强基本馆藏建设的同时，加强重点馆藏和特色馆藏建设。现阶段印刷型文献以其可靠、稳定、方便、直接利用等诸多特点依然是广大读者最广泛使用的文献资源，在基本馆藏建设中仍占主导地位。同时，也要加强电子型、网络型资源建设，不断提高文献资源收藏的完备程度。图书馆还应该在统一规范、统一标准的前提下，发挥馆藏信息资源的优势，集中力量，馆际之间分工协作，突出地方特色，加快建立一批市场急需的具有较强竞争力的大型特色数据库，为图书馆开展服务创新提供保障，实现实体与虚拟馆藏的最合理配置。

2.2 提供个性化主动服务

个性化服务指对不同的用户有针对性地采取不同的服务对策，提供不同的服务内容。个性化服务强调服务的主动性，即不需要用户做什么，系统自动按用户的信息需求提供相应的服务，实现“信息找人，按需服务”的目标。个性化服务主要有三种服务形式：一是按照用户的特定需求，为用户提供定制的 Web 页面，信息频道或信息栏目，实施查询代理服务。二是按照特定主题，指引文献源或提供文献全文，实施个性化文献信息服务。三是按照特定主题，提供相对完整的方案知识，实施个性化决策支持服务。个性化主动服务适应人们的个性需要，最大限度地满足了人们对特定文献和信息需要的目的，把正在远离图书馆的读者拉回来，把潜在的用户群激发出来，使图书馆在众多的信息服务机构中立于不败之地。

2.3 加强用户教育

网络使图书馆的利用环境产生了质的变化，读者可以不到图书馆来就可以利用图书馆的各种服务。这种变化使图书馆作为场所的机能向着作为信息资源和读者之间相互作用的中介职能的转换。为了调动用户的需求意识,提高其利用信息资源的能力,图书馆应针对不同的用户群和不同的层次开展各种声图并茂的用户教育。例如,通过定期或不定期的讲座,散发讲义,设立对外宣传角,文献检索课,利用 Internet 对用户进行远程教育等不同形式使各类型各层次的读者能够了解图书馆,提高用户的信息意识和获取信息的技能,使用户更加方便地利用计算机、自主查找网络,准确及时获取信息,顺利地进行学术交流和提高自身素质。

2.4 文献信息导航服务

网络文献信息资源具有纷繁复杂、杂乱无序的特点,读者要根据自己的需求寻找信息资源非常不易,因而需要图书馆提供文献信息导航服务。图书馆可根据文献信息的专业领域,将因特网上的节点按某些主题加以归纳、分类,把常用的、重要的数据库地址或相关的信息资源预先汇集起来,按照方便用户的原则,引导用户到特定的地址获取所需信息。

2.5 主页(Home Page)服务

主页服务是一种非常直观、形象的文献信息服务。通过主页,可以进行常规的图书馆介绍,如馆藏布局、资源状况及特色服务等,可以提供链接馆藏数据库、电子出版物、自动参考系统、专家咨询系统及电子讨论组等链点,还可提供馆藏书目查询、数据库检索、用户培训平台等。

另外,很多图书馆在网站主页或专门网页上设立“参考咨询”或“询问图书馆员”等栏目,作为图书馆与读者、读者与读者之间联系与信息交流的平台,使主页成为用户了解图书馆资源,与图书馆交流的主要工具。

【参考文献】

[1] 张炳常.图书馆读者服务工作应与时俱进.图书馆论坛,2004(4).

[2] 李汴英,方丽娴.加入 WTO 后图书馆的信息服务.图书馆论坛,2003(2).

[3] 高辉.网络环境下的图书馆信息服务——兼论华南理工大学图书馆读者服务工作.图书馆论坛,2004(4).

[4] 仲超生.网络环境下的数字化参考咨询服务研究.图书馆论坛,2004(2).

[5] 皮介郑.网络文献信息服务发展策略分析.图书情报工作,2003(7).

[6] 曹素华.试论网络环境下的个性化信息服务.图书馆论坛,2003(2).

[7] 周安.网络环境下图书馆用户服务分析.图书馆论坛,2003(1).

专题咨询服务工作初探

殷　妘*

摘　要:本文结合作者的专题咨询工作实践,通过对从事专题咨询服务工作的工作馆员的自身和各类检索工具方式的论述,得出专题咨询工作是图书馆服务的发展方向,将越来越普及。

关键词:图书馆;专题咨询;专题咨询馆员;专题咨询方法

在人的一生中,有两个地方经常要去,一个是体育馆,另一个就是图书馆。图书馆古已有之,古时侧重于藏,拥有一座藏书阁是古时文化人的梦想,也是文化人的骄傲。但无论是官藏还是私藏,无一不是束之高阁。随着社会的进步,文明的发展,古之藏书阁也渐渐为传统图书馆而取代,伴随着悠久的服务是参考咨询服务,秉承的理念是"为人找书,为书找人"。参考咨询人员通过参考工具书、检索工具书协助读者查找专题文献、检索解答咨询问题或向读者提供数据、文献线索等。也就是一般咨询为主。当网络查询、数字图书、电子阅览等一个一个信息时代的浪潮向传统图书馆袭来时,数字化图书馆将是传统图书馆的发展主流。相应的,参考咨询面临更严峻的挑战,因为它是图书馆的门户,往往在第一时间服务,尽管参考咨询服务的类型没有发生本质变化,但内容却发生了重大变革。一方面,咨询内容范围扩大,不再局限于图书情报知

* 殷　妘:浙江图书馆图书文献服务部,馆员。

识，可能涉及读者感兴趣的有关政治、经济、文化等各方面知识；另一方面，网络环境下读者的自然服务意识和能力增强，对于一般事实型查询和数据库检索，读者经过培训或自学即可完成。因此，相应的参考咨询员的工作由中介代检转向辅导帮助读者了解和利用本馆藏资源，更要让他们了解和利用全球信息资源，提供信息服务。参考馆员从咨询前台走向后台，做好转型期的参考咨询，充分发挥信息资源效能，一般咨询渐渐深入为专题咨询。专题咨询将是数字化图书馆的高层次信息咨询服务。高级咨询馆员根据自身专业特长，对文献信息进行提炼、组织、加工，编制出相应专业领域指南，为读者提供实用的联机馆藏，丰富虚拟图书馆内容，甚至可进一步承担该学科的部分研究工作，课题的调研、预测、论证等工作，使传统的参考咨询馆员大众化工作由单纯的服务者变为信息资源的管理者和科研课题的参与者，更好地为读者服务，同时角色也相应的从参考咨询员转变为专题馆员。

笔者从事参考咨询工作多年，近年来又承担起专题咨询工作以来，深切地感受到要做好专题咨询服务，必须得突破两个瓶颈：一个是受工作人员学识水平和知识范围的限制，因为没有谁的知识储备可以成为百事通般的全才；另一个是受各式各样文献检索工具的灵活掌握程度的限制。如果突破不了这两个瓶颈，专题咨询服务的广度与深度都将受到限制。而要解决这两个瓶颈，必须依托强大的专题馆员的服务团队，并借助于强大的数据源来服务于用户的需求，使“读者第一、服务至上”——图书馆一直崇尚的理念体现得更完美。本文从专题馆员自身综合能力的提高和各类检索工具的应用两个方面初步探讨专题咨询服务。

1 专题馆员自身综合能力的提高

列宁说过：“馆员是图书馆事业的灵魂。他们是图书馆信息活动中最活跃和最主动的因素,是图书馆的核心。”专题馆员更是参考咨询服务中的重中之重。

1.1 专题馆员的素质要求

数字化图书馆时代需要的专题咨询服务,要求专题馆员不断提高综合素质,成为复合型参考咨询人才。作为一名专题参考咨询服务人员必须具备以下素质:

他们必须有崇高的职业道德,树立为人民服务的思想,恪守“读者第一、服务第一”的职业道德。必须敬岗爱岗、勤业奉献,又要有不断学习、勇于创新的精神。直接为读者服务,馆员就是图书馆的文化与文明的大使,而一线部门的专题馆员更是代表着图书馆的形象与品牌,没有一定的职业道德以及良好的业务素质,是绝对胜任不了专题馆员这一岗位的。从表面上看,专题馆员所查询内容涉及的范围比较窄,事实上是对专题馆员的要求更高了,研究的方向越来越深入。为读者提供优质高效的服务,是专题馆员的天职,而这种专题馆员因为直接面对读者,还有一个尽量实时化的要求隐含在其中,更应当以实际行动在与读者互动的良好沟通的基础上,准确、整合、实时地为读者提供所需的信息资源。

他们要有广博的知识,包括一到二门外语、教育学、读者心理学等知识。

他们必须具有丰富的文献学、信息学的基础知识。在此基础上,还要有某一专题或某一学科深厚的知识底蕴,这就需要发挥专业所长,而具备较高的外语水平与计算机操作能力,这是专题馆员更好地服务于读者的必备工具,也是进一步完善和优化知识结构所必不可少的。

他们必须具备敏锐的信息意识,并要有较强的信息组织与加工能力。能够运用计算机多媒体技术,选择、整理、下载各类信息。根据不同读者的咨询要求,对下载的各类信息进行综合研究分析,形成用户需要的二次、三次文献。

1.2 专题馆员的岗位与职责

这主要看馆内有哪些专题，细分还是粗分。直接为读者服务部门主要是社会科学、自然科学、文学作品三大部分。

1. 为某一专题的读者提供优质信息服务

有的公共图书馆设有重点读者服务处。这些读者大部分是科研领域的骨干，每年完成的研究成果极为可观。专题馆员应该充分利用馆藏的信息资源，发挥自身的专题知识优势，为重点读者提供他们所需要的信息服务。这种服务可以是全程跟踪式，采取人定题定的方式，从重点读者定的科研课题立项直到出成果。同时，可以为年纪较大或行动不便的读者提供代查、代借、代复制或提供上门服务。曾有一位老红军战士，亲自来馆查询红军长征知识竞赛问题的答案。我们虽然给他找出了答案，但他还是不满意，在耐心询问下，原来该读者需要的不仅仅是答案还需要这个答案的来源。考虑到对方年纪较大，我们请他留下联系方式，将资料复印好后再交给他，对此他很满意。这也体现我馆的人文关怀。优质信息服务还应注意密切跟踪和注视重点读者的学术动态，对其中的热点问题、新观点、新发现和重要论著等进行统集，并进行分析研究编排。

2. 积极组织、开发某一专题的文献信息资源

馆藏的信息资源相对来说还是比较繁杂、不系统的，对读者的查阅造成了一定的难度，从而影响了文献信息的有效利用。这就需要专题馆员利用现有的各种载体对信息资源进行组织和开发，以最大限度地利用文献资源。将每一个专题进行收集、筛选、整序，并对各个专题的内容和来源作一简要介绍，最好能在自己的主页上建立目录式的专题资源数据库，为广大读者提供信息资源导航，以满足读者的多方面的需求。同时，专题馆员不能仅仅满足于服务这一点，还应对馆藏文献资源及网上信息资源进行全面系统

的分析、比较、归纳等,形成专题文献评介与综述等,在更高层次上指导读者充分利用专题文献的最新信息。

3. 提高学术研究水平,是专题馆员的必修课

传统图书馆对馆员自身的文化含金量要求不高。只要为读者服务好了,就是个好馆员。加入 WTO 后,对馆员的要求完全不一样了,逐渐地强调馆员的学术水平。虽说公共图书馆并不是单纯的学术研究机构,但却是搞学术的理想场所。文献资源丰富,摄取资料的方便与迅捷,为馆员的学术研究提供了非常好的条件。专题馆员代表着图书馆的形象与品牌,那么,必然的,专题馆员的学术研究水平也该相应提高。在完成专题咨询服务的工作的同时,必须不断地总结、归纳、提取、完善工作过程中的经验与体会,不断地形成系统,撰写出高水平的学术论文来。作为专题馆员来讲,要有终身受教育的概念,不断地提高自己的学术研究水准。馆员的综合素质提高了,整个图书馆的形象也会因此而高大起来。许多著名的图书馆之所以著名,是跟图书馆里有许多著名学者分不开的。

2 各类检索工具的实际应用

图书馆的确是书的海洋,面对茫茫的书海极易不知所措,特别是需要大量的信息却不知从哪里着手,作为专题馆员来说,熟悉掌握并灵活运用各种数据库资源,能起到事半功倍的作用。文献检索的服务内容:一是检索图书馆拥有的网络数据库和光盘数据库;二是网络信息资源检索,互联网上有丰富的信息资源,如专利全文、标准全文、政府出版物、电子期刊、技术报告等,专题馆员应当凭借丰富的网络检索经验为读者提供检索服务。下面是专题馆员应当而且必须清楚的检索工具。

首推我馆的书目查询系统和公共联合书目查询。浙江图书馆

集中了人力物力，将所有馆藏书目输入数据库中，有题名、责任者、关键词、主题、索书号五个检索点，可以满足大众读者的借阅需要，特别是还附有书的简明摘录和出版社等次要信息。

其次是局域网数字资源。这里要说明的是，浙江图书馆的数字资源不仅丰富而且相当有特色，搜集整理了很多有实用价值的网上免费利用的文献资源，包括文摘、索引、专利、标准、科技报告、期刊、会议消息以及一些重要的协会学会站点等。依托这一强大的数字资源及共享功能，一般能满足绝大多数读者的咨询要求。

电子书刊：万方数据库、中国学术期刊、维普中文科技期刊数据库、中国知识资源总库、新华社多媒体数据库（专供浙江图书馆）、中国财经报刊数据库、中外专利数据库等。

特色数据库：《浙江家谱总目提要》数据库、风景浙江、越剧资料库、新编地方志、浙江期刊选目、浙江藏书史、地方志联合目录、联合国托存文库、中外历代名人图像库、房地产信息等。

尤为值得一提的是，凡是来浙江图书馆的读者在馆内查询数据库的资料是全免费的。真正做到信息全民共享，方便了读者。

权威检索工具：目前，大多数科研管理部门将下列四种数据库作为科研评价的权威检索工具：SCI（科学引文索引）、ISTP（科学技术会议录索引）、Ei（工程索引）和 CSCD（中国科学引文数据库）。还有一些检索工具也可作为科研评价的数据源，如 SSCI（社会科学引文索引）、A&HCI（艺术与人文科学引文索引）、新华文摘、人大复印资料、中国社会科学引文索引等。

各种各样的数字数据库对专题咨询的完成起了很大的作用，但同时我们也不应当忘记传统检索工具有使用——参考工具书。参考工具书以条目或表格方式介绍知识，内容精选、叙述简单扼要、概括性强。基本特征是为了查找特定的资料、解决疑难而使用；对一次文献、二次文献进行分析整理，浓缩而成；以利于检索为原则，采用特殊方法，组织内容。常用工具书：百科全书、词典、年

鉴、手册、机构名录等

最后是各种网站,特别是搜索引擎的使用。雅虎中国(cn. yahoo. com)是网上最大的主题目录,也是目前运营最成功的商业目录。它收集了上百万的链接,把它们按照分级主题的结构组织起来,提供的内容相当广泛。目前中文主题目录搜索引擎中最为著名的是搜狐(www. sohu. com),信息量大,此外 Google、baidu 也是常用的搜索引擎。检索的途径和方法:按关键词、任意字段,分简单检索和高级检索。

3 专题咨询服务工作中两个小窍门

在专题馆员自身综合素质的提高和熟悉掌握各类检索工具的基础上,在工作实际经验中总结出了两个小窍门。它们非常实用,也很受读者的欢迎,这里列举出来与同行共享。

3.1 查找与课题相关的文献的方法

首先应根据课题内容归纳出中、英文关键词。然后尽量利用图书馆主页上"中国期刊网"提供的全文数据库和文摘数据库进行检索,还可以利用本馆的各种光盘数据库进行检索。

3.2 知道某篇文献的出处,获取原文的方法

首先根据文献出处(如期刊名称或会议论文集名称等),在图书馆主页"书目查询"栏目下查询本馆是否收藏有该文献。如果本馆收藏,则可直接到相应阅览室阅览全文。如果本馆未曾收藏,可以通过网络查阅其他图书馆的馆藏目录,以馆际互借或文献传递的方式来获取原文。

4 结 语

知识时代的社会变革,人文的进步与发展,信息技术的广泛应用,使读者、信息资源、信息服务三者的关系越来越近,融合也越来越紧,效能也越来越强,方式也越来越多。数字化图书馆的专题咨询服务,顺应了形势,这种服务方式说到底就是要大力提高文献资源和信息资源的利用率。虽然转型期的专题咨询工作由于服务内容的不确定性、服务手段的不稳定性、服务对象的不可预知性,服务机制的不完善等诸多因素,使得专题咨询工作难上加难,但这也正是其具有挑战性的一面,也是参考咨询发展的契机。只要健全数据库,完备查询系统,突出专题,立体服务,专题咨询服务定能展现出全新成熟的佳境。也正如培根所说:"知识的力量不仅取决于其本身的价值大小,更取决于它是否被传播及传播的深度与广度。"只有大力开展新时期下的专题咨询服务,图书馆事业才能顺应时代的要求,得到有力的发展;才能更体现公共图书馆的以人为本的思想——让每位来浙江省图书馆的读者都能有所希望地来,有所得地满意而归。

【参考文献】

[1] Google 大全,http://www.google.com.
[2] 林中.利用 Google 进行专题信息检索.情报科学,2003(11).
[3] 李美生.Google 信息检索全攻略,江西图书馆学刊,2005(1).
[4] 王丽珍,韦经坤.如何在因特网上查找专题信息.科技情报开发与经济,2003(5).
[5] 李育常.文献检索中提高查全率与查准率的方法探讨.图书馆学研究,2002(11).
[6] 郑碧莲.论述如何查找关于某一专题的信息.福建电脑,2004(6).
[7] 张自福.图书馆员咨询角色的历史演进.图书馆建设,2003(6).

图书馆开展地方文献个性化信息服务的设想

张　蓉*

摘　要:本文阐述了个性化信息服务的含义、特征和开展个性化信息服务的意义,联系浙江图书馆的实际工作,就地方文献如何开展个性化信息服务提出具体实施的设想。

关键词:地方文献;个性化;信息服务;图书馆

地方文献是公共图书馆馆藏文献资源的特色和优势所在。充分展现馆藏的地方特色并充分挖掘其价值,深入开展地方文献个性化信息服务是公共图书馆可持续发展和发挥图书馆社会职能的最有效途径之一。2001 年初,浙江省委颁布《浙江省建设文化大省纲要(2001—2020 年)》,明确提出要把浙江图书馆建成全国重点文献信息中心,对省馆的工作提出了更高的要求。如何把文献建设和信息服务做好将是我们今后一段时期内工作的重点和努力的目标。笔者结合自身工作实际就加强地方文献个性化信息服务提出以下设想,供同仁们参考。

* 张　蓉:浙江图书馆地方文献部,副研究馆员。

1 个性化信息服务的含义及主要特征

个性化信息服务是指能够满足用户的个体信息需求的一种服务，即根据用户提出的明确要求提供信息服务，或通过对用户个性、使用习惯的分析而主动地向用户提供其可能需要的信息服务。图书馆个性化信息服务是相对于图书馆群体服务而言的，是传统图书馆定题服务、重点读者服务在网络环境下的深化。其主要特征如下：

1.1 以满足用户的个体信息需求为目的

图书馆个性化信息服务用户根据自身兴趣、爱好、专业和习惯来制定自己所需要的数字信息资源和服务。在当今高速发展的网络环境下，网络信息雷同，垃圾信息增多，无法满足不同群体或个人用户的个性化信息需求。因此，个性化信息服务就是图书馆按不同用户的不同需求建立个性化信息服务机制，设计用户所期望的个性化信息服务模式，把无序信息变成有序信息，便于用户查询和利用，提高用户的检索效率，从而让用户的个性化需求得到最大限度的满足。

1.2 主动为用户提供信息服务

传统的图书馆读者服务以馆藏为中心，是一种基于“我提供什么，用户接受什么”的服务模式。而个性化信息服务是一种“用户需要什么，我就提供什么”的服务模式，它是以用户为中心，主动分析用户的需求，并为用户提供一系列信息服务，主动将用户所需要的信息推送给用户。

1.3 一种交互式的信息服务

图书馆的用户类型较为复杂，用户的信息需求变化多样。面对信息量庞大，信息类型复杂，格式多样的图书馆馆藏，一些缺乏计算机知识和信息检索能力的用户，就显得一筹莫展。个性化信息服务建立在用户和图书馆提供者之间双向沟通的服务机制上，在图书馆提供者主动服务的同时，用户可以依据自己的需求，以及服务过程中实际效果的反馈，图书馆提供者和用户不断制定或调整个性化信息服务策略和系统，这种主动、深入的交互式信息服务，其目的就是为了最大限度地满足用户的信息需求。

1.4 提供知识性的信息服务

通常用户的个性化信息需求不仅仅是获得一个信息载体，更多是一个知识单元、一个事实依据、一组实验数据和学术研究成果、一种产品的相关信息资料、某课题有关学科或历史资料等。图书馆应及时了解用户的信息方向，通过对用户所需各种知识内涵信息的把握、分析和重组，形成新的知识单元，提供给用户使用。所以说，个性化信息服务提供的是专业性和知识性的信息服务。

2 开展地方文献个性化信息服务的意义

地方文献是公共图书馆所收藏的特色鲜明的文献品种，更显现出一个图书馆有别于其他图书馆的不同特色和精华所在。地方文献来自于社会，并服务于社会。将地方文献资源全面、系统地采集、整理、加工、揭示出来，是图书馆工作者义不容辞的职责。为了让用户完整地、准确地获得所需的信息，尤其是深入开展地方文献个性化信息服务，事实证明我们正从事一项非常有社会意义和经济价值的工作。

2.1 开展个性化信息服务是培养个性、表现个性的服务

根据用户特定环境下的信息需求，针对用户所提供的实用信息，从用户的角度分析，主动向用户提供其可能需要的信息和服务。通过个性化信息服务，图书馆的服务方式更加灵活多样，不仅

为用户提供更加准确的信息，而且还能够按照用户指定的方式进行服务，能够了解用户的个人需求、习惯、爱好和兴趣，为其提供“量身订制”的个性化信息服务。个性化信息服务就是培养个性、表现个性的服务。

2.2 个性化信息服务是图书馆信息服务的发展方向

个性化信息服务应当能够实现图书馆“为书找人”、“用户需要什么，我就提供什么”的服务宗旨和目标。当今网络信息资源快速增长，用户面临的问题从如何查找信息转变成如何从信息海洋中筛选出自己所需要的信息。就图书馆而言，以往传统的服务方式和服务内容已难以适应新形势下用户的需求，面对新的挑战，图书馆工作必须不断开拓创新。在网络环境下，图书馆根据自身优势和现代技术手段，将符合用户需求的信息资源主动推送给特定用户，为用户自动提供并集中最接近于其个性特征的信息资源。这样，不仅使馆藏信息资源的价值得以最大限度发挥，还可以为用户排除大量垃圾信息的干扰，极大地节约用户的时间和精力。

2.3 个性化信息服务是图书馆可持续发展的需要

知识经济的发展和社会环境的变化不仅使用户的信息需求数量增加，而且需求的复杂程度也不断提高，用户的信息需求呈现出多元化、多样化的特征。另外，网络上浩瀚的信息资源使读者难以检索到满足他们需求的内容，用户有限的时间与海量信息资源的矛盾推动了图书馆网络个性化信息服务的发展。当今，用户衡量图书馆信息服务质量的高低，已不再是图书馆拥有多少藏书，而是图书馆提供信息服务的能力和水平。积极开展个性化信息服务，建立完善的个性化信息服务机制，配备高素质的图书馆馆员，确保图书馆个性化信息服务不断深入发展，这样不仅能促使图书馆的各项业务工作迈向更高的阶段，而且是图书馆可持续发展的必然选择。

3 浙江图书馆地方文献读者个性化信息服务的实践和思考

作为百年老馆，浙江图书馆的地方文献工作有着悠久的历史，已开创了良好的业绩，在全国赢得了极大的声誉，为持续发展奠定了坚实的基础，其务实与创新的优良传统正得到发扬光大。

3.1 文献资源建设

浙江图书馆于 1996 年专门成立地方文献部，独立建制极大促进了我馆地方文献工作有序、深入、健康、有效地开展。目前已经形成以新编地方志、地方年鉴、中共地方组织史资料、文史资料、地方人物、家谱、地图、地方电话号码簿、地方期刊、地方报纸等为主干的书、刊、报、散页及电子文献等多种形式多种载体集成的，系列完备、规模初具、特色显著的馆藏地方文献体系。为了全天候开放和全方位揭示我馆地方文献资源，构建便捷的信息通道，以适应网络时代读者个性化信息服务的需要，近几年浙江图书馆已编制颇具特色、弥足珍贵的《浙江家谱总目提要》全文数据库，共收录了全省各地 26574 种家谱，广受各地读者欢迎；以遍及浙江的成千上万的名胜古迹、文化景观为经，以名人、翰墨、特产、佳话为纬的《风景浙江》全文和图片数据库包容了大量丰富的浙江地方信息资源；影响全国、享誉环球的浙江地方戏曲——越剧是全国非物质文化遗产保护项目，我馆建立了全文和多媒体公益性数据库《越剧资料库》，涵盖了涉及越剧的史料、轶闻、传记、剧目、流派唱腔、表演、作曲、评奖、研究和论著等所有资料；将入藏新编浙江省省级志、市县综合志和部分山水志共 1600 多种加工成《新编地方志》全文数据库，为浙江省地方志资源共享、取精用弘开创一个崭新的局面；《浙江藏书史》全文数据库全面揭示 1260 余位浙江籍藏书家的独特魅力和藏书活动的文化底蕴；《浙江期刊选目》数据库、《地方志联合目录》是具有一定学术和史料价值的地方文献书目数据库。目前还有《地图数据库》、《地方人物数据库》、《浙江名山古寺图文数据库》正在编制中，不久将问世。

3.2 读者服务工作

浙江图书馆地方文献开展读者服务工作经历了从无到有、逐步完善壮大的发展过程。自 1998 年搬至新馆舍后，设立了地方文献阅览室，实行了开架与闭架相结合的查阅制度，在积极开展地方文献读者阵地服务的同时，主动为重点读者和专业课题开展服务。值得一提的是，从 2004 年 1 月至 2007 年 5 月，共为 298 人次开展课题信息服务，取得可喜的成绩。比如日本静冈大学伊原弘介教授倾注了三年时间和大量心血在我部收集有关“浙江地方同族村落史”课题研究，我们不厌其烦地为他提供了许多丰富的地方史料，并为此而结下友好关系；为“杭州通鉴”编撰组编写《杭州通鉴》提供优质服务，令对方十分满意；2006 年 7 月间为美国哈佛大学穆盛博博士研究“浙江渔业史”，收集、复印、扫描大量有关地方文献资料，得到他的好评。除此以外，还有许多读者为课题研究、撰写论文、编写史志之需，经常光临我部查阅、收集地方文献资料，绝大部分都是满意而归。虽然在重点读者和专业课题服务方面已取得了成绩，但我们清楚地认识到大部分服务工作还停留在阵地和传统的服务水平上，尤其是在当今网络环境下，图书馆的服务与社会的发展，用户的需求还存在很大的差距。成绩与不足共显，机遇与挑战共存，你变，我也变，我们只有正视事实，顺应时代潮流，在变化中求生存，在创新中求发展才是最明智的选择。笔者认为积极、主动地开展地方文献个性化信息服务就是最好的选择，只有充分利用馆藏文献数字化的优势，依托先进的网络技术，快捷、准确地向用户提供地方文献信息服务，让更广地域的更多用户可以最方便、最快捷地享受图书馆的个性化信息服务，才能实现文献价值最大化，并充分发挥图书馆在社会中应有的作用。

4 对地方文献读者开展个性化信息服务的策略

个性化信息服务是图书馆服务发展的必然趋势，为了有效、深入地进行个性化信息服务，图书馆工作者应该对现行的工作进行调整和研究，并采取相应的对策。现代技术不仅影响了图书馆赖以生存的社会环境，而且已强行改变着组成图书馆的各个要素。事实上图书馆馆藏数字化，网络、通信技术的进步为图书馆个性化服务创造了条件和可能。建立各类基于个性化服务的信息服务系统，应将注意力和重点放在资源的组织、筛选和提供高质量服务上。坚持“以人为本”的服务理念，强化用户服务功能。针对用户不同的阅读需求，进行不同方式的服务；针对不同类型的用户，提供不同层次的服务，是图书馆读者工作的一个重要原则。在网络环境下，“以人为本”的服务理念是图书馆的核心价值观，而区别服务的形式是这种价值观的最好体现。

4.1 研究读者个性化信息需求行为

用户的信息需求是图书馆个性化信息服务工作存在和发展的前提，对用户需求行为的分析既是信息资源管理的起点，又是终点。没有用户需求也就没有图书馆的服务工作。用户的需求行为直接影响着图书馆个性化信息服务的内容。因此，只有通过对地方文献用户信息需求行为特点和用户信息库的分析和研究，获得用户的第一手资料，才能有针对性地开展工作，从而准确地把握用户的个性和需求，及时调整服务的角度和内容，为满足用户的文献信息需求和开展优质高效的信息服务提供依据。比如，地方文献部有许多为编纂地方志书，编辑校史、厂庆、企业史等用户，一段时间内经常利用图书馆地方文献资料。

4.2 开展地方文献数据库查询服务

馆藏文献数字化，为结合用户需求确立主题，建立自己特色数据库投入网络，以提高馆藏文献的易用性和共享性。在图书馆网站上设立地方文献服务网页，向广大用户宣传和开放，为用户提供主题信息查询、地方专题汇编、地方文献研究等特色服务，对我馆已编制的全文、多媒体、书目等数据库进行在线阅读与下载，离线阅读与打印、查询检索服务等一系列个性化信息服务。

4.3 建立地方文献信息资源导航系统

整合全省地方文献信息资源系统，真正意义上实现资源共享，利用这些信息资源为用户提供个性化服务。由浙江图书馆、浙江大学图书馆、浙江省科技信息研究院合作建设的浙江省联合知识导航网于 2005 年 12 月 26 日正式开通，构筑了充分发挥三方文献资源优势、人才优势和服务优势的公益性网上服务咨询平台。通过加强特色馆藏资源和网络信息资源的开发和利用，提供事实性问题的简短回答以及专业研究的各种线索和导航，通过一年多的运行已初见成效，截至 2006 年 8 月 30 日共解答 Web 表单问题 3935 条。导航网参考咨询服务在我省已取得了发展，但拥有全省地方文献信息资源的各地方图书馆联合导航网还有待于共同努力，合力建设。

4.4 开展推送服务，建立电子文献传递系统

推送服务技术是指按照用户指定的时间间隔或根据发生的事件把用户选定的数据自动推送给用户的计算机数据分布技术。从图书馆个性化信息服务角度来看，可以说信息推送服务是传统定题服务在网络环境下的再现。信息推送服务就是借助推送技术实现的，“推送”即是“Web”广播。它是基于一个高度智能化的网络信息服务系统，它突出了个性化服务的主动性，即变“人找信息”为“信息找人”。目前可把信息推送服务分为两类：一是借助电子邮

箱，并依赖于人工参与的信息推送服务；二是由智能软件完成的全自动化的信息推送服务。推送服务方式包括邮件式推送、频道式推送等。这种变静态服务为动态服务的电子文献传递系统，包括为许多异地用户利用图书馆地方文献资源，实现了真正的个性化信息服务。

图书馆在地方文献资源领域开展个性化信息服务大有作为，此举可以推动图书馆地方文献信息服务工作全面发展。但是，在实践中会面临许多困难和挑战，相信只要我们不懈努力，不断探索和创新，个性化信息服务将逐步趋于完善，会更受广大用户的欢迎。

【参考文献】

[1] 刘磊，杨萍萍. 信息构建理念下图书馆个性化信息服务探讨. 江西图书馆学刊，2006(1).

[2] 董敏红，李文渊. 网络环境下图书馆个性化信息服务探讨. 大学图书馆学刊，2006(1).

[3] 王培凤. 浅议网络环境下图书馆的个性化信息服务. 科技情报开发与经济，2005(4).

[4] 郝亚玲. 网络环境下图书馆的个性化信息服务. 图书馆学研究，2004(2).

论图书馆读者的权利

俞国玉*

摘　要：图书馆的服务对象是广大读者，读者的存在和需求，不仅是图书馆及其一切业务工作赖以运行与拓展的出发点，而且是确保图书馆事业可持续发展的重要前提。尊重图书馆读者的各项权利，系统研究图书馆读者的权利问题，应是目前及今后一个时期图书馆学急需讨论的重要课题之一。本文从读者的阅读权、受教育权、咨询权、受服务权和休闲权等方面论述了图书馆读者应享有的权利。

关键词：图书馆；读者；权利

目前有关图书馆读者工作的论述，大多无法超脱馆方的固有立场，缺乏换位思考读者视角下的各类专业服务问题，不够关注读者的利益。为此，对于图书馆读者工作的讨论，亟待转变立场，更新观念。毋庸置疑，图书馆的全部乃至唯一的服务对象是读者，读者的存在和需求，不仅是图书馆及其一切业务工作赖以运行与拓展的出发点，而且是确保图书馆事业可持续发展的重要前提。图书馆事业的发展维系于读者工作的改进和完善，而读者工作的改进和完善又取决于认知读者在图书馆中的主体地位。尊重图书馆读者的各项权利，系统研究图书馆读者的权利问题，应是目前及今

* 俞国玉：宁波市图书馆。

后一个时期图书馆学急需讨论的重要课题之一。笔者认为，图书馆读者的权利应包括读者的阅读权、受教育权、咨询权、受服务权和休闲权。

1 图书馆读者的阅读权

图书馆读者的权利首先是读者的阅读权。

读者的阅读权，本质上属于公民的一种文化权利。读者到图书馆，通过各种方式方法阅读图书资料，无论从事文学艺术、科学技术的创作、传播和鉴赏，抑或进行文化学术的著述研究、发明应用、教学参考、采访报道、展示陈列、表演摄制乃至浏览欣赏，究其实质都是公民行使其有关文化生产、流通或消费的各项文化权利。读者按照图书馆规章和制度的保障享有规范的阅读权，说到底就是体现公民根据宪法和法律的范围享有法定的文化权利。读者的阅读权，事实上又属于读者的一项基本权利。读者的阅读权既然属于公民的一种文化权，那么文化权作为公民的根本权利之一，也就决定了阅读权理所当然成为读者的一项基本权利。读者的阅读权与图书馆的义务互为依存，图书馆作为国家公共文化事业服务单位，其存在与发展，就是向全体读者提供无偿的图书资料借阅服务。阅读权是读者到图书馆的第一位的、首要的一项不可或缺的基本权利，读者在图书馆享有的其他权利，都是在确保阅读权亦即各种阅读需求权益得以维系的基础和前提下派生的附属权利。

读者的阅读权既是公民的一项文化权利，也是公民的一项基本权利，原则上这种阅读权应该是一种自由的、开放的、持续发展的阅读权。自由的阅读权，指的是读者享有阅读图书内容的完全自主待遇，以及自由阅读图书馆典藏所有图书资料的权利；馆藏图书对读者而言无禁书，一切古今中外文学和科学各门学科内容的图书资料都可以成为读者自由选择的阅读对象，读者的自由阅读权除了受到馆藏本身的限制外不再受其他限制;馆藏图书中的某些孤本珍善本(清以前版)、古书(民国后版)老书对读者提供不同于一般借阅的办法,更好地发挥这类特种图书可供读者自由阅读的最大限度功能,根本上说乃是出于图书的品种版本原因的限制而非出于图书著作内容原因的限制,并不只抵触或妨碍读者的自由阅读权;读者的阅读自由权利植根于公民的言论自由和出版自由、创作自由、学术自由等基本的文化的自由权,图书馆有关读者阅读的相应规章、制度,其动机和效果都应当有助于推进读者的阅读自由权的扩大而不应当相反。开放的阅读权,指的是读者享有图书阅读方式的全部开架服务,能够方便阅读图书馆典藏所有图书资料的权利。作为图书馆,除了存放一定数量复本的后备书库用以应不时之需外,应将尽可多的品种放入全开架书库,亦即有更多品种直面读者开放阅读的开架书库,而没有束之高阁的封闭书库;不断适时更新馆内及馆际图书典藏和图书交流,确保本馆的书目检索、书刊上架、书籍借阅职能均可达到全方位透明,争取外馆的相关图书典藏资讯及其书目公开并可检索,以便加大并增强读者的开放阅读权。持续发展的阅读权,指的是读者享有图书阅读载体的创新实惠,能够快乐阅读图书馆典藏、上网的所有图书资料的权利;是谋求尽可能更多更大的阅读权,由自主方便阅读传统纸质图书跨越到随心所欲阅读现代后现代化音像、电子图书,获取其自由阅读权、开放阅读权与时俱进的深化和进化。上述自由的、开放的、持续发展的种种阅读权利,构成了当前和今后一个时期更趋多样化的读者阅读权的主要内涵。

读者阅读权的拓展或前行,其实伴随着图书馆的时间(开馆历史)、空间(馆所场地)、条件(人力、财力、图书资源)的变迁而转移。特别是,图书典藏的单本数与复本数,图书借阅的开架和闭架比例,读者接待的时间、能力长短及大小,某种程度上制约着读者享有自由的、开放的、持续发展的种种阅读权。虽然图书馆的客观条件在某种程度上制约着读者的阅读,但这绝不是想否认或抹杀读者的种种阅读权,因而图书馆进一步尊重、扩大和改善读者的阅读权,始终应是其为之奋斗不息的一个终极目标。

2 图书馆读者的受教育权

读者的受教育权,是读者的阅读权含有并派生的,是图书馆提供给读者的服务,是图书阅读过程中所孕育的教育意寓所致,是源自图书资料服务本身兼具社会公共文化教育职能。学生学习教材,读者阅读图书,学生在教材的范本中习得一些常识,读者在图书的经典中得到远见卓识的新知,本来都是读书求知,都是从图书著作具有的知识中接受教育。读者到图书馆阅读图书,非系统、不规范、无限期接受广泛学科的新知教育,学生进学校学习教材,系统、规范、有限期接受专门学科的常识教育,彼此在求知受教育的精神实质上都是一致的。图书馆通过图书资料借阅传播知识,向读者提供公共化的普遍教育服务,学校通过教师上课讲解教材传授常识,主动向学生提供专业化的特殊教育服务,彼此在服务教育的愿望绩效上也是一致的。图书资料都是广泛意义的大众教材,读者亦是一般意义的普通受教育者,图书馆更是特定意义的社会化学校。就这个视角来看,读者读书和学生求学一样也应享有受教育权,读者的受教育权本来就是从阅读权中催生并脱胎而出的。

读者的受教育权,从操作层面看,大致分为辅导性的受教育权和主导性的受教育权两项。辅导性的受教育权,指的是读者要求图书馆举办有关图书馆学基本常识的一般知识讲座,由图书馆的馆员主讲图书馆分类、编目、典藏一类相应知识,履行图书馆提供图书资料借阅服务的基本职能,享有接受图书馆专家辅导读者阅读的权利。此项权利,往往和读者已经、正在或将要阅读的图书资料发生直接的关联,有助于提高读者对图书资料的获取、阅读和欣赏能力。从某种意义说,该权利还是阅读权本身含义转换的另一层意义,尚未体现读者的受教育权的核心价值。主导性的受教育权,指的是读者要求图书馆举办文学、科学和文化学范畴的专题学术报告,由社会科教文卫各界专家主讲文学艺术(自然、社会和人文)、科学技术各门相应知识和资讯,履行图书馆提供社会化公共文化教育服务的主要职能,享有接受社会各界专家主导图书资料评论、考证以及学术研究热点问题解读的有关知识、资讯教育的权利。此项权利,有时和读者已经、正在或将要阅读的图书资料并不发生直接的联系,却有助于提高读者对图书资料的进一步鉴赏和研究水平,从其基本意义说,该权利才是在原有阅读权含义上派生并且提升一层的一种权利,正好体现读者的受教育权的内在属性。辅导性、主导性这两项受教育权显示了图书馆对读者阅读图书服务的延伸,也是顺应读者不断增长的服务需求以迎合时代的张扬和升级的结果,尤其是后一项的受教育权正日益得到业内外人士的普遍鼓励与支持。

3 图书馆读者的咨询权、受服务权和休闲权

读者的咨询权、受服务权和休闲权是读者的阅读权附属和派生的。

读者的咨询权,是读者阅读图书向图书馆馆员询问相关信息的权利,是读者主动提出要求的服务。这个权利主要包括:读者要求图书馆在满足其图书阅读、图书讲座需求之外,提供书目分类和著录、书籍典藏和流通、书刊介绍和评论等相关知识信息,以便享有从图书目录、版本到图书内容、价值等一系列常识新知的各项咨询权利。随着图书馆事业的发展,读者的咨询权亦正在向传统咨询到现代化咨询过渡和转型,咨询方式进一步呈现多元化、网络化的趋势。网络化突破了时空局限,使读者阅读服务呈现多元化的

趋势，服务环境发生根本性变革，比如QQ咨询、E-mail咨询、网站咨询等，也使得咨询服务的受众面得到扩展。

读者的受服务权，是指图书馆提供给读者阅读的后勤保障所享有的权利。这个权利主要包括：读者要求图书馆在确保完成馆内图书资料阅览、外借等主要业务外，尽可能开展馆际图书资料互借、馆内图书资料复制和音像资料、电子网络等其他服务，以便享有从纸质图书、音像图书到电子图书资料全方位阅读欣赏的多项受服务权利。新时期图书馆事业的迅猛推进，正促使读者对要求享有图书资料复制、音像和网络服务的更多权利投入越来越大的兴趣和关注。

读者的休闲权，是指图书馆提供给读者享受阅读图书的轻松与快乐的权利。这个权利主要包括：读者要求图书馆在保证满足其享有受教育权、咨询权、受服务权等各种权利外，还应尽量提供安静整洁的环境，乃至书吧、休息室和餐饮设施，在紧张的工作之余，到图书馆放松心情，快乐阅读，听听音乐，看看VCD，网上冲浪等等。

【参考文献】

[1] 王沥.图书馆权利的两重性研究.图书馆学刊，2006(5).
[2] 陈万忠.试论图书馆权力与读者获取信息自由的权利.图书馆论坛，2006(3).
[3] 黄俊贵.关于读者阅读权益问题的思考.图书馆，2003(2).
[4] 程亚男."读者权利"的再思考.图书馆论坛，2005(6).

人才建设

见微知著　细大不捐

——在图书馆管理与服务中注重“细节”的实践心得

应长兴*

摘　要：目前，随着科学技术的不断发展，阅读载体的不断增加，传统意义下的图书馆面临着严峻的挑战。创新服务载体，已成为大家的共识。但笔者认为，抓好图书馆细节管理，认真做好每一个读者的服务工作，仍然是吸引读者的重要方面。自 2007 年 5 月以来，我们抓住图书馆服务中各个环节的细节管理，受到读者的肯定，进馆读者人数有较明显的增加。笔者就此谈点体会，以供同行参考。

关键词：图书馆细节管理；服务

细节构成整体，关系全局，蕴涵着创新的元素，蕴藏着潜在的力量。时下，细节管理(Details Management)备受重视，“细节决定成败”(Details determine the success or failure)已成为当今现代化企业管理和营销的流行箴言。笔者以为，关注细节、琢磨细节、强化细节，实施细节管理同样适用于以传播知识、传递信息、传承文明为己任的公共图书馆。

* 应长兴：浙江图书馆，党委书记，副馆长，副研究馆员。

就大型公共图书馆而论，细节无处不在，贯穿于图书馆事业发展的全过程，渗透于从资源建设到读者服务业务链的每个环节。处于变革中的传统图书馆与建设中的数字图书馆互补共济复合型图书馆发展阶段，管理机制与服务内涵丰富纷呈，新思维、新载体、新技术层出不穷，各种模式与板块组合集成，到馆读者与网上用户日显理性化、专业化、个性化和多元化趋势，凡此种种，都带来了图书馆细节管理的难度和挑战。地处经济发展强劲，人文底蕴厚重的长江三角洲，建馆已有107年历史的浙江图书馆，更有其独特的细节和细节管理模式。

1　关注细节是做好读者工作的需要

为读者提供优质高效服务是公共图书馆一切工作的出发点和归宿。首先，应当在办馆理念与方略中，重视细节，强化细节管理的力度与广度。

1.1　关注环境的细节

当读者走进图书馆大门前，最先映入眼帘的是地毯上和电子屏上“欢迎您走进图书馆”的文字和图案，使读者倍感亲切；作为省市级图书馆，还应该注意在文字信息处理上使用中英文对照，以方便外国读者。

精心布置的绿色植物，不仅能调节空气，更让读者有赏心悦目的舒适感，书看累了，还有缓解视觉疲劳的作用。

注重馆内人文知识的布置，如悬挂一些名人名言、图像和经典画。让读者一走进图书馆就感受到浓郁的文化氛围。

大厅和各楼层都设有总咨询台和导示牌、指引牌，读者一走进图书馆，不管有什么问题，都能得到及时、准确的解答和指引；浙江省温州图书馆还把导示牌做进了电梯。

保持环境的卫生清洁，空气清新流通；书刊摆放整齐，书架干净无尘;不在工作台堆放杂物;不用白纸随意张贴通知、告示。

有条件的图书馆还可以开辟一个读者休闲室,让阅览坐久了的读者可以有一个调节身体状态的空间,听听清新舒缓的轻音乐,和朋友聊一会儿天,放松一下心情。

1.2 关注服务的细节

在检索台上放一些空白纸条,便于读者抄写索取号或记录书目信息;办证申请表挂到网上,让读者可以自行下载;设置24小时还书箱,方便读者随时还书。

借书处制作一些小书签,在上面注有提醒读者的还书时间和图书馆的服务项目,既能让读者夹书用,又能提醒读者按时还书,还能让读者在阅读之余了解图书馆的服务内容。借、还书处设双向视屏,工作人员在给读者办理借、还手续时,也让读者了解自己的相关信息。

活动刊架整架时,有时由于刊架使用年限较久,金属活动部位生锈,翻动时会发出刺耳的噪声,读者建议"温柔点"。一下子换新的又不可能,是听之任之还是积极想办法,结果是不一样的。动点小脑筋,给架子上的活动部位加点油,噪声就大大降低了。

下雨天,准备塑料袋,让读者存放雨具,既方便读者,又有利于保持馆舍清洁;制作一些印有图书馆相关信息的提书袋。读者借书后,发给一个提书袋,便于读者携带,同时,对图书馆也是一种宣传;讲座开始时发放"讲座点评表",让读者在听完讲座后及时反馈意见,以不断调整讲座内容、方法,提高讲座档次;采编部通过网上、馆内读者不断了解读者对阅读的需求,调整文献采购计划。

服务台电话只准打进,不准打出,如打进的是私人电话,要马上转移到办公室的电话上去,保证读者电话畅通。

注意精神面貌,注意礼貌用语;工作交流降低声音,尽量多使用手势语;不穿有钉的鞋;读者服务区工作人员手机设在振动挡,低声打电话,确保图书馆温馨而静谧的阅览环境。

推出代为读者购书的服务。读者在图书馆看到一本好书，想要收藏，但苦于不知道哪里有售，而这对于图书馆员来说是很容易办到的事。

逐步形成首问负责制。培养每一个员工的“窗口”意识，当读者向第一个员工咨询时，这个员工绝对不能说“不知道”，自己能接待解决的就给予解决，不能够解决的要明确告知读者到什么地方会给予解决。

对盲人送书上门；对一些服务项目实行时间承诺，等等。

搞好这些细节服务，让读者走进图书馆就有一种得到尊重、厚待的感觉，有一种亲切、宽松、方便的感受，我们的工作才能真正受到读者的认同和欢迎。

2　员工自觉接受细节管理，是解决好一切细节的基础

光是管理者自己去关注服务细节是远远不够的，如果能把员工的积极性都调动起来，大家都自觉接受细节管理，主动来关注服务细节，才能真正做好我们的工作。如何能够让员工也能去关注服务细节呢？笔者认为：

2.1　建立完整的规章制度是前提

通过建立规章制度来规范员工的服务行为，如制订员工手册，包括工作条例、员工行为规范、人事制度、岗位制度、考勤制度、职业道德、级效评估等。对服务过程中的每一个细节都作出明确的规定，如建立激励制度，积极鼓励员工从细节入手，开拓性地做好每一个服务细节。读者想到的，我们想到并且做好了；读者暂时没有想到的，通过关注，我们也想到了并且做到了。我们的服务自然就会比较成功。经过多年的积累，图书馆的规章制度是比较完善的，有一个比较好的基础。

2.2　落实规章制度是关键

有了各项制度,必须严格执行。管理层的一个重要职责就是推行领导层建立的各项规章制度和政策。我们认为,规章制度中的每一个章节或规定都是一个管理(或工作)细节。在一个规章制度比较健全的单位,如果我们对各项规定的执行到位了,我们的服务细节也应该做得比较好。我们严格地要求员工执行各项规定,实际上也解决了我们的管理层深入员工一线的问题,解决了管理者对员工的细节管理问题,解决了对管理对象的群体状态(包括情绪、思想、倾向)的了解和把握。当然,先决条件是管理者自己首先要有强烈的责任心和使命感,有敬业精神。这样才会有做好工作的主动性。否则,落实规章制度只是一句空话,更不用说去发现和解决一些新的细节问题了。举一个例子:职工大会,要求全体员工参加,时间到了,作为主任,是否应看一看自己部门的员工有没有到齐,如没有到齐,想到过赶紧催一下吗?还是"我只是一个普通参会者"?作为管理者,你的责任心是否强烈,将直接影响到你的部下。如果你的责任心不强,你所管理的团队也不会有责任心的。

选送研究生考试引出的思考:在考题中,我们设了这样一道题:4 月 20 日至今,馆内出台了几个文件。有些员工答:没有看到,没有听说过。

如《优质服务标兵评选办法》的出台,馆部作为一件大事,目的在于在强调劳动纪律的同时有正面的引导,这其实给部门树立良好的风气搭建了一个很好的平台,但个别部门主任没有往下贯彻。是不理解?不会!关键还是责任心不够。制度的传达都到不了位,如何谈落实?

对管理者来说,关注细节的压力(或动力)来自每个月(或周)的例会。例会前,管理者必须进行细节问题的积累和解决问题的思考,例会上管理者必须提出你看到的问题和解决这些问题的见解。这是对管理者观察能力和解决问题能力的培养,也是对管理着责任心、管理水平的培养。这是有压力的。如果管理者平时不去关注部门的工作细节,这个会就会很空泛,没有内容。管理者的威信和号召力就无法建立。

2.3　从细节上关注员工是一种责任

关心员工的身体、生活情况,关心员工的情绪变化。身体有问题,有可能的话临时调整一下工作,生活上发生困难,部门大家想办法帮助;这些问题解决不好都可能会影响工作情绪。举一个例子:部门有同志生病,已经几天不上班了,部门主任还不清楚他得的是什么病,需不需要帮助?员工一生病就好像没有了组织,心里是不舒服的。上了班,又不能说:“你们怎么不来看我?”但她会带着情绪,表现为对工作对同事的冷漠。这样的团队就不会有凝聚力,更不会有积极性去主动关注服务工作的细节了。反之,部门主任能主动去关心职工,大家的情绪好了,员工有一份感动,有一份集体荣誉感,有了团队精神,不但能做好规定工作,还能发挥主观能动性,很多潜能得到了发挥,很多优质服务的细节,员工就会主动去关注。我们可以去观察:凡是干部能主动关心员工的部门,大家的心都是比较齐的,工作也比较主动,你就是对他们要求严一点,他们也不会有怨言。

干部关注员工的细节,员工关注服务细节,这样形成的有机链,对提高我们的服务质量的作用,是不可低估的。再举一个例子:馆里发饮料,合同制临时工原来只发一半,现在全发,端午节他们也和正编人员一样拿到了粽子。每人多用100元,带来的回报:一是劳动积极性增强了,有临时工说:“馆里过去拿我们当牛,我们就要把自己当人,要‘厚待’自己;现在馆里把我们当人了,我们就要把自己当牛,要努力工作!”二是馆内一个协警得了血癌,同志们积极捐款,临时工也积极捐款。拯救生命是主要动因,主人翁意识的增强也可能是一个方面。帮助协警的事,还有一个细节:在我们发出捐款倡议书的同时,办公室和保卫部想到了作为病人的心理需求。他们从中层干部动员会开始,到每个部门的捐款情况,以及图书馆职工对病人说的一些代表性的话,他们都收集起来,拍了录像,并做成了短片。党委副书记、安全保卫部教导员和三位职工代表带着全体员工对这位协警的捐资,带着全馆员工的问候,赶往他的家乡时,还带上了全馆干部员工对他的鼓励和祝愿。这一切极大地鼓舞了他战胜疾病的信心。

2.4 讲究细节管理方式是一种艺术

对员工的行为及时作出实时评价,表扬要到位,批评也要及时。表扬要大张旗鼓,批评可以先个别交流;但发现问题就要指出,而且要一抓到底,不能有头无尾,更不能视而不见。要注意抓住一些机会和场合,通过抓住一件小事,引发一次思考,解决一个大的问题,逐步培养起员工的主人翁责任意识。

海尔总裁张瑞敏说:“什么是不简单?把每一件简单的事做好就是不简单;什么是不平凡,把每一件平凡的事做好就是不平凡。”《尚书·旅獒》传载“不矜细行,终累大德,为山九仞,功亏一篑”的明训,荀子《劝学》诠释“不积跬步,无以至千里;不积小流,无以成江海”的哲理。关注细节,把我们工作中的每一个细节做好,我们的服务质量就一定会不断提高,图书馆事业就会不断得到发展。

【参考文献】

[1] 余地.试论图书馆的服务细节管理.高校图书馆,2006(5).
[2] 高燕萍.细节服务是读者满意的根本所在.情报探索,2006(6).
[3] 何雪丽.复合图书馆读者服务细节的完善.科技情报开发与经济,2006(4).
[4] 杨涛、冯彩芬.注重服务细节——澳门中央图书馆参观有感.图书馆杂志,2003(5).

公共图书馆人才培养机制的创新与探索

朱克勤*

摘　要:在文献综述的基础上,我们发现,关于新世纪公共图书馆的发展的论述多集中于硬件方面的建设,鲜有关于人的建设的深刻论述,这实有悖于“以人为本”的基本方向,故本文在辨析“文、献”基本原始含义的基础上,提出了“文”逊于“献”的观点,其实亦是钱穆大师思想的继承与发挥。并引“百家论坛”作了论证。对如何进一步扩展活动时间,如何最大限度地发挥社会效益进行了较为具体的探索,力求在可操作性上尽量有所发挥。

关键词:文献;书评;教育产业;阅读习惯

1　以人为本,“献”的建设面临十分迫切的形势

1.1　“文”与“献”的概念区分

近年来,关于公共图书馆如何进一步发展,学界展开了多次大型的讨论和研究,这当中,图书馆工作最关注的焦点,最集中的话题,便是关于图书馆的网络化、数字化问题。如果把这些研究成果归纳起来,都不外集中于“文”的建设,也就是书本的建设,馆藏的

* 朱克勤:浙江图书馆图书文献服务部。

建设，硬件的建设。虽然也有人指出要以人为本，那也多指图书馆工作人员服务态度的改善，业务水平的提高，不能令人满意。在当代语境中，文献早已合并为一个词，文就是献，献就是文。文与献不分，是当前公共图书馆发展的一个很大的不为人识的潜在障碍。

为此，我们首先必须厘清文与献这一对概念的真义。何谓文，何谓献？马端临《文献通考》有定义：文，典籍也；献，贤者也。著名史学家钱穆进一步解释：简单讲，文指书本，献指人物。又举例：在一所大学里，要研究学术，一定要有两个条件：一是图书馆，要藏有很多的书，这即是文；又一定要有合理想的，标准的教授，这就是献。无此两项，就是文献不足。在他的《中国史学名著》中，有这样一段话："若使我们只看重了文，不看重献，那就是读死书，死读书。但若你碰到了一个大贤，得他指导，你就知在这故纸堆中，藏有精深的涵义，死书便成了活学问。"他进而指出，图书馆是不是一个活东西，要有人物，要有学者，要有了献，那文才都发挥光华，都见精彩了。可见，文与献是根本不同的两个概念，而我们大多数的人却把它们混为一义了。

1.2　"献"是使图书馆变"活"的关键因素

在电脑普及的时代，在书店、网络、影视等速度快捷、方式便利的诸多信息获取渠道的竞争下，图书馆"文"的建设的优势会日渐削弱。在此背景下，如何吸收民众走进图书馆，关键在献的建设，而不在文的建设，道理至为浅易明白。这一献的建设，用钱穆的话来说，就是造就大贤，这是既迫切又艰难的任务。正如他慨叹的："在我们现代，又要找来一个也能像孟子、荀子、朱子、阳明般一样能讲孔孟之道的，那就不易了。"图书馆要能够出这样的人，能够把死书变成为活书来，那样，图书馆的文都因这献而发挥光彩，图书馆就变成了一个活的东西。我们还可以从另外一个角度考虑。如果加以区别，我们知道，信息与知识是有根本性不同的两个概念，信息相当于杂乱的、尚未加工过的、良莠杂陈的无序的东西，而知识则是活的、加工过的、能够被心灵所直接消化吸收的养料。书店，网络，影视媒体，这些渠道只提供信息，因其主要受商业利益驱动，也只能提供信息；而以公益性为第一特征的公共图书馆，却能通过“献”的作用，把信息化作知识。

中央电视台的“百家讲坛”传播传统文化获得了很大的成功。如果分析一下，《三国演义》，《论语》，《庄子》，这些文本的储藏和获取，只是一件极为容易的事情，可是，在易中天、于丹这几个“献”出来之前，这些文本只是放于图书馆、书店书库，或者私人书柜里束之高阁，尘土满面，一定要这几个“献”出来，才从死书变成了活书，重新焕发出光彩。百家讲坛的成功，众人的目光只是看到了一时繁华的表象，而表象下面的文与献的关系这一至为重要的含义，却掩而不见。普通百姓看不见这一层，尚可理解，而作为知识传播重镇的公共图书馆，却是不应该的。如果翻查借阅率，一座公共图书馆里有多少书籍是死书、弃书，并非这些书无价值，而实在是图书馆没有这样的“献”，去帮助读者发现这些“文”，这是多大的浪费。于丹，易中天，产生于大学，却不产生于公共图书馆，这是一个很大的遗憾。公共图书馆要出得了“献”，百家讲坛可以作为一个借镜。我们常听到公共图书馆馆藏建设中要如何激活存量、盘活存量的说法，办法提了很多，但如果离开“献”的建设，也只能是空谈。这从实践中看是如此，从道理上推论，也是这个结论。

身处这个资读泛滥的时代，因此也更需要有训练有素的能够达到“献”的标准的图书馆馆员，来协助、整理、归纳资讯，为读者在最短时间内提供最恰当而正确的资料。公立图书馆馆员因此必须更加努力，提供更有价值的资讯。一个充满快速科技和资讯变化的时代，必须有人做向导，而公共图书馆应当当仁不让地成为绝佳的指引灯塔。如果图书馆不能胜任收集和传输资讯的工作，这些新资讯极可能很快就变成历史档案了。

2 积极介入书评市场，打造人才建设新平台

正像经济发展需要不断开辟新的增长点，人才培育也需要不断创新的平台。这一平台，就其作用来说，应当是推动力、拉动力、粘着力的综合体，挑战性、竞争性、生长性是其基本性质，而又富于乐趣，能不断地引领人才往新境界迈进。能够适合这一条件的平台，当前及今后很长一段时期，书评市场是一个最佳的选择。

市场经济条件下，时尚和广告诱导着人们的阅读。我们经常发现，某些喧哗一时发行量惊人的作品，事后连翻动一页的欲望都没有了。这时人们总在发誓说，我们不再受骗了。然而话音未落，我们又不由自主地继续跟着广告和时尚的指挥棒转悠了，仿佛着了魔似的。市面上，宝贝系列，贪官系列，美女系列，“奶酪”系列，“废”系列，一出一大堆，大都是模式化、复制化的产品，它们占据着书市书摊的主要空间，一片低、俗、浅、闹、浮。印刷垃圾铺天盖地，阅读生态已惨受破坏，每年出的新书犹如汪洋大海。据统计资料，中国目前每年出版的图书已经有 10 万种以上，其中高质量的，能够让读者震撼、感动、获益的图书并不多，选择购买，阅读一本真正有价值的书对大多数读者来说不是一件容易的事。在此条件下，书评的功能与作用日益凸显出来。作为读书界，作为普通受众，很多的信息的获得都要靠书评，哪本书值得买，值得认真去读，需要优秀的书评来推介，来导读，来决定。

但是我国当前书评的现状离令人满意的程度还很远。现在的书评多是宣传推介性的，有许多不实之词，真正权威性的、分析到位的很少。以书评的主要附着媒体为例，多是借助其传播得快、传播得广、声势造得大的优势，快速形成话语霸权，一本新书出来，或者将要出来，就在媒体上大加炒作，说好说坏，一下子就成了定论，别人再要说什么，要不就是声音很微弱，要不就是根本没有插嘴的

余地，于是形成所谓批语家缺席、失语，其实有很多就是制作者提供的，甚至一起合谋的。而且，无论是吹是骂，都走极端，利用读者的好奇心理，吸引他们购书。它的可靠性、准确性、误导性就很大。可以说，完全是出于商业利益的驱动，是生意经。

一方面，社会对书评的需求如此巨大，一方面，权威性的书评刊物是这么缺乏，这对公共图书馆人才介入书评正是大好时机。公共图书馆人才介入书评市场，能够带来多方面的效益。我们知道，阅读是深植于人类心灵之中的永恒的向往，因此，在任何时代，书评都是非常重要的。面对图书海洋，图书馆书评应该把其中为数不多的高质量图书的价值告诉每一个读者，为读者起到引导、服务的作用；不带商业动机，通过专业的、中肯的、高质量的分析评论，提升国民整体阅读水平；在对图书评介中表述批语家的独特思想，传递给读者新的东西，对图书文化界带来益处。其次，图书馆介入书评市场，就是要通过竞争，不断培养出专门的书评家，权威的书评家，形成一种品牌的书评家，在报刊上开相对固定的专栏，或者产生权威性的书评刊物，经常性地、不间断地发表新的书评，意见中肯，文章漂亮。人们根据他提供的线索去读书，每每能获得满意的效果，于是大家认同这个书评家，当知道这位书评家谈到某一本书时，就一定要设法去找这本书看，形成品牌效应。到了这个时候，公共图书馆书评家距离钱穆先生的“献”虽然尚有距离，但是，却是在一天一天地朝着这个方向前进，已经是高山可仰了。

3 培育奉献精神，造就真正贤才

积极介入书评市场，是“献”面对书籍文本的一种培养途径，那么，献身公益事业，则是“献”面对人民群众的另一种培养途径。如果说前者相对强调才，那么后者则是相对突出德。只有德才兼备，以德润才，以才养德，新世纪的公共图书馆才有希望培养出称得上

“献”的大才。

3.1 积极投入教育事业

教育产业是文化产业系统的基础性产业。教育是以培养人、教导人、塑造人为目标的精神生产,它以授业、传道、解惑的方式,提高受教育者的智力、思想、道德素质,对受教育者的德、智、体、美、劳等方面施以影响的一种有计划的社会活动。它包括业余教育、成人教育、普通教育、专业教育、职业教育、技术教育,等等。整个教育系统的技术装备水平,科研教学所需工具和手段也是一个非常庞大的投入。教育产业化,就是要凝聚和动员一切办学积极性,科学合理地集中和配置一切教学资源,实行多元化投资,多元化经营,多元化受益,以满足社会和大众不断增长的学习与提高的需求。由此,公共图书馆理应积极投入,在业余教育、成人教育、普通教育、专业教育、职业教育、技术教育等诸多领域,按教育规律和经济规律办事,最大限度地实现社会效益与经济效益的统一,教育资源投入与人才产出的统一。

具体到我国实际,公共图书馆可以以所在社区为服务中心,积极与所在社区的其他团体开展活动,包括政府部门、地方政府、商业团体以及自愿者组织等,和这些机构协作一起开展以扫盲活动为中心任务的初等教育普及工作。报载,2007 年我国新增 3000 万文盲,基础教育面临严峻形势。大量农民工涌入城市,其中相当大一部分为学龄青少年,这些人因为打工而放弃了就学。如何以社区为单位,将这批弱势群体纳入扫盲、基础文化教育的范围,是公共图书馆不能推卸的责任和使命,也是公共图书馆服务新农村建设,在解决三农问题上贡献自己力量的最好切入点和最切实的抓手。公共图书馆在具体开展这项工作的时候,就可以最大限度地培养人才的公益道德心,并通过这种身体力行的实践,体验到劳动,尤其是奉献式的劳动,给予人无上的洁净的快乐,从而将公益道德上升为道德情感,引导自己将毕生奉献于社会大众。

3.2 帮助社区居民养成阅读习惯

阅读的重要性，从社会动力学方面的含义来解释，它是综合国力的重要源泉和重要标志。读者用货币购得各类出版物，然后通过阅读方式对它进行消费，从中汲取了科技的、文化的、精神的营养，转化为自己的工作能力和综合素质，作用于工作对象，取得工作业绩。一个人通过这种阅读方式对书刊等出版物消费得越多，消费得越充分，他的素质就越高，他对综合国力的贡献也就越大。一个国家以阅读方式消费出版物的人群越大，这个国家的综合国力就会越强。在知识经济时代，尤其如此。阅读的状况如何，最终会决定一个国家出版业的兴盛或衰落。

既然阅读行为是一切书籍使用价值的能否实现的最终决定，那么公共图书馆显然有义务和责任，通过自身的作用，帮助社区居民养成阅读习惯，使阅读成为其生活方式之一。生活方式是人赖以生存和发展的方式，其基本的内容是衣食住行，在农业社会，工业社会是如此，但在信息社会、知识经济时代，人们的基本生活方式，还应加上阅读。在这个时代，国与国之间在经济力、政治力、军事力、文化力等方面的角逐和较量最终取决于国民在多大程度上把阅读作为自己基本生活方式的一部分。

但是，众所周知，社会上有着诸多诱惑的因素在干扰着阅读生活方式的形成。因此，志在成才的公共图书馆人员应发挥主观能动性，积极帮助社区居民养成阅读习惯。首先，帮助居民在理念上，把建设学习型社会与阅读型生活方式联系起来。其次，通过各种活动，使这种理念和生活方式最终形成、巩固和发展。比如，图书馆人员可以深入居民区，发动居民开展“读书节”等读书活动，通过这一活动，让公众认识、认同阅读在我们这个国家社会生活中的崇高地位，以唤起居民对阅读出版物的神圣追求，逐步形成一种良好的阅读习惯。与此同时，还可以进行社区居民阅读与购买倾向调查，了解其兴趣、爱好、方式、需求、行为等基本状况，为公共图书馆更好地开展读书活动提供参考,为居民更好地选择和消费出版物提供相应的信息资料。可以在活动中指导居民从就业、发展、家庭等方面思考,合理安排实施阅读计划。引导居民认识到,文化资产的影响力更胜于物质财富,家里的文学作品、艺术品越多,父母越经常和孩子讨论书籍,孩子的阅读能力就越强,发展的空间就越大。

在此基础上,重点瞄准儿童服务工作和青少年服务工作。通过提供大量资料和举办各种活动,图书馆人员为儿童提供机会,开展形式丰富的夏令营阅读活动,让他们能够体验阅读的快乐,受到知识和形象思维作品的鼓舞。鼓励儿童从小就使用图书馆,使他们以后一直成为图书馆的忠实用户。至于青少年服务工作,图书馆工作人员可以定位为学校教育辅导员,在这个功能定位上开展各种活动。一方面提高青少年的学习效率,另一方面减少他们的学习课业负担,能够有余暇阅读课本以外的书籍,把阅读习惯进一步巩固发展起来。

【参考文献】

[1] 钱穆.中国史学名著.北京:生活·读书·新知三联书店,2005.
[2] 吴晞.图书馆产业的改革与发展.见:21世纪公共图书馆馆长论坛.北京:中央文献出版社,2000.
[3] 雷达.为什么需要和需要什么.新华文摘,2003(2).
[4] 郝振省.让阅读成为国民基本生活方式的一部分.北京:中国新闻出版社,2003.
[5] K.G.Saur.公共图书馆服务发展指南.上海:上海科学技术文献出版社,2002.

谈创建和谐单位职工文化素质的培养

周国良*

摘　要:提高队伍的整体素质,关键在学习。基层图书馆的职工学历不一,素质参差不齐,工作水平也就不同。如何改变这一现状,金华市少年儿童图书馆作了有益的探索。

关键词:营造氛围;强化学习;提高素质

在中国共产党第十六次全国代表大会上,江泽民同志向全党全国人民提出了一个全新的理念:创建学习型社会。在新的历史时期,如何统筹安排政治理论、科学文化、业务知识的学习,如何在学习中更新观念、创新思维、改进方法,提高广大党员干部的领导水平和业务水平,如何做到学习与工作两不误,金华市少年儿童图书馆进行了有益的探索。

金华市少年儿童图书馆成立于1998年月10月,全馆有职工19人,建馆初期的文化程度和职称结构如下表。

文化程度	本　科	大　专	高　中	其　他
	1	4	6	8
职　称	副　研	馆　员	助　馆	其　他
	无	3	9	7

* 周国良:金华市少年儿童图书馆,馆长。

少年儿童图书馆共设八个部门,肩负着全市十几万未成年人的借阅服务工作和我市对外宣传的重要任务。从以上表格中可以看出,人才队伍建设存在不足。自改革开放以来,我国经济发展迅猛,人民群众的生活水平日益提高,因此,对文化的需要也越来越高,这就要求广大文化、艺术工作者必须提高认识,提升素质,转变观念,改进服务,通过学习,提高职工素质,弥补先天不足,进而提高服务质量和管理水平,以满足人民群众的精神需求。

1 增强学习意识,创造学习环境

学习是人类发展和社会发展的主要途径,学习是社会发展和经济发展的首要推动力。图书馆的变革速度与日俱增,并不断加快,每个馆员只有不断学习,才能适应未来发展的需要。因此,学习成为图书馆员自我成长的必然趋势,更成为集体成长的必然手段。

人才是事业之本,得人才则事业兴,失人才则事业衰。培养一支积极进取、素质优良、专兼结合的人才队伍,是图书馆事业发展的有力支撑。金华市少年儿童图书馆正视现状,着眼未来,于1998年制定出强化知识结构学习制度,要求45岁以下的职工,五年之内必须全部达到大专水平;已经达到大专水平的,向本科冲刺。馆部给时间学习,毕业后视专业按不同比例报销学费。截至2004年,馆职工的文化程度和职称结构比例如下表。

<table>
<tr><td rowspan="2">文化程度</td><td>本 科</td><td>大 专</td><td>高 中</td><td>其 他</td></tr>
<tr><td>7</td><td>11</td><td>1(在读大专)</td><td></td></tr>
<tr><td rowspan="2">职 称</td><td>副 研</td><td>馆 员</td><td>助 馆</td><td>其 他</td></tr>
<tr><td>3</td><td>12</td><td>3</td><td>1</td></tr>
</table>

可以看出,单位给职工创造了公平竞争的学习机会,把学习作

为最大的福利奖励给职工,使单位整体文化素质得到提高,职工自身素质得到提高。学习的氛围需要单位去创造,学习的态度和竞争的意识需要职工自身去努力。只有单位与职工都能充分认识到学习的重要性,体会到学习的必要性,学习型组织才能真正地形成。现在的少年儿童图书馆,参加继续教育已蔚然成风,整体素质明显提高。

2 建立终身学习制度,更新考核制度

一书治天下的时代和一张文凭终身受用的时代已一去不复返,知识在不断地更新,社会在不断地发展。因此,达到大专文化程度、本科文化程度,或者说达到副研究馆员、研究馆员,不是一个人的最终目标,也不是单位培养一个人的最终目的。中国有一句古话说得非常明理:"活到老,学到老。"达到某一学习程度只是一个过程。为了培养职工养成终身学习的习惯,馆部制定出一项规定,要求职工结合工作实际、钻研理论,每年完成论文写作并发表,同时列入年终考核内容之一。

按规定完成论文写作任务的,馆部年终给予一定的奖励。多写多奖,上不封顶。反之,年终考核不合格,扣除个人奖金及其所在部门综合得分。

创建学习型单位,继续教育是根本。我馆规定职工每年必须参加图书馆继续教育,根据学习内容、组织单位或部门的要求并参加考试;反之,不得申报年度职称评定。

少儿图书馆制定严格的学习制度,是创建学习型组织的探索。近五年来,本馆已发表论文 130 篇,其中不少论文获省级以下奖项,主编出版论文集两本,成绩喜人。这种管理模式促成了职工的学习成就。当制度成为一种坚定不移的行为状态时,就是职工个人快乐学习的开始。那么,学习就不再是在教室里或者上岗前的

孤立的教学活动，职工可以不必撇开工作专门抽时间来学习；相反，学习已成为职工工作中的主要内容。在学习中研究和解决工作中的问题，在工作中学习这种理念已贯穿于整个工作过程。著名的管理学家扎波夫这样说："高度信息化的组织是一个学习机构，它的基本目的是使组织怎样成为更有效的核心。"可以看到，少儿图书馆正在向此核心推进。

3 把握学习的契机，提高职工的综合素质

职工的学习态度已从制度性的约束到自觉性转变，整体素质逐年提高。以 2001 年为分界线。2001 年之前，馆部实行的每年一度的聘任制，在实施过程中总会出现这样那样的一些问题，甚至动不动就以匿名信的方式向上级部门反映各种情况。而从反馈的内容上分析，都是一些鸡毛蒜皮之事，年终上级来考评也是如此。2001 年以后，上述问题逐渐减少并消失，归根到底还是学习和制度的完善。馆领导针对以往出现的各式各样的问题，在广泛听取职工意见的基础上，进行分析比较，并参照兄弟馆的一些合理、科学的管理制度，及时制定和修改了馆部各项规章制度，一改以往有的职工上下班随意迟到、早退，中途串岗及外出办私事等不良现象，整体服务水平明显改善和提高。经过近几年的努力，少儿图书馆从一个负债度日，默默无闻的单位，在 2002 年金华市文体系统年终考评中首次取得第五名的好成绩，并在 2003、2004 年连续两年被评为第二名，受到上级的嘉奖。由此可见，学习能改变职工的工作态度，理想信念，学习能开发职工的潜能和才能。因此，创建和谐单位也就有了基础。

4 结 语

文化事业单位的考核制度，历来从德、能、勤、绩几个方面来进行，从个人评议到群众评议，最后到领导评定，整个过程大多是对其工作的肯定，很少从个人的能力、学习、创新的角度进行评价。少儿图书馆制定的学习考核制度，从学习创新的角度对每个人在工作中的整个过程中运用知识的能力、解决实际问题的水平及工作创新方面进行综合考核。以考核制度激发职工的学习积极性，进而推动文化事业的蓬勃发展，为创建学习型单位、和谐单位进行了有益的探索。

图书馆专业技术人才的需求与人才建设刍议

林祖藻*

摘　要：本文重点阐述了新世纪知识经济社会对图书馆专业技术人才的要求，并提出在图书馆人事改革方面，可以引进公开竞争聘任的机制。同时对图书馆职工的考核与职称的评定，对图书馆馆员的培养与继续教育，以及人才使用等方面提出了思路和建议。

关键词：图书馆人事改革；图书馆人才需求；图书馆人才管理；馆员继续教育

《每周文摘》2003年5月9日的报道《我国急需的16种人才》指出："咨询经纪人。现代社会对咨询的精确度要求提高，该行业日益走俏，有关的热门人才为技术图书管理员。"文中所指的"技术图书管理员"，即图书馆信息咨询人才，在16种急需人才中排名第六位。笔者认为这个调查结果说明了图书馆在我国的经济建设、文化建设和社会发展中的作用越来越引人注目，也就是说图书馆的社会地位越来越高。反过来，社会对图书馆的要求也越来越高，图书馆的担子也就越来越重。但是，从图书馆的现状来看，还很难适应和满足社会的需求。所以，图书馆专业技术人才队伍建设的

* 林祖藻：浙江图书馆事业发展研究所，所长，研究馆员。

重点应当放在大力培养和引进这方面的人才上。

1 社会对图书信息咨询人才的要求

人类进入了新世纪，计算机技术、网络技术、信息技术以及相关的科学技术的发展，对图书馆事业产生了巨大的影响。网上信息资源，特别是图书馆对广域网上具有高度价值的文本、图像、话音、影视以及科学数据等进行搜集、加工、整合、存储、管理和利用，实现知识增值，将发挥重要的作用。同时，图书馆还将搜集到的有用数据进行有序化，然后通过广域网进行发布，为读者提供服务。这样，在图书馆方面，形成了新的数字图书馆的模式。这种数字图书馆可以实现收藏文献资源数字化、操作利用电脑化、数据文献传递网络化、读者利用自由化、各种信息资源共享化等方面的特点。要实现这些目标，信息咨询人才是第一重要的。

1.1 图书馆需要具有数字化资源及相关知识结构的人才

在知识经济社会中，各个公司、企业等所需要的文献信息资源不是图书馆的书目数据、机读目录等，而是他们所渴望的“最终信息”——全文信息资源，并且还应当能够对同类信息进行搜集、整理、比较，为他们作最佳决策提供依据。作为科研人员所需文献信息资源也一样，图书馆要能够为他们的研究课题提供帮助。所以，图书馆信息咨询人才不是如何提供书目，不是研究如何著录、如何存取书目，而是从根本上改变传统的以目录服务和借阅服务为核心的图书馆基本服务模式。对于图书馆信息咨询人员来讲，他们必须具备数字化文献信息资源以及相关的知识结构，才能够胜任这项工作。

1.2 图书馆信息咨询人员需要网络化数字资源存取所需的专业知识

为了能够做好为自己的用户服务，满足用户的需求，光有文献的数字资源是不够的。因为图书馆的用户不是固定的、单一的。所以，它必须时刻准备着，为各种各样的用户服务，不仅要做到有求必应，还必须做到使读者满意而归。因此，这种信息咨询人员必须具备网上信息资源的搜集、整合、加工、存储、传播和利用的能力。同时，还应当有能力发布本馆的数字资源，吸引远程用户。所以，要求图书馆的信息咨询人才不仅能够从机读数据资源中得到数据，还应能建立自己的数据库；不仅能够搜集网上的文献数字资源，对引进的数据资源（如：采购来的）和馆藏资源数字化的资源进行整合、存储，还应当能够对自己的资源进行数据校对，使存储的数据资源不重复或最少重复，并能及时更新，以满足用户的需求。

1.3 图书馆需要图书信息咨询服务的复合型的知识人才

新世纪的图书馆用户对图书馆文献信息资源的需求越来越高，使用传统的服务方法已无法满足其需要。无论是图书馆内的读者还是远程用户的需求，图书馆为他们服务是责无旁贷的义务。所以，网络技术、通信技术、图书馆技术、计算机技术和外语水平等等都是必备的。这就需要有复合型的知识人才。笔者认为，复合型的人才至少应当包含图书信息知识、计算机网络知识、外语水准等。只有具备这些知识，才能为图书馆的用户提供优质的服务。

2 关于图书馆人才建设工作的几点建议

根据现代社会对图书信息咨询人才的这些要求，浙江图书馆乃至全省公共图书馆这类人才是极其缺乏的。以浙江图书馆为例，尽管目前共有职工 330 人（218 名正式工作人员，112 名临时工)其中有专业技术人员 175 人,约占 80%,具有中高级职称的达到业务人员的 54.87%。这种比例结构和国内外的许多图书馆相比不相上下。美国的部分大学里的这种比例为 60%~65%,低的在 40%左右。我国的北京大学图书馆的比例也是 58%左右。但是,从他们所学的专业来看,差距就相当大了。美国图书馆里的业务馆员(faculty or stuff)基本上都是科班出身,而且基本上都是有学位的。而浙江图书馆业务人员的比例就完全不同了。在 218 名正式工作人员中,学图书馆情报学的仅 33 人,占 15%(其中有 17 人原为中专生、高中生,后自考为大专);学计算机的仅 11 人,约占 5%;学外语的 7 人,约占 3% 。图书馆信息咨询工作所需要的复合型人才,更是凤毛麟角,非常难得。这种情况与社会的需要相比较,确实有相当的差距。浙江省级图书馆尚如此,市、县级的公共图书馆就更不用说了。所以,我们认为要改变这种状况,适应形势的需求,一方面应当对我们原来的人事制度、人事政策进行总结和反思;另一方面还应当学习借鉴国内外许多图书馆的人事制度,萃取他们的优点,进行改革创新。以下几方面的建议,仅供有关方面领导参考。

2.1 人事制度的改革应当引进有序的竞争机制

人事制度的改革应当贯彻公平、公开、公正的原则。对整个图书馆的各个岗位,无论是图书馆的领导,还是各部门的具体岗位,都应当确定其具体的任务、职责,需要什么样的人才等等。给具体的岗位定位、定性。这样,从过去的分配制、委任制、推荐制,改变为每个人都根据自己的特长主动地去竞争工作岗位。这种公开招聘的对象可以是图书馆内的职工,也可以从社会上招聘。在招聘的过程中经过严格的考核,了解应聘者的知识结构、业务水平和组织才能,从中发现优秀人才,为建立一支精良的干部队伍创造良好的条件。所以,建议图书馆的中层以上的干部都应当实行图书馆内外公开招聘,为提高图书馆的服务水平、管理水平,以及发展图书馆事业创造有利的条件。

2.2 不断完善图书馆职工的考核和职称评定

改革开放以来，我国对图书馆职工的考核和职称评定工作已经形成了一整套的制度，积累了不少经验，对图书馆事业的发展起到了有目共睹的推动作用。但是，它还需要不断完善。在这一方面，美国图书馆的一些做法可以借鉴。在美国的图书馆里，当他们争取到了职称之后，就向更高的职称努力。譬如说，从中级到副高的五年间，年年都要进行严格的考核。考核的内容一般有三个方面：一是本年度的工作情况。不单是个人写总结，还要本部门的人员以无记名的方式对某人的工作情况填写评议表。尤其部门领导的评议表要直接交给图书馆的领导。由图书馆的领导综合部门的工作情况。当然，部门的领导有责任综合本部门工作人员的情况。二是科研情况。在美国，一般的中级以上的图书馆馆员每年都要求有 1～2 篇论文在全国有影响的专业刊物上发表。三是公共服务工作。在美国，一般的副研都要求每年至少参加一次地区性或全国性的学术会议或学术活动。同时，还应当尽量参加和组织有关社区的图书馆活动或文化活动。对照我们现在的考核和职称晋升办法，尽管有许多特点，但是，从具体的可操作性（如考核条件难以掌握，不能反映工作和问题的全貌）、监督性（对具体的工作表现评价不力，由于人际关系的问题，考核的透明度受到影响）和权威性（表现再差，也无法解雇任何人；表现再好，也不能直接提升特别优秀的人才）等方面，还有待于改善。

2.3 加大人才培养与继续教育的力度

在计算机技术、网络技术迅速发展的今天，更需要提倡“活到老，学到老”的精神。“十年寒窗，终身受用”已经不合时宜。为了图书馆事业的发展，必须加大人才培养的力度，重点做好以下两方面的工作。

1. 业务培训工作

图书馆的业务培训工作不同于普通教育，它是为实现图书馆的服务目标而进行的。因此，它应当结合图书馆的近期和长期发展目标进行设计。

一是培训工作应当制度化。譬如对新到图书馆的职工进行职业道德教育，服务行为规范教育，定期举行图书馆新技术的技术培训等等。

二是培训工作应当全员化。图书馆的工作是靠全体职工共同努力做出来的。特别是现代科技的发展，应当说无论对领导干部还是一般工作人员，对于职称、文凭高的还是职称、文凭低的，对于新、老馆员来说都是一样的。尤其是科技的进步，知识的更新对所有的人都没有什么区别。所以，不应当划定某些“骨干”才能学，不是“骨干”就没有机会学。培训、学习的机会应当均等，应当让人人都有进步的机会，在同一起跑线上竞争，以促进事业的发展。

2. 学术研究工作

图书馆的领导应当积极鼓励职工在工作之余从事科研活动，应当结合图书馆的本职工作做好科研工作。这样不仅有利于提高职工的综合素质，而且可以指导工作，提高工作水平、服务水平和管理水平。为此，建议图书馆出台一些鼓励职工搞科研的政策。积极争取国家级、省部级和省厅级的重点科研课题；撰写论文向国际图联，国家级和省级专业刊物投稿；参加国际、国家、省级有关图书馆的学术研讨会、交流会；应邀到外单位、外系统去作学术报告、业务咨询的应当予以充分肯定，还应在适当的场合予以表扬；图书馆内的职工学术研究成果在年内应予以评奖，等等。要提高图书馆在社会上的整体形象，重视学术研究，重视科研成果是非常重要的，是必不可少的。

2.4　用人机制的改革应当引进竞争聘任制

如果我们能够对实行几十年的图书馆工作人员由上级领导分配制，逐步过渡到人才竞争聘任制的话，人才的使用和引进工作就好办了。从实质上看，人才的分配制度，领导的权力大了，个人的能动性就小了；要充分发挥每个人的工作积极性和创造性至少会大打折扣。相反，由于是竞争聘任上岗，个人的特长、积极性可以得到充分的发挥。这与被动的分配，所形成的效果完全不同。另一方面，分配制度是领导要个人在这个岗位上干，也就增加了"铁饭碗"和保护伞的因素。如果能真正引进竞争聘任机制的话，领导工作的重点就可以转到人才管理和业务管理上，更有助于图书馆目标的实现。

近年来，图书馆在引进人才方面确实动了不少脑筋，也取得了一些成效。但是，许多问题还是很难解决，如工资问题、住房问题、家属子女的安排问题等。特别是工资问题，一般的工资吸引不了高级人才；给了超高的工资，人才到岗之后，发挥的作用不十分明显，会引起图书馆职工的不满，反倒会引起不良的后果。国外图书馆人才招聘的方法，首先是没有内定的对象，也没有领导或熟人写条子介绍或找关系。一般都以分类招聘的办法，普通的临时工、钟点工都在报纸上、超市门口或图书馆门口的广告栏中招贴。中层以上的专业人员在图书馆内外发布，通常在专业期刊中发布。还有的是在全省性、全国性或国际性的学术性会议上发布。国外的学术性研讨会有的也成了图书馆想法招聘人才，"挖墙脚"的机会。我国深圳图书馆也曾在"中国图书馆学报"上刊登广告招聘人才。但是，从内容上看，还是有相当的差距。只有岗位名称较具体，但岗位的职责却太笼统，学历、职称有的没有要求，年龄的要求倒是很具体。其实，从竞争的本质来看，年龄不是关键的因素。实际上今天被吸引来了，到岗之后，若不理想的话，人家还是要走的。所以，年龄的限制意义不是很大。另外，招聘广告中的"工资面谈"，

“工资”这种吸引人才最重要的因素,却成了最不确定的因素。总之,我国在这方面已经迈出了一步,开了个好头,但还需完善。

“尊重知识,尊重人才”,“人才是关键”,这是人人都能理解的道理。只要我们继续努力开拓,不断创新,对人才的引进、培养、使用就一定能够更上一层楼,振兴图书馆事业是大有希望的。

【参考文献】

[1] 国际图联/联合国教科文组织.公共图书馆服务发展指南(中文版).林祖藻译.上海:上海科学技术文献出版社,2002.

[2] 胡明蓉,袁海汪.中美高校图书馆人事管理比较.见:21世纪图书馆可持续发展战略.北京:北京图书馆出版社,2001.

[3] 贾运生,蔡艳青.浅析21世纪省级公共图书馆参考咨询队伍的人才结构.见:文化大省建设中的图书馆现代化.宁波:宁波出版社,2001.

[4] 张启林.温州市图书馆人事制度改革浅析.见:文化大省建设中的图书馆现代化.宁波:宁波出版社,2001.

[5] 我国急需的16种人才.每周文摘,2003-05-09.

[6] 胡石凡.《论语》与图书馆人才管理初探——兼论图书馆馆长修养.图书馆论坛,1999(2).

后　记

《当代社会科学文献信息化建设》一书能够和读者见面，是与浙江省社会科学信息学会全体会员的不懈努力和学会领导的大力支持分不开的。全书体现了社会科学文献信息化建设的理论和实践。尤其对文献信息化建设的许多创新理念，如：信息集群化研究、信息精细化研究、知识管理、知识创新，以及社会科学研究方法创新研究等，都有一定的前瞻性。对于社会科学文献信息化建设，本书从调查研究着手，对建设的意义、原则、功能、运行模式以及信息的安全、知识产权等问题都进行了探讨和论述。对信息资源数字化、网络建设、网站建设等问题也进行了探讨和方案论证，还提出了许多具体建议，具有相对的完整性。本书的作者大多是我省社会科学各个系统、各个单位文献信息管理部门的领导和业务骨干，所以本书对实际工作也有较强的指导性，对我省乃至我国社会科学文献信息化建设工作也具有一定的参考借鉴作用。

几年来，我学会之所以能够取得较好的成绩，与全体会员和各级领导、各相关单位的热情支持是分不开的。特别是浙江省社科联党组书记、副主席陈永昊同志，省社科联党组副书记、副主席蓝蔚青同志，省哲学社会科学规划办公室主任曾骅同志，中共湖州市委党校常务副校长张锦林同志等，他们对我学会的工作、学会活动、学术研讨等都给予了热忱的支持和帮助。同时我们还应当感谢浙江省社科联、中共浙江省委党校图书馆、浙江图书馆、浙江大学图书馆、浙江省社科院情报信息中心、中共湖州市委党校图书馆等单位对我会工作的大力支持。

在本书的编辑过程中，为了更好地表达主题，统一体例，在不改变作者观点的基础上，我们对论文作了体例上和个别文字上的修改。由于我们学识浅陋，书中的失误和疏漏之处在所难免，敬请专家、同行不吝赐教。

编　者

2007 年 11 月 5 日

图书在版编目(CIP)数据

当代社会科学文献信息化建设 / 林祖藻主编. —杭州：浙江大学出版社，2008.3
ISBN 978-7-308-05847-6

Ⅰ.当... Ⅱ.林... Ⅲ.信息技术—应用—社会科学—情报检索 Ⅳ.G252.7

中国版本图书馆 CIP 数据核字(2008)第 034932 号

当代社会科学文献信息化建设
林祖藻 **主编**

责任编辑 田 华
出版发行 浙江大学出版社
(杭州天目山路 148 号 邮政编码 310028)
(E-mail:zupress@mail.hzzj.cn)
(网址:http://www.zju.press.com
http://www.press.zju.edu.cn)
电话:0571—88925592，88273066(传真)
排 版 浙江大学出版社电脑排版中心
印 刷 杭州杭新印务有限公司
开 本 850mm×1168mm 1/32
印 张 15.75
字 数 400 千字
版 印 次 2008 年 3 月第 1 版 2008 年 3 月第 1 次印刷
书 号 ISBN 978-7-308-05847-6
定 价 35.00 元

浙江大学出版社发行部邮购电话 (0571)88072522